Naucksche Buchdruckerei

Deutsche Eisenbahnstatistik für das Betriebsjahr 1862

XIII. Jahrgang

Naucksche Buchdruckerei

Deutsche Eisenbahnstatistik für das Betriebsjahr 1862
XIII. Jahrgang

ISBN/EAN: 9783743364516

Hergestellt in Europa, USA, Kanada, Australien, Japan

Cover: Foto ©ninafisch / pixelio.de

Manufactured and distributed by brebook publishing software (www.brebook.com)

Naucksche Buchdruckerei

Deutsche Eisenbahnstatistik für das Betriebsjahr 1862

Deutsche
Eisenbahn-Statistik

für das

Betriebs-Jahr 1862.

Herausgegeben

von der geschäftsführenden Direktion

des

Vereins Deutscher Eisenbahn-Verwaltungen.

XIII. Jahrgang.

Berlin, 1864.

Gedruckt in der Nauck'schen Buchdruckerei.

Inhalt.

Einleitung, enthaltend allgemeine Nachrichten über sämmtliche Eisenbahnen, sowie solche, welche zum Verständniß der Tabellen dienen.

Statistische Berichte, enthaltend weitere Nachrichten über die Verhältnisse und Einrichtungen der einzelnen Deutschen Eisenbahnen und

Erläuterungen zu den Tabellen.

Einleitung.

I. Die Maaße, Gewichte und Münzwährungen, welche den vorliegenden statistischen Notizen zum Grunde liegen, sind folgende:

a) 1 Fuß = 139,13 Pariser Linien = 0,96618 Pariser Fuß = 0,313853 Meter = 31,385354 Centimeter,

b) 1 Ruthe = 12 Preuß. Fuß = 3,7662425 Meter (1 Meter = 3,1862 Preuß. Fuß),

c) 1 Meile = 2000 Preuß. Ruthen = 7532 Meter = 7,532 Kilometer,

(1 Kilometer = 1000 Meter, 1 Meter = 100 Centimeter = 1000 Millimeter)

d) 1 Kubikfuß = 0,030916 Kubikmeter,

e) 1 Klafter = 108 Kubikfuß = 3,338928 Kubikmeter,

f) 1 Zoll-Centner = 100 Pfund = 50 Kilogramm,

(1 Wiener Centner = 1,1200 Z.-Ctr. = 56 Kilogramm)

g) 1 Thaler = 30 Sgr. = 360 Pfge. = 1 Fl. 50 Kr. Oesterr. Währ. = 1 Fl. 45 Kr. Rhein.

II. Das Rechnungs- und Betriebsjahr ist bei den meisten Eisenbahnen mit dem Kalenderjahre identisch. Da, wo dies nicht der Fall, ist in den statistischen Berichten der resp. Bahnen die betreffende Rechnungs-Periode angegeben.

III. Die Nachrichten über die allgemeine Beschreibung der Bahnen, d. h. ihrer baulichen Einrichtungen und Konstruktions-Verhältnisse (Abschnitt B, Abtheilung I), welche der Jahrgang 1858 enthält, werden der geringen Veränderungen wegen nicht jährlich wiederholt. Der folgende Jahrgang wird diese Nachrichten wieder enthalten.

Ebenso werden die statistischen Notizen über das Beamten-Personal (Abschnitt F), welche in die Jahrgänge 1854 und 1859 aufgenommen waren, nicht jährlich wiederholt, sondern nur in größeren Zwischenräumen mitgetheilt.

IV. Solche Nachrichten, welche sich in tabellarischer Form nicht darstellen lassen, deren Kenntniß aber bei der Beurtheilung einer Bahn von wesentlichem Interesse ist, sind in besonderen statistischen Berichten mitgetheilt, welche den Tabellen angehängt sind.

V. Außer den in den Tabellen aufgeführten Bahnen gehört dem Vereine noch

die Herzogl. Nassauische Staats-Eisenbahn

an. Dieselbe führt von Wiesbaden über Rüdesheim, Nassau, Limburg und Weilburg nach Wetzlar, wo sie in die Köln-Gießener Bahn mündet, und ist 25,14 Meilen lang. Von dieser Bahn waren die Strecken

Wiesbaden-Rüdesheim . . . . 4,17 Meilen

und Ober-Lahnstein-Nassau . . . . 2,40 „

schon im Jahre 1861 im Betriebe. Im Laufe des Jahres 1862 wurden folgende Strecken eröffnet:

Rüdesheim-Ober-Lahnstein am 22. Februar . . . . 7,16 „

Nassau-Limburg am 5. Juli . . . . 3,51 „

Limburg-Weilburg am 14. Oktober . . . . 3,88 „

Die letzte Strecke von Weilburg nach Wetzlar . . . . 3,31 „

wurde am 10. Januar 1863 in Betrieb gesetzt. zusammen 25,14 Meilen.

Wegen der, in verschiedenen Abtheilungen erfolgten Betriebs-Eröffnung der Bahn würden die Betriebs-Resultate des Jahres 1862 zur Vergleichung mit anderen Eisenbahnen nicht geeignet sein. Da auch die Baurechnung noch nicht definitiv abgeschlossen ist, können über das Anlage-Kapital keine genauen Angaben gemacht werden. Die Herzogl. Nassauische Eisenbahn-Direktion hat aus diesen Gründen für das Jahr 1862 statistische Notizen nicht eingesandt, für die folgenden Jahrgänge der Statistik jedoch deren Mittheilung zugesagt.

VI. Wo in den Tabellen Rubriken unausgefüllt geblieben, sind Seitens der betr. Verwaltungen keine Angaben gemacht worden resp. nicht zu machen gewesen. Wo in den Tabellen durch die Bemerkung „in Kol. . . ." auf eine andere Stelle verwiesen wird, bedeutet dies, daß die hier fehlende Angabe in der allegirten Kolonne mitenthalten ist und eine Trennung (z. B. Reparaturkosten der Personenwagen von denen der Lastwagen) nach den einzelnen Rubriken nicht hat stattfinden können.

VII. Das Zeichen * neben den Zahlen in den Tabellen bedeutet, daß die bezüglichen Angaben in den statistischen Berichten (siehe ad IV) erläutert worden sind.

Abschnitt A.

Verwaltungs-Organe, Richtung, Länge und Betriebs-Eröffnung der Eisenbahnen.

	I. Staatsbahnen.	1. Firma und Sitz der dirigirenden Verwaltung.		2. Mitglieder der Verwaltung. a. unbesoldete.	b. besoldete.	c. Gehalt. Thlr.	d. Tantième. Thlr.
1	Badische	Direktion der Großherz. Badischen Verk.-Anstalten	Carlsruhe .	—	10*	—	—
2	Bayerische (u. 5 gepcht. Zwgb.)	Gen.-Direkt. der Königl. Bayerischen Verk.-Anst.	München . .	—	11*	800—3429	—
3	Braunschweigische . . .	Herzogl. Eisenbahn- und Post-Direktion . . .	Braunschweig	2	5	1100—3000	—
4	Hannoversche	Königl. General-Direktion der Eisenb. u. Telegr.	Hannover .	—	8	—	—
5	Main-Neckar	Direktion der Main-Neckar-Eisenbahn	Darmstadt .	—	3	1372—1657	—
6	Main-Weser	Central-Direktion der Main-Weser-Bahn . . .	Kassel . . .	—	4	1000—1500	—
7	Preuß. Niederschles.-Märk.	Königl. Direktion d. Niederschlesisch-Märkischen E.	Berlin. . .	—	2*	1800—2400	—
8	" Ostbahn	Königl. Direktion der Ostbahn	Bromberg .	—	5	1000—2000	—
9	" Saarbrücker (u. Trier)	Königl. Eisenbahn-Direktion	Saarbrücken	—	5	487—1800	—
10	" Westfälische . . .	Königl. Direktion der Westfälischen Eisenbahn .	Münster . .	—	3*	912—1700	—
11	Sächsische östliche						
	a. Sächsisch-Böhmische . .						
	b. Sächsisch-Schlesische . .	Königl. Staats-Eisenbahn-Direktion	Dresden . .		3	1700—2050	—
	c. Tharandt-Freiberger .						
12	Sächsische westliche						
	a. Niedererzgebirgische . .						
	b. Obererzgebirgische . .	Königl. Staats-Eisenbahn-Direktion	Leipzig . . .	1*	3	1750—2450	—
	c. Sächsisch-Bayerische . .						
13	Württembergische . . .	Königl. Württembergische Eisenbahn-Direktion .	Stuttgart .	1*	7	571—1429	
	II. Privatbahnen						
	a) unter Staatsverwaltg.						
14	Aach.-Düss.-Ruhrorter { a. Aach.-Düssel. b. Ruhrort-Crf.	Königl. Direktion d. Aachen-Düsseld.-Ruhrorter E.	Aachen . .	—	3*	1400—1700	
15	a. Bergisch-Märkische . .						
	b. Prinz-Wilhelm-E. . .	Königl. Eisenbahn-Direktion	Elberfeld.	—	5	900—1900	—
16	Cöthen-Bernburger . . .	Herzogl. Betriebs-Verwaltg. d. Cöthen-Bernburger E.	Cöthen . .	—	1	1200	—
17	a. Löbau-Zittauer . . .	Königl. Staats-Eisenbahn-Direktion	Dresden.	—	—*	—*	—
	b. Zittau-Reichenberger .			—	—*	—*	—
18	a. Oberschlesische						
	b. Breslau-Posen-Glogauer	Königl. Direktion der Oberschlesischen Eisenbahn	Breslau . .	—	5	800—2000	—
19	Stargard-Posener . . .						
20	Rhein-Nahe-E.	Königl. Eisenbahn-Direktion	Saarbrücken	—	5	487—1800	—
21	Wilhelms-Bahn	Königl. Direktion der Wilhelms-Bahn	Ratibor . .	—	2	1500—1600	—
	b) in Privatverwaltung.						
22	Aachen-Mastrichter . . .	Direktion der Aachen-Mastrichter E.-G. . . .	Aachen . . .	5	—	—*	—
			Mastricht . .	5	—		
23	Alberts-Bahn	Direktorium der Alberts-Bahn	Dresden . .	—	4*	200—600	180—720
24	a. Altona-Kieler	Direktion der Altona-Kieler E.-G.	Altona . .	—	5	325—2800	—
	b. Glückstadt-Elmshorner.	Direktion der Glückstadt-Elmshorner E.-G. . .	Glückstadt .	—	2	300—450	—
25	Aussig-Teplitzer	Verwaltungsrath d. K. K. priv. Aussig-Teplitzer E.-G.	Teplitz . . .	12	—	—	*
26	Bayerische Ostbahnen . .	Verwaltungsrath d. K. priv. Bayerischen Ostbahnen	München . .	18	2	2857—6875	—
27	Berlin-Anhaltische . . .	Direktion der Berlin-Anhaltischen E.-G. . . .	Berlin . . .	6	2	300—1500	1355—2710
28	a. Berlin-Hamburger . .	Direktion der Berlin-Hamburger E.-G. . . .	Berlin . . .	—	3	2000—5000	—
	b. Hamburg-Bergedorfer.	Direktion der Hamburg-Bergedorfer E.-G. . .	Hamburg . .	5	—	—	—
29	Berlin-Potsdam-Magdebg.	Direktorium d. Berlin-Potsdam-Magdeb. E.-G. .	Potsdam . .	2	5	800—4000	—

Nr.	II. Privatbahnen. (Forts.)	1 Firma und Sitz der dirigirenden Verwaltung.		2 Mitglieder der Verwaltung. a. unbesoldete.	b. besoldete.	c. Gehalt. Thlr.	d. Tantième. Thlr.
30	Berlin-Stettiner a. Berl.-Stettin-Stargard b. Starg.-Cöslin-Colberg	Directorium der Berlin-Stettiner E.-G.	Stettin	—	9*	500—4000	—
31	Böhmische Westbahn	Verwaltungsrath d. K. K. priv. Böhm. Westbahn	Wien	12	—	—	20 000
32	Breslau-Schweidnitz-Freib.	Directorium der Breslau-Schweidn.-Freib. E.-G.	Breslau	5*	—	—	—
33	Brünn-Rossitzer	Direktion der K. K. a. priv. Brünn-Rossitzer E.	Brünn	6	—	—	—
34	Buschtěhrader {a. Lokom.-B. / b. Pferde-B.	Direktion der K. K. a. priv. Buschtěhrader E.	Prag	8	—	—	1544
35	Frankfurt-Hanauer	Verwaltungsrath der Frankfurt-Hanauer E.-G.	Frankfurt a. M.	5	—	—	—
36	Galiz. Carl-Ludw.-Bahn	Verwaltungsr. d. K. K. priv. Galiz. Carl-Ludw.-B.	Wien	20	—	—	33 334
37	Graz-Köflacher	Verwaltungsr. d. K. K. pr. Graz-Köfl. E.- u. Bergb.-G.	Wien	7	—	—	—
38	Hessische Ludwigs-E.	Verwaltungsrath der Hessischen Ludwigs-E.-G.	Mainz	8	—	—	1203—2406
39	Homburger	Verwaltungsrath der Homburger E.	Homburg	7	—	—	1494
40	Kaiser Ferdinands Nordb.	Direktion der a. p. Kaiser Ferdinands Nordbahn	Wien	10	—	—	28 000
41	Kaiserin Elisabeth {a. Lokom.-Bahn / b. Pferde-Bahn	Verwaltungsr. d. K. K. priv. Kaiserin Elisabeth-B.	Wien	15	—	—	1400—4900
42	Köln-Mindener (u. Gießener)	Direktion der Köln-Mindener E.-G.	Köln	7	—	—	—
43	Kurf. Friedr. Wilh. Nordb.	Direktion der Kurf. Friedrich Wilhelms Nordbahn	Kassel	4	3	1400—2000	—
44	Leipzig-Dresdener	Directorium der Leipzig-Dresdener Eisenb.-Komp.	Leipzig	5	5	1200—2000	—
45	Ludwigs-E. (Nürnb.-Fürth)	Directorium der K. priv. Ludwigs-E.-G.	Nürnberg	7	—	—	—
46	Lübeck-Büchener	Direktion der Lübeck-Büchener E.-G.	Lübeck	3	2	600—2200	—
47	Magdb.-Cöth.-Halle-Leipz.	Directorium d. Magdeb.-Cöthen-Halle-Leipz. E.-G.	Magdeburg	—	6	500—3500	—
48	Magdeburg-Halberstädter	Directorium der Magdeburg-Halberstädter E.-G.	Magdeburg	—	6	400—1600	—
49	Magdeburg-Wittenbergesche	Directorium d. Magdeburg-Wittenbergeschen E.-G.	Magdeburg	—	3	500—2200	—
50	Mecklenburgische	Direktion der Mecklenburgischen E.-G.	Schwerin	—	5	300—2800*	—
51	Mohacs-Fünfkirchener	Admin. d. ersten K. K. pr. Donau-Dampfschiff.-G.	Wien	6	—	—	—
52	Neisse-Brieger	Directorium der Neisse-Brieger E.-G.	Breslau	6*	—	—	—
53	Niederländische Rhein-E.	Direktion der Niederländischen Rhein-E.-G.	Utrecht	—	4	1428—4571	—
54	Niederschlesische Zweigbahn	Direktion der Niederschlesischen Zweigbahn-Ges.	Glogau	2	3	200—250	
55	a. Oesterreich. nördliche b. Oesterreich. südöstliche c. Wien-Neu-Szönyer	Verwaltungsr. d. K. K. pr. Oesterr. Staats-E.-G.	Wien	20	—	—	—
56	Oppeln-Tarnowitzer	Direktion der Oppeln-Tarnowitzer E.-G.	Breslau	4	—	—	—
57	a. Pfälzische Ludwigsbahn b. Pfälzische Maximiliansb.	Direktion der Pfälzischen Eisenbahnen	Ludwigshafen a. Rh.	24	2	2857—4572	—
58	Rendsburg-Neumünstersche	Direktion der Rendsburg-Neumünsterschen E.-G.	Neumünster	2	1	1200	562
59	Rheinische	Direktion der Rheinischen E.-G.	Köln	5*	1	2000	—
60	a. Südbahn, Oesterreich. b. Nordtiroler c. Venetianische u. Südtirol.	Verwaltungsrath der K. K. priv. Südbahn-Ges.	Wien	33	—	—	—
61	Süd-Norddeutsche	Verwaltungsr. d. K. K. pr. Süd-Nordd. Verb.-B.	Wien	11	—	—	—
62	Taunus-Bahn	Verwaltungsrath der Taunus-E.-G.	Frankfurt a. M.	6	—	—*	—
63	Theiß-Bahn	Verwaltungsrath der K. K. priv. Theiß-E.-G.	Wien	15	—		28000
64 65	Thüringische Werra-E.	Direktion der Thüringischen E.-G.	Erfurt	3	4	200—1500	

	I. Staatsbahnen.	Kontrolirende Behörde.	Zahl der Mitglieder a. wirkliche.	Zahl der Mitglieder b. stellvertretende.	Oberster ausführende Beamte (bei Privatbahnen). Amtstitel.	Gehalt Thlr.
1	Badische	Großherzogl. Badisches Handels-Ministerium	—	—	. . — . .	—
2	Bayerische (u. 5 gepcht. Zwgb.)	Königl. Ministerium des Handels u. d. öffentl. Arbeiten	—	—	. . — . .	—
3	Braunschweigische	Herzogl. Braunschweig-Lüneburgisches Staats-Ministerium	—	—	. . — . .	—
4	Hannoversche	Königl. Ministerium des Innern	—	—	. . — . .	—
5	Main-Neckar	Großherzogl. Hessisches Finanz-Ministerium, Großherzogl. Badisches Handels-Ministerium, Senat der freien Stadt Frankfurt	—	—	. . — . .	—
6	Main-Weser	Die Finanz-Ministerien von Kurhessen und dem Großherzogthum Hessen und der Senat der freien Stadt Frankfurt	—	—	. . — . .	—
7	Preuß. Niederschles.-Märk.	Königl. Preuß. Ministerium für Handel, Gewerbe und öffentliche Arbeiten				
8	„ Ostbahn					
9	„ Saarbrücker (u. Trier)		—	—	— . .	—
10	„ Westfälische					
11	Sächsische östliche	Königl. Sächsisches Finanz-Ministerium, Abtheilung für öffentliche Arbeiten und Verkehrsmittel				
	a. Sächsisch-Böhmische					
	b. Sächsisch-Schlesische					
	c. Tharandt-Freiberger					
12	Sächsische westliche		—	—	. —	—
	a. Niedererzgebirgische					
	b. Obererzgebirgische					
	c. Sächsisch-Bayerische					
13	Württembergische	Königl. Centralbehörde f. d. Verk.-Anstalten (Finanz-Min.)	—	—	—	—
	II. Privatbahnen					
	a) unter Staatsverwaltg.					
14	Aach.-Düss. Ruhrorter a. Aach.-Düssel.	Königl. Preuß. Ministerium für Handel, Gewerbe u. öffentl. Arbeiten. – Gesellschafts-Deputation	5	—	—	—
	b. Ruhrort-Crf.	Gesellschafts-Deputation	5	—	—	—
15	a. Bergisch-Märkische	Gesellschafts-Deputation	9	9	. . —	—
	b. Prinz-Wilhelm-E.	Gesellschafts-Deputation	5	—	. .	—
16	Cöthen-Bernburger	Herzogl. Anhaltische Regierung in Dessau	—	—	—	—
17	a. Löbau-Zittauer	Königl. Sächs. Finanz-Ministerium, Abtheil. für öffentl. Arbeiten rc. – Gesellschafts-Ausschuß	9	—	. . —	—
	b. Zittau-Reichenberger	Gesellschafts-Ausschuß	9	—	. . —	—
18	a. Oberschlesische	Königl. Preuß. Ministerium für Handel, Gewerbe und öffentl. Arbeiten – Verwaltungsr. der Oberschlesischen E.-G.				
	b. Breslau-Posen-Glogauer		15	6		—
19	Stargard-Posener	Verwaltgsr. d. Starg.-Pos.	5	—	—	—
20	Rhein-Nahe-E.	Verwaltungs-Ausschuß	7	—	—	—
21	Wilhelms-Bahn	Verwaltungsrath	6	3	—	—
	b) in Privatverwaltung.					
22	Aachen-Mastrichter	Kontrol-Kommission	10*	—	Spezial-Direktor	160
23	Alberts-Bahn	Ausschuß	12	—	Ob.-Ingen. u. Direktor	12[illegible]
24	a. Altona-Kieler	Ausschuß	25	—	. . —* . .	—
	b. Glückstadt-Elmshorner	Ausschuß	11	—	. . — . .	—
25	Aussig-Teplitzer	Revisions-Ausschuß	3	—	Administrativer Direktor Technischer Betriebs-Chef	160 160
26	Bayerische Ostbahnen	Ausschuß der General-Versammlung	18	—	Direktor	687
27	Berlin-Anhaltische	Verwaltungsrath	13	—	Ob.-Ingen. u. Betr.-Dir.	250
28	a. Berlin-Hamburger	Ausschuß	30	—	. . —* . .	—
	b. Hamburg-Bergedorfer	Ausschuß	20	—	Sub-Direktor	16[illegible]
29	Berlin-Potsdam-Magdebg.	Gesellschafts-Ausschuß.	28	6	Betriebs-Direktor (zugleich Mitglied des Direktoriums)	240

II. Privatbahnen. (Forts.)	3	4		5	
	Kontrolirende Behörde.	Zahl der Mitglieder a. wirkliche.	b. stellvertretende.	Oberster ausführende Beamte (bei Privatbahnen). Amtstitel.	Gehalt. Thlr.
30 Berlin-Stettiner					
a. Berl.-Stettin-Stargard / b. Starg.-Cöslin-Colberg	Verwaltungsrath	15	—	Ober-Ingenieur	3000
31 Böhmische Westbahn	Revisions-Ausschuß der General-Versammlung	3	8	General-Sekretär	2400
32 Breslau-Schweidnitz-Freib.	Verwaltungsraths-Ausschuß	9	7	Betriebs-Direktor	2755*
33 Brünn-Rossitzer	Ausschuß	6	—	Betriebs-Direktor	2667
34 Buschtehrader a. Lokom.-B. / b. Pferde-B.	Revisions-Ausschuß der General-Versammlung	3	—	Betriebs-Direktor	2400
35 Frankfurt-Hanauer	Revisions-Ausschuß	5	—	Direktor	1600
36 Galizische Carl-Ludw.-Bahn	Revisions-Ausschuß der General-Versammlung	3	—	General-Inspektor / General-Sekretär	4200 / 4200
37 Graz-Köflacher	Revisions-Ausschuß der General-Versammlung	3	—	Sekretär der Gesellschaft	1400
38 Hessische Ludwigs-E.	Revisions-Ausschuß der General-Versammlung	5	—	Direktor	2857
39 Homburger	Revisions-Kommission der General-Versammlung	3	—	Betriebs-Direktor	1143
40 Kaiser Ferdinands Nordb.	Revisions-Ausschuß der General-Versammlung	3	—	General-Sekretär	7666
41 Kaiserin Elisabeth a. Lokom.-Bahn / b. Pferde-Bahn	Revisions-Ausschuß der General-Versammlung	3	—	Betriebs-Direktor	7700
42 Köln-Mindener (u. Gießener)	Administrationsrath	18	—	Spezial-Direktor	2200
43 Kurf. Friedr. Wilh. Nordb.	Verwaltungsrath	12	—	—	—
44 Leipzig-Dresdener	Gesellschafts-Ausschuß	30	—	Bevollmächtigter	1500*
45 Ludwigs-E. (Nürnb.-Fürth)	Ausschuß	7	—	Technischer Betr.-Inspekt.	586
46 Lübeck-Büchener	Ausschuß	15	—	—	—
47 Magdb.-Cöth.-Halle-Leipz.	Gesellschafts-Ausschuß	24	12	Betriebs-Direktor	1600
48 Magdeburg-Halberstädter	Gesellschafts-Ausschuß	21	—	—*	—
49 Magdeburg-Wittenbergesche	Gesellschafts-Ausschuß	18	6	Ob.-Ingen. u. Betr.-Dir.	1400
50 Mecklenburgische	Ausschuß	12		—*	—
51 Mohacs-Fünfkirchener		—	—	Betriebs-Direktor / Administrations-Sekretär	— / —
52 Neisse-Brieger	Ausschuß	5	5	Betriebs Dirigent	1100
53 Niederländische Rhein-E.	Kommissarien der Gesellschaft	21	—	Ingenieur	2857
54 Niederschlesische Zweigbahn	Verwaltungsrath	9	3	Ob.-Ingen. u. Betr.-Dir.	1200*
55 a. Oesterreich. nördliche / b. Oesterreich. südöstliche / c. Wien-Neu-Szönyer	Revisions-Ausschuß der General-Versammlung	3	—	General-Direktor	16000
56 Oppeln-Tarnowitzer	Ausschuß	5	3	Ob.-Ingen., Spezial- u. Betriebs-Direktor	2000
57 a. Pfälzische Ludwigsbahn / b. Pfälzische Maximiliansb.	Verwaltungs-Ausschuß	6	—	Direktor	4572
58 Rendsburg-Neumünstersche	Ausschuß	9	—	Geschäftsführender Direkt.	s. a. m.
59 Rheinische	Administrationsrath	24	9	Spezial-Direktor	3000
60 a. Südbahn, Oesterreich. / b. Nordtiroler / c. Venetianische u. Südtirol.	Revisions-Ausschuß der General-Versammlung	3	—	General-Direktor	13333
61 Süd-Norddeutsche	Revisions-Ausschuß der General-Versammlung	3	—	Direktor	3333
62 Taunus-Bahn	Rechnungs-Prüfungs-Ausschuß	5	—	Direktor	2729
63 Theiß-Bahn	Revisions-Ausschuß der General-Versammlung	3	—	Direktor	7000
64 Thüringische	Verwaltungsrath	12*	—	Ob.-Ingen. u. Betr.-Dir.	2000
65 Werra-E.	Verwaltungsrath	12		Ob.-Ingen. u. Betr.-Insp.	1500

	6	7	8
I. Staatsbahnen.	**Die Bahn führt**		
	von	über	nach
1 Badische	Mannheim	Heidelberg (Zweigb. nach Mosbach), Bruchsal, Durlach (Zweigb. nach Pforzheim), Carlsruhe (Zweigb. nach Maxau), Oos (Zweigb. nach Baden), Appenweier (Zweigb. nach Kehl), Offenburg, Freiburg und Basel (Zweigbahn nach Schopfheim)	Waldshut
2 Bayerische a. Ludw.-Südnordb.	Lindau (am Bodensee)	Kempten, Kaufbeuern, Augsburg, Nürnberg, Erlangen, Bamberg, Lichtenfels (Zweigb. nach der Grenze bei Ebersdorf) u. Hochstadt	Hof resp. b. d. Sächs. Grenze
b. Ludw.-Westb.	Bamberg	Schweinfurt, Würzburg, Lohr und Aschaffenburg	b. Bayer.-Hess. Gr. b. Kahl
c. Maximiliansb.	Ulm	Augsburg, München, Holzkirchen, Rosenheim (Zweigb. nach der Tiroler Grenze bei Kufstein) und Traunstein	Salzburg
d. Zweigbahnen:			
1. Bayreuther	Neuenmarkt	Trebgast und Harsdorf	Bayreuth
2. Starnberger	Pasing	Planegg und Mühlthal	Starnberg
3. Ansbacher	Gunzenhausen	Triesdorf	Ansbach
4. Gundelsdorfer	Hochstadt	Kronach	Gundelsdorf
5. Miesbacher	Holzkirchen	Darching und Thalham	Miesbach
3 Braunschweigische	b. Braunsch.-Hann. Gr.	Braunschweig, Wolfenbüttel (Zweigb. über Börßum u. Harzburg; u. von Börßum u. Kreiensen), Jerxheim (Zweigb. n. Helmstedt)	Oschersleben
4 Hannoversche	Hannover	Lehrte (Zweigb. über Hildesheim nach Nordstemmen) Lehrte, Celle, Uelzen und Lüneburg	Braunschweig Harburg
	Hannover	Wunstorf, Verden und Bremen Wunstorf, Minden, Löhne, Osnabrück und Rheine	Geestemünde Emden
	Hannover	Nordstemmen, Kreiensen und Göttingen	Kassel
5 Main-Neckar	Frankfurt a. M.	Darmstadt, Heppenheim, Ladenburg und Friedrichsfeld	Heidelberg
6 Main-Weser	Kassel	Guntershausen, Treysa, Marburg, Gießen u. Friedberg	Frankfurt a. M.
7 Preuß. Niederschles.-Märk.	Berlin	Fürstenwalde, Frankfurt a. O., Guben, Sorau, Hansdorf, Kohlfurt (Zweigbahn nach Görlitz), Bunzlau, Hainau, Liegnitz u. Neumarkt	Breslau
8 „ Ostbahn	Frankfurt a. O.	Kreuz, Bromberg (Zweigb. über Thorn nach Otloczyn), Dirschau (Zweigb. nach Danzig), Königsberg, Insterburg und Gumbinnen	b. Russ. Gr. b. Eydtkuhnen
9 „ Saarbrücker (u. Trier)	b. Bayer. Gr. b. Bexbach	Neunkirchen, Friedrichsthal und St. Johann-Saarbrücken	der Franz. Gr. bei Forbach
	St. Johann-Saarbrücken	Saarlouis, Merzig, Saarburg u. Conz (Zwgb. n. d. Gr. b. Wasserbillig)	Trier
10 Westfälische	b. Kurhess. Gr. b. Haueda	Warburg, Paderborn, Lippstadt, Soest, Hamm u. Münster	Rheine
11 Sächsische östliche			
a. Sächsisch-Böhmische	Dresden	Pirna, Königstein und Krippen (Schandau)	Bodenbach
b. Sächsisch-Schlesische	Dresden	Radeberg, Bischoffswerda, Bautzen, Löbau u. Reichenbach	Görlitz
c. Tharandt-Freiberger	Tharandt	Klingenberg und Colmnitz	Freiberg
12 Sächsische westliche			
a. Niedererzgebirgische	Riesa	Döbeln, Waldheim, Mittweida, Oberlichtenau (Frankenberg), Chemnitz, Hohenstein und Glauchau	Zwickau resp. Gößnitz
b. Obererzgebirgische	Zwickau	Wiesenburg, Stein, Niederschlema (Zweigbahn nach Neustädtel resp. Schneeberg) und Aue	Schwarzenberg
c. Sächsisch-Bayerische	Leipzig	Kieritzsch, Altenburg, Gößnitz, Crimmitzschau, Werdau (Zweigbahn nach Zwickau), Reichenbach und Plauen	Hof
13 Württembergische	Bruchsal	Bietigheim (Zwgb. nach Heilbronn), Stuttgart, Cannstadt (Zwgb. n. Wasseralfingen), Plochingen (Zwgb. n. Rottenburg), Ulm u. Biberach	Friedrichshafen
II. Privatbahnen.			
a) unter Staatsverwaltg.			
14 Aach-Düss.-Ruhrorter a. Aach.-Düss.	Aachen	Rheydt, Gladbach und Neuß	Düsseldorf
b. Ruhrort-Cref.	Ruhrort	Uerdingen, Crefeld und Viersen	Gladbach
15 a. Bergisch-Märkische	Düsseldorf	Vohwinkel, Elberfeld, Hagen, Witten, Dortmund u. Unna	Soest
	Hagen u. Herdecke	Limburg, Altena und Altenhunden	Siegen
	Witten resp. Dortmund	Langendreer (Zweigb. nach Laer), Bochum, Essen und Mülheim (Flügelbahn nach Oberhausen)	Duisburg
b. Prinz-Wilhelm-E.	Steele	Langenberg und Neviges	Vohwinkel
16 Cöthen-Bernburger	Cöthen	Biendorf (Zweigbahnen nach den Kohlengruben Preußlitz, Körmigk und Gerlebogk)	Bernburg
17 a. Löbau-Zittauer	Löbau	Herrnhut und Oberederwitz	Zittau
b. Zittau-Reichenberger	Zittau	Grottau, Kratzau und Machendorf	Reichenberg i. B.
18 a. Oberschlesische	Breslau	Brieg, Oppeln, Cosel, Gleiwitz und Kattowitz	Myslowitz resp. Neuberun
b. Breslau-Posen-Glogauer	Breslau	Rawicz u. Lissa (Zweigb. über Fraustadt nach Glogau)	Posen
19 Stargard-Posener	Stargard	Woldenberg, Kreuz und Samter	Posen
20 Rhein-Nahe-E.	Bingerbrück	Creuznach, Sobernheim, Oberstein, Birkenfeld u. St. Wendel	Neunkirchen
21 Wilhelms-Bahn	Cosel	Kandrzin (Zweigb. nach Nicolai), Ratibor (Zweigb. nach Leobschütz) und Annaberg	d. Preuß. Gr. b. Oderberg
b) in Privatverwaltung.			
22 Aachen-Mastrichter	Aachen	Valkenburg, Mastricht, Hasselt und St. Trond	Landen
23 Alberts-Bahn	Dresden	Potschappel (3 größere Zweigb. nach Kohlenbergwerken)	Tharandt
24 a. Altona-Kieler	Altona	Elmshorn und Neumünster	Kiel
b. Glückstadt-Elmshorner	Elmshorn	Glückstadt	Itzehoe
25 Aussig-Teplitzer	Aussig	Karbitz (Zweigbahn nach Herbitz)	Teplitz
26 Bayerische Ostbahnen	München	Landshut, Geiselhöring (Zweigb. über Straubing n. d. Landesgr. bei Passau, Regensburg, Schwandorf (Zweigb. über Cham nach der Landesgr. bei Furth i. W.) Amberg und Hersbruck	Nürnberg
27 Berlin-Anhaltische	Berlin	Luckenwalde, Jüterbog (Zweigb. nach Roderau), Wittenberg (Zweigb. über Dessau nach Cöthen), Bitterfeld (Zweigb. nach Dessau und Leipzig)	Halle
28 a. Berlin-Hamburger	Berlin	Wittenberge, Hagenow u. Büchen (Zweigb. n. Lauenburg)	Bergedorf [illegible]
b. Hamburg-Bergedorfer	Hamburg		Bergedorf
29 Berlin-Potsdam-Magdeb.	Berlin	Potsdam, Brandenburg, Genthin und Burg	Magdeburg

II. **Privatbahnen.** (Fortl.)	6	7	8
	Die Bahn führt		
	von	über	nach
Berlin-Stettiner			
a. Berl.-Stettin-Stargard	Berlin	Neustadt-Eberswalde, Angermünde, Passow, Stettin u. Damm	Stargard
b. Starg.-Cöslin-Colberg	Stargard	Wangerin, Labes, Schivelbein und Belgard (Zweigb. über Cöslin nach Colberg)	Coeslin
Böhmische Westbahn	Prag	Beraun, Rokitzan, Pilsen und Taus	Furth am Walde
Breslau-Schweidnitz-Freib.	Breslau	Canth, Königszelt und Freiburg	Waldenburg (resp. Hermsdorf)
	Liegnitz	Jauer, Königszelt, Schweidnitz und Reichenbach	Frankenstein
Brünn-Rossitzer	Brünn	Ober-Gerspitz, Tetschitz und Rossitz	Gegen Segen Gottes u. Zbeschau
Buschtěhrader a. Lokom.-B.	Kralup	Brandeisl	Kladno
b. Pferde-B.	Prag	Weißhybka und Rinholec	Lahna
Frankfurt-Hanauer	Frankfurt a. M.	Mainkur, Hanau und Groß-Auheim	d. Kurh. Bayer. Gr. b. Kahl
Galizische Carl-Ludw.-Bahn	Krakau	Bierzanow (Zweigbahn n. Wieliczka), Podleze (Zweigb. n. Niepolomice), Bochnia, Tarnow, Rzeszow, Jaroslau und Przemysl	Lemberg
Graz-Köflacher	Graz	Voitsberg	Köflach
Hessische Ludwigs-E.	Bingen	Ingelheim, Mainz, Oppenheim und Worms	d. Hessisch.-Bayer. Gr.
	Mainz	Gustavsburg, Darmstadt und Dieburg	Aschaffenburg
Homburger	Homburg		Frankfurt a. M.
Kaiser Ferdinands Nordb.	Wien	Floridsdorf (Zweigb. n. Stockerau), Gänserndorf (Zweigb. nach Marchegg), Lundenburg (Zweigb. n. Brünn), Prerau (Zweigb. n. Olmütz), Schönbrunn (Zweigb. n. Troppau), Ostrau (Zweigb. n. Witkowitz), Oderberg (Zwgb. n. Annaberg), Dziedzitz (Zwgb. n. Bielitz), Trzebinia (Zwgb. n. Myslowitz), Szczakowa (Zwgb. n. Granica)	Krakau
Kaiserin a. Lokom.-Bahn	Wien	St. Pölten, Enns, Linz, Wels (Zweigb. nach der Bayerischen Grenze bei Passau), Lambach (Zweigb. n. Gmunden), Vöcklabruck und Frankenmarkt	d. Bayer. Gr. b. Salzburg
Elisabeth b. Pferde-Bahn	Linz (Urfahr)	St. Magdalena, Oberndorf, Lest, Kerschbaum, Angern u. Holkau	Budweis
Köln-Mindener (u. Gießener)	Deutz (Köln)	Düsseldorf, Duisburg, Oberhausen (Zweigbahnen nach Ruhrort und über Wesel n. Emmerich), Dortmund, Hamm und Bielefeld	Minden
	Deutz (Köln)	Siegburg, Betzdorf (Zweigb. nach Siegen), Dillenburg und Wetzlar	Gießen
Kurf. Friedr. Wilh. Nordb.	Gerstungen	Bebra, Guntershausen, Kassel u. Hümme (Zwgb. n. Carlshafen)	d. Kurh. Gr. b. Haueda
Leipzig-Dresdener	Leipzig	Riesa, Roederau und Coswig (Zweigbahn n. Meissen)	Dresden
Ludwigs-E. (Nürnb.-Fürth)	Nürnberg	Muggenhof	Fürth
Lübeck-Büchener	Lübeck	Ratzeburg und Mölln	Büchen
Magdb.-Cöth.-Halle-Leipz.	Magdeburg	Schönebeck (Zwgb. n. Staßfurth u. Löbderburg) Köthen u. Halle	Leipzig
Magdeburg-Halberstädter	Magdeburg	Langenweddingen, Hadmersleben, Oschersleben, Halberstadt und Quedlinburg	Thale
Magdeburg-Wittenbergesche	Magdeburg	Wolmirstedt, Mahlwinkel, Tangerhütte (Zweigb. nach Bäthen), Stendal, Osterburg und Seehausen	Wittenberge
Mecklenburgische	Hagenow	Schwerin, Kleinen (Zweigb. n. Wismar), Bützow (Zwgb. n. Güstrow)	Rostock
Mohacs-Fünfkirchener	Uezög (b. Fünfkirchen)	Villany	Mohacs
Neisse-Brieger	Brieg	Grottkau	Neisse
Niederländische Rhein-E.	Amsterdam u. Rotterdam	Utrecht und Arnheim	d. Preuß. Gr. b. Emmerich
Niederschlesische Zweigbahn	Glogau	Klopschen, Sprottau und Sagan	Hansdorf
a. Oesterreich. nördliche	Brünn u. Olmütz	Böhm.-Trübau, Pardubitz, Prag, Aussig und Bodenbach	d. Böhm.-Sächs. Grenze
b. Oesterreich. südöstliche	Marchegg	Preßburg, Pesth, Czegled, Szegedin, Temesvar und Jassenova (Flügelbahn nach Oravicza)	Bazias
c. Wien-Neu-Szönyer	Wien	Bruck a. L. und Raab	Neu-Szöny
Oppeln-Tarnowitzer	Oppeln	Malapane, Klein-Stanisch, Zawadzki und Tworog	Tarnowitz
a. Pfälzische Ludwigsbahn	d. Bayer. Gr. b. Berbach	Homburg (Zweigb. nach Zweibrücken), Kaiserslautern, Neustadt, Schifferstadt (Zweigb. n. Speyer), Ludwigshafen u. Frankenthal	Worms
b. Pfälzische Maximiliansb.	Neustadt	Edenkoben und Landau	Weißenburg
Rendsburg-Neumünstersche	Neumünster	Nortorf	Rendsburg
Rheinische	d. Belg. Gr. bei Herbesthal / Crefeld	Aachen / Neuß } Köln, Bonn und Koblenz	Bingerbrück
a. Südbahn, Oesterreich.	Wien	Mödling (Zwgb. n. Laxenburg), Wiener-Neustadt (Zwgb. n. Oedenburg), Bruck a. M., Graz, Marburg, Cilli, Steinbrück, Laibach u. Nabresina	Triest
	Pragerhof	Kanizsa und Stuhlweissenburg	Ofen u. Neu-Szöny
b. Nordtiroler	d. Bayer. Gr. b. Kufstein	Wörgl, Brixlegg, Schwaz und Hall	Innsbruck
c. Venetianische u. Südtirol.	Nabresina	Udine, Mestre (Zweigb. nach Venedig), Padua, Vicenza, Verona (Zweigb. nach Mantua)	Peschiera
	Verona	Roveredo und Trient	Botzen
Süd-Norddeutsche	Pardubitz	Königgrätz, Josefstadt (Zwgb. n. Schwadowitz), Falgendorf u. Turnau	Reichenberg
Taunus-Bahn	Frankfurt a. M.	Höchst, Hochheim u. Castel (Mainz gegenüber)	Biebrich u. Wiesbaden
Theiß-Bahn	Czegled	Szolnok (Flügelb. n. Arad), Püspök-Ladany (Flügelb. n. Großwardein), Debreczin, Nyiregyhaza, Tokay und Miskolcz	Kaschau
Thüringische	Halle	Merseburg, Corbetha (Zweigb. n. Leipzig), Weißenfels (Zweigb. n. Gera), Naumburg, Apolda, Weimar, Erfurt, Gotha und Eisenach	Gerstungen
Werra-E.	Eisenach	Salzungen, Meiningen, Hildburghausen und Eisfeld	Coburg und Sonneberg

	I. Staatsbahnen.	In die Bahn münden (innerhalb ihrer Endpunkte):
1	Badische	bei Friedrichsfeld u. Heidelberg die Main-Neckar-E., bei Bruchsal die Württembergische Staats-E.
2	Bayerische a. Ludw.-Südnordb.	bei Augsburg die Maximiliansbahn, bei Gunzenhausen die Zweigb. nach Ansbach, bei Nürnberg die Bayerischen Ostbahnen und die Nürnberg-Fürther E., bei Bamberg die Ludwigs-Westbahn, bei Hochstadt die Zweigbahn nach Gundelsdorf und bei Neuenmarkt die Zweigbahn nach Bayreuth
	b. Ludw.-Westb.	
	c. Maximiliansb.	bei Augsburg die Ludwigs-Südnordb., bei Pasing die Zweigb. nach Starnberg, bei München die Bayerischen Ostbahnen und bei Holzkirchen die Zweigb. nach Miesbach
	d. 5 gepacht Zwgb.	
3	Braunschweigische	
4	Hannoversche	bei Minden die Köln-Mindener E., bei Rheine die Westfälische Eisenbahn und bei Kreiensen die Braunschweigische Südbahn
5	Main-Neckar	bei Darmstadt die Main-Rhein-Bahn (der Hessischen Ludwigs-E.-G. gehörig), bei Friedrichsfeld die Großherzoglich Badische Staatsbahn
6	Main-Weser	bei Guntershausen die Kurfürst Friedrich Wilhelms Nordb., bei Gießen die Köln-Gießener Bahn
7	Preuß. Niederschles.-Märk.	bei Frankfurt a. O. die Preuß. Ostbahn, bei Hansdorf die Niederschlesische Zweigbahn, bei Liegnitz die Breslau-Schweidnitz-Freiburger (Königszelt-Liegnitzer) E.
8	„ Ostbahn	bei Kreuz die Stargard-Posener E.
9	„ Saarbrücker (u. Trier)	bei Neunkirchen die Rhein-Nahe-E.
10	„ Westfälische	bei Soest die Bergisch-Märkische E. (Linie Dortmund-Soest), bei Hamm die Köln-Mindener Eisenb.
11	Sächsische östliche	
	a. Sächsisch-Böhmische	
	b. Sächsisch-Schlesische	bei Löbau die Löbau-Zittauer E.
	c. Tharandt-Freiberger	
12	Sächsische westliche	
	a. Niedererzgebirgische	bei Wüstenbrand die Chemnitz-Würschnitzer E.
	b. Obererzgebirgische	
	c. Sächsisch-Bayerische	bei Gößnitz die Zweigbahn der Niedererzgebirgischen Staatsbahn nach Glauchau
13	Württembergische	bei Ulm die Bayerische Staats- (Maximilians-) Bahn
	II. Privatbahnen	
	a) unter Staatsverwaltg.	
14	Aach.-Düss. Ruhrorter a. Aach.-Düssel.	bei Richterich (unweit Aachen) die Rheinische und Aachen-Mastrichter E., bei Gladbach die Ruhrort-Crefelder E., bei Neuß die Köln-Crefelder E. (der Rheinischen E.-G. gehörig)
	b. Ruhrort-Cref.	bei Crefeld die Köln-Crefelder E. (der Rheinischen E.-G. gehörig)
15	a. Bergisch-Märkische	bei Vohwinkel die Prinz-Wilhelm-E., bei Dortmund die Köln-Mindener E.
	b. Prinz-Wilhelm-E.	
16	Cöthen-Bernburger	
17	a. Löbau-Zittauer	
	b. Zittau-Reichenberger	
18	a. Oberschlesische	bei Brieg die Neisse-Brieger E., bei Oppeln und Tarnowitz die Oppeln-Tarnowitzer E., bei Cosel die Wilhelms-Bahn und bei Sosnowice (unweit Kattowitz) die Warschau-Wiener E.
	b. Breslau-Posen-Glogauer	
19	Stargard-Posener	bei Kreuz die Preußische Ostbahn
20	Rhein-Nahe-E.	
21	Wilhelms-Bahn	
	b) in Privatverwaltung.	
22	Aachen-Mastrichter	bei Richterich die Aachen-Düsseldorf-Ruhrorter E. und bei Mastricht die Lüttich-Mastrichter Eisenb.
23	Alberts-Bahn	
24	a. Altona-Kieler	bei Elmshorn die Glückstadt-Elmshorner E., bei Neumünster die Rendsburg-Neumünstersche E.
	b. Glückstadt-Elmshorner	
25	Aussig-Teplitzer	
26	Bayerische Ostbahnen	
27	Berlin-Anhaltische	
28	a. Berlin-Hamburger	bei Wittenberge die Magdeburg-Wittenbergesche E., bei Hagenow die Mecklenburgische E., bei Büchen die Lübeck-Büchener Eisenbahn
	b. Hamburg-Bergedorfer	
29	Berlin-Potsdam-Magdebg.	

II. Privatbahnen. (Forts.)	In die Bahn münden (innerhalb ihrer Endpunkte):
Berlin-Stettiner	
a. Berl.-Stettin-Stargard	
b. Starg.-Cöslin-Colberg	
Böhmische Westbahn	
Breslau-Schweidnitz-Freib.	
Brünn-Rossitzer	bei Ober-Gerspitz die Kaiser Ferdinands Nordbahn
Buschtěhrader { a. Lokom.-B.	
Buschtěhrader { b. Pferde-B.	
Frankfurt-Hanauer	
Galizische Carl-Ludw.-Bahn	
Graz-Köflacher	
Hessische Ludwigs-E.	bei Darmstadt die Main-Neckar-Bahn
Homburger	
Kaiser Ferdinands Nordb.	bei Oderberg (Preuß. Grenze bei Annaberg) die Preuß. Wilhelmsb., bei Oswiecim die Oberschl. E.
Kaiserin Elisabeth { a. Lokom.-Bahn	bei Linz die Pferdebahn nach Budweis
Kaiserin Elisabeth { b. Pferde-Bahn	
Köln-Mindener (u. Gießener)	bei Düsseldorf, Duisburg, Oberhausen u. Dortmund die Bergisch-Märkische E., bei Hamm die Westfälische u.; bei Löhne die Hannoversche Staatsbahn; bei Wetzlar die Herzogl. Nassauische Staatsbahn
Kurf. Friedr. Wilh. Nordb.	bei Guntershausen die Main-Weser-Bahn, bei Kassel die Hannoversche Staatsbahn
Leipzig-Dresdener	bei Riesa die Niedererzgebirgische Staatsbahn, bei Röderau die Berlin-Anhaltische E., bei Priestewitz die Zweigbahn nach Großenhain
Ludwigs-E. (Nürnb.-Fürth)	bei Muggenhof die Königl. Bayerische Ludwigs-Südnordbahn
Lübeck-Büchener	
Magdb.-Cöth.-Halle-Leipz.	bei Cöthen die Berlin-Anhaltische und Cöthen-Bernburger E., bei Halle die Thüringische und Berlin-Anhaltische E.
Magdeburg-Halberstädter	bei Oschersleben die Herzogl. Braunschweigische Staats-Eisenbahn
Magdeburg-Wittenbergesche	
Mecklenburgische	
Mohacs-Fünfkirchener	
Neisse-Brieger	
Niederländische Rhein-E.	bei Utrecht die Niederländische Central-Eisenbahn
Niederschlesische Zweigbahn	
a. Oesterreich. nördliche	bei Pardubitz die Süd-Norddeutsche Verbindungsbahn, bei Prag und Kralup die Buschtěhrader Eisenbahn, bei Aussig die Aussig-Teplitzer Eisenbahn
b. Oesterreich. südöstliche	bei Czegled die Theiß-Bahn
c. Wien-Neu-Szönyer	
Oppeln-Tarnowitzer	
a. Pfälzische Ludwigsbahn	bei Neustadt die Pfälzische Maximiliansbahn
b. Pfälzische Maximiliansb.	
Rendsburg-Neumünstersche	
Rheinische	b. Aachen d. Aachen-Mastrichter E., b. Aachen u. Neuß d. Aachen-Düsseldorfer u. b. Köln d. Köln-Mindener E.
a. Südbahn, Oesterreich.	bei Graz die Graz-Köflacher E., bei Nabresina die Venetianische Linie
b. Nordtiroler	
c. Venetianische u. Südtirol.	
Süd-Norddeutsche	
Taunus-Bahn	bei Höchst die Zweigbahn nach dem Badeorte Soden
Theiß-Bahn	
Thüringische	bei Eisenach die Werra-Eisenbahn, bei Fröttstedt die Pferdebahn nach Waltershausen
Werra-E.	

Nr.	I. Staatsbahnen.	10 Länge der Bahn nach Meilen (à 2000 Ruthen = 7532 Meter).	11 a. Davon sind verpachtet Meilen.	11 b. Außerdem sind gepachtet Meilen.	12 Also Betriebslänge Meilen.	12 Mittl. Jahresdurchschnitt Meilen.	13 In den Tarifen wird die Bahnlänge angenommen auf Meilen.	14 Von der Bahnlänge (Kol. 10) sind doppelgeleisig Meilen.	15 Der Betrieb ist eröffnet a. streckenweise zuerst am	15 b. auf der ganzen B. am
1	Badische	60,99	—	—	60,99	53,79	61,1*	36,39	12. September 1840.	23. Oktober 186
2	Bayerische a. Ludw.-Südnordb.	75,90	2,59	—	73,33			14,26	1. Oktober 1844.	24. Januar 185
	b. Ludw.-Westbahn	27,47	2,20	—	25,27				1. August 1852.	1. Oktober 185
	c. Maximilians-B.	44,23	—	1,16	45,39				1. Juni 1838.	15. August 186
	d. Zweigbahnen:									
	1. Bayreuther	in Kol. 11b.	—	2,756	2,756	157,61	158,16	—	. . . .	28. November 1
	2. Starnberger		—	2,766	2,766			—	21. Mai 1854.	15. Dezember 1
	3. Ansbacher		—	3,573	3,573			—	. . . .	1. Juli 1859.
	4. Gundelsdorfer		—	2,786	2,786			—	. . . .	20. Februar 186
	5. Miesbacher		—	2,303	2,303			—	. . . .	20. November 1
		147,60	4,79	15,21	158,16					
3	Braunschweigische	26,62	—	—	26,62	—	26,60	11,09	1. Dezember 1838*.	20. Juli 1858.
4	Hannoverische	108,58	—	10,42	118,90	114,08	—	36,27	19. Mai 1844.	23. Januar 186
5	Main-Neckar	11,62	—	—	11,62	—	11,52	10,25	22. Juni 1846.	1. August 184
6	Main-Weser	26,50	—	—	26,50	—	27,0*	1,65	19. Dezember 1849.	15. Mai 1852.
7	Preuß. Niederschles.-Märk.	51,62	—	—	51,62	—	51,6	51,31	23. Oktober 1842.	15. Oktober 184
8	„ Ostbahn	109,33	—	—	109,33	107,10	109,10	—	27. Juli 1851*.	4. Dezember 1
9	„ Saarbrücker (u. Trier)	18,61	—	0,64	19,25	19,22	19,25	4,36	16. November 1852*.	29. August 1861
10	„ Westfälische	27,71*	0,61	—	27,10	—	27,25	—	1. Oktober 1850.	23. Juni 1856.
11	Sächsische östliche									
	a. Sächsisch-Böhmische	7,21	—	1,16	8,47	—	8,96	8,63	1. August 1848.	19. April 1852.
	b. Sächsisch-Schlesische	13,88	—	—	13,55	—	13,94	13,55	17. November 1845.	1. September 1
	c. Tharandt-Freiberger	3,31	—	—	3,31	1,36	3,10	1,86	. . . .	11. August 1862
12	Sächsische westliche									
	a. Niedererzgebirgische	16,86	—	1,62	18,48	—	19,1	15,17	30. August 1847.	15. November 1
	b. Obererzgebirgische	6,09	—	—	6,06	—	6,1	0,97	1. November 1854.	15. Mai 1858.
	c. Sächsisch-Bayerische	22,41	—	1,55	23,96	—	23,3 u. 23,9*	21,72	19. September 1842.	Zweigb. am 19. September 16. Juli 1851.
13	Württembergische	58,2	—	—	58,7	56,15	58,2	18,62	22. Oktober 1845.	15. Oktober 186
	II. Privatbahnen									
	a) unter Staatsverwaltg.									
14	Aach.-Düss.-Ruhrorter a. Aach.-Düssel.	11,43	—	—	11,43	—	11,1	0,63	12. August 1852.	17. Januar 185
	b. Ruhrort-Crf.	5,60	—	—	5,60	—	5,6	—	5. Oktober 1849.	15. Oktober 185
15	a. Bergisch-Märkische	42,13	—	—	42,13	39,77	42,13*	8,33	20. Dezember 1838*.	4. Oktober 186
	b. Prinz-Wilhelm-E.	4,39	—	—	4,39	—	4,37	—	. . . .	1. Dezember 1
16	Cöthen-Bernburger	4,0	—	—	4,0	—	2,75 resp. 4*	—	1. September 1846.	2. April 1857.
17	a. Löbau-Zittauer	4,31	—	—	4,31	—	4,5	0,01	. . . .	10. Juni 1848.
	b. Zittau-Reichenberger	3,55	—	—	3,55	—	3,54	—	. . . .	1. Dezember 1
18	a. Oberschlesische	35,01	1,82	—	33,19	—	31,15 u. 34,16*	26,21	22. Mai 1842.	1. November 1
	b. Breslau-Posen-Glogauer	27,57	—	—	27,57	—	27,9	—	29. Oktober 1856.	18. Mai 1858.
19	Stargard-Posener	22,63	—	—	22,63	—	22,70	—	10. August 1847.	10. August 184
20	Rhein-Nahe-E.	16,02	—	—	16,02	—	16,17	—	15. Juli 1858.	26. Mai 1860.
21	Wilhelms-Bahn	21,38	—	2,08	23,46	—	23,44	—	1. Januar 1846*.	20. Dezember 1
	b) in Privatverwaltung.									
22	Aachen-Mastrichter	8,68	—	3,72	12,40	—	12,1	0,75	27. Januar 1853.	1. Oktober 185
23	Alberts-Bahn a. Haupth.	1,81	—	—	5,11	—	2,6	0,29	. . . .	28. Juni 1855.
	b. Zweigb.	3,30	—	—			3,2	—	. . . .	1. April 1857.
24	a. Altona-Kieler	14,08	—	—	14,08	—	14,0	0,87	. . . .	18. September 1
	b. Glückstadt-Elmshorner	4,3	—	—	4,3	—	4,5	—	19. Juli 1845.	15. Oktober 185
25	Aussig-Teplitzer	2,42*	—	—	2,42	—	3,0	—	. . . .	20. Mai 1858.
26	Bayerische Ostbahnen	61,3	1,1	—	60,2	—	60,2	—	3. November 1858.	20. September 1
27	Berlin-Anhaltische	47,10	—	—	47,10	—	47,5	13,08	1. September 1840*.	1. Januar 186
28	a. Berlin-Hamburger	37,57	—	2,09	39,66	—	39,7	19,88	15. Oktober 1846.	15. Dezember 1
	b. Hamburg-Bergedorfer	2,09	2,09	—	—	—	—	2,09	. . . .	17. Mai 1842.
29	Berlin-Potsdam-Magdebg.	19,74	—	—	19,74	—	20,0	19,74	22. September 1838.	7. August 184

Nr.	II. Privatbahnen. (Forts.)	10 Länge der Bahn nach Meilen (à 2000 Ruthen = 7532 Meter).	11 a. Davon sind verpachtet Meilen.	11 b. Außerdem sind gepachtet Meilen.	12 Also Betriebslänge Meilen.	12 Mittl. Jahresdurchschnitt Meilen.	13 In den Tarifen wird die Bahnlänge angenommen auf Meilen.	14 Von der Bahnlänge (Kol. 10) sind doppelgeleisig Meilen.	15 Der Betrieb ist eröffnet a. streckenweise zuerst am	15 Der Betrieb ist eröffnet b. auf der ganzen Bahn am
30	Berlin-Stettiner									
	a. Berlin-Stettin-Stargard	22,19	—	—	22,19	—	22,19	0,38	1. August 1842.	Str. Berl.-Stettin 16. Aug. 1843. Str. Stettin-Starg. 1. Mai 1846.
	b. Stargard-Cöslin-Colberg	22,40	—	—	22,5	—	22,30	—	. . . .	1. Juni 1859.
31	Böhmische Westbahn . .	24,15	—	0,89	25,34	17,21	25,65	—	15. Oktober 1861.	15. Juli 1862.
32	Breslau-Schweidnitz-Freib.	22,99	—	—	22,99	—	22,9	—	20. Oktober 1843.	1. November 1858.
33	Brünn-Rossitzer	3,75	—	—	3,75	3,53	3,9*	—	2. Januar 1856.	10. August 1863.
34	Buschtěhrader a. Lokom.-B.	3,63	—	0,41*	3,04	—	3,0	—	5. November 1855.	30. Juli 1856.
	Buschtěhrader b. Pferde-B.	7,5	—	—	7,5	—	7,5	—	im Jahre 1833. .	im Jahre 1836.
35	Frankfurt-Hanauer . . .	3,29	—	2,17	5,46	—	5,5	—	10. September 1848.	22. Juni 1854.
36	Galizische Carl-Ludw.-Bahn	46,71	—	—	46,71	—	47,5	—	20. Februar 1856.	5. November 1861.
37	Graz-Köflacher	5,31	—	—	5,31	—	5,5	—	. . . .	3. April 1860.
38	Hessische Ludwigs-E. . .	20,13	—	—	20,13	—	21,07	1,42	23. März 1853*.	17. Oktober 1859.
39	Homburger	2,30	—	—	2,30	—	2,30	—	. . . .	10. September 1860.
40	Kaiser Ferdinands Nordb.	80,77	0,43	—	80,34	—	82,5	20,0	6. Januar 1838.	1. Januar 1858.
41	Kaiserin Elisabeth a. Lokom.-Bahn	57,07	0,75	0,31	56,93	—	56,93	5,09	15. Dezember 1858.	1. September 1861.
	Kaiserin Elisabeth b. Pferde-Bahn	17,37	—	—	17,37	—	17,13	—	. . . .	1. Mai 1836.
42	Köln-Mindener (u. Gießener)	71,0	2,11	—	68,89	—	68,99	37,037	20. Dezember 1845.	12. Januar 1862*.
43	Kurf. Friedr. Wilh. Nordb.	19,20	—	0,61	19,81	—	20,23	1,55	10. April 1848.	25. September 1849.
44	Leipzig-Dresdener . . .	16,53	—	—	16,53	—	16,50	15,33	24. April 1837.	7. April 1839.
45	Ludwigs-E. (Nürnb.-Fürth)	0,80	—	—	0,80	—	0,80	—	. . . .	7. Dezember 1835.
46	Lübeck-Büchener	6,30	—	—	6,30	—	6,3	—	. . . .	16. Oktober 1851.
47	Magdbg.-Cöth.-Halle-Leipz.	17,82	—	1,44	19,26	—	19 u. 20*	15,77	29. Juni 1839.	Hauptbahn 18. August 1840. Zweigbahn 12. Mai 1861.
48	Magdeburg-Halberstädter .	11,65	—	—	11,65	9,70	11,75	4,41	15. Juli 1843*.	2. Juli 1862.
49	Magdeburg-Wittenbergesche	14,28*	—	—	14,28	—	14,3*	—	7. Juli 1849.	25. Oktober 1851.
50	Mecklenburgische . . .	19,27	—	—	19,27	—	19,3	—	1. Mai 1847.	13. Mai 1850.
51	Mohacs-Fünfkirchener . .	8,08	—	—	8,08	—	8,0	—	1. Dezember 1854*.	1. Dezember 1858.
52	Neisse-Brieger	5,83	—	0,36	6,19	—	6,2	—	25. Juli 1847.	26. Juni 1848.
53	Niederländische Rhein-E. .	21,70	—	1,54	23,24	—	24,10	8,09	28. Dezember 1843*.	15. Februar 1856.
54	Niederschlesische Zweigbahn	9,50	—	—	9,50	—	9,50	—	. . . .	1. November 1846.
55	a. Oesterreich. nördliche .	63,37	1,50	—	61,87	—	62,0	9,004	24. August 1845.	8. April 1851.
	b. Oesterreich. südöstliche .	91,30	—	—	91,30	—	91,30	0,34	16. Juli 1846.	20. Juli 1858.
	c. Wien-Neu-Szönyer . .	20,78	—	—	20,78	—	21,0	—	13. September 1846.	11. August 1856.
56	Oppeln-Tarnowitzer . .	10,12	—	—	10,12	—	10,5	—	16. Februar 1857.	24. Januar 1858.
57	a. Pfälzische Ludwigsbahn .	20,0	—	—	20,0	—	20,0	15,43	11. Januar 1847.	25. August 1849. Zwgb. n. Zweibrücken 15. Mai 1857.
	b. Pfälzische Maximiliansb.	6,32	—	—	6,32	—	6,32	—	18. Juli 1855.	26. November 1855.
58	Rendsburg-Neumünstersche	4,62	—	—	4,62	—	4,60	—	. . . .	18. September 1845.
59	Rheinische	39,11	—	—	39,11	—	39,0	21,64	2. August 1839.	22. Dezember 1859.
60	a. Südbahn, Oesterreich. .	135,85	—	—	135,85	—	139,0	53,63	im Jahre 1840.	1. April 1861.
	b. Nordtiroler	9,86	0,10	—	9,56	—	10,0	—	. . . .	25. November 1858.
	c. Venetianische u. Südtirol.	68,65	—	—	68,65	—	68,98	—	18. Oktober 1858.	3. Oktober 1860.
61	Süd-Norddeutsche . . .	26,18	—	—	26,18	—	27,0	—	4. November 1857.	1. Mai 1859.
62	Taunus-Bahn	5,84	—	—	5,84	—	5,6	3,83	26. Oktober 1839.	5. August 1840.
63	Theiß-Bahn	77,31	—	—	77,31	—	79,06	0,56	23. November 1857.	14. August 1860.
64	Thüringische	37,26	—	—	37,26	—	37,6	18,87	6. Juni 1846.	19. März 1859.
65	Werra-E.	19,92	—	2,72	22,64	—	22,75	—	2. November 1858.	20. Januar 1859.

Abschnitt B.

Bahnbeschreibung und Anlage-Kapital.

I. Allgemeine Beschreibung der Bahn.

Die betreffenden Nachrichten sind in der Statistik pro 1858 Kol. 15—74 enthalten.

II. Anlage-Kapital.

II. Anlage-

Von dem (verwendeten) Anlage-

	I. Staatsbahnen.	75	76	77	78				
					Bahnkörper				
		Im Ganzen sind concessionirt.	Vorarbeiten.	Grunderwerb.	a. Erdarbeiten.	b. Böschungen und Futtermauern.	c. Einfriedigungen.	d. Wege-Uebergänge.	e. Kleine Brücken (bis 30' Spannweite) und Durchlässe.
		Thlr.	Thlr.	Thlr.	Thlr.	Thlr.	Thlr.	Thlr.	Thlr.
1	Badische	—	132 554	2 943 727	5 342 987	i. K. 78a.	131 838	i. K. 78e.	2 109 846
2	Bayerische a. Ludw.-Südnordb.	—	i. K. 78a.	i. K. 78a.	25 405 622	i. K. 78a.	i. K. 78a.	i. K. 78a.	i. K. 78a.
	b. Ludw.-Westbahn	—	i. K. 78a.	i. K. 78a.	10 454 129	i. K. 78a.	i. K. 78a.	i. K. 78a.	i. K. 78a.
	c. Maximiliansbahn	—	i. K. 78a.	i. K. 78a.	15 960 795 / 51 820 546	i. K. 78a.	i. K. 78a.	i. K. 78a.	i. K. 78a.
	d. 5 gepcht. Zwgb.		—	—		—	—	—	—
3	Braunschweigische	—	i. K. 84.	718 417	1 509 834	i. K. 78a.	i. K. 78a.	105 543	i. K. 78f.
4	Hannoversche	—	—*	—	—	—	—	—	—
5	Main-Neckar	—	288 686	973 499	837 428	i. K. 78a.	i. K. 78a.	i. K. 78a.	i. K. 78a.
6	Main-Weser	—	40 365	2 214 067	3 423 345	i. K. 78a.	123 126	i. K. 78f.	i. K. 78f.
7	Preuß. Niederschles.-Märk.	20 975 000*	111 000	2 145 282	3 010 052	i. K. 78a. u. f.	62 959	390 322	i. K. 78f.
8	„ Ostbahn	—	59 456	2 750 778	5 252 741	433 462	87 967	385 906	1 454 491
9	„ Saarbrücker (u. Trier)	—	—	1 142 856	2 623 604	112 279	40 998	148 741	i. K. 78f.
10	„ Westfälische	—	222 064	980 455	2 186 167	203 864	75 548	64 024	i. K. 78f.
11	Sächsische östliche								
	a. Sächsisch-Böhmische	—	14 360	850 614	3 917 552	in Kol. 78a. mitenthalten.	in Kol. 78a. mitenthalten.	in Kol. 78a. mitenthalten.	in Kol. 78a. mitenthalten.
	b. Sächsisch-Schlesische	—	20 945	483 535	5 670 370				
	c. Tharandt-Freiberger	—	19 215	96 745	2 231 982				
12	Sächsische westliche								
	a. Niedererzgebirgische	—	31 325	656 278	8 934 283				
	b. Obererzgebirgische	—	10 150	219 694	1 898 733				
	c. Sächsisch-Bayerische	—	31 328	737 945	11 726 146				
13	Württembergische	—	—*	—	—	—	—		—
	II. Privatbahnen								
	a) unter Staatsverwaltg.								
14	Aach.-Düss.-Ruhrorter a. Aach.-Düssel.	7 950 000	90 037	881 193	1 091 714	80 252	40 343	271 660	269 131
	b. Ruhrort-Crf.	3 512 000	14 600	383 140	102 568	7 339	10 218	36 708	35 731
15	a. Bergisch-Märkische	39 633 000*	—*	—	—	—	—	—	—
	b. Prinz-Wilhelm-E.	2 400 000	12 948	158 224	548 888	i. K. 78a.	i. K. 78d.	21 444	113 197
16	Cöthen-Bernburger	—	—*	—	—	—	—	—	—
17	a. Löbau-Zittauer	2 500 000	6347	227 138	1 840 337	in Kol. 78a.	i. K. 78a.	i. K. 78a.	i. K. 78a.
	b. Zittau-Reichenberger	3 750 000	8552	233 361	2 697 007		i. K. 78a.	i. K. 78a.	i. K. 78a.
18	a. Oberschlesische	21 753 100*	212 411*	548 093	1 489 225		153 304	i. K. 78c.	i. K. 78f.
	b. Breslau-Posen-Glogauer	12 250 000	i. K. 84.	587 555	732 208		845	121 575	202 073
19	Stargard-Posener	7 300 000	i. K. 84.	235 593	515 485	33 941	1 622	50 358	73 696
20	Rhein-Nahe-E.	18 000 000	—	1 977 032	3 566 455	537 302	27 951	61 937	547 330
21	Wilhelms-Bahn	8 500 000	23 583	331 839	1 423 834	i. K. 78a.	i. K. 78a.	101 122	258 082
	b) in Privatverwaltung.								
22	Aachen-Mastrichter	5 550 000	—*	—	—	—	—	—	—
23	Alberts-Bahn	2 300 000	10 453	226 958	273 557	i. K. 78e.	i. K. 78e.	i. K. 78e.	556 476
24	a. Altona-Kieler	3 295 000	156 634	415 050	820 305	i. K. 78a.	i. K. 78a.	i. K. 78a.	i. K. 78a.
	b. Glückstadt-Elmshorner	1 071 750	9444	212 254	196 432	i. K. 79.	i. K. 79.	i. K. 79.	i. K. 79.
25	Aussig-Teplitzer	2 000 000	15 000	259 464	678 667	i. K. 78a.	i. K. 78a.	i. K. 78a.	i. K. 78a.
26	Bayerische Ostbahnen	34 285 714	152 318	2 615 215	3 317 484	i. K. 78a.	21 240	164 093	1 691 408
27	Berlin-Anhaltische	15 500 000	334 105	1 280 221	1 685 088	90 528	36 260	189 053	1 471 701
28	a. Berlin-Hamburger	14 000 000*	839 749	1 130 373	1 793 956	109 781	51 880	35 869	in Kol. 78f.
	b. Hamburg-Bergedorfer	2 298 000	87 587	327 322	231 814	127 845	12 981	19 227	
29	Berlin-Potsdam-Magdebg.	14 866 400	53 831	1 220 866	707 107	163 482	—	67 739	

78		79	80		81	82	83	84	85	86	
Kapital.											
Kapitale kommen auf:		Oberbau (Schienen, Schwellen, Drehscheiben u. s. w.).	Signal-Vorrichtungen		Bahnhöfe und Wärterhäuser.	Sonstige Anlagen: (z. B. fortifikatorische, Hebevorrichtungen, schiefe Ebenen, u. dergl.)	Betriebsmittel.	Insgemein. (Verwaltungskosten, Zinsen während der Bauzeit, Coursverlust u. s. w.)	Summe des verwendeten Anlage-Kapitals	Das Anlage-Kapital beträgt pro Meile Bahnlänge	
f. Große Brücken und Viadukte.	g. Tunnels.		a. optische.	b. electromagnetische							
Thlr.	Thlr.	Thlr.	Thlr.	Thlr.	Thlr.	Thlr.	Thlr.	Thlr.	Thlr.	Thlr.	
1 630 907	1 211 812	8 688 173		—	3 493 792	625 293	5 096 500	770 749	32 178 180	527 598	1
					3 330 468	—	4 029 669	1 272 762	34 038 521*	448 465*	
i. K. 78a.	i. K. 78a.	i. K. 78a.	i. K. 81.	i. K. 81.	1 404 270	—	1 740 176	598 892	14 197 467	516 835	2
					1 797 674	—	2 008 262	985 075	20 761 806	469 406	a—c
					6 537 412	—	7 778 107	2 856 729	68 997 794	467 461	
—	—	—	—	—	—	—	—	—	3 348 571	236 081	2d
390 910	—	2 971 426	i. K. 80b.	29 426	859 149	—	1 003 074	618 763	8 406 542	315 798	3
—	103 346	—	—	235 576	—	—	7 372 260	—	49 338 416*	415 307*	4
995 177	—	1 829 465*	—	—	1 390 389	—	655 779	—	6 970 423	599 864	5
1 662 276	i. K. 78f.	2 987 068	i. K. 81.	i. K. 81.	1 690 273	—	1 210 934	623 839	13 976 213*	525 619	6
3 130 224	—	9 214 946	i. K. 78d.	i. K. 78d.	3 652 092	335 128*	6 170 216	2 914 860*	31 157 081	603 539	7
2 489 415	—	9 807 098	i. K. 80b.	589 109	5 351 608	383 647	6 069 805	1 588 847	37 004 330	338 465	8
1 093 520	704 929	2 865 635	i. K. 80b.	60 007*	1 074 199	7 712	2 405 180	692 676	12 992 336	697 987	9
1 943 780	—	2 917 316	i. K. 80b.	130 621	1 198 702	116 695	1 495 811	577 890	12 172 934	439 298	10
in Kol. 78a. mitenthalten.	in Kol. 78a. mitenthalten.	in Kol. 78a. mitenthalten.	in Kol. 78a. mitenthalten.	in Kol. 78a. mitenthalten.	394 913	—	715 363	65 992	5 958 800	826 463	11 a
					546 236	—	880 934	439 543	8 041 563	593 473	- b
					116 321	—	402 638	155 949	3 022 850	861 211	- c
					1 119 497	—	1 491 802	638 067	12 871 252*	763 873	12 a
					361 845	—	453 820	96 717	3 040 959	500 158	- b
					999 661	—	3 022 871	469 230	16 987 181	758 018	- c
—	—	—	—	—	—	—	—	—	30 054 982	516 408	13
249 223	—	1 522 443	i. K. 80b.	45 819	877 541	36 091	1 174 331	778 336	7 408 144	618 132	14 a
15 870	—	654 315	i. K. 80b.	26 141	447 238	552 802*	622 871	524 623	3 434 024	613 219	- b
—	—	—	—	—	—	—	—	—	—*	—*	15 a
i. K. 78e.	—	454 901	i. K. 82.	i. K. 82.	104 186	112 593	360 641	386 451	2 258 473	513 319	- b
—	—	—	—	—	—	—	—	—	650 000*	236 364*	16
i. K. 78a.	i. K. 78a.	i. K. 78a.	i. K. 78a.	i. K. 78a.	216 734	—	201 860	196 338	2 690 754	596 620	17 a
i. K. 78a.	i. K. 78a.	i. K. 78a.	i. K. 78a.	i. K. 78a.	323 532	—	240 291	104 038	3 606 781	1 015 995	- b
1 280 397	—	5 237 434	i. K. 80b.	116 004	1 642 551	267 607	4 160 832	1 202 225	16 310 083*	493 497*	18 a
1 493 313	—	2 671 040	16 009	49 708	1 632 256	188 680	1 422 103	3 344 338	12 461 709	447 136	- b
333 774	—	2 204 987	i. K. 80b.	79 972	626 229	115 470	1 400 015	799 212	6 470 854	285 919	19
1 851 816	1 519 050	2 340 328	i. K. 80b.	115 000*	601 235*	264 232	1 221 853	1 788 464	16 420 885	1 025 024	20
302 956	689 120	1 873 714	i. K. 80b.	12 945	720 288	49 089	1 525 824	815 642	8 128 038	380 170	21
—	—	—	—	—	—	—	—	—	5 550 000	639 475	22
i. K. 78e.	—	523 705	i. K. 78e.	i. K. 78e.	124 670	—	642 074	28 345	2 386 238	466 074	23
i. K. 78a.	—	707 010	i. K. 79.	—*	1 031 679	—	551 006	—	3 687 704	261 911	24 a
—	—	235 757	i. K. 79.	i. K. 79.	167 781	—	62 558	107 067	991 323	220 294	- b
i. K. 78a.	i. K. 78a.	549 671	i. K. 79.	i. K. 79.	242 393	—	394 346	65 794*	2 205 335	684 108*	25
1 114 823	51 999	5 560 248	i. K. 84.	61 725	2 237 911	—	3 989 480	3 879 193*	24 857 143	405 500	26
—	—	5 439 710	65 272	26 879	1 480 034	455 453	1 610 020	1 335 676	15 500 000	327 004	27
1 422 999	—	3 816 286	i. K. 80b.	108 457	1 858 286	—	1 581 084	1 132 553	13 901 373	370 013	28 a
191 752	—	414 052	—	—	616 346	—	—	268 874	2 298 000	1 099 522	- b
1 678 743	—	3 814 142	27 389	33 907	1 340 947	111 226	2 056 576	2 843 746	13 700 791	694 518	29

II. Privatbahnen. (Forts.)	75	76	77	78				
		II. Anlage-						
		Von dem (verwendeten) Anlage-						
				Bahnkörper				
	Im Ganzen sind concessionirt. Thlr.	Vorarbeiten. Thlr.	Grunderwerb. Thlr.	a. Erdarbeiten. Thlr.	b. Böschungen und Futtermauern. Thlr.	c. Einfriedigungen. Thlr.	d. Wege-Uebergänge. Thlr.	e. Kleine Brücken (bis 30' Spannweite) und Durchlässe. Thlr.
30 Berlin-Stettiner								
a. Berl.-Stettin-Stargard	6 824 000	21 696	424 252	1 060 795	42 619	12 059	10 858	211 211
b. Starg.-Cöslin-Colberg	11 500 000	31 956	172 786	1 479 521	82 282	8 229	54 405	354 433
31 Böhmische Westbahn	16 000 000	—*	—	—	—	—	—	—
32 Breslau-Schweidnitz-Freib.	9 100 000*	i. R. 84.	776 066	1 152 738	i. R. 78a.	17 313	258 247	i. R. 78f.
33 Brünn-Rossitzer	1 761 600*	—*	—	—	—	—	—	—
34 Buschtěhrader a. Locom.-B.	1 680 000	44 394*	99 516	348 626	i. R. 78a.	i. R. 78a.	i. R. 78a.	i. R. 78a.
34 Buschtěhrader b. Pferde-B.		—*	—	—	—	—	—	—
35 Frankfurt-Hanauer	2 571 429	12 463	617 588	625 206	i. R. 78a.	i. R. 78a.	i. R. 78a.	i. R. 78a.
36 Galizische Carl-Ludw.-Bahn	14 000 000	250 074	923 048	8 582 272	i. R. 78a.	i. R. 78a.	i. R. 78a.	i. R. 78a.
37 Graz-Köflacher	2 666 666*	—	106 247*	254 296	27 945	i. R. 78d.	23 533	i. R. 73g.
38 Hessische Ludwigs-E.	10 857 143	203 447	1 438 852	1 245 744	190 287	60 653	38 043	280 727
39 Homburger	1 600 000	28 572	289 169	438 949	i. R. 78a.	i. R. 78a.	i. R. 78a.	i. R. 78a.
40 Kaiser Ferdinands Nordb.	53 115 512	176 088	2 514 882	10 089 026	i. R. 78a.	i. R. 78a.	i. R. 78a.	i. R. 78a.
41 Kaiserin Elisabeth a. Locom.-Bahn	—*	851 059*	2 673 958	12 815 414	261 941	i. R. 78e.	i. R. 78a.	824 589
41 Kaiserin Elisabeth b. Pferde-Bahn		—*	—	—	—	—	—	—
42 Köln-Mindener (u. Gießener)	62 274 500	1 372 271	4 412 298	7 259 681		136 433	367 051	i. R. 78f.
43 Kurf. Friedr. Wilh. Nordb.	11 600 000	205 648	912 148	4 430 757	in Rub. 78a.	in Rub. 78a.	in Rub. 78a.	in Rub. 78a.
44 Leipzig-Dresdener	9 000 000	i. R. 84.	i. R. 78a.	6 382 824				
45 Ludwigs-E. (Nürnb.-Fürth)	124 000	—	19 901	15 908				
46 Lübeck-Büchener	2 558 000	22 613	239 650	411 965	103 389	21 916	11 521	84 652
47 Magdb.-Cöth.-Halle-Leipz.	9 200 000	i. R. 79.	i. R. 79.	i. R. 79.	i. R. 79.	i. R. 79.	i. R. 79.	i. R. 79.
48 Magdeburg-Halberstädter	4 900 000	—	415 164	339 516	8 914	2467	62 932	131 713
49 Magdeburg-Wittenbergesche	6 500 000	91 858*	375 446	474 709	i. R. 78a.	43 305	i. R. 78e.	i. R. 78f.
50 Mecklenburgische	6 298 000	37 722	115 224	1 269 806	47 860	12 504	14 968	406 113
51 Mohacs-Fünfkirchener	4 520 419*	207 605	147 035	935 971	14 176	23 296	20 203	406 565
52 Neisse-Brieger	1 200 000	7181	122 559	201 862	i. R. 78a.	i. R. 81.	33 159	50 783
53 Niederländische Rhein-E.	18 857 143	i. R. 78a.	2 219 000*	7 658 219	i. R. 78a.	i. R. 78a.	i. R. 78a.	i. R. 78a.
54 Niederschlesische Zweigbahn	2 500 000	9166	146 782	198 646	66	639	8192	106 305
55 a. Oesterreich. nördliche	112 000 000	—*	—	—	—	—	—	—
b. Oesterreich. südöstliche		—*	—	—	—		—	—
c. Wien-Neu-Szönyer		—*	—	—	—	—	—	—
56 Oppeln-Tarnowitzer	2 500 000	—	117 273	157 748	20 479	31	26 119	48 989
57 a. Pfälzische Ludwigsbahn	9 462 286	116 500	1 143 006	1 435 996	i. R. 78a.	2761	34 244	i. R. 78f.
b. Pfälzische Maximiliansb.	2 514 286	36 336	366 608	311 428		725	17 276	i. R. 78f.
58 Rendsburg-Neumünstersche	622 500	8600	30 306	199 512	i. R. 78a.	i. R. 78a.	i. R. 78a.	i. R. 78a.
59 Rheinische	29 694 750	1 067 649	4 164 936	3 655 466	i. R. 78a.	130 182	218 187	430 738
60 a. Südbahn, Oesterreich.								
b. Nordtiroler	100 000 000*	—*	—	—	—	—		—
c. Venetianische u. Südtirol.								
61 Süd-Norddeutsche	14 000 000	122 500	564 125	2 520 995	322 002	34 733	105 217	i. R. 78f.
62 Taunus-Bahn	—	38 777	342 969	1 196 359	i. R. 78a.	i. R. 78a.	i. R. 78a.	i. R. 78a.
63 Theiß-Bahn	37 800 000	6 127 935*	538 591	2 032 667	15	259 383	i. R. 78e.	i. R. 78f.
64 Thüringische	20 900 000	60 400	2 267 699	3 220 076	266 834	11 029	667 467	410 914
65 Werra-E.	8 256 900	39 107	703 325	1 853 305	71 505	4254	368 930	250 890

Kapital.

Kapitale kommen auf:

78		79	80		81	82	83	84	85	86	
a. Große Brücken und Viadukte. Thlr.	b. Tunnels. Thlr.	Oberbau (Schienen, Schwellen, Drehscheiben u. s. w.). Thlr.	Signal-Vorrichtungen a. optische. Thlr.	b. electro-magnetische Thlr.	Bahnhöfe und Wärterhäuser. Thlr.	Sonstige Anlagen: (z. B. fortificatorische, Hebevorrichtungen, schiefe Ebenen, u. dergl.) Thlr.	Betriebsmittel. Thlr.	Insgemein. (Verwaltungskosten, Zinsen während der Bauzeit, Coursverlust u. s. w.) Thlr.	Summe des verwendeten Anlage-Kapitals Thlr.	Das Anlage-Kapital beträgt pro Meile Bahnlänge Thlr.	
515 000	8300	2 187 570	3030	—	910 272	103 346	1 243 882	675 695	7 430 794	330 404	30 a
487 897	—	2 414 886	3848	36 783	1 234 099	72 625	1 286 754	1 202 568	8 926 072*	391 494	- b
—	—	—	—	—	—	—	—	—	14 509 266*	593 426	31
431 147	—	2 061 950	i. R. 80b.	91 798	1 018 544	523 641	1 944 204	859 871	9 166 150*	400 443	32
—	—	—	—	—	—	—	—	—	1 727 848*	460 759	33
—	—	503 972	i. R. 81.	i. R. 81.	148 940	—	267 400	73 057	1 482 905	432 334*	34 a
—	—	—	—	—	—	—	—	—	331 082	44 144	- b
i. R. 78a.	i. R. 78a.	i. R. 78a.	i. R. 78a.	i. R. 78a.	381 877	—	323 812	261 593	2 222 559	675 519	35
i. R. 78a.	i. R. 78a.	6 748 898	i. R. 79.	i. R. 79.	2 597 297	—	4 562 930	913 205	24 577 724	526 177	36
i. R. 78b.	179 316	592 657	1978	3333	200 488	—	141 845	262 359	1 793 997	337 850	37
336 044	—	1 793 602	i. R. 80b.	23 313	957 971	172 917	1 356 854*	596 328	8 723 982	427 018	38
i. R. 78a.	—	320 958	—	5678	150 263	—	141 314	203 954	1 578 857	631 543	39
i. R. 78a.	i. R. 78a.	15 888 894	i. R. 79.	i. R. 79.	6 748 633	—	11 934 808	3 184 114	50 536 445	625 083	40
6 196 804	484 850	9 497 479	15 542	117 816	7 000 511	—	4 660 156	5 548 978	50 949 096	886 834	41 a
—	—	—	—	—	—	—	—	—	3 005 933*	173 053	- b
8 266 220	1 244 465	10 760 401	i. R. 80b.	179 864	4 657 111	1 414 932	10 032 477	10 384 098	60 487 302*	851 934*	42
i. R. 78a.	i. R. 78a.	2 252 169	i. R. 81.	i. R. 81.	791 449	—	992 841	1 777 948	11 392 960	593 383	43
i. R. 78a.	i. R. 78a.	i. R. 78a.	—	11 500	788 507	—	1 426 063	323 379	8 930 273	540 248	44
—	—	30 492	—	—	11 836	—	36 396	9467	124 000	124 000*	45
—	—	504 033	i. R. 80b.	23 844	858 606	127 199	297 929	350 683	2 558 000	406 032	46
i. R. 79.	i. R. 79.	6 328 954	i. R. 79.	i. R. 79.	i. R. 79.	—	2 276 038	—	8 604 992	482 884	47
i. R. 78a.	—	1 310 467	i. R. 80b.	40 960	533 353	17 023	1 272 232	241 905	4 376 666	375 679	48
1 855 560	—	1 390 079	i. R. 80b.	39 649*	396 867	138 651	628 162	820 950	6 264 836	438 100	49
155 603	—	1 425 466	i. R. 80b.	96 732	574 803	—	725 193	1 115 916	6 298 000	326 829	50
23 940	—	1 407 789	3822	7946	354 770	—	524 795	442 506	4 520 419	559 458	51
—	—	326 830	i. R. 80b.	7113	85 539	27 873	214 405	122 687	1 200 000	205 761	52
i. R. 78a.	i. R. 78a.	2 402 421	i. R. 78a.	i. R. 78a.	i. R. 78a.	—	2 166 524	401 057	14 847 221	684 204	53
203 182	—	765 398	8870	5071	244 208	—	441 994	353 577	2 492 096	262 326	54
—	—	—	—	—	—	—	6 605 609	—	31 103 009	490 816	55 a
—	—	—	—	—	—	—	8 866 327	—	44 667 062	488 165	- b
—	—	—	—	—	—	—	1 948 221	—	9 758 821	469 626	- c
110 524	—	1 049 992	18 174*	14 734	162 316	347	396 684	321 051	2 444 461	211 547	56
428 931	397 650	2 646 943	—	13 315	863 545	—	1 018 006	1 162 533	10 163 435	508 172	57 a
150 372	—	455 324	—	5662	237 870	82 110	548 332	371 413	2 583 456	105 774	- b
i. R. 78a.	i. R. 78a.	201 802	i. R. 81.	5364	62 922	—	106 686	44 905	660 097	142 755	58
1 654 672	2 058 555	5 998 363	i. R. 80b.	223 828	2 493 989	914 136	3 429 900	3 302 137	29 832 938	762 796	59
—	—		—	—	—	—	—	—	174 318 447*	—	60
2 148 375	608 365	3 270 260	11 659	20 733	1 204 966	27 507	1 776 297	1 088 715	13 826 449	528 130	61
i. R. 78a.	i. R. 78a.	i. R. 78a.	—	274	383 146	6422	525 171	11 185	2 504 303*	428 819	62
944 698	—	9 980 438	40 038	57 541	2 920 523	—	4 072 954	1 012 633	27 987 416	362 015	63
2 219 251	198 946	4 974 057	7243	79 665	1 534 186	142 013	2 400 089	2 440 131	20 900 000	560 923	64
241 346	157 526	2 021 312	3072	30 025	756 240	—	807 718	916 053	8 254 608	414 388	65

6

	87			88		89	
	(Forts.) **II. Anlage-Kapital.**						
I. Staatsbahnen.	Von dem Gesammt-Anlage-Kapitale (Kol. 75) bestehen			Von den Stamm-Actien sind vom Staate garantirt		Außer dem in Kol. 85 aufgeführten Anlage-Kapital sind zur Erweiterung und Verbesserung der Bahn-Anlagen und zur Vermehrung der Betriebsmittel aus den Betriebs-Ueberschüssen verwendet:	
	a. in Stamm-Actien.	b. in Prioritäts-Stamm-Actien.	c. in Prioritäts-Obligationen.			a. in den früheren Jahren bis Ende 1861.	b. im Betriebsjahre 1862.
	Thlr.	Thlr.	Thlr.	Thlr.	mit Proc.	Thlr.	Thlr.
1 Badische	—	—	—	—	—	—	—
2 Bayerische (u. 5 gpcht. Zwgb.)	—	—	—	—	—	—	—
3 Braunschweigische	—	—	—	—	—	2 341 039	243 621
4 Hannoversche	—	—	—	—	—	772 475	108 817
5 Main-Neckar	—	—	—	—	—	258 644	121 730
6 Main-Weser	—	—	—	—	—	709 626*	37 533*
7 Preuß. Niederschles.-Märk.	10 000 000	4 175 000*	6 500 000	10 000 000	4	3 410 620*	271 180
8 „ Ostbahn	—	—	—	—	—	—	—
9 „ Saarbrücker (u. Trier)	—	—	—	—	—	1 430 108	975 072
10 „ Westfälische	—	—	—	—	—	347 313	116 218
11 Sächsische östliche							
a. Sächsisch-Böhmische	—	—	—	—	—	—	—
b. Sächsisch-Schlesische	—	—	—	—	—	—	—
c. Tharandt-Freiberger	—	—	—	—	—	—	—
12 Sächsische westliche							
a. Niedererzgebirgische	—	—	—	—	—	—	—
b. Obererzgebirgische	—	—	—	—	—	—	—
c. Sächsisch-Bayerische	—	—	—	—	—	—	—
13 Württembergische	—	—	—	—	—	—	—
II. Privatbahnen							
a) unter Staatsverwaltg.							
14 Aach.-Düss.-Ruhrorter a. Aach.-Düssel.	4 000 000	—	3 950 000	4 000 000	3½	272 267	—
b. Ruhrort-Crf.	1 500 000	—	2 012 000	1 500 000	3½	97 571	—
15 a. Bergisch-Märkische	12 213 000*	—	27 420 000	18 000 000*	3½	202 811	80 343
b. Prinz-Wilhelm-E.	1 300 000	—	1 100 000	—	—	—	—
16 Cöthen-Bernburger	500 000	—	—	500 000	2½	122 500	—
17 a. Löbau-Zittauer	2 000 000	500 000	—	—	—	—	—
b. Zittau-Reichenberger	3 750 000	—	—	3 750 000	4	—	—
18 a. Oberschlesische	12 606 200	—	9 146 900	2 400 000	3½	—	—
b. Breslau-Posen-Glogauer	—	—	12 250 000	—	—	—	—
19 Stargard-Posener	5 000 000	—	2 300 000	5 000 000	3½	—	—
20 Rhein-Nahe-E.	9 000 000	—	9 000 000	8 250 000*	4½	—	—
21 Wilhelms-Bahn	2 400 000	2 937 350	3 162 650		—	199 992	—
b) in Privatverwaltung.							
22 Aachen-Mastrichter	2 750 000	—	2 800 000	—	—	—	—
23 Alberts-Bahn	900 000	—	1 400 000	—	—	120 884	—
24 a. Altona-Kieler	3 075 000	—	220 000	—	—	455 597*	22 510*
b. Glückstadt-Elmshorner	450 000	408 000	213 750	—	—	10 387	—
25 Aussig-Teplitzer	1 400 000	—	600 000	—	—	—	—
26 Bayerische Ostbahnen	34 285 714	—	—	34 285 714	4½	—	—
27 Berlin-Anhaltische	8 500 000	—	7 000 000	—	—	265 524	526
28 a. Berlin-Hamburger	8 000 000	—	6 000 000	—	—	1 775 216*	175 192
b. Hamburg-Bergedorfer	1 548 000	—	750 000	—	—	—	—
29 Berlin-Potsdam-Magdebg.	5 000 000	—	9 866 400	—	—	30 422	—

II. Privatbahnen. (Forts.)	87. (Forts.) II. Anlage-Kapital. Von dem Gesammt-Anlage-Kapitale (Kol. 75) bestehen: a. in Stamm-Actien. Thlr.	87. b. in Prioritäts-Stamm-Actien. Thlr.	87. c. in Prioritäts-Obligationen. Thlr.	88. Von den Stamm-Actien sind vom Staate garantirt Thlr.	88. mit Proc.	89. Außer dem in Kol. 85 aufgeführten Anlage-Kapitale sind zur Erweiterung und Verbesserung der Bahn-Anlagen und zur Vermehrung der Betriebsmittel aus den Betriebs-Ueberschüssen verwendet: a. in den früheren Jahren bis Ende 1861. Thlr.	89. b. im Betriebsjahre 1862. Thlr.
30 Berlin-Stettiner							
a. Berl.-Stettin-Stargard	6 024 000	—	800 000	—	—	889 121	180 969
b. Starg.-Cöslin-Colberg	—	—	11 500 000	—*	3½*	—	—
31 Böhmische Westbahn	8 000 000	—	6 000 000	16 000 000*	5,2	—	—
32 Breslau-Schweidnitz-Freib.	5 100 000	—	4 000 000	—	—	3814	—
33 Brünn-Rossitzer	89 600*	1 372 000*	300 000*	—	—	—	—
34 Buschtiehrader { a. Lokom.-B. b. Pferde-B. }	1 680 000	—	—	—	—	—	—
35 Frankfurt-Hanauer	1 714 285	—	857 144	—	—	—	—
36 Galizische Carl-Ludw.-Bahn	14 000 000	—	—	14 000 000	5,2	—	—
37 Graz-Köflacher	2 133 333*	—	533 333	—	—	—	—
38 Hessische Ludwigs-E.	6 857 143	—	4 000 000	—	—	—	—
39 Homburger	914 286	—	685 714	—	—	—	893
40 Kaiser Ferdinands Nordb.	39 066 242	—	14 049 270	—	—	—	—
41 Kaiserin Elisabeth { a. Lokom.-Bahn b. Pferde-Bahn }	21 000 000	—	32 890 987	—*	5,2	—	—
42 Köln-Mindener (u. Gießener)	13 000 000	—	49 274 500	13 000 000	3½	1 424 175	237 577
43 Kurf. Friedr. Wilh. Nordb.	8 000 000	—	3 600 000	—	—	103 113	32 440
44 Leipzig-Dresdener	5 000 000	—	4 000 000*	—	—	1 369 509	70 000
45 Ludwigs-E. (Nürnb.-Fürth)	101 143	—	22 857*	—	—	91 191	8042
46 Lübeck-Büchener	2 558 000	—	—	—	—	73 313	19 207
47 Magdb.-Cöth.-Halle-Leipz.	3 500 000	—	5 700 000	—	—	471 054	—
48 Magdeburg-Halberstädter	1 700 000	—	3 200 000	—	—	—	—
49 Magdeburg-Wittenbergesche	4 500 000	—	2 000 000	—	—	—	—
50 Mecklenburgische	4 350 000	—	1 946 000*	—	—	151 803	23 132
51 Mohacs-Fünfkirchener	—*	—	—	—	—	—	—
52 Neisse-Brieger	1 100 000	—	100 000	—	—	179 721	17 815
53 Niederländische Rhein-E.	13 714 286	—	5 142 857	5 142 857*	4½	—	—
54 Niederschlesische Zweigbahn	1 412 200	87 800	1 000 000	—	—	3812	—
55 { a. Oesterreich. nördliche b. Oesterreich. südöstliche c. Wien-Neu-Szönyer }	56 000 000	—	56 000 000	56 000 000	5,2	—	—
56 Oppeln-Tarnowitzer	2 500 000	—	—	—	—	—	—
57 a. Pfälzische Ludwigsbahn	6 662 286	—	2 800 000*	6 662 286	4	—	19 064
b. Pfälzische Maximiliansb.	2 514 286	—	—	2 514 286	4½	—	—
58 Rendsburg-Neumünstersche	390 000	—	232 500	—	—	—	1670
59 Rheinische	11 452 000	2 042 750	13 230 000	—*	—*	700 258	—
60 { a. Südbahn, Oesterreich. b. Nordtiroler c. Venetianische u. Südtirol. }	100 000 000	—	74 620 003*	—*	5,2	—	
61 Süd-Norddeutsche	10 500 000	—	{ 1 400 000 2 100 000* }	12 000 000*	5,2	—	—
62 Taunus-Bahn	1 714 286	—	742 857*	—	—	221 755	58 527
63 Theiß-Bahn	16 800 000	—	21 000 000*	37 800 000*	5,2	—	—
64 Thüringische	9 000 000	—	11 900 000*	—	—	233 376*	27 678
65 Werra-E.	5 006 900	—	3 250 000*	8 000 000*	4	—	—

Abschnitt C.

Transportmittel.

I. Bestand der

		90						91				92	93												
		Lokomotiven:						Davon sind:					Firma der												
		a. 4-	b. 6-	c. 8- rädrige.	d. Tender-Lokomotiven.	e. zusammen.	f. pro Meile Bahnlänge.	a. gekuppelt.	b. mit Expansion	c. ohne Expansion	d. mit Kondensation versehen.	Tender.	1 A. Borsig in Berlin.	2 J. A. Maffei in Hirschau bei München.	3 Wien-(Gloggnitzer) Bahn	4 Maschinenfabrik (E. Kessler) in Esslingen.	5 … in Wiener-Neustadt.	6 Egestorff in Linden bei Hannover.	7 R. Hartmann in Chemnitz.	8 Maschinenfabrik der Oesterreich. Staats-Eisenbahn-Gesellschaft.	9 Cockerill in Seraing.	10 E. Kessler in Karlsruhe.	11 G. Sigl in Wien.	12 Stephenson in Newcastle.	13 Maschinenbau-Ges. in Karlsruhe.
	I. Staatsbahnen.	Anz.	Anz.	Anz.	Anz.	Anz.	Anz.	Anz.	Anz.	Anz.	Anz.	Anz.													
1	Badische	—	100	21	4	125	2,93	45	125	—	—	121										37		9	50
2	Bayerische (u. Szepcht. Zwgb.)	—	252	—	—	252	1,39	179	191	61	103	252		209					14			21			
3	Braunschweigische	—	53	—	—	53	1,88	34	53	—	—	53						40						5	
4	Hannoversche	—	201	—	9	210	1,41	148	210	—	210	181	12					137			6	6			
5	Main-Neckar	—	28	—	—	28	2,17*	8	20	—	—	27										10			5
6	Main-Weser	—	48	—	—	48	1,81	48	48	—	21	38				5		6				21			
7	Preuß. Niederschles.-Märk.	—	145	—	—	145	2,81	65	137	8	50	145	91								6			19	
8	„ Ostbahn	—	125	—	—	125	1,15	57	125	—	55	125	90					3						1	
9	„ Saarbrücker (u. Trier)	—	44	—	3	47	2,11	39	13	22	12	41	26												15
10	„ Westfälische	—	42	—	—	42	1,36	32	32	10	—	14	37												
11	Sächsische östliche a. Sächsisch-Böhmische b. Sächsisch-Schlesische c. Tharandt-Freiberger	—	51	—	—	51	1,94	47	51	—	6	45							33		1			15	
12	Sächsische westliche a. Niedererzgebirgische b. Obererzgebirgische c. Sächsisch-Bayerische	—	107	—	—	107	2,21	105	106	—	—	73	13						83			2		6	
13	Württembergische	—	—	115	—	115	1,88	115	115	—	107	115		6		93						6			
	II. Privatbahnen																								
	a) unter Staatsverwaltg.																								
14	Aach.-Düss.-Ruhrorter: a. Aach.-Düssel.; b. Ruhrort-Crf.	—	33	—	—	33	1,94	18	33	—	9	33	17								5	7			
15	a. Bergisch-Märkische	—	92	4	4	100	2,36	85	93	7	5	91	77								7	5		2	
	b. Prinz-Wilhelm-E.	—	1	7	—	8	1,83	8	8	—	—	7	1								7				
16	Cöthen-Bernburger	—	4	—	—	4	1,0	—	2	2	4	4	2											2	
17	a. Löbau-Zittauer	—	5	—	—	5	1,11	5	5	—	—	4							1		4				
	b. Zittau-Reichenberger	—	5	—	—	5	1,41	5	5	—	—	5							5						
18	a. Oberschlesische	—	67	—	8	75	2,76	68	75	—	16	67	70												
	b. Breslau-Posen-Glogauer	—	34	—	—	34	1,72	21	34	—	34	34	34												
19	Stargard-Posener	—	31	—	—	31	1,37	14	31	—	14	31	31												
20	Rhein-Nahe-E.	—	27	—	—	27	1,69	24	—	—	20	27	27												
21	Wilhelms-Bahn	—	23	—	—	23	0,98	12	23	—	—	23	20												
	b) in Privatverwaltung.																								
22	Aachen-Mastrichter	—	17	—	—	17	1,37	13	17	—	5	17	7								10				
23	Alberts-Bahn	—	4	—	4	8	1,87	8	8	—	—	4							7						
24	a. Altona-Kieler	—	17	—	—	17*	1,31	10	17	—	17	12						7			4				
	b. Glückstadt-Elmshorner	—	3	—	—	3	0,67	3	3	—	3	3													
25	Aussig-Teplitzer	—	5	—	—	5	2,07	5	5	—	—	5	5												
26	Bayerische Ostbahnen	—	72	—	—	72	1,19	46	72	—	—	72		72											
27	Berlin-Anhaltische	—	67	—	—	67	1,41	21	58	9	11	67	56											10	
28	a. Berlin-Hamburger b. Hamburg-Bergedorfer	3	81	—	—	84	2,13	42	82	2	51	84	75											2	
29	Berlin-Potsdam-Magdebg.	—	45	—	—	45	2,28	13	20	25	—	45	32											2	
	zu übertragen	3	1829	147	32	2011	.	.	.	.	.	.	723	267	.	96	.	193	143	.	50	115	.	173	52

Transportmittel.

Fabriken, welche die Lokomotiven geliefert haben:

14	15	16	17	18	19	20	21	22	23	24	25	26	27	28	29	30	31	32	33	34	35	36	37	38	39	40	41	42	43	44	45	46	47	48	49	50	51	52	53	54	55	56	57	
3	.	.	4	9	.	.	.	.	.	.	.	.	.	.	.	.	.	.	.	.	.	.	.	.	.	3	.	.	.	.	.	.	.	.	.	.	.	.	1	.	.	.	.	1
.	.	.	.	6	.	.	.	.	.	.	.	.	.	.	.	.	.	.	.	.	.	.	.	.	.	.	.	.	.	.	.	.	.	.	.	.	.	.	.	.	.	.	.	2
.	.	.	.	.	.	.	.	.	.	.	.	.	.	.	.	.	.	.	.	.	5	.	.	.	.	.	2	.	.	.	.	.	.	.	.	.	.	.	.	.	1	.	.	3
13	19	9	.	.	.	.	.	.	.	.	.	.	.	.	8	.	.	.	.	.	.	.	.	.	.	.	.	.	.	.	.	.	.	.	.	.	.	.	.	.	.	.	.	4
8	.	4	.	.	.	.	.	.	.	.	.	.	.	.	.	.	.	.	.	.	.	.	.	.	.	.	.	.	.	.	.	.	.	.	.	.	.	.	.	.	.	.	1	5
.	.	16	.	.	.	.	.	.	.	.	.	.	.	.	.	.	.	.	.	.	.	.	.	.	.	.	.	.	.	.	.	.	.	.	.	.	.	.	.	.	.	.	.	6
2	14	.	8	.	.	.	1	.	2	.	.	.	.	.	.	.	.	.	.	.	.	.	.	.	.	.	.	1	2	.	.	.	.	.	.	.	.	.	.	.	.	.	.	7
.	18	.	.	.	.	.	.	2	.	.	.	.	.	9	.	.	.	.	.	.	.	.	.	.	.	.	.	.	.	.	.	.	2	.	.	.	.	.	.	.	.	.	.	8
.	3	.	.	.	.	.	.	.	.	.	.	.	.	.	.	.	.	.	.	.	.	.	.	.	.	.	.	.	.	.	.	.	.	.	.	.	.	.	.	.	.	.	.	9
.	5	.	.	.	.	.	.	.	.	.	.	.	.	.	.	.	.	.	.	.	.	.	.	.	.	.	.	.	.	.	.	.	.	.	.	.	.	.	.	.	.	.	.	10
.	2	.	.	.	.	.	.	.	.	.	.	.	.	.	.	.	.	.	.	.	.	.	.	.	.	.	.	.	.	.	.	.	.	.	.	.	.	.	.	.	.	.	.	11
.	3	.	.	.	.	.	.	.	.	.	.	.	.	.	.	.	.	.	.	.	.	.	.	.	.	.	.	.	.	.	.	.	.	.	.	.	.	.	.	.	.	.	.	12
.	.	.	.	.	.	.	.	.	.	.	.	10	.	.	.	.	.	.	.	.	.	.	.	.	.	.	.	.	.	.	.	.	.	.	.	.	.	.	.	.	.	.	.	13
.	4	.	.	.	.	.	.	.	.	.	.	.	.	.	.	.	.	.	.	.	.	.	.	.	.	.	.	.	.	.	.	.	.	.	.	.	.	.	.	.	.	.	.	14
.	2	2	.	.	.	.	.	.	.	.	.	.	.	.	.	.	.	.	.	.	.	.	1	1	.	.	.	.	.	.	.	.	.	.	.	.	.	.	.	.	.	.	.	15a
.	.	.	.	.	.	.	.	.	.	.	.	.	.	.	.	.	.	.	.	.	.	.	.	.	.	.	.	.	.	.	.	.	.	.	.	.	.	.	.	.	.	.	.	—b
.	.	.	.	.	.	.	.	.	.	.	.	.	.	.	.	.	.	.	.	.	.	.	.	.	.	.	.	.	.	.	.	.	.	.	.	.	.	.	.	.	.	.	.	16
.	.	.	.	.	.	.	.	.	.	.	.	.	.	.	.	.	.	.	.	.	.	.	.	.	.	.	.	.	.	.	.	.	.	.	.	.	.	.	.	.	.	.	.	17a
.	.	.	.	.	.	.	.	.	.	.	.	.	.	.	.	.	.	.	.	.	.	.	.	.	.	.	.	.	.	.	.	.	.	.	.	.	.	.	.	.	.	.	.	—b
.	.	.	.	.	.	.	1	.	.	.	.	.	.	.	.	.	.	.	.	.	.	.	.	.	.	.	.	.	.	.	.	.	.	.	1	.	.	.	.	.	.	.	.	18a
.	.	.	.	.	.	.	.	.	.	.	.	.	.	.	.	.	.	.	.	.	.	.	.	.	.	.	.	.	.	.	.	.	.	.	.	.	.	.	.	.	.	.	.	—b
.	.	.	.	.	.	.	.	.	.	.	.	.	.	.	.	.	.	.	.	.	.	.	.	.	.	.	.	.	.	.	.	.	.	.	.	.	.	.	.	.	.	.	.	19
.	.	.	.	.	.	.	.	.	.	.	.	.	.	.	.	.	.	.	.	.	.	.	.	.	.	.	.	.	.	.	.	.	.	.	.	.	.	.	.	.	.	.	.	20
.	3	.	.	.	.	.	.	.	.	.	.	.	.	.	.	.	.	.	.	.	.	.	.	.	.	.	.	.	.	.	.	.	.	.	.	.	.	.	.	.	.	.	.	21
.	.	.	.	.	.	.	.	.	.	.	.	.	.	.	.	.	.	.	.	.	.	.	.	.	.	.	.	.	.	.	.	.	.	.	.	.	.	.	.	.	.	.	.	22
.	.	.	.	.	.	.	.	.	.	.	.	.	.	.	.	.	.	.	.	.	.	.	.	.	.	.	.	.	.	.	.	.	.	.	.	.	.	.	.	1	.	.	.	23
.	.	.	.	.	.	6	.	.	.	.	.	.	.	.	.	.	.	.	.	.	.	.	.	.	.	.	.	.	.	.	.	.	.	.	.	.	.	.	.	.	.	.	.	24a
.	.	.	.	.	.	3	.	.	.	.	.	.	.	.	.	.	.	.	.	.	.	.	.	.	.	.	.	.	.	.	.	.	.	.	.	.	.	.	.	.	.	.	.	—b
.	.	.	.	.	.	.	.	.	.	.	.	.	.	.	.	.	.	.	.	.	.	.	.	.	.	.	.	.	.	.	.	.	.	.	.	.	.	.	.	.	.	.	.	25
.	.	.	.	.	.	.	.	.	.	.	.	.	.	.	.	.	.	.	.	.	.	.	.	.	.	.	.	.	.	.	.	.	.	.	.	.	.	.	.	.	.	.	.	26
.	.	.	.	.	.	.	.	.	.	.	.	.	.	.	.	.	.	.	.	.	.	.	.	.	.	.	.	.	.	.	.	.	1	.	.	.	.	.	.	.	.	.	.	27
7	.	.																				.	.	.			.	.	.	.	.	.	.	.	.	.	.	.	.	.	.	.	.	28

II. Privatbahnen. (Forts.)	90 a. 4- rädrige	90 b. 6- rädrige	90 c. 8- rädrige	90 d. Tender-Lokomotiven	90 e. zusammen	90 f. pro Meile Bahnlänge	91 Davon sind: a. gekuppelt	91 b. mit Expansion versehen	91 c. ohne Expansion versehen	91 d. mit Kondensation versehen	92 Tender	93 I. Bestand der … Firma der …: 1 A. Borsig in Berlin	2 J. A. Maffei in Hirschau bei München	3 Wien-(Gloggnitzer) [illegible] in Wien	4 Maschinenfabrik (E. Kessler) in Esslingen	5 W. Günther in Wiener-Neustadt	6 G. Egestorff in Linden bei Hannover	7 R. Hartmann in Chemnitz	8 Maschinenfabrik der österreich. Staats-Eisenbahn-Gesellschaft	9 Cockerill in Seraing	10 E. Kessler in Carlsruhe	11 G. Sigl in Wien	12 Stephenson in Newcastle	13 Maschinenbau-Gesellschaft in Carlsruhe
	Anz.	Anz.	Anz.	Anz.	Anz.	Anz.	Anz.	Anz.	Anz.	Anz.	Anz.	1	2	3	4	5	6	7	8	9	10	11	12	13
übertragen	3	1829	147	32	2011							723	257	.	95	.	193	143	.	50	115	.	73	82
30 Berlin-Stettiner																								
a. Berl.-Stettin-Stargard	—	35	—	2	37	1,61	22	37	—	25	35	33	.	.	.	.	.	.	.	.	.	.	.	.
b. Starg.-Cöslin-Colberg	—	28	—	—	28	1,24	28	23	—	28	26	19	.	.	.	.	.	.	.	.	.	.	.	.
31 Böhmische Westbahn	—	21	—	—	24	0,83	24	21	—	—	24	.	4	.	.	.	.	.	.	.	.	20	.	.
32 Breslau-Schweidnitz-Freib.	—	38	—	—	38	1,66	31	33	5	—	38	30	.	.	.	.	.	.	.	.	.	.	1	.
33 Brünn-Rossitzer	—	4	—	—	4	1,07	4	4	—	—	4	.	.	.	.	.	.	.	4	.	.	.	.	.
34 Buschtěhrader a. Lokom.-B.	—	—	—	5	5	1,10	5	5	—	—	—	.	.	5	.	.	.	.	.	.	.	.	.	.
34 Buschtěhrader b. Pferde-B.	—	—	—	—	—	—	—	—	—	—	—	.	.	.	.	.	.	.	.	.	.	.	.	.
35 Frankfurt-Hanauer	—	11	—	.	11	2,01	3	11	—	—	11	.	.	.	.	.	.	.	.	.	4	.	.	5
36 Galizische Carl-Ludw.-Bahn	—	63	—	2	65	1,33	65	65	—	—	62	5	.	.	.	18	.	.	.	.	.	12	.	.
37 Graz-Köflacher	—	2	7	—	9*	1,60	9	—	—	—	9*	.	.	.	.	.	.	.	9	.	.	.	.	.
38 Hessische Ludwigs-E.	—	35	—	2*	37	1,91	15	37	—	—	35	.	.	.	35	.	.	.	.	.	.	.	.	.
39 Homburger	—	4	—	—	4	1,50	4	4	—	—	4	.	.	.	.	.	.	.	.	.	.	.	.	.
40 Kaiser Ferdinands Nordb.	—	197	21	—	218	2,71	181	200	18	—	218	12	29	110	.	8	.	.	.	25	2	20	.	.
41 Kaiserin Elisabeth a. Lokom.-Bahn	48	32	—	14*	94*	1,65	94	80	14	11	80	.	.	.	.	18	.	.	36	.	.	10	.	.
41 Kaiserin Elisabeth b. Pferde-Bahn	—	—	—	—	—*	—	—	—	—	—	—	.	.	.	.	.	.	.	.	.	.	.	.	.
42 Köln-Mindener (u. Gießener)	3	199	—	28	230	3,35	151	229	1	—	202	153	.	.	.	.	.	5	.	12	11	.	2	.
43 Kurf. Friedr. Wilh. Nordb.	—	28	6	—	34	1,73	31	34	—	31	27	.	.	.	.	.	.	.	.	.	10	.	4	.
44 Leipzig-Dresdener	—	46	—	—	46	2,74	16	16	—	16	49	37	.	.	.	.	.	6	.	.	.	.	.	.
45 Ludwigs-E. (Nürnb.-Fürth)	—	3	—	—	3	3,75	—	—	3	—	3	.	2	.	.	.	.	.	.	.	.	.	.	.
46 Lübeck-Büchener	—	7	—	—	7	1,11	3	7	—	3	7	6	.	.	.	.	.	.	.	.	.	.	.	.
47 Magdb.-Cöth.-Halle-Leipz.	—	51	—	—	51	2,63	32	43	8	7	51	33	.	.	.	.	6	.	.	.	.	.	.	4
48 Magdeburg-Halberstädter	—	29	—	—	29	2,40	—	17	12	—	29	20	.	.	.	.	.	.	.	.	.	.	2	.
49 Magdeburg-Wittenbergesche	—	17	—	3	20	1,10	12	19	1	7	17	15	.	.	.	.	.	.	.	.	.	.	.	.
50 Mecklenburgische	—	21	—	—	24	1,75	6	21	—	—	24	23	.	.	.	.	.	.	.	.	.	.	.	.
51 Mohacs-Fünfkirchener	—	2	6	—	8	0,90	8	8	—	—	8	.	.	.	.	2	.	.	6	.	.	.	.	.
52 Neisse-Brieger	—	7	—	—	7	1,13	4	7	—	2	7	7	.	.	.	.	.	.	.	.	.	.	.	.
53 Niederländische Rhein-E.	—	43	—	—	43	1,85	37	43	—	6	43	.	.	.	.	.	.	.	.	.	.	.	1	.
54 Niederschlesische Zweigbahn	—	10	—	—	10	1,03	10	10	—	—	11	4	.	.	.	.	.	.	.	.	.	.	.	.
55 a. Oesterreich. nördliche	—	12	66	26	134	2,16	99	130	4	5	102	.	2	25	11	21	.	.	14	17	.	.	.	.
b. Oesterreich. südöstliche	—	119	11	41	171	1,57	150	171	—	5	127	.	26	36	.	58	.	.	28	11	6	.	.	.
c. Wien-Neu-Szönyer	—	8	13	6	27	1,10	27	27	—	2	21	.	.	10	.	.	.	.	17	.	.	.	.	.
56 Oppeln-Tarnowitzer	—	8	—	—	8	0,70	8	4	4	—	6	4	.	.	.	.	.	.	.	.	.	.	.	.
57 a. Pfälzische Ludwigsbahn	—	41	—	—	41	2,05	24	41	—	—	40	.	24	.	4	.	.	.	.	.	9	.	.	.
b. Pfälzische Maximiliansb.	—	12	—	—	12	1,00	6	12	—	—	12	.	6	.	6	.	.	.	.	.	.	.	.	.
58 Rendsburg-Neumünstersche	—	5	—	—	5	1,08	—	5	—	5	4	.	.	.	.	.	.	.	.	.	.	.	.	.
59 Rheinische	—	81	—	7	91	2,33	48	88	3	28	81	61	.	.	.	.	.	.	.	2	4	.	4	12
60 a. Südbahn, Oesterreich.	—	197	106	77	380	2,79	360	380	—	—	303	.	8	113	51	71	.	.	.	22	.	41	.	.
b. Nordtiroler	—	—	—	10	10	1,05	10	10	—	—	—	.	2	.	8	.	.	.	.	.	.	.	.	.
c. Venetianische u. Südtirol.	—	108	—	—	108	1,37	71	108	—	—	108	.	12	7	.	3	.	.	.	.	.	.	15	.
61 Süd-Norddeutsche	12	28	—	—	40	1,34	40	40	—	—	40	.	12	.	.	.	.	28	.	.	.	.	.	.
62 Taunus-Bahn	—	15	—	—	15	2,37	1	14	1	—	15	.	.	.	1	.	.	.	.	.	2	.	.	5
63 Theiß-Bahn	—	77	—	—	77	1,0	73	77	—	—	77	.	.	.	.	13	.	.	60	.	.	.	.	.
64 Thüringische		66	—	—	66	1,77	49	66	—	3	63	50	.	.	.	.	.	.	.	1	.	.	15	.
65 Werra-E.	—	24	—	—	24	1,06	10	24	—	—	21	21	.	.	.	.	.	.	.	.	.	.	.	.
Summa	66	3602	383	255	4306	.	.	.	.	.	.	1259	414	336	250	216	199	185	174	173	160	133	117	105

Transportmittel.

Fabriken, welche die Lokomotiven geliefert haben:

14	15	16	17	18	19	20	21	22	23	24	25	26	27	28	29	30	31	32	33	34	35	36	37	38	39	40	41	42	43	44	45	46	47	48	49	50	51	52	53	54	55	56	57	
33	73	31	12	17	.	.	9	6	6	.	.	10	.	9	8	.	.	.	6	.	5	.	4	1	1	3	2	1	2	.	.	.	2	.	1	.	1	.	1	1	1	.	1	
2	.	.	.	.	.	.	.	.	.	.	.	.	.	.	.	.	.	.	.	.	.	.	.	.	.	.	.	.	.	.	.	2	.	.	.	.	.	.	.	.	.	.	.	30a
.	.	.	.	.	.	.	.	8	.	.	.	.	.	.	.	.	.	.	.	.	.	.	.	.	.	.	.	.	.	.	.	.	.	.	.	.	.	.	.	.	.	.	.	—b
.	.	.	.	.	.	.	.	.	.	.	.	.	.	.	.	.	.	.	.	.	.	.	.	.	.	.	.	.	.	.	.	.	.	.	.	.	.	.	.	.	.	.	.	31
5	.	.	.	.	.	.	.	.	.	.	.	.	.	.	.	.	.	1	.	.	.	.	.	.	.	.	.	.	.	.	.	.	.	.	1	.	.	.	.	.	.	.	.	32
.	.	.	.	.	.	.	.	.	.	.	.	.	.	.	.	.	.	.	.	.	.	.	.	.	.	.	.	.	.	.	.	.	.	.	.	.	.	.	.	.	.	.	.	33
.	.	.	.	.	.	.	.	.	.	.	.	.	.	.	.	.	.	.	.	.	.	.	.	.	.	.	.	.	.	.	.	.	.	.	.	.	.	.	.	.	.	.	.	34a
.	.	.	.	.	.	.	.	.	.	.	.	.	.	.	.	.	.	.	.	.	.	.	.	.	.	.	.	.	.	.	.	.	.	.	.	.	.	.	.	.	.	.	.	—b
.	.	2	.	.	.	.	.	.	.	.	.	.	.	.	.	.	.	.	.	.	.	.	.	.	.	.	.	.	.	.	.	.	.	.	.	.	.	.	.	.	.	.	.	35
.	.	.	.	.	.	.	.	.	.	.	.	.	.	.	.	.	.	.	.	.	.	.	.	.	.	.	.	.	.	.	.	.	.	.	.	.	.	.	.	.	.	.	.	36
.	.	.	.	.	.	.	.	.	.	.	.	.	.	.	.	.	.	.	.	.	.	.	.	.	.	.	.	.	.	.	.	.	.	.	.	.	.	.	.	.	.	.	.	37
.	.	.	2	.	.	.	.	.	.	.	.	.	.	.	.	.	.	.	.	.	.	.	.	.	.	.	.	.	.	.	.	.	.	.	.	.	.	.	.	.	.	.	.	38
.	.	4	.	.	.	.	.	.	.	.	.	.	.	.	.	.	.	.	.	.	.	.	.	.	.	.	.	.	.	.	.	.	.	.	.	.	.	.	.	.	.	.	.	39
4	.	.	3	.	.	.	.	.	.	.	.	.	.	.	.	.	.	.	.	.	.	4	.	.	.	.	.	.	.	2	.	.	.	.	.	.	.	1	.	.	.	.	.	40
.	.	.	.	.	.	.	.	.	.	.	.	.	.	.	.	.	.	.	.	.	.	.	.	.	.	.	.	.	.	.	.	.	.	.	.	.	.	.	.	.	.	.	.	41a
.	.	.	.	.	.	.	.	.	.	.	.	.	.	.	.	.	.	.	.	.	.	.	.	.	.	.	.	.	.	.	.	.	.	.	.	.	.	.	.	.	.	.	.	—b
2	.	.	.	.	.	.	1	.	.	.	.	.	.	.	.	.	.	.	.	.	.	.	.	3	2	.	.	.	.	.	.	.	.	.	.	.	.	.	.	.	.	.	.	42
.	.	15	2	.	.	.	.	.	.	.	.	.	.	.	.	.	.	.	.	.	.	.	.	.	.	.	.	.	.	.	.	.	.	.	.	.	.	.	.	.	.	.	.	43
.	.	.	.	.	.	.	2	.	.	.	.	.	.	.	.	.	.	.	.	.	.	.	.	.	.	.	.	.	.	.	.	.	.	.	.	1	.	.	.	.	.	.	.	44
.	.	1	.	.	.	.	.	.	.	.	.	.	.	.	.	.	.	.	.	.	.	.	.	.	.	.	.	.	.	.	.	.	.	.	.	.	.	.	.	.	.	.	.	45
.	1	.	.	.	.	.	.	.	.	.	.	.	.	.	.	.	.	.	.	.	.	.	.	.	.	.	.	.	.	.	.	.	.	.	.	.	.	.	.	.	.	.	.	46
6	.	.	.	.	.	.	.	.	1	.	.	.	.	.	.	.	.	.	.	.	.	.	.	.	.	.	.	.	.	.	.	.	.	.	.	.	.	.	.	.	.	1	.	47
2	2	.	.	.	.	.	.	.	1	.	.	.	.	.	.	.	.	.	.	.	.	.	.	.	.	.	.	.	.	.	2	.	.	.	.	.	.	.	.	.	.	.	.	48
.	.	.	.	.	.	.	.	.	5	.	.	.	.	.	.	.	.	.	.	.	.	.	.	.	.	.	.	.	.	.	.	.	.	.	.	.	.	.	.	.	.	.	.	49
.	1	.	.	.	.	.	.	.	.	.	.	.	.	.	.	.	.	.	.	.	.	.	.	.	.	.	.	.	.	.	.	.	.	.	.	.	.	.	.	.	.	.	.	50
.	.	.	.	.	.	.	.	.	.	.	.	.	.	.	.	.	.	.	.	.	.	.	.	.	.	.	.	.	.	.	.	.	.	.	.	.	.	.	.	.	.	.	.	51
.	.	.	.	.	.	.	.	.	.	.	.	.	.	.	.	.	.	.	.	.	.	.	.	.	.	.	.	.	.	.	.	.	.	.	.	.	.	.	.	.	.	.	.	52
36	.	6	.	.	.	.	.	.	.	.	.	.	.	.	.	.	.	.	.	.	.	.	.	.	.	.	.	.	.	.	.	.	.	.	.	.	.	.	.	.	.	.	.	53
.	.	.	.	.	.	.	.	.	.	.	.	.	.	.	.	.	.	5	.	.	.	.	.	.	.	.	.	1	.	.	.	.	.	.	.	.	.	.	.	.	.	.	.	54
.	.	.	6	2	.	.	.	.	.	.	.	.	.	.	.	.	.	.	.	.	.	.	.	.	.	.	.	.	.	.	.	.	.	.	.	.	.	.	.	.	.	.	.	55a
.	.	.	3	.	.	.	.	.	.	.	.	.	.	.	.	.	.	.	.	.	.	.	.	.	.	.	.	.	.	.	.	.	.	.	.	.	.	.	.	.	.	.	.	—b
.	.	.	.	.	.	.	.	.	.	.	.	.	.	.	.	.	.	.	.	.	.	.	.	.	.	.	.	.	.	.	.	.	.	.	.	.	.	.	.	.	.	.	.	—c
.	.	.	.	.	.	.	2	.	.	2	.	.	.	.	.	.	.	.	.	.	.	.	.	.	.	.	.	.	.	.	.	.	.	.	.	.	.	.	.	.	.	.	.	56
.	.	.	.	.	.	.	.	.	.	.	.	.	.	.	.	4	.	.	.	.	.	.	.	.	.	.	.	.	.	.	.	.	.	.	.	.	.	.	.	.	.	.	.	57a
.	.	.	.	.	.	.	.	.	.	.	.	.	.	.	.	.	.	.	.	.	.	.	.	.	.	.	.	.	.	.	.	.	.	.	.	.	.	.	.	.	.	.	.	—b
.	.	.	.	.	.	.	.	.	.	.	.	.	.	.	.	.	.	.	.	5	.	.	.	.	.	.	.	.	.	.	.	.	.	.	.	.	.	.	.	.	.	.	.	58
4	1	.	.	.	.	.	.	.	.	.	.	.	.	.	.	3	.	.	.	.	.	.	.	.	.	.	.	.	.	.	.	.	.	.	.	.	.	.	.	.	.	.	.	59
.	.	.	8	.	.	.	.	.	.	.	.	.	.	.	.	.	.	.	.	.	.	.	.	.	.	.	.	.	.	.	.	.	.	.	.	.	.	.	.	.	.	.	.	60a
.	.	.	.	.	.	.	.	.	.	.	.	.	.	.	.	.	.	.	.	.	.	.	.	.	.	.	.	.	.	.	.	.	.	.	.	.	.	.	.	.	.	.	.	—b

		94					95							96
		(Forts.) **I. Bestand der Transportmittel.**												
		Personenwagen:					Die Personenwagen enthalten Plätze:							Auf eine Achse kommen durchschnittlich
	I. Staatsbahnen.	a. 4-	b. 6- rädrige	c. 8-	d. zusammen.	e. pro Meile Bahnlänge.	a. I. Klasse.	b. II.	c. III. Klasse.	d. IV.	e. zusammen.	f. pro Meile Bahnlänge.	
		Anz.	Anz.	Anz.	Anz.	Wagen.								Plätze.
1	Badische	371	63	—	434	15,26	1246	4422	9758	—	15 426	252,93	16,37
2	Bayerische (u. 5 gepcht. Zwgb.)	234	459	1	694	11,69	1433	7304	15 320	—	24 057	152,11	13,01
3	Braunschweigische	3	75	—	78*	8,66	254	860	2860	—	3974	149,25	17,20
4	Hannoversche	—	312	—	312*	8,20	596	3096	9552	—	13 244	116,13	14,15
5	Main-Neckar	29	61	—	90	18,71*	348	978	2220	—	3546	275,71*	14,71
6	Main-Weser	3	83	—	86*	9,59	273	956	2520	—	3749	140,99	15,06
7	Preuß. Niederschles.-Märk.	—	179	1	180*	10,88	444	2020	4564	2712	9740*	158,67	18,0
8	„ Ostbahn	—	250	—	250*	6,81	504	3184	6720	3072	13 480	124,13	17,97
9	„ Saarbrücker (u. Trier)	81	—	—	81	8,81	204	528	1650	1125	3507	182,15	21,65
10	„ Westfälische	—	66	—	66	7,38	150	576	1590	1384	3700	136,53	18,60
11	Sächsische östliche a. Sächsisch-Böhmische, b. Sächsisch-Schlesische, c. Tharandt-Freiberger	36	88	—	124	13,06	339	1074	3860	—	5273	204,91	15,70
12	Sächsische westliche a. Niedererzgebirgische, b. Obererzgebirgische, c. Sächsisch-Bayerische	121	81	—	202	10,02	370	2040	4800	—	7210	148,96	14,07
13	Württembergische	36	—	179	215	13,46	481	3801	8368	—	12 653	217,11	16,0
	II. Privatbahnen												
	a) unter Staatsverwaltg.												
14	Aach.-Düss. Ruhrorter (a. Aach.-Düssel., b. Ruhrort-Crf.)	18	51	—	69	11,10	298	672	1480	1188	3638	213,62	19,25
15	a. Bergisch-Märkische	35	62	—	97*	6,03	222	872	2350	1800	5244	123,59	20,18
	b. Prinz-Wilhelm-E.	—	6	—	6	4,10	28	74	300	—	402	91,37	22,33
16	Cöthen-Bernburger	4	2	—	6	5,09*	14	28	160	—	202	73,65*	14,63
17	a. Löbau-Zittauer	4	10	—	14	8,03	24	128	480	—	632	140,13	16,63
	b. Zittau-Reichenberger	14	—	—	14	7,00	24	112	360	—	516	145,35	18,63
18	a. Oberschlesische	14	65	—	79	6,72	212	772	1595	1225	3801	114,61	17,96
	b. Breslau-Posen-Glogauer	12	42	—	54	5,36	96	576	1720	298	2690	96,92	17,93
19	Stargard-Posener	—	46	—	46	6,10	126	584	1200	600	2510	110,91	18,19
20	Rhein-Nahe-E.	40	—	—	40	4,99	95	264	1380	—	1739	108,51	21,74
21	Wilhelms-Bahn	6	21	—	27	3,70	56	208	600	320	1184	50,17	15,70
	b) in Privatverwaltung.												
22	Aachen-Mastrichter	—	24	—	24	5,81	114	264	860	—	1238	90,04	17,10
23	Alberts-Bahn	3	13	—	16	24,66*	32	168	500	—	700	386,74*	15,55
24	a. Altona-Kieler	—	34	—	34*	7,24	94	392	1270	—	1756	124,72	17,22
	b. Glückstadt-Elmshorner	—	6	—	6	4,0	12	48	270	—	330	73,33	18,33
25	Aussig-Teplitzer	—	20	—	20	24,79	120	276	320	—	716	295,87	11,93
26	Bayerische Ostbahnen	265	—	—	265	8,40	360	1920	7600	—	9880	164,13	18,63
27	Berlin-Anhaltische	25	86	—	111	8,50	375	1344	3200	—	4922	103,61	15,75
28	a. Berlin-Hamburger, b. Hamburg-Bergedorfer	—	135	—	135	10,21	294	1744	4340	720	7098	179,0	17,53
29	Berlin-Potsdam-Magdebg.	5	100	—	105	15,70	405	1440	2970	..	4815	244,0	15,53

(Forts.) I. Bestand der Transportmittel.

II. Privatbahnen. (Forts.)		94. Personenwagen: a. 4-rädrige	b. 6-rädrige	c. 8-rädrige	d. zusammen	e. pro Meile Bahnlänge	95. Die Personenwagen enthalten Plätze: a. I. Klasse	b. II. Klasse	c. III. Klasse	d. IV. Klasse	e. zusammen	f. pro Meile Bahnlänge	96. Auf eine Achse kommen durchschnittlich
30	Berlin-Stettiner												
	a. Berl.-Stettin-Stargard.	—	72	—	72	9,60	156	896	2570	—	3622	161,6	16,77
	b. Starg.-Cöslin-Colberg. .	—	44	—	44	5,79	60	544	1680	100	2384	105,8	18,06
31	Böhmische Westbahn . .	79	—	—	79	6,96	108	912	2300	—	3320	131,02	21,01
32	Breslau-Schweidnitz-Freib.	23	74	1	98	11,44	78	736	3040	720	4574	199,83	16,80
33	Brünn-Rossitzer	4	2	—	6	3,73	12	32	176	—	220	58,67	15,71
34	Buschtěhrader a. Lokom.-B.	1	—	3	4	3,65	30	56	96	—	182	47,40	13,0
	Buschtěhrader b. Pferde-B.	7	—	—	7	1,87	—	—	—	—	102	13,60	7,19
35	Frankfurt-Hanauer . . .	44	5	—	49*	18,46	100	420	1260	—	1780	326,0	17,88
36	Galizische Carl-Ludw.-Bahn	67	37	—	104	5,75	180	1024	3380	—	4584	98,14	18,71
37	Graz-Köflacher	7	—	5	12	6,10	156	416	—	—	572	107,75	16,52
38	Hessische Ludwigs-E. . .	67	21	—	88	9,44	188	848	2570	—	3606	176,31	18,30
39	Homburger	31	—	—	31	24,50	136	220	720	—	1076	430,0	17,15
40	Kaiser Ferdinands Nordb.	375	—	—	375	9,33	882	3384	5920	—	10 186	126,76	13,39
41	Kaiserin Elisabeth a. Lokom.-Bahn	394	—	4	398*	14,12	775	2936	8922	—	12 633*	221,00	15,71
	Kaiserin Elisabeth b. Pferde-Bahn	29	—	—	29	3,34	—	76	187	—	263	15,14	4,83
42	Köln-Mindener (u. Gießener)	46	135	—	181*	7,31	543	1636	8750	3900	10 029*	145,56	20,16
43	Kurf. Friedr.-Wilh. Nordb.	—	50	—	56*	8,08	96	544	1890	—	2530	127,65	15,06
44	Leipzig-Dresdener . . .	69	45	—	114	16,51	186	1050	3056	—	4292	259,63	15,73
45	Ludwigs-E. (Nürnb.-Fürth)	14	12	—	26	80,0	87	314	485	—	886	1107,0	13,91
46	Lübeck-Büchener	—	13	—	13	6,10	30	160	480	—	670	106,33	17,18
47	Magdeb.-Cöth.-Halle-Leipz.	72	48	—	120	15,30*	198	966	3308	—	4472	238,76*	15,63
48	Magdeburg-Halberstädter .	2	64	—	66	16,02	156	784	2460	—	3420	293,0	17,63
49	Magdeburg-Wittenbergesche	—	31	—	31	6,31	54	352	1240	—	1646	115,9	17,70
50	Mecklenburgische	—	31	9	40	6,60	102	536	1310	—	1948	101,0	15,10
51	Mohacs-Fünfkirchener .	10	—	—	10	2,48	18	112	184	—	314	38,66	15,70
52	Neisse-Brieger	—	10	—	10	4,55	18	104	224	135	481	77,83	16,03
53	Niederländische Rhein-E. .	153	1	—	154*	13,20	1008	1786	3598	—	6392	275,01	20,60
54	Niederschlesische Zweigbahn	—	8	13	21	8,0	94	400	530	100	1124	117,80	14,70
55	a. Oesterreich. nördliche .	148	—	72	220	9,44	951	3138	5053	—	9142	147,76	15,66
	b. Oesterreich. südöstliche .	167	1	85	253	7,40	894	4062	5196	—	10 152	110,05	15,0
	c. Wien-Neu-Szönyer . .	13	18	23	54	6,79	106	256	1776	—	2138	102,90	12,13
56	Oppeln-Tarnowitzer . . .	—	5*	—	5	1,19	32	32	80	120	264*	26,09*	22,0
57	a. Pfälzische Ludwigsbahn	119	—	—	119	11,00	218	916	2020	—	4054	202,70	17,02
	b. Pfälzische Maximiliansb.	36	—	—	36	11,39	128	240	800	—	1168	184,31	16,22
58	Rendsburg-Neumünstersche	—	7		7	4,54	18	48	316	—	382	82,60	18,10
59	Rheinische	122	113	—	235	14,01	1790	3074	4020	540	9424	240,06	16,17
60	a. Südbahn, Oesterreich. .	250	—	300	550	12,51	1952	6260	15 936	—	24 148	177,72	14,20
	b. Nordtiroler	—	32	7	39	12,97	144	588	1116	—	1848	193,21	14,00
	c. Venetianische u. Südtirol.	220	9	43	272	9,30	682	2384	7440	—	10 506	152,97	16,04
61	Süd-Norddeutsche . . .	88	—	—	88	6,73	160	884	1920	—	2964	113,21	16,81
62	Taunus-Bahn	88	18	—	106	39,38	474	1070	2230	—	3774	646,33	16,41
63	Theiß-Bahn	—	145	—	145	5,63	351	2464	4200	—	7015	90,74	16,13
64	Thüringische	—	106	—	106*	8,12	268	1444	3596	—	5308	142,46	16,42
65	Werra-E.	—	40	—	40	5,18	120	576	1320	—	2016	69,05	16,40

		97								98	99	100
		(Forts.) I. Bestand der										
		Lastwagen (Gepäck-, Equipage-, Vieh- und Güterwagen).										
	I. Staatsbahnen.	a.	b.	c.	d.	e.	f.	g.	h.	Arbeits-	Schnee-	Drai-
		4 rädrige		6 rädrige		8 rädrige		zu-	pro Meile	wagen.	pflüge.	sinen.
		offene.	bedeckte.	offene.	bedeckte.	offene.	bedeckte.	sammen.	Bahnlänge.			
		Anz.	Anz.	Anz.	Anz.	Anz.	Anz.	Anz.	Achsen.	Anz.	Anz.	Anz.
1	Badische	876	900	58	254	—	—	2097	73,94	24	9	4
2	Bayerische (u. 5 gepacht. Zwgb.)	1427	1518	697	922	—	—	4564	67,05	219	27	67
3	Braunschweigische	355	339	30	22	7	49	802*	66,42	16	—	—
4	Hannoversche	2273	828	110	96	35	324	3666*	72,39	427	—	12
5	Main-Neckar	102	162	—	17	—	—	281	45,07*	4	4	4
6	Main-Weser	252	299	—	19	—	9	579*	14,94	32	—	6
7	Preuß. Niederschles.-Märk.	860	866	131	54	45	185	2141	95,44	141*	-	9
8	" Ostbahn	375	1155	124	286	—	—	1940	39,88	84	8	14
9	" Saarbrücker (u. Trier)	1338	240	—	—	—	—	1578	163,05	101	—	8
10	" Westfälische	657	67	—	41	3	6	774	59,29	64	—	4
11	Sächsische östliche											
	a. Sächsisch-Böhmische b. Sächsisch-Schlesische c. Tharandt-Freiberger	544	410	54	22	—	5	1035	63,78	65	—	6
12	Sächsische westliche											
	a. Niedererzgebirgische b. Obererzgebirgische c. Sächsisch-Bayerische	3554	784	1	1	4	1	4345	179,07	55	—	9
13	Württembergische	360	176	—	—	156	355	1047	53,44	—	4	—
	II. Privatbahnen											
	a) unter Staatsverwaltg.											
14	Aach.-Düss.-Ruhrorter: a. Aach.-Düssel. b. Ruhrort-Crf.	852	257	2	12	—	—	1123	132,67	—	1	3
15	a. Bergisch-Märkische	2749	380	65	60	16	—	3270	157,93	—	—	1
	b. Prinz-Wilhelm-E.	405	5	—	—	—	—	410	186,70	—	—	—
16	Cöthen-Bernburger	29	9	4	2	—	—	44	23,50	4	—	1
17	a. Löbau-Zittauer	34	18	—	2	—	2	56	26,16	5	—	—
	b. Zittau-Reichenberger	80	35	—	—	—	—	115	64,79	8	—	—
18	a. Oberschlesische	908	452	833	154	25	—	2372	174,18	—	—	4
—	b. Breslau-Posen-Glogauer	206	86	206	52	—	—	550	48,73	—	—	2
19	Stargard-Posener	31	165	13	79	5	16	309	33,13	27	4	4
20	Rhein-Nahe-E.	484	98	—	—	—	—	582	72,66	36	—	—
21	Wilhelms-Bahn	782	80	4	13	2	2	883	70,34	16	—	1
	b) in Privatverwaltung.											
22	Aachen-Mastrichter	239	142	—	6	2	—	369	63,35	15	—	2
23	Alberts-Bahn	625	13	—	—	—	—	638	249,71	8	—	—
24	a. Altona-Kieler	106	145	—	3	1	6	261*	38,28	21	2	3
	b. Glückstadt-Elmshorner	8	15	—	1	—	—	24	10,09	3	—	—
25	Aussig-Teplitzer	160	15	—	—	—	—	195	161,19	12	1	2
26	Bayerische Ostbahnen	702	893	—	—	—	—	1595	52,99	50	9	8
27	Berlin-Anhaltische	538	229	30	61	4	26	883	40,41	125	3	8
28	a. Berlin-Hamburger b. Hamburg-Bergedorfer	145	210	90	352	17	161	975	69,29	45	1	6
29	Berlin-Potsdam-Magdebg.	189	21	16	243	—	3	472	61,26	43	—	3

101	102		103				
Transportmittel.							
Sonstige Transportmittel.	Anzahl der (unter den Wagen u. in Reserve) vorhandenen a. eisernen Achsen.	b. stählernen Achsen.	Gesammt-Ladungsfähigkeit a. der Güter-wagen. Zoll-Ctr.	b. der übrigen Lastwagen (Gepäck-, Vieh- rc. Wagen). Zoll-Ctr.	c. zusammen. Zoll-Ctr.	d. pro Meile Bahnlänge. Zoll-Ctr.	
. . . .	5228	512	328 475	14 835	343 310	5629	1
. . . .	12 753	6	631 865	18 164	650 029	4110	2
. . . .	2101	7	101 100	11 800	112 900	4241	3
. . . .	8960	1960	478 160	45 040	523 200	4587	4
. . . .	1010	—	25 300	3360	28 660	2229*	5
. . . .	1562	—	70 080	5350	75 430	2837	6
. . . .	3255	2605	372 220*	13 364	385 584	7469	7
141 Bahnmeisterwagen	5873	16	290 378	53 990	344 368	3171	8
. . . .	2602	—	241 500	17 460	258 960	13 452	9
7 Umlade- und 19 Bahnmeisterwagen	2066	—	82 955	11 445	94 400	3483	10
.	2586	36	125 090	s. K. 103a.	125 090	4862	11
	9186	13	563 610	s. K. 103a.	563 610	11 640	12
3 Kranken- und Gefangenenwagen	3982	—	153 450	6200	159 650	2743	13
1 Dampfboot („Delphin"), 13 Bahnmeisterwagen, 1 Schwellen- und 2 Kieswagen für die Imprägnir-Anstalt zu Deutz, 9 vierrädrige und 2 sechsrädrige Königl. Postwagen . . . 1 Dampfboot („Ruhr"), 1 Dampffähre („Rhein"), 2 hydraulische Hebemaschinen und 2 stehende Dampfmaschinen	1406	1338	121 620	13 540	135 160	7937	14
1 stehende Maschine zur Ueberwindung von Steigungen	7113	135	527 040	15 700	542 740	12 791	15a
. . . .	972	—	44 470	1000	45 570	10 380	—b
. . . .	115	—	5200		5200	1300	16
. . . .	156	—	8040	in Kol. 103a.	8040	1783	17a
. . . .	258	—	16 500		16 500	4646	—b
. . . .	6314	815	341 850	14 120	355 970	10 725	18a
. . . .	1525	—	81 200	4440	85 640	3073	—b
. . . .	1242	—	33 675	8673	42 348	1871	19
2* Dampfschiffe und 3* Schalden . .	1376	—	96 269	12 060	108 329	6762	20
. . . .	1902	—	112 414	4080	116 494	4960	21
. . . .	988	—	38 210	5300	43 510	3509	22
. . . .	1109	252	69 300		69 300	13 562	23
1 stehende Maschine am Quai, 12 Drehwagen für Oberbahnwärter und 3 Postwagen	687	6	34 604	in Kol. 103a.	34 604	2458	24a
1 Postwagen	75	—	2928		2928	651	—b
. . . .	490	—	38 000	1000	39 000	16 116	25
. . . .	4026	—	311 800	8600	320 400	5322	26
. . . .	1868	835	123 760	4010	127 770	2095	27
1 Dampf-Draisine und 24 vierrädrige Steinkohlenwagen der Coaks-brennereien.	2675	809	140 060	10 830	150 890	3805	28
. . .	1975	53	77 135	s. K. 103a.	77 135	3907	29

9

	97								98	99
	(Forts.) **I. Bestand der**									
II. Privatbahnen. (Forts.)	Lastwagen (Gepäck-, Equipage-, Vieh- und Güterwagen).								Arbeitswagen.	Schneepflüge.
	a. 4 rädrige	b.	c. 6 rädrige	d.	e. 8 rädrige	f.	g. zusammen.	h. pro Meile Bahnlänge.		
	offene.	bedeckte.	offene.	bedeckte.	offene.	bedeckte.				
	Anz.	Anz.	Anz.	Anz.	Anz.	Anz.	Anz.	Achsen.	Anz.	Anz.
30 Berlin-Stettiner										
a. Berlin-Stettin-Stargard	47	64	27	75	35	68	316	41,40	50	4
b. Stargard-Cöslin-Colberg	108	126	30	51	—	—	315	31,48	—	—
31 Böhmische Westbahn . .	503	206	—	—	—	—	709	55,06	77	5
32 Breslau-Schweidnitz-Freib.	508	188	21	3	99	4	823	81,06	46*	—
33 Brünn-Rossitzer	92	6	—	—	—		98	52,27	—	1
34 Buschtěhrader a. Locom.-B.	100	2	—	—	—	—	102	53,12	8	2
b. Pferde-B.	200	–	—	—	—	—	200	53,33	15	1
35 Frankfurt-Hanauer . . .	24	16	—	—	—	—	40	14,65	—	—
36 Galizische Carl-Ludw.-Bahn	151	1099	—	4	33	46	1333	60,54	81	8
37 Graz-Köflacher	134	—		—	—	7	141*	55,71	—	1*
38 Hessische Ludwigs-E. . .	269	329	—	8	—	—	606	59,71	25	1
39 Homburger	16	8	—	—	—	—	24	19,20	—	—
40 Kaiser Ferdinands Nordb.	2500	2774	—	—	107	220	5601	147,36	240	16
41 Kaiserin Elisabeth a. Lokom.-Bahn	647	938	1	—	4	—	1590*	56,01	10	14
b. Pferde-Bahn	652	148	–	—	4	—	804	93,03	67*	10*
42 Köln-Mindener (u. Gießener)	3614	633	375	292	30	—	5144*	159,69	220	—
43 Kurf. Friedr. Wilh. Nordb.	206	88	—	5	—	8	307*	32,05	21	—
44 Leipzig-Dresdener . . .	271	221	231	140	—	8	874	129,16	—	—
45 Ludwigs-E. (Nürnb.-Fürth)	1	—	—	—	—	—	1	2,00	2	—
46 Lübeck-Büchener	16	28	64	24	2	—	134	57,14	—	—
47 Magdbg.-Cöth.-Halle-Leipz.	560	503	—	18	3	58	1142	125,10	39	1
48 Magdeburg-Halberstädter .	217	55	4	190	—	25	491	105,74	—	—
49 Magdeburg-Wittenbergesche	41	56	13	83	2	—	195	34,31	12	—
50 Mecklenburgische . . .	92	57	9	34	20	69*	281	40,63	—	—
51 Mohacs-Fünfkirchener . .	205	21	—	—	—	—	226	55,95	24	1
52 Neisse-Brieger	9	35	12	9	4	—	69	27,03	2	—
53 Niederländische Rhein-E. .	408	512	—	—	—	—	920	79,15	40	—
54 Niederschlesische Zweigbahn	29	60	—	3	12	4	108	26,42	13	—
55 a. Oesterreich. nördliche .	1246	511	6	—	264	581	2608	111,72	—	14
b. Oesterreich. südöstliche .	644	1374	154	111	369	708	3360	99,88	81	12
c. Wien-Neu-Szönyer . .	91	637	—	4	19	12	763	76,61	—	6
56 Oppeln-Tarnowitzer . .	116	31	14	6	—	—	167	34,98	—	—
57 a. Pfälzische Ludwigsbahn .	1290	163	—	—	—	—	1453	145,30	8	3
b. Pfälzische Maximiliansb.	301	98	—	—	—	—	399	126,27	—	1
58 Rendsburg-Neumünstersche	21	22	—	—	—	—	43	18,61	7	1
59 Rheinische	932	662	5	17	6	—	1622	83,91	172	—
60 a. Südbahn, Oesterreich. .	2030	2950	—	—	184	166	5330	83,60	331	48
b. Nordtiroler	46	77	—	—	—	—	123	25,73	—	2
c. Venetianische u. Südtirol.	637	774	—	—	—	—	1411	41,09	80	10
61 Süd-Norddeutsche . . .	255	215	—	—	—	—	470	35,90	—	6
62 Taunus-Bahn	82	80	21	22	—	—	205	77,57	2	1
63 Theiß-Bahn	391	909	—	15	—	—	1315	34,21	331	8
64 Thüringische	590	571	10	30	—	36	1246*	69,85	79	—
65 Werra-E.	192	103	—	12	—	—	307	27,68	20	—

Transportmittel.

Sonstige Transportmittel.	Anzahl der (unter den Wagen u. in Reserve) vorhandenen a. eisernen Achsen	b. stählernen Achsen	Gesammt-Ladungsfähigkeit a. der Güterwagen. Zoll-Ctr.	b. der übrigen Lastwagen (Gepäck-, Vieh- rc. Wagen). Zoll-Ctr.	c. zusammen. Zoll-Ctr.	d. pro Meile Bahnlänge. Zoll-Ctr.	
4 Coaks-Transportwagen und 2 Seil- und Kiepenwagen	548	846	41 000	1920	42 920	1908	30a
	876	—	35 495	3870	39 365	1727	— b
	1800	—	133 800	5130	138 930	3482	31
	1844	500	141 050	3320	144 370	6307	32
21 Bahnwagen	232	—	16 486	—	16 486	4396	33
	234	—	17 900	—	17 900	4661	34a
	474	—	14 000	—	14 000	1867	— b
	214	—	1280	1920	3200	586	35
	3415	—	188 952	74 048	263 000	5630	36
	352	—	27 680	660	28 340	5837	37
3 Dampfboote und 5 Nachen zum Trajekt	1748	—	114 600	s. K. 103a.	114 600	5609	38
	118	—	3200	960	4160	1664	39
	13 472	20	744 910	18 744	763 654	9505	40
	4021	—	265 270	s. K. 103a.	265 270	4659	41a
	1845	—	36 000	500	36 500	2101	— b
	5953	7234*	819 240	20 880	840 120**	12 195	42
	916	—	28 970	1560	30 530	1551	43
vierrädriger und 8 achträdrige Postwagen	2007	2	114 300	s. K. 103a.	114 300	6915	44
	75	—	—	—	—	—	45
	154	259	17 855	—	17 855	2534	46
	2816	11	159 040	5385	164 425	8493	47
	1704	24	71 205	s. K. 103a.	71 205	6112	48
	646	44	16 647	4670	21 317	1493	49
	972	—	33 280	5100	38 380	1092	50
	568	—	40 320	s. K. 103a.	40 320	4990	51
7 Bahnmeisterwagen	237	—	7830	820	8650	1400	52
	2480	58	111 140	12 930	124 070	5339	53
	427	—	16 116	1176	17 292	1520	54
	7731	496	489 855	28 000	517 855	8376	55a
	10 690	625	551 470	134 545	686 015	7497	— b
	1909	70	127 480	24 000	151 480	7290	— c
	483	—	26 602	720	27 322	2700	56
	3390	—	176 120	s. K. 103a.	176 120	8806	57a
	876	—	44 260	s. K. 103a.	44 260	7003	— b
2 vierrädrige Postwagen	187	—	4860	200	5060	1095	58
Bergbremswagen und 2 Möbelwagen für Straßenfahrt	2376	1999	267 640	28 800	296 440	7580	59
	11 460	—	962 760	97 580	1 060 340	7903	60a
	410	—	12 400	10 550	22 950	2401	— b
	3301	—	221 440	12 840	231 280	3111	— c
	1225	—	73 000	21 000	94 000	3592	61
	687	—	24 595	s. K. 103a.	24 595	4211	62
	3947	—	171 530	43 010	214 540	2775	63
	3213	9	127 950	5580	133 530	3584	64
	815	—	30 340	1740	32 080	1417	65

	I. Staatsbahnen.	zulässige (Netto-) Belastung einer Güterwagen-Achse.	Durchmesser derselben (in der Nabe).	Lokomotiven und Tender.	Personenwagen.	Lastwagen.	Arbeitswagen.	Schneepflüge u. Draisinen.	Sonstige Transportmittel.
		Z.-Ctr.	Zoll.	Thlr.	Thlr.	Thlr.	Thlr.	Thlr.	Thlr.
1	Badische	100	5½	1 993 192	846 569	2 205 521	4943	in Kol. 109	—
2	Bayerische (u. 5 gepacht. Zwgb.)	175*	3,[illegible]*	4 322 748	870 317	3 197 004*	25 623	35 800	—
3	Braunschweigische	100	4 12/16	834 680	246 886	1 046 498	1738	—	—
4	Hannoversche	100	5 (englisch)	3 040 632	807 441*	3 982 905*	134 832	—	—
5	Main-Neckar	100	—	341 808	164 231	327 738	in Kol. 110	2472	—
6	Main-Weser	100	4½—6	759 244	261 167	702 970	19 363	1500	—
7	Preuß. Niederschles.-Märk.	105	5	2 311 144	590 445	2 756 736	100 700	—	—
8	„ Ostbahn	107,5	3 7/16—5	1 947 907	779 693	2 706 476	74 404	10 422	20 236
9	„ Saarbrücker (u. Trier)	100	3½—5	808 445	179 186	1 499 884	50 360	1040	—
10	„ Westfälische	100	5	724 919	184 895	709 000	34 048	1402	7784
11	Sächsische östliche								
	a. Sächsisch-Böhmische b. Sächsisch-Schlesische c. Tharandt-Freiberger	100	3½—5½	824 906	329 991	890 610	8368	i. Kol. 109	—
12	Sächsische westliche								
	a. Niedererzgebirgische b. Obererzgebirgische c. Sächsisch-Bayerische	100	3½—5½	1 678 046	428 506	2 756 178	5662	i. Kol. 10[illegible]	—
13	Württembergische	80	4 (englisch)	1 710 862	573 031	1 471 334	—	i. Kol. 111	6950
	II. Privatbahnen								
	a) unter Staatsverwaltg.								
14	Aach.-Düss.-Ruhrorter: a. Aach.-Düssel.	100	5½	332 320	in Kol. 108	753 940	—	i. Kol. 10[illegible]	18 000
	b. Ruhrort-Crf.			213 520	„ „ 108	377 409	—	—	125 068
15	a. Bergisch-Märkische	100	3½—5½	1 652 028	241 022	3 177 648	—	200	3500
	b. Prinz-Wilhelm-E.	100	4—4½	132 750	18 140	293 020	—	—	—
16	Cöthen-Bernburger	100	3½	47 000	8400	41 500	1600	100	—
17	a. Löbau-Zittauer	50 u. 100	4½—5½	80 738	29 681	51 346	4941	—	—
	b. Zittau-Reichenberger	50 u. 100	4½—5½	116 809	32 788	98 595	200	—	—
18	a. Oberschlesische	110	3½—5	1 231 672	197 806	2 377 219	—	—	—
	b. Breslau-Posen-Glogauer	100	4½	592 118	137 416	617 882	—	—	—
19	Stargard-Posener	110	4½—4½	573 970	151 452	467 209	24 160	—	—
20	Rhein-Nahe-E.	100	4½—4½	473 863	90 086	600 516	23 040	—	76 545*
21	Wilhelms-Bahn	67	3½—5½	349 100	61 341	747 756	14 428	360	—
	b) in Privatverwaltung.								
22	Aachen-Mastrichter	75	3½—4½	280 100	66 230	315 935	6045	400	—
23	Alberts-Bahn	75	4	108 220	41 181	436 750	600	—	—
24	a. Altona-Kieler	75	4½	240 567	93 383	210 848	in Kol. 108	941	234
	b. Glückstadt-Elmshorner	75	4½	28 589	12 092	20 797	„ „ 108	—	216
25	Aussig-Teplitzer	100	4½	105 703	60 356	202 238	1445	2040	—
26	Bayerische Ostbahnen	100	4 11/16	1 232 800	561 540	1 978 860	48 000	3880	—
27	Berlin-Anhaltische	141	eiserne 5, stählerne 4½	1 056 199	305 670	1 082 071	—	—	—
28	a. Berlin-Hamburger b. Hamburg-Bergedorfer	100	5½	1 225 769	416 870	1 555 860	36 000	2100	7334
29	Berlin-Potsdam-Magdebg.	100	3½—5	634 300	352 856	831 591	in Kol. 108	i. Kol. 108	—

II. Privatbahnen. (Forts.)	104 (Forts.) I. Bestand der Transportmittel. Größte zulässige (Netto-) Belastung einer Güterwagen-Achse. Z.-Ctr.	105 Durchmesser derselben (in der Nabe). Zoll.	106 II. Anschaffungskosten der Transportmittel. Lokomotiven und Tender. Thlr.	107 Personenwagen. Thlr.	108 Lastwagen. Thlr.	109 Arbeitswagen. Thlr.	110 Schneepflüge u. Draisinen. Thlr.	111 Sonstige Transportmittel. Thlr.	112 Achsen und Räder für die Postwagen (soweit solche die Bahnverwaltung zu liefern hat). Thlr.
Berlin-Stettiner									
a. Berl.-Stettin-Stargard	50	3—5½	587 100	200 794	532 014	37 962	3544	7226	—
b. Starg.-Cöslin-Colberg	67	4½—4¾	481 000	148 356	441 243	4388	1468	—	—
Böhmische Westbahn	100	4⅝	495 320	226 100	802 620	6933	9800	—	—
Breslau-Schweidnitz-Freib.	120	5	658 537	218 979	1 050 773	—	295	—	—
Brünn-Rossitzer	89	4	85 770	15 050	86 578	—	1362	1756	—
Buschtěhrader a. Lokom.-B.	100	4½	102 235	8995	87 975	745	2217	7371	—
b. Pferde-B.	42	2½		2125	32 843	630	101	3274	—
Frankfurt-Hanauer	40	3⅝	181 997	97 443	43 029	—	443	—	—
Galizische Carl-Ludw.-Bahn	100	4¹¹/₁₆	1 916 152	322 969	1 896 894	in Kol. 108	13 157	6726	—
Graz-Köflacher	100	4—4½	44 028	17 230	62 162	—	211	—	—
Hessische Ludwigs-E.	100	3⅝—4⅝	620 364*	211 052*	592 749*	39 143	2193	109 500	—
Homburger	100	4¹¹/₁₆	58 057	48 143	24 503	—	—	—	—
Kaiser Ferdinands Nordb.	113	4—4½	4 242 829	692 830	6 157 908	28 891	39 853	—	—
Kaiserin Elisabeth a. Lokom.-Bahn	98,7	3⅝	1 933 504*	1 039 551*	1 607 325*	—	—	—	—
b. Pferde-Bahn	25	2½	—	—*	—	—	—	—	—
Köln-Mindener (u. Gießener)	100	eiserne 5, stählerne 4	3 521 878	502 299	5 450 080	80 306	2900	—	—
Kurf. Friedr. Wilh. Nordb.	55	3⅝—4½	579 835	163 944	293 803	7280	270	—	—
Leipzig-Dresdener	65	4,3—4,81	733 371	in Kol. 108	1 063 481	—	—	in Kol. 108	—
Ludwigs-E. (Nürnb.-Fürth)	50	3⅝	29 350	25 378	350	250	—	—	—
Lübeck-Büchener	75	3½—5	103 112	34 989	175 100	—	—	—	448
Magdb.-Cöth.-Halle-Leipz.	112,6	eiserne 5, stählerne 4⅛ (englisch)	818 317	275 542	1 181 275	in Kol. 108	904	—	—
Magdeburg-Halberstädter	100	3½—7	343 333	200 260	613 920	—	in Kol. 108	—	—
Magdeburg-Wittenbergesche	50	eis. 3⅝—4⅝, stählerne 3⅝	279 474	87 576	268 459	in Kol. 108	„ „ 108	—	—
Mecklenburgische	100	5 (englisch)	774 340*	in Kol. 106	in Kol. 106	—	416	—	—
Mohacs-Fünfkirchener	84	4½	197 221	27 507	268 812	28 323	2932	—	—
Neisse-Brieger	49	3½, 3¾ u. 4½	99 470	28 178	79 450	in Kol. 108	574	1897	—
Niederländische Rhein-E.	160	5	737 222	338 615	879 491	11 822	355	—	—
Niederschlesische Zweigbahn	90	5	166 915	50 518	158 630	1 680	—	—	1000
a. Oesterreich. nördliche	76	3⅝—4⅝	2 357 671*	592 325	3 595 747	—	21 625	38 241*	—
b. Oesterreich. südöstliche	75	3⅝—4⅝	3 218 445*	688 881	4 863 597	14 240	20 289	60 875*	—
c. Wien-Neu-Szönyer	96	3⅝—4⅝	642 539*	152 839	1 127 886	—	10 637	14 320*	—
Oppeln-Tarnowitzer	95	4¹¹/₁₆	147 900	17 775	191 641	—	—	—	—
a. Pfälzische Ludwigsbahn	150	4⅝	595 990	205 980	933 041	600	500	900	—
b. Pfälzische Maximiliansb.	150	4⅝	184 457	51 175	281 960	—	150	—	—
Rendsburg-Neumünstersche	75	4 u. 4⅝	48 863	15 739	37 007	1123	623	2943	—
Rheinische	100	4⅝	1 483 617	571 248	1 553 254	68 800	400	12 730	—
a. Südbahn, Oesterreich.	100	4⅝	5 624 607	1 167 394	4 744 219	in Kol. 108	in Kol. 108	—	—
b. Nordtiroler	100	4⅝	—	—	—	—	—	—	—
c. Venetianische u. Südtirol.	80	4⅝	1 821 066	474 581	1 460 050	49 000	7813	—	—
Süd-Norddeutsche	100	4¹¹/₁₆	967 895	226 245	567 845	7430	6877	—	—
Taunus-Bahn	100	5⅛	238 254*	146 644	196 342	—	—	—	—
Theiß-Bahn	84	4⅝	1 816 914	511 811	1 557 367	149 643	14 007	—	—*
Thüringische	100	3½—5	1 069 073	318 726	1 093 396	10 850	—	—	—
Werra-E.	60	4⅝—4¹¹/₁₆	446 400	122 750	305 770	11 560	—	—	—

Abschnitt D.

Betriebs-Resultate.

1	Badische	in Kol. 113b.	222 429	87 792	13 061	—	6792	1073	331 147	323 282*
2	Bayerische (u. 5 gpcht. Jwgb.)	119 920	147 160	80 273	351 419	in Kol. 113g.	2355	104 892*	806 019	698 772*
3	Braunschweigische	28 025	68 157	58 190	—	11 072?	—	10 433	176 777	166 344
4	Hannoversche	in Kol. 113c.	in Kol. 113c.	510 967	in Kol. 113c.	in Kol. 113c.	12 006	—	522 973	522 973
5	Main-Neckar	15 446	35 491	8614	15 592	—	2263	176	77 582	77 406
6	Main-Weser	39 420	26 446	39 420	19 710	1064	447	737	127 244	126 507*
7	Preuß. Niederschles.-Märk.	41 590	115 889	217 770	—	—*	12 363	40 939	428 551	387 612
8	„ Ostbahn	70 885	120 528	105 583		19 439	18 847	32 680	367 962	335 282
9	„ Saarbrücker (u. Trier)	11 729	41 213	57 506		12 797	6897	3455	133 897	130 442
10	„ Westfälische	—	35 355	58 315		3428	5218	6511	108 827	102 316
11	Sächsische östliche									
	a. Sächsisch-Böhmische		33 378	12 398		—	455	1228	47 459*	46 231
	b. Sächsisch-Schlesische	in Kol. 113b. mitenthalten.	61 611	27 253	in Kolonne 113c. mitenthalten.		4746	7300	100 940*	93 640
	c. Tharandt-Freiberger		4016*	1500			30	420	6076	5656
12	Sächsische westliche									
	a. Niedererzgebirgische		61 003	35 651		—	10 514	2735	109 903	107 168
	b. Obererzgebirgische	—	16 536	10 471			96	1522	28 625	27 103
	c. Sächsisch-Bayerische	i. Kol. 113b.	88 622	98 025		—	1028	12 006	199 681	187 675
13	Württembergische	i. Kol. 113b.	321 257	i. Kol. 113b.	i. Kol. 113b.	i. Kol. 113b.	i. Kol. 113b.	23 333	344 590	321 257
	II. Privatbahnen									
	a) unter Staatsverwaltg.									
14	Aach.-Düss.-Ruhrorter: a. Aach.-Düsseld.; b. Ruhrort-Crf.	12 404	37 454	16 512	13 436	2785	27	4974	87 592	54 678* / 27 940
15	a. Bergisch-Märkische	15 713	104 014	118 675	—	12 494	12 602	17 323	280 821	263 498
	b. Prinz-Wilhelm-E.	—	in Kol. 113c.	21 769	i. Kol. 113c.	2375	—	9635	33 779	24 144
16	Cöthen-Bernburger	—	—	—	8404	—	—	—	8404	8404
17	a. Löbau-Zittauer	—	—	—	13 218	—	1502	415	15 135	14 720
	b. Zittau-Reichenberger	—	—	—	11 612	—	286	430	12 328	11 898
18	a. Oberschlesische	19 052	27 012	170 378	i. Kol. 113c.	10 339	2294	16 780	245 855	229 075
	b. Breslau-Posen-Glogauer	—	40 865	46 326	i. Kol. 113c.	13 585	1051	12 344	114 171	101 827
19	Stargard-Posener	—	24 634	39 710	—	8160	2957	7340	82 801	75 461
20	Rhein-Nahe-E.	2904	28 619	32 007	—	2964	1770	3209	71 473	68 264
21	Wilhelms-Bahn	5526	5614	42 817	i. Kol. 113c.	128	3103	100	57 288	57 188
	b) in Privatverwaltung.									
22	Aachen-Mastrichter	8905	3924	19 222	—	592	—	5613	38 256	32 643
23	Alberts-Bahn	—	6507	25 591	i. Kol. 113c.	—	—	—	32 098	32 098
24	a. Altona-Kieler	—	29 894	10 470	—	—	—	345	40 709	40 364
	b. Glückstadt-Elmshorner	—	6640	172	—	—	—	39	6851	6812
25	Aussig-Teplitzer	—	2122	3101	4350	25	677	35	10 310	10 275
26	Bayerische Ostbahnen	in Kol. 113b.	127 370	143 194	i. Kol. 113c.	i. Kol. 113c.	1756	—	272 320	272 320
27	Berlin-Anhaltische	60 237	49 965	20 015	30 489	1655	4111	5169	171 641	166 472
28	a. Berlin-Hamburger; b. Hamburg-Bergedorfer	27 740	32 327	68 215	43 216	13 215	14 697	15 077	214 487	199 410
29	Berlin-Potsdam-Magdebrg.	27 869	55 378	45 278	—	61	3256	7937	139 779	131 842

I. Leistungen der Transportmittel.

A. Lokomotiven.

II. Privatbahnen. (Forts.)	a. der Courier- u. Schnell- (Eil-) Zügen. Meilen.	b. der Personen- (Post-) Zügen. Meilen.	c. der Güter- Zügen. Meilen.	d. der gemischten Zügen. Meilen.	e. als vorgelegte Reserve-Maschinen. Meilen.	f. der Material- u. Arbeits-Zügen. Meilen.	g. leer. Meilen.	h. zusammen. Meilen.	Davon Nutzmeilen.
	Die Lokomotiven haben im Betriebsjahre 1862 zurückgelegt:								
Berlin-Stettiner									
a. Berl.-Stettin-Stargard	—	50 440	23 200	—	11 261	1916	8465	95 282*	86 817
b. Starg.-Cöslin-Colberg	—	35 953	16 552	in Kol. 113c.	1616	2741	2303	59 165*	56 862
Böhmische Westbahn	—	17 220	10 350	18 422	2147	4531	2561	55 231	52 670
Breslau-Schweidnitz-Freib.	—	48 235	36 012	—	in Kol. 113f.	28 614	5576	118 467	112 891
Brünn-Rossitzer	—	6	1015	4390	4	18	10	5443	5433
Buschtěhrader a. Lokom.-B.	—	—	5782	5514	14	—	—	11 310	11 310
Buschtěhrader b. Pferde-B.	—	—	—	—	—	—	—	—	—
Frankfurt-Hanauer	in Kol. 113b.	27 428	in Kol. 113b.	—	in Kol. 113g.	—	358	27 786	27 428
Galizische Carl-Ludw.-Bahn	—	32 902	52 748	52 226	123	9715	3168	150 882	147 714
Graz-Köflacher	—	4546	8771	4015	34	—	3442	20 808	17 366
Hessische Ludwigs-E.	in Kol. 113b.	84 172	25 690	in Kol. 113c.	in Kol. 113g.	—	2766	112 628	109 862
[illegible]emburger	3650	8830	—	1825	235	27	230	14 797	14 567
Kaiser Ferdinands Nordb.	15 400	125 074	263 661	54 926	40 615	7849	931	508 456*	507 525
Kaiserin Elisabeth a. Lokom.-Bahn	34 126	89 107	37 399	70 506	12 591	10 541	7639	261 909*	254 270
Kaiserin Elisabeth b. Pferde-Bahn	—	—	—	—	—	—	—	—	—
Cöln-Mindener (u. Gießener)	81 232	183 769	303 504	—	i. K. 113a-c.	17 912	25 420	611 837	586 417
Carl Friedr.-Wilh. Nordb.	in Kol. 113c.	in Kol. 113c.	92 324	in Kol. 113c.	in Kol. 113c.	574	—	92 898	92 898
Leipzig-Dresdener	25 278	40 090	50 937	21 536	—	—	3148	140 989	137 841
Ludwigs-E. (Nürnb.-Fürth)	—	7939	1350	—	—	—	—	9289	9289
Lübeck-Büchener	—	9198	3141	4599	—	343	in Kol. 113d.	17 281	16 938
Magdeb.-Cöth.-Halle-Leipz.	11 534	29 498	58 393	10 147	4224	632	2304	116 732	114 428
Magdeburg-Halberstädter	11 704	13 809	37 658	in Kol. 113c.	330	1575	3464	68 540	65 076
Magdeburg-Wittenbergesche	—	9951	—	25 826	2624	363	1234	40 001	38 767
Mecklenburgische	—	25 630	6238	24 551	933	2276	892	60 520	59 628
Mohacs-Fünfkirchener	—	—	7003	9323	—		—	16 326	16 326
Neisse-Brieger	—	3	366	9028	436	365	437	10 637	10 200
Niederländische Rhein-E.	26 080	61 529	27 265	15 795	—	2827	23 544*	157 040	133 496
Niederschlesische Zweigbahn	—	7048	2806	14 558	407	1220	3649*	29 688	26 039
a. Oesterreich. nördliche	24 830	83 450	156 430	38 025	5200	3683	5990	317 608	311 618
b. Oesterreich südöstliche	29 961	86 287	163 770	35 106	3609	3296	5009	327 238	322 229
c. Wien-Neu-Szönyer	—	22 589	23 734	3471	14	637	337	50 782	50 445
Oppeln-Tarnowitzer	—	—	52	14 775	16	578	563	15 984	15 421
a. Pfälzische Ludwigsbahn	19 017	67 735	77 394	—	—	—	2402	166 547	164 145
b. Pfälzische Maximiliansb.	6920	15 215	17 650	—	616*	—	217	40 618	39 785
Rendsburg-Neumünstersche	—	6824	—	3812	—	—	441	11 077	10 636
Rheinische	50 499	138 687	72 190	—	—	6912	77 498*	345 786	265 288* [illegible]
a. Südbahn, Oesterreich.	20 211	204 042	447 905	17 042	26 716	15 511	20 219	751 646	731 427
b. Nordtiroler	19	33	360	18 170	—	251	15	18 848	18 833
c. Venetianische u. Südtirol	—	158 000	77 500	—	18 355	7549	896	262 300	235 500*
Süd-Norddeutsche	—	32 302	17 138	19 722	2500	2468	2721	76 851	74 130
Taunus-Bahn	7945	21 269	—	6578	i. K. 113b. u. d.	—	468	36 260	31 399
Theiß-Bahn	—	58 993	21 944	37 857	161	6025	807	125 787	124 980
Thüringische	43 046	84 655	59 963	in Kol. 113c.	20 098	1789	17 200	226 951	209 751
Werra-E.	—	31 400	—	20 008	2317	294	3109	57 128	54 019

(Forts.) I. Leistungen der

A. Loko-

Nr.	I. Staatsbahnen.	115. Im Betriebsjahre 1862 wurden durchschnittlich täglich befördert: a. Courier- u. Schnell-Züge. Anz.	b. Personen-Züge. Anz.	c. Güter- u. gemischte Züge. Anz.	d. Mater.- u. Arbeits-Züge. Anz.	116. Durchschnittl. Anzahl der Wagen-Achsen in den a. Courier- u. Schnell-Zügen. Achsen.	b. Personen-Zügen. Achsen.	c. Güter- u. gemischten Zügen. Achsen.	d. Mater.- u. Arbeits-Zügen. Achsen.	117. Zur Feuerung der Lokomotiven: Holz zum Anheizen. a. überhaupt. Klftr.	b. pro Nutzmeile. Cbf.	118. Holz zur Feuerung während der Fahrt. a. bei Nutzmeilen.	b. überhaupt. Klftr.	c. pro Nutzmeile. Cbf.
1	Badische	—*	11,44*	5,15	0,11	—*	21*	58	37	492	0,16	—	—	—
2	Bayerische (u. 5 gpcht. Zwgb.)	—	—	—	—	—	—	—	—	3716	0,602	—	456	—
3	Braunschweigische	11	31	37	—	6	6	36	—	660,81	0,44	—	—	—
4	Hannoversche	—*	—	—	—	—*	—	—	—	1553	0,32	—	—	—
5	Main-Neckar	3,58	7,16	4	3	—	—	—	—	142	0,20	—	—	—
6	Main-Weser	4	4	6	—	24,37	25,10	51,66	—	464,75	0,386	—	—	—
7	Preuß. Niederschles.-Märk.	6,65	14	20	11,41	20,16	22,27	113,70	43,75	1113,1	0,31	—	—	—
8	" Ostbahn	2,17	14,53	10,03	0,46	18,19	23,53	81,21	23,9	721,9	0,33	—	—	—
9	" Saarbrücker (u. Trier)	2	7	46	—	10	12	66	34	205	0,17	—	—	—
10	" Westfälische	—	7	9	—	—	18	70	—	192	0,20	—	—	—
11	Sächsische östliche													
	a. Sächsisch-Böhmische	2	8	4*	0,013	20	36	104*	22	103	0,31	—	—	—
	b. Sächsisch-Schlesische	1	11	5	1	18	30	150	24	63	0,07	—	—	—
	c. Tharandt-Freiberger	—	8	3	[illegible]	—	23	56	10	10	[illegible]	—	—	—
12	Sächsische westliche													
	a. Niedererzgebirgische	1	9	10	1,1	16	20	66	33	37	0,01	—	—	—
	b. Obererzgebirgische	—	6	6	0,1	—	35	58	27	16	0,06	—	—	—
	c. Sächsisch-Bayerische	2	6	13	0,2	16	32	78	39	90	0,05	—	—	—
13	Württembergische	—	—	—	—	—	—	—	—	118	0,039	7501	1159	16,69
	II. Privatbahnen													
	a) unter Staatsverwaltg.													
14	Aach.-Düss.-Ruhrorter a. Aach.-Düssel.	2	6	6	0,025	18	22	95	40	22*	0,029	—	—	—
	b. Ruhrort-Crf.	2	6	6	0,005	17	20	65	13					
15	a. Bergisch-Märkische	2,96	29,04	51,1	5,93	18	19	85	24	396,05	0,16	—	—	—
	b. Prinz-Wilhelm-E.	—	6	8,77	—	—	20	70	—	35	0,156	—	—	—
16	Cöthen-Bernburger	—	—	7	—	—	—	23	—	27	0,35	—	—	—
17	a. Löbau-Zittauer	—	—	8	0,15	—	—	46	12	22	0,14	—	—	—
	b. Zittau-Reichenberger	—	—	8	1	—	—	40	10	16	0,14	—	—	—
18	a. Oberschlesische	2	4	18	—	18,03	21,69	95,42	28,56	425,85	0,130	—	—	—
	b. Breslau-Posen-Glogauer	—	4	5	—	—	17,90	102,61	28,16					
19	Stargard-Posener	—	3,42	5,53	—	—	19,12	58,80	34,14	182	0,26	—	—	—
20	Rhein-Nahe-E.	2	6	10	—	8,5	12	56,3	28	—*	—*	—	—	—
21	Wilhelms-Bahn	2	2	12	1	12	15—17	65	20	174,25	0,33	—	—	—
	b) in Privatverwaltung.													
22	Aachen-Mastrichter	2	1	11	—	11	15	52	—	31,7	0,10	—	—	—
23	Alberts-Bahn	—	8	5	—	—	18	80	24	54	0,15	—	—	—
24	a. Altona-Kieler	—	4,14	4,04	—	—	23	46	—	90	0,21	—	—	—
	b. Glückstadt-Elmshorner	—	4,03	0,22	—	—	23	11	—					
25	Aussig-Teplitzer	—	2	7	—	—	19	76	12	65,7	0,69	—	—	—
26	Bayerische Ostbahnen	6	14	23	—	12	18	50	16	630	0,75	—	—	—
27	Berlin-Anhaltische	5	7	5	—	19	22	84	33	484,5	0,31	—	—	—
28	a. Berlin-Hamburger / b. Hamburg-Bergedorfer	2	2	17	8	13	27	69	30	703	0,35	—	—	—
29	Berlin-Potsdam-Magdebg.	4	18	6	—	20	23	65	—	184,67	0,15	—	—	—

Transportmittel.

motiven.

(einschließlich der Reservemaschinen) sind an Brennmaterial verbraucht:

Coaks, ungemischt mit andern Brennstoffen. a. bei Nutzmeilen.	b. überhaupt. Z.-Ctr.	c. pro Nutzmeile. Z.-Pfd.	Coaks als Zusatz zu a. Steinkohlen. Z.-Ctr. Coaks.	b. Braunkohlen.	Steinkohlen, ungemischt. a. bei Nutzmeilen.	b. überhaupt. Z.-Ctr.	c. pro Nutzmeile. Z.-Pfd.	Steinkohlen, gemischt mit Coaks. a. Mischungs-Verhältniß.	b. bei Nutzmeilen.	c. überhaupt. Z.-Ctr.	
—	—	—	—	—	323 282	364 852	112,46	—	—	—	1
—	—	—	—	—	359 290*	714 354*	—*	—	—	—	2
—	—	—	167 650	—	—	—	—	1 : 1	166 344	168 527	3
—	—	—	294 379	—	—	—	—	—	522 973	565 892	4
—	—	—	—	—	77 406	87 823	113,16	—	—	—	5
—	—	—	1297	—	126 507	173 304	138,03*	—	—	—	6
—	—	—	39 190*	—	—	—	—	—	387 612	772 297*	7
—	—	—	—	—	335 282	512 169*	152,76	—	—	—	8
—	—	—	—	—	130 442	204 532*	156,89	—	—	—	9
—	—	—	—	—	—	—	—	5,8 : 1	102 316	117 701*	10
—	—	—	555	20 350*	—	—	—		3633	15 331*	11a
—	—	—	11 855	—	—	—	—	verschieden	93 640	174 529	-b
—	—	—	7	—	—	—	—		3656	14 953	-c
—	—	—	3724	—	—	—	—		107 168	189 148	12a
—	—	—	940	—	—	—	—	verschieden	27 103	53 727	-b
—	—	—	6977	—	—	—	—		187 675	378 833	-c
—	—	—	—	—	259 276	326 131	125,78	—	—	—	13
—	2635*	—	—	—	82 618	132 595*	160,48	—	—	—	14
—	—	—	475*	—	263 498	513 345*	194,83	—	—	—	15a
—	—	—	—	—	24 144	68 882*	285,29	—	—	—	-b
8404	13 355*	158,01	—	—	—	—	—	—	—	—	16
—	—	—	2832	—	—	—	—	verschieden	14 720	29 182	17a
—	—	—	1999	—	—	—	—	verschieden	11 898	20 590	-b
—	—	—	—	—	330 902	525 879*	158,92	—	—	—	18
—	—	—	—	—	75 461	94 717*	125,53	—	—	—	19
—	—	—	—	—	68 264	104 324*	152,82	—	—	—	20
—	—	—	—	—	57 188	124 328*	217,10	—	—	—	21
—	—	—	1676*	—	—	—	—	—	32 643*	61 882	22
—	—	—	—	—	32 098	31 766	98,97	—	—	—	23
20 808	20 300	97,44	—	—	26 368	32 380	122,80	—	—	—	24
—	—	—	—	—	—	—	—	—	—	—	25
—	—	—	—	—	264 449	367 512*	138,63	—	—	—	26
—	—	—	20 853	—	51 487	92 299	179,37	9,17 : 1	114 965	191 201	27
51 216	61 347*	119,78	—	—	146 575	240 013*	163,74	—	—	—	28
—	—	—	—	—	131 842	206 488	156,42	—	—	—	29

II. Privatbahnen. (Forts.)	115				116 (Forts.)	I. Leistungen			117 der		118 A. Loko-		
	Im Betriebsjahre 1862 wurden durchschnittlich täglich befördert:				Durchschnittl. Anzahl der Wagen-Achsen in den				Zur Feuerung der Lokomotiven: Holz zum Anheizen.		Holz zur Feuerung während der Fahrt.		
	a. Courier- u. Schnell-Züge.	b. Personen-Züge.	c. Güter- u. gemischte Züge.	d. Mater.- u. Arbeits-Züge.	a. Courier- u. Schnell-Zügen.	b. Personen-Zügen.	c. Güter- u. gemischten Zügen.	d. Mater.- u. Arbeits-Zügen.	a. überhaupt.	b. pro Nutzmeile.	a. bei Nutzmeilen.	b. überhaupt.	c. pro Nutzmeile
	Anz.	Anz.	Anz.	Anz.	Achsen.	Achsen.	Achsen.	Achsen.	Klftr.	Cbkf.		Klftr.	Cbkf.
30 Berlin-Stettiner													
a. Berl.-Stettin-Stargard	—	6	4	1	—	24	91	22	220*	0,25	—		—
b. Starg.-Cöslin-Colberg	—	4	2	1	—	16	61	14	98*	0,19	—	—	
31 Böhmische Westbahn	—	2	6	2	—	—	—	—	437	0,69	—	—	—
32 Breslau-Schweidnitz-Freib.	—	12	10	—	—	22	64	—	374,7	0,16	—	—	
33 Brünn-Rossitzer	—	—	4,12	—	—	6	61	32	200,8*	3,99	—	[illegible]	—
34 Buschtěhrader a. Locom.-B.	—	—	6	—	—	—	62	—	40	0,34	—	—	—
b. Pferde-B.	—		—	—	—	—		—	-	—	—		—
35 Frankfurt-Hanauer	4	9	4	—	12	40	80	—	33,7	0,13	—	—	—
36 Galizische Carl-Ludw.-Bahn	—	2	10,4	2,6	—	20	66,8	36,6		—	—	11 349*	—
37 Graz-Köflacher	—	2,27	6,73		—	26	42,5	—	64,1	0,10	—		—
38 Hessische Ludwigs-E.	—	—		—	—	17,08	68,38	—	711	0,70	—		—
39 Homburger	4	9,67	2	—	—*	15,14*	—	—	19	0,14	—	—	—
40 Kaiser Ferdinands Nordb.	4	22	58	—	21,30	21,30	97,72	—	2825*	0,60	—	—	—
41 Kaiserin Elisabeth a. Lokom.-Bahn	2	4	4	—	12	26	58		2897	1,33	654	173	29,03
b. Pferde-Bahn	—	2	4	—	—	4	48	—	—		—	—	—
42 Köln-Mindener (u. Gießener)	11	51	56	4	15	22	65	45	1179	0,22	—	—	—
43 Kurf. Friedr. Wilh. Nordb.	4	3	7	0,1	—	—	—	—	237	0,35	—	—	—
44 Leipzig-Dresdener	5	19*	9		24	14	120	—	193	0,15	—		—
45 Ludwigs-E. (Nürnb.-Fürth)	—	27	5	—	—	15	—	—	30*	0,35	—	—	—
46 Lübeck-Büchener	—	4	3	—	—	19	66	—	136	0,86	—	—	
47 Magdb.-Cöth.-Halle-Leipz.	2	5	21	—	18	24	95	—	78,83	0,074	—		
48 Magdeburg-Halberstädter	4	7	16	—	21,5	31,9	80,2	—	96,23	0,159	—	—	—
49 Magdeburg-Wittenbergesche	—	2	4	—	—	21	50	—	102	0,38	—	—	—
50 Mecklenburgische	—	—	—	—	—	21	35	13	195	0,35		—	
51 Mohacs-Fünfkirchener	—	—	5,5	—	—	—	47,5	—	480,30	3,14	5905	1295,41	23,69
52 Neisse-Brieger	—	—	4	0,86	—	—	37,76	21,5	23,41	0,23	—	—	—
53 Niederländische Rhein-E.	6,8	16	14	0,65	10	16	44,1	60	—	—		—	—
54 Niederschlesische Zweigbahn	—	2	5	0,71	—	16	41	16	24,1	0,10	198	23	12,51
55 a. Oesterreich. nördliche	—	—	—	—	10,36	23,99	66,81	40,82	2222	0,77	—	—	
b. Oesterreich. südöstliche	—	—	—	—	11,29	22,59	64,10	49,31	1882	0,63	—		-
c. Wien-Neu-Szönyer	—	—	—	—	—	17,76	78,93	40,67	390	0,81	1950	523,5	29,0
56 Oppeln-Tarnowitzer	—	—	4,01	0,13	—	—	30,5	—	22,5	0,15	—	—	—
57 a. Pfälzische Ludwigsbahn	4	8	14	—	13	16	58	—	262	0,17	—	—	
b. Pfälzische Maximiliansb.	3	7	8	—	11	14	44	-	55	0,13	—	—	
58 Rendsburg-Neumünstersche	.	4	2	—	—	19	36		30	0,30	—		-
59 Rheinische	12	36	18	10	16	21	58	24	58 922*	0,32*		—	—
60 a. Südbahn, Oesterreich.	0,71	45	60	6	13	31	51	30	1772,3	0,26	—	—	—
b. Nordtiroler	—	—	—		—	—			175	1,0	17 768	3134	20,4
c. Venetianische u. Südtirol.	—	29	12		—	23	51		718	0,[illegible]			
61 Süd-Norddeutsche	—	4	7	1	—	15	31	18	263,6	0,19	—		
62 Taunus-Bahn	4	12	4		—*	—		—	131,06	0,13	—	—	
63 Theiß-Bahn	—	5,67	6,76	0,213	—	31	64	32			124 960*	31 615*	25,[illegible]
64 Thüringische	4	8	6	2	21	28	79	34	527,01	0,27			
65 Werra-E.		4	4	1	—	18	60	22	152,72	0,[illegible]		-	

Transportmittel.

motiven.

(einschließlich der Reservemaschinen) sind an Brennmaterial verbraucht:

Coaks, ungemischt mit andern Brennstoffen.			Coaks als Zusatz zu		Steinkohlen, ungemischt.			Steinkohlen, gemischt mit Coaks.			
a. bei Nutzmeilen.	b. überhaupt. Z.-Ctr.	c. pro Nutzmeile. Z.-Pfd.	a. Steinkohlen. Z.-Ctr. Coaks.	b. Braunkohlen.	a. bei Nutzmeilen.	b. überhaupt. Z.-Ctr.	c. pro Nutzmeile. Z.-Pfd.	a. Mischungs-Verhältniß.	b. bei Nutzmeilen.	c. überhaupt. Z.-Ctr.	
16 002	19 713*	123,10	—	—	70 815	91 333*	128,97	—	—	—	30 a
2651	6924*	261,16	—	—	54 210	55 283*	101,94	—		—	- b
—	—	—	—	—	52 670	117 209	222,54	—	—	—	31
—	—	—	—	—	112 891	276 797	245,10	—	—	—	32
—	—	—	—	—	5433	21 772*	400,74*	—	—	—	33
—	—	—	—	—	11 310	49 842	440,69	—	—	—	34 a
—	—	—	—	—	—	—	—	—	—	—	- b
—	—	—	30	—	27 428	44 741	163,0	—*	—	—	35
—	—	—	—	—	—	320 503*	—	—	—	—	36
—	—	—	—	—	—	—	—	—	—	—	37
—	—	—	—	—	109 862	110 634	100,79	—	—	—	38
—	—	—	7216	—	—	—	—	2 : 1	14 567	14 313	39
—	—	—	213 573*	—	75 512	252 555*	334,16	4 : 1	432 013	958 567*	40
—	—	—	—	—	32 555	101 400	311,10	—	—	—	41 a
—	—	—	—	—	—	—	—	—	—	—	- b
—	—	—	165 981	—	—	—	—	100 : 17	586 417	1 003 771	42
—	—	—	—	—	92 898	123 260	132,61	—	—	—	43
—	—	—	15 021	—	—	117 350	162*	5 : 1	—	87 880	44
9259	4403*	47,10	—	—	—	—	—	—	—	—	45
—	26 145	—	—	—	—	3483	—	—	—	—	46
—	—	—	3498	—	114 428	250 632	219,04	—	—	—	47
—	—	—	—	—	65 076	149 018	228,99	—	—	—	48
—	—	—	—	—	38 767	41 581*	107,26*	—	—	—	49
26 551	21 581	81,38	3255	—	21 434	21 943	102,34	2,11 : 1	11 616	7845	50
10 421	20 627	197,94	—	—	—	—	—	—	—	—	51
—	—	—	—	—	10 200	19 456	190,75	—	—	—	52
—	—	—	132	—	—	—	—	1441 : 1	133 496	190 266	53
—	—	—	—	—	25 841	38 543	149,15	—		—	54
—	—	—	—	—	240 720	391 031	162,44	—	—	—	55 a
—	—	—	—	—	322 229	479 509	148,91	—	—	—	- b
—	—	—	28 238	—	10 250	27 739	270,62	136 : 100	38 245	66 716	- c
—	—	—	—	—	15 421	28 328	183,7	—	—	—	56
—	—	—	—	—	164 145	194 332	118,30	—	—	—	57 a
—	—	—	—	—	39 755	47 771	120,07	—	—	—	- b
—	—	—	—	—	10 636	10 482	98,55	—	—	—	58
—	—	—	52 794	—	—	—	—	5 : 1	268 288	256 489	59
105 672	277 917*	263,0	—	—	12 716	32 963*	259,33	—	—	—	60 a
—	—	—	—	—	849	1825	215,20	—	—	—	- b
—	—	—	—	—	—	108 186	—	—	—	—	- c
—	—	—	212	—	73 294	174 104	237,54	unbestimmt	936	1576	61
—	—	—	9891	—	—	—	—	4 : 1	31 399	40 354	62
—	—	—	—	—	—	—	—	—	—	—	63
—	—	—	39 361	—	—	—	—	unbestimmt	209 751	352 678	64
—	—	—	—	—	54 019	137 634	254,70	—	—	—	65

	123			124			125				
	(Forts.) **I. Leistungen der** (Forts.) **A. Loko-**										
	Zur Feuerung der Lokomotiven (einschließlich der Reservemaschinen)										
I. Staatsbahnen.	Braunkohlen, ungemischt.			Braunkohlen, gemischt mit Steinkohlen.			Torf, ungemischt.				
	a. bei Nutzmeilen.	b. überhaupt. Z.-Ctr.	c. pro Nutzmeile. Z.-Pfd.	a. Mischungs-Verhältniß.	b. bei Nutzmeilen.	c. überhaupt. Z.-Ctr.	a. bei Nutzmeilen.	b. überhaupt. Z.-Ctr.	Klftr.	c. pro Nutzmeile. Z.-Pfd.	Cb.-F.
1 Badische	—	—	—	—	—	—	—	—	—	—	—
2 Bayerische (u. 5zpcht. Zwgb.)	18 566*	104 821*	—*	164 : 1	277*	1640*	113 829*	—	27 800*	—	—*
3 Braunschweigische	—	—	—	—	—	—	—	—	—	—	—
4 Hannoversche	—	—	—	—	—	—	—	—	—	—	—
5 Main-Neckar	—	—	—	—	—	—	—	—	—	—	—
6 Main-Weser	—	—	—	—	—	—	—	—	—	—	—
7 Preuß. Niederschles.-Märk.	—	—	—	—	—	—	—	—	—	—	—
8 „ Ostbahn	—	—	—	—	—	—	—	—	—	—	—
9 „ Saarbrücker (u. Trier)	—	—	—	—	—	—	—	—	—	—	—
10 Westfälische	—	—	—	—	—	—	—	—	—	—	—
11 Sächsische östliche											
a. Sächsisch-Böhmische	—	—	—	verschieden	42 598	82 715*	—	—	—	—	—
b. Sächsisch-Schlesische	—	—	—	—	—	—	—	—	—	—	—
c. Tharandt-Freiberger	—	—	—	—	—	—	—	—	—	—	—
12 Sächsische westliche											
a. Niedererzgebirgische	—	—	—	—	—	—	—	—	—	—	—
b. Obererzgebirgische	—	—	—	—	—	—	—	—	—	—	—
c. Sächsisch-Bayerische	—	—	—	—	—	—	—	—	—	—	—
13 Württembergische	—	—	—	—	—	—	54 480	—	5990	—	11,87
II. Privatbahnen											
a) unter Staatsverwaltg.											
14 Aach.-Düss.-Ruhrorter (a. Aach.-Düss. b. Ruhrort-Crf.)	—	—	—	—	—	—	—	—	—	—	—
15 a. Bergisch-Märkische	—	—	—	—	—	—	—	—	—	—	—
b. Prinz-Wilhelm-E.	—	—	—	—	—	—	—	—	—	—	—
16 Cöthen-Bernburger	—	—	—	—	—	—	—	—	—	—	—
17 a. Löbau-Zittauer	—	—	—	—	—	—	—	—	—	—	—
b. Zittau-Reichenberger	—	—	—	—	—	—	—	—	—	—	—
18 a. Oberschlesische / b. Breslau-Posen-Glogauer	—	—	—	—	—	—	—	—	—	—	—
19 Stargard-Posener	—	—	—	—	—	—	—	—	—	—	—
20 Rhein-Nahe-E.	—	—	—	—	—	—	—	—	—	—	—
21 Wilhelms-Bahn	—	—	—	—	—	—	—	—	—	—	—
b) in Privatverwaltung.											
22 Aachen-Mastrichter	—	—	—	—	—	—	—	—	—	—	—
23 Alberts-Bahn	—	—	—	—	—	—	—	—	—	—	—
24 a. Altona-Kieler / b. Glückstadt-Elmshorner	—	—	—	—	—	—	—	—	—	—	—
25 Aussig-Teplitzer	10 275	70 010	681,68	—	—	—	—	—	—	—	—
26 Bayerische Ostbahnen	—	—	—	—	—	—	7871	21 006*	—	305,0	—
27 Berlin-Anhaltische	—	—	—	—	—	—	—	—	—	—	—
28 a. Berlin-Hamburger / b. Hamburg-Bergedorfer	1619	7271*	449,10	—	—	—	—	—	—	—	—
29 Berlin-Potsdam-Magdeb.	—	—	—	—	—	—	—	—	—	—	—

Transportmittel.

[Loco]motiven.

126. [sind] an Brennmaterial verbraucht: Torf, gemischt mit Coaks oder Kohlen. a. Mischungsverhältniß	b. bei Nutzmeilen.	c. überhaupt. Zoll-Ctr.	Klftr.	127. An Brennmaterial (Steinkohlen, Coaks u. s. w.) sind pro Achsmeile verbraucht. Zoll-Pfd.	128. Durchschnittspreis der Brennmaterialien. a. pro Cbff. Holz. Sgr.	b. pro 100 Z.-Pfd. Coaks. Sgr.	c. pro 100 Z.-Pfd. Steinkohl. Sgr.	d. pro 100 Z.-Pfd. Braunkohl. Sgr.	e. pro 100 Z.-Pfd. Torf. Sgr.	f. pro Cbff. Torf. Sgr.	129. Kosten des im Betriebsjahre 1862 verbrauchten Brennmaterials. a. überhaupt. Thlr.	b. pro Nutzmeile. Sgr.	c. pro Achsmeile. Pfen.	
—	—	—	—	3,397	0,66	—	7,16	—	—	—	91 887	8,52	3,09	1
1:2,15	254 744	—	53 213*	—*	1,32	19,71	6,16	5,70	3,67	0,70	505 645	21,70	5,79	2
—	—	—	—	3,328	1,12	10,63	i. D. 13[illegible]	—	—	—	421 829	21,07	6,11	3
—	—	30 016	—	4,125*	0,60	8,76	7,0	—	2,03	—	219 952	12,62	3,78	4
—	—	—	—	4,016	1,0	—	8,25	—	—	—	21 818	9,67	4,12	5
—	—	—	—	3,731	2,03	15,90	7,70	—	—	—	48 585	11,32	3,73	6
—	—	—	—	3,122	1,38	8,12	7,13	—	—	—	179 963	13,94	2,73	7
—	—	—	—	3,877	0,95	—	8,8	—	—	—	151 444	13,55	4,13	8
—	—	—	—	6,667*	1,39	—	5,0	—	—	—	54 051	12,45	6,15	9
—	—	—	—	2,89.*	1,96	8,25	5,50	—	—	—	38 959	11,12	3,15	10
—	—	—	—	5,288	2,0	12,0	6,0	3,0	—		22 540	14,63	3,66	11a
—	—	—	—	4,010	2,5	12,0	6,0	—	—	—	42 153	13,30	3,39	- b
—	—	—		8,[illegible]	[illegible]	12,0	6,0	—	—	—	3176	16,1[illegible]	6,70	- c
—	—	—	—	3,951	3,0	15,0	5,0	—	—	—	30 200	8,16	2,33	12a
—	—	—	—	4,611	2,0	15,0	4,0	—	—	—	7337	8,12	2,21	- b
—	—	—	—	3,531	2,0	15,0	4,0	—		—	54 419	8,71	1,79	- c
—	—	—		—	1,0	—	10,52	—	—	0,52	195 700	18,77	—	13
—	—	—	—	4,313	1,33*	7,80	4,37	—	—		20 185	7,11	2,36	14
—	—	—	—	5,632	2,006	6,75	2,88		—		51 440	5,86	2,03	15a
—	—	—	—	10,364	1,5	—	3,21		—		8130	10,10	4,14	- b
—	—	—	—	8,701	1,12	—	9,82	6,17	—		4995	17,83	11,84	16
—	—	—		4,911	3,0	12,0	6,0		—		8034	16,37	4,16	17a
—	—			4,910	3,0	12,0	6,0			—	5669	11,29	4,16	b
—	—	—	—	2,32.*	0,99	—	5,94	—			132 207	11,99	2,10	18
—		—	—	2,441*	1,17	—	8,0	—		—	33 588	13,63	3,02	19
—	—	—	—	4,636*	1,5*	—	5,0	—	—	—	29 498	12,86	1,74	20
—	—	—		5,167	0,31	—	4,83				9046	4,75	1,33	21
—	—	—		6,189	2,71	9,44	6,38	7,73*		—	16 067	11,[illegible]	5,84	22
—	—		—	4,[illegible]22	1,1		5,27	—		—	5797	5,12	3,10	23
—	—			3,300	1,36	14,70	9,36				20 766	13,21	4,08	24
—	—	—		31.416 Braunkohlen	1,5	—	—	1,5	—	—	3797	11,09	6,03	25
—	—			5.310 Steinkohlen, 0.360 Torf	1,52	—	8,71		1,28		97 243	10,71	5,75	26
—		—		[illegible] Coaks, [illegible] Steinkohlen	1,60	16,0	8,35	—			92 975	16,75	5,06	27
—	—			2,66.*	0,33	14,30	8,26	4,21			106 111	15,96	4,31	28
—	—			3,889	1,95	—	9,92				71 021	16,16	4,85	29

(Forts.) A. Lokos

II. Privatbahnen. (Forts.)	Zur Feuerung der Lokomotiven (einschließlich der Reservemaschinen): Braunkohlen, ungemischt. a. bei Nutzmeilen.	b. überhaupt. Z.-Ctr.	c. pro Nutzmeile. Z.-Pfd.	Braunkohlen, gemischt mit Steinkohlen. a. Mischungs-Verhältniß.	b. bei Nutzmeilen.	c. überhaupt. Z.-Ctr.	Torf, ungemischt. a. bei Nutzmeilen.	b. überhaupt. Z.-Ctr.	Klftr.	c. pro Nutzmeile. Z.-Pfd.	Cub.-F.
30 Berlin-Stettiner											
a. Berlin-Stettin-Stargard	—	—	—	—	—	—	—	—	—	—	—
b. Stargard-Cöslin-Colberg	—	—	—	—	—	—	—	—	—	—	—
31 Böhmische Westbahn	—	—	—	—	—	—	—	—	—	—	—
32 Breslau-Schweidnitz-Freib.	—	—	—	—	—	—	—	—	—	—	—
33 Brünn-Rossitzer	—	—	—	—	—	—	—	—	—	—	—
34 Buschtěhrader a. Lokom.-B.	—	—	—	—	—	—	—	—	—	—	—
b. Pferde-B.	—	—	—	—	—	—	—	—	—	—	—
35 Frankfurt-Hanauer	—	—	—	—	—		—		—	—	
36 Galizische Carl-Ludw.-Bahn	—	—	—	—	—	—	—	—	—	—	—
37 Graz-Köflacher	17 366	67 479	388,57				—		—	—	—
38 Hessische Ludwigs-E.	—	—	—	—	—	—	—	—	—		—
39 Homburger	—	—	—	—	—	—	—	—	—	—	—
40 Kaiser Ferdinands Nordb.	—	—	—	—	—	—	—	—	—	—	—
41 Kaiserin Elisabeth a. Lokom.-Bahn	221 061	1 453 708	657,60	—	—	—	—	—			—
b. Pferde-Bahn	—	—	—	—	—	—	—	—	—	—	—
42 Köln-Mindener (u. Gießener)	—		—	—	—	—	—	—	—	—	—
43 Kurf. Friedr. Wilh. Nordb.	—		—	—		—	—	—	—	—	—
44 Leipzig-Dresdener	—	—	—						—	—	
45 Ludwigs-E. (Nürnb.-Fürth)	—	—		—	—	—	—			—	—
46 Lübeck-Büchener			—	—	—	—	—	—		—	—
47 Magdbg.-Cöth.-Halle-Leipz.	—	—	—	—	—	—	—	—	—	—	—
48 Magdeburg-Halberstädter	—	—	—	—	—	—	—		—	—	—
49 Magdeburg-Wittenbergesche	—	—			—	—				—	
50 Mecklenburgische	—	—	—		—	—			—	—	—
51 Mohacs-Fünfkirchener	—	—	—	—	—	—	—	—	—	—	—
52 Neisse-Brieger	—	—	—	—	—	—	—	—	—	—	—
53 Niederländische Rhein-E.	—	—		—		—	—	—	—	—	—
54 Niederschlesische Zweigbahn	—	—	—		—		—	—	—	—	—
55 a. Oesterreich. nördliche	70 898	186 539	263,11	—	—	—	—	—	—	—	—
b. Oesterreich. südöstliche	—	—	—	—	—	—	—	—	—	—	—
c. Wien-Neu-Szönyer	—	—	—	—		—	—	—	—	—	—
56 Oppeln-Tarnowitzer	—	—	—	—	—	—		—	—	—	
57 a. Pfälzische Ludwigsbahn	—	—		—	—	—	—	—	—	—	—
b. Pfälzische Maximiliansb.	—	—	—	—	—	—	—	—	—	—	—
58 Rendsburg-Neumünstersche	—	—	—	—	—	—	—	—	—	—	—
59 Rheinische	—	—	—	unbestimmt	268 288	59 004*	—	—	—	—	—
60 a. Südbahn, Oesterreich.	613 041	2 910 720*	474,60	—	—	—	—	—	—	—	—
b. Nordtiroler	217	1209	557,11		—		—	—		—	—
c. Venetianische u. Südtirol.	—	371 708	—	—	—					—	
61 Süd-Norddeutsche	—	—	—	—	—	—	—		—	—	—
62 Taunus-Bahn	—	—	—	—	—	—	—			—	
63 Theiß-Bahn	—	—	—	—	—	—				—	
64 Thüringische	—	—	—	—	—	—	—			—	
65 Werra-E.	—	—		—	—				—	—	

Transportmittel.

motiven.

und an Brennmaterial verbraucht: Torf, gemischt mit Coals oder Kohlen. a. Bildungs-Schätzung	b. bei Nutzmeilen.	c. überhaupt. Zoll-Ctr.	Klftr.	An Brennmaterial (Steinkohlen, Coaks u. s. w.) sind pro Achsmeile verbraucht. Zoll-Pfd.	Durchschnittspreis der Brennmaterialien. a. pro Cbfß. Holz. Sgr.	b. pro 100 Z.-Pfd. Coaks. Sgr.	c. pro 100 Z.-Pfd. Steinkohl. Sgr.	d. pro 100 Z.-Pfd. Braunkohl. Sgr.	e. pro 100 Z.-Pfd. Torf. Sgr.	f. pro Cbfß. Torf. Sgr.	Kosten des im Betriebsjahre 1862 verbrauchten Brennmaterials. a. überhaupt. Thlr.	b. pro Nutzmeile. Sgr	c. pro Achsmeile. Pfge.	
—	—	—	—	3,005	1,32	19,03	9,60	—	—	—	56 236	19,12	5,44	30a
—	—	—	—	4,638	1,32	19,67	9,73	—	—	—	25 933	13,67	6,95	b
—	—	—	—	11,67	1,63	—	5,0	—	—	—	25 327	14,12	9,08	31
—	—	—	—	6,917	2,0	—	5,0	—	—	—	49 914	13,27	4,19	32
—	—	—	—	7,990	1,66	—	7,38	—	—	—	6381	35,23	8,44	33
—	—	—	—	10,639	2,0	—	6,31	—	—	—	10 792	28,62	8,14	34a
—	—	—	—	—	—	—	—	—	—	—	—	—	—	b
—	—	—	—	4,650	1,50	12,07	9,01	—	—	—	13 494	14,76	5,05	35
—	—	—	—	{3,981 Z.-Pfd. Kohlen / 0,122 Cbfß. Holz}	1,06	—	6,0	—	—	—	115 768	23,51	3,19	36
—	—	—	—	15,114 Braunkohle	0,95	—	—	2,01	—	—	4781	8,26	3,98	37
—	—	—	—	3,031	1,5	8,1	—	—	—	—	34 682	9,17	3,03	38
—	—	—	—	9,046	3,04	11,09	9,43	—	—	—	7568	15,59	11,44	39
—	—	—	—	4,238	2,0	9,0	6,0	—	—	—	353 429*	21,72*	3,88	40
—	—	—	—	{18,109 Z.-Pfd. Kohlen / 0,020 Cbfß. Holz}	2,10	—	20,0	3,43	—	—	281 522	33,11	12,07	41a
—	—	—	—	—	—	—	—	—	—	—	—	—	—	b
—	—	—	—	4,801	1,5	4,4	3,7	—	—	—	158 788	8,12	2,35	42
—	—	—	—	3,667	1,30	—	6,71	—	—	—	29 680	9,58	3,14	43
—	—			3,853	2,08	11,78	7,28	—	—	—	58 044	12,63	3,61	44
—		—		2,478	2,0	14,0	—	—		—	2936	9,33	5,67	45
—	—			4,662		14,08	9,58	—		—	13 777	24,40	7,90	46
—		—	—	4,18	2,21	13,5	6,11	—	—	—	53 237	13,00	3,18	47
—		—		4,778	1,97	—	8,18	—	—	—	45 508	20,94	5,23	48
	—		—	2,921*	1,75	13,0	8,23		—	—	20 489	15,83	5,18	49
—	—		—	3,30	0,74	11,1	8,36		—	—	18 990	9,36	4,13	50
—	—			{0,344 Cbfß. Holz / 2,443 Z.-Pfd. Coaks}	1,16	12,0	—	—	—	—	17 555	32,36	8,16	51
—			—	5,053	0,65	—	5,66	—	—	—	3724	10,95	3,44	52
—		—		5,726	—	13,0	6,8	—	—	—	39 376	8,83	4,26	53
—	—	—	—	4,811	1,22	—	9,01		—	—	14 001	16,13	5,88	54
—		—	—	3,124	1,50		6,80	3,0	—	—	119 450	11,50	4,26	55a
—	—	—			1,03	—	13,51	—	—		235 721	21,94		b
—	—	—	—		1,8	15,51	18,20	—	—	—	62 023	36,88		c
—	—	—	—	5,86	0,99	—	3,88	—	—	—	5398	10,50	4,08	56
—	—	—	—	3,311	1,15	—	5,33	—	—		36 342	6,64	2,21	57a
—	—	—		1,318	1,37		5,35	—	—		8678	6,51	2,45	b
—	—	—	—	4,281	1,25	—	11,12		—	—	4021	11,31	5,83	58
—	—	—		4,751	1,08	8,3	5,7	3,3*	—	—	72 129*	8,07	3,35	59
—	—	—	—	10,[illegible]*	1,5	19	18,5	5,5			721 915	29,61	8,39*	60a
—	—	—	—	{0,644 Cbfß. Holz / 10,60 Z.-Pfd. Kohlen}	1,6	—	14,8	7,5	—		22 710	36,12	13,88	b
—	—	—		3,382	1,6		15,8	5,5	—		133 082	16,05	3,11	c
—	—	—	—	8,952	1,46	10,58	4,16	—	—		27 640	11,18	5,03	61
—	—			4,50	0,60	9,43	9,17		—	—	22 158	21,17	7,14	62
—	—			[illegible]	—	—	—	—			154 624	37,12	8,38	63
—	—	—		4,878	1,67	10,01	7,71				106 672	15,26	4,78	64
	—			7,982	1,23		7,78	—	—		32 550	18,08	6,63	65

	130		131	132		133
				(Forts.) **I. Leistungen**		**der**
			(Forts.) B. **Wagen.**			
I. Staatsbahnen.	Die Personenwagen haben im Betriebsjahre 1862		Die Postwagen haben (auf der eigenen Bahn)	Die Lastwagen (Güter-, Vieh- x Wagen) haben		Zusammen haben die Wagen zurückgelegt Achsmeilen.
	a. auf der eigenen Bahn	b. auf fremden Bahnen		a. auf der eigenen Bahn	b. auf fremden Bahnen	
	Achsmeilen durchlaufen.			Achsmeilen durchlaufen.		
1 Badische	2 315 653	202 559	194 658	6 895 607	2 340 766	11 949 243
2 Bayerische (u. Sgepcht. Zwgb.)	7 604 784	s. K. 130a.	852 960	23 607 632	s. K. 132a.	32 065 376
3 Braunschweigische	729 004	176 834	—	1 698 632	2 760 075	5 364 545
4 Hannoversche	3 392 892	205 377	293 988	11 399 300	6 613 811	21 905 368
5 Main-Neckar	753 073	51 888	—	580 957	853 242	2 239 160
6 Main-Weser	981 321	220 481	30 478*	1 272 033*	884 967	3 389 280
7 Preuß. Niederschles.-Märk.	1 918 715	283 723	408 696	9 552 871	4 815 351	16 979 356
8 „ Ostbahn	2 889 868	201 078	479 293	7 410 467	1 676 183	12 656 889
9 „ Saarbrücker (u. Trier)	261 888	203 452	80 088	1 204 262	2 586 329	4 336 019
10 „ Westfälische	589 102	125 127	111 522	1 235 498	1 210 829	3 272 078
11 Sächsische östliche						
a. Sächsisch-Böhmische	546 124	3630	in Kol. 132a mitenthalten.	894 939	766 327	2 211 020
b. Sächsisch-Schlesische	707 569	34 893		1 903 756	644 587	3 290 805
c. Tharandt-Freiberger	24 876	14 618		122 379	324 693	486 584
12 Sächsische westliche						
a. Niedererzgebirgische	906 206	13 242		3 131 813	1 874 060	5 925 321
b. Obererzgebirgische	222 270	—		954 822	—	1 177 092
c. Sächsisch-Bayerische	1 433 850	92 434		8 141 756	2 811 090	12 479 130
13 Württembergische	—	—	—	—	—	—
II. Privatbahnen						
a) unter Staatsverwaltg.						
14 Aach.-Düss.-Ruhrorter {a. Aach.-Düssel. b. Ruhrort-Crf.}	737 972	36	121 129	1 870 313	858 736	3 588 186
15 a. Bergisch-Märkische	1 353 227	44 513	in Kol. 132	5 118 488	2 724 830	9 241 058
b. Prinz-Wilhelm-E.	47 545	82	in Kol. 134b	133 591	829 200	1 010 418
16 Cöthen-Bernburger	36 577	—	—	61 054	37 674	135 305
17 a. Löbau-Zittauer	129 878	14 306	in Kol. 132a	215 147	141 907	501 238
b. Zittau-Reichenberger	106 438	1980	in Kol. 132a	175 680	197 555	481 653
18 a. Oberschlesische. b. Breslau-Posen-Glogauer	959 504	275 726	210 629	15 562 241*	13 106 188	30 114 288
19 Stargard-Posener	232 617	150 817	100 019	778 523*	2 021 690	3 283 666
20 Rhein-Nahe-E.	159 896	73 172	60 782	566 540*	867 130	1 727 520
21 Wilhelms-Bahn	273 674	5751	33 799	1 487 408	2 493 774	4 294 405
b) in Privatverwaltung.						
22 Aachen-Mastrichter	273 230	1917	—	311 188	218 634	804 975
23 Alberts-Bahn	214 708	5327	in Kol. 132a	384 575	551 603	1 156 213
24 a. Altona-Kieler	375 060	21 683	in Kol. 132	836 326	84 956	1 318 025
b. Glückstadt-Elmshorner	52 965		in Kol. 132	103 969		156 934
25 Aussig-Teplitzer	41 398	212	—	84 326	—	125 936
26 Bayerische Ostbahnen	1 499 545	35 058	in Kol. 132a	4 371 819	2 016 042	7 922 464
27 Berlin-Anhaltische	1 049 205	319 782	227 052	2 765 675	1 155 769	5 517 483
28 a. Berlin-Hamburger. b. Hamburg-Bergedorfer	1 506 493	9606	167 406	5 028 841	2 430 132	9 142 478
29 Berlin-Potsdam-Magdebg.	720 616	536 901	389 906	1 821 737	2 568 583	6 037 743

134		135	136		137		138	139	
Transportmittel.									
		B. Wagen.							
a.	b.	Die eigenen und fremden Wagen haben auf der Bahn durchlaufen	Größte von einer		Größte von einem		An Miethe		
Fremde Personenwagen	Güter rc. Wagen		a. eisernen	b. stählernen	a. eisernen	b. stählernen	für fremde Wagen sind gezahlt.	für die eigenen, auf fremden Bahnen benutzten Wagen sind eingenommen.	
haben auf der Bahn Achsmeilen durchlaufen.			Achse		Radreifen				
			(seit der Anschaffung) zurückgelegte Meilenzahl.						
		Achsmeilen.					Thlr.	Thlr.	
199 883	1 133 262	10 739 063	—	—	—	—	23 072	61 751	1
s. Sp. 134b.	2 370 122	34 435 498	—	—	—	—	241 902	52 154	2
435 103	4 300 677	7 163 416	64 613	—	40 472*	38 802*	132 606	96 594	3
s. Sp. 134b.	6 132 974	21 219 154	—	—	—	—	172 949	203 899	4
51 888	784 930	2 170 848	—	—	—	—	19 623	6989	5
212 673	2 105 877*	4 692 382	—	—	—	—	49 918	18 993	6
364 515	11 468 179	23 712 976	88 655	74 697	—	25 204	284 881	112 729	7
182 804	2 246 849	13 209 281	41 485	30 974	35 247	30 974	56 929	47 160	8
80 188	1 536 110	3 162 536	25 089	—	27 634	—	82 779	151 307	9
78 780	2 054 122	4 069 024	35 700	—	24 000	—	50 059	28 580	10
20 746	759 082	2 250 891	—	—	—	—	13 462	18 553	11a
72 807	1 928 836	4 612 968	—	—	—	—	49 521	15 006	- b
5764	29 633	183 451	—	—	—	—	759	3819	- c
14 439	828 612	4 881 070	—	—	—	—	21 036	47 625	12a
—	—	1 177 092	—	—	—	—	—	—	- b
99 019	1 242 919	10 917 544	—	—	—	—	34 869	74 531	- c
—	—	—	—	—	—	—	519 861	356	13
—	344 745	3 074 159	46 968	—	46 968	—	4340	12 475	14a
							2527	6237	- b
83 990	2 567 775	9 123 480	—	—	—	—	63 335	70 165	15a
24 622	446 299	652 057	—	—	—	—	11 494	21 188	- b
874	53 353	151 858	—	—	—	—	2247	982	16
2061	300 907	647 903	—	—	—	—	8232	4294	17a
2343	172 763	457 224	—	—	—	—	5158	5194	- b
291 054	5 594 104	22 617 532	—	—	—	—	156 600	304 888	18a
			—	—	—	—	59 281	97 073	- b
135 699	2 758 519	4 005 378	—	—	—	—	70 599	53 723	19
191 640	1 261 701	2 240 559	13 127	—	—	—	45 823	36 394	20
16 104	505 386	2 406 370	21 382	—	7495	5040	14 890	53 382	21
8368	308 920	991 712	46 105	—	46 105	—	9197	6983	22
14 784	58 575	672 642	8740	10 300	8740	9750	2441	14 139	23
36 730	190 483	1 438 599	30 842	21 770	25 000	—	7307	3380	24
—	892	157 826							
597	99 269	225 802	27 245	—	27 245	—	10 174	—	25
24 708	774 078	6 670 150	—	—	—	—	25 314	90 732	26
316 968	2 250 981	6 609 881	68 258	63 823	35 469	33 174	47 436	31 329	27
2705	2 160 673	8 866 118	61 761*	74 080	—	—	30 051	35 068	28
394 812	1 835 954	5 163 025	45 246	12 415	35 391	12 474	97 284	116 381	29

(Forts.) I. Leistungen der

(Forts.) B. Wagen.

II. Privatbahnen. (Forts.)	130		131	132		133
	Die Personenwagen haben im Betriebsjahre 1862		Die Postwagen haben (auf der eigenen Bahn)	Die Lastwagen (Güter-, Vieh- rc. Wagen) haben		Zusammen haben die Wagen zurückgelegt
	a. auf der eigenen Bahn	b. auf fremden Bahnen		a. auf der eigenen Bahn	b. auf fremden Bahnen	
	Achsmeilen durchlaufen.			Achsmeilen durchlaufen.		Achsmeilen.
30 Berlin-Stettiner						
a. Berl.-Stettin-Stargard	467 544	248 056	161 766	1 521 397	507 929	2 906 692
b. Starg.-Cöslin-Colberg	209 916	141 522	79 002	649 929	617 222	1 697 591
31 Böhmische Westbahn	232 941	—	23 499	646 161	210 643	1 113 244
32 Breslau-Schweidnitz-Freib.	716 962	—	142 315	2 422 740	1 069 679	4 351 696
33 Brünn-Rossitzer	29 925	—	—	157 243	28 752	215 920
34 Buschtěhrader a. Lokom.-B.	35 040	—	—	123 966	7412	166 418
Buschtěhrader b. Pferde-B.	20 072	—	—	378 555	—	398 627
35 Frankfurt-Hanauer	156 421	—*	—*	98 122	10 664	265 207
36 Galizische Carl-Ludw.-Bahn	1 131 981	—	—	3 901 675	2 439 494	7 473 150
37 Graz-Köflacher	77 823	—	33 848	87 071	2624	201 366
38 Hessische Ludwigs-E.	674 605	245 526	s. Col. 132a	1 006 218	1 345 924	3 272 273
39 Homburger	171 380	—	—	49 348	3428	224 156
40 Kaiser Ferdinands Nordb.	3 085 324	600 414	—	20 866 478	9 817 008	34 369 224
41 Kaiserin Elisabeth a. Lokom.-Bahn	1 880 823	4746	s. Col. 130	6 047 520	1 498 740	9 431 829
Kaiserin Elisabeth b. Pferde-Bahn	53 473	—	—	1 238 035	—	1 291 508
42 Köln-Mindener (u. Gießener)	2 760 264	90 759	356 078	13 581 816	5 304 582	22 093 499
43 Kurf. Friedr. Wilh. Nordb.	215 986	360 420	—	613 272	932 923	2 122 601
44 Leipzig-Dresdener	997 702	102 347	215 350	2 796 978	2 610 672	6 723 049
45 Ludwigs-E. (Nürnb.-Fürth)	157 680	—	—	588	—	158 268
46 Lübeck-Büchener	127 240	825	42 698	270 379	278 552	719 694
47 Magdb.-Cöth.-Halle-Leipz.	884 380	7580	136 071	2 378 915	1 944 082	5 351 028
48 Magdeburg-Halberstädter	354 697	108 954	56 560	937 871	2 572 686	4 031 768
49 Magdeburg-Wittenbergesche	260 384	—	61 724	504 018	377 790	1 203 916
50 Mecklenburgische	536 862	807	109 940	787 793	388 683	1 824 085
51 Mohacs-Fünfkirchener	55 080	—	—	719 733	—	774 813
52 Neisse-Brieger	61 313	—	--	139 531	353 913	554 757
53 Niederländische Rhein-E.	857 515	1528	65 900	2 265 000	1 595 470	4 785 413
54 Niederschlesische Zweigbahn	123 885	33 263	42 233	201 877	419 383	820 640
55 a. Oesterreich. nördliche; b. Oesterreich. südöstliche; c. Wien-Neu-Szönyer	3 859 029	631 498	880 750	22 796 441	6 859 068	35 027 386
56 Oppeln-Tarnowitzer	46 031	—	—	369 696	313 828	729 555
57 a. Pfälzische Ludwigsbahn	1 005 885	229 806	—	3 015 897	1 860 578	6 112 166
b. Pfälzische Maximiliansb.	190 629	263 701	—	112 398	1 339 762	1 906 490
58 Rendsburg-Neumünstersche	95 168	s. C. 130a.	23 846	143 804	s. C. 132a	262 818*
59 Rheinische	2 076 920	394 152	323 515	3 145 146	1 739 585	7 679 318
60 a. Südbahn, Oesterreich.	5 744 422*	84 268*	444 412*	23 818 645*	2 613 767*	32 705 514*
b. Nordtiroler	278 742	348	—	260 366	65 950	605 406
c. Venetianische u. Südtirol.	2 366 692	—	s. Col. 130a	11 675 744	—	14 042 436
61 Süd-Norddeutsche	409 111	4451	—	951 296	579 039	1 943 897
62 Taunus-Bahn	578 000	—	—	454 143	145 028	1 177 171
63 Theiß-Bahn	1 192 038	647	192 839	3 320 903	1 415 279	6 121 706
64 Thüringische	1 352 618	335 781	144 276	3 039 768	2 946 277	7 838 720
65 Werra-E.	346 446	1084	58 433	671 898	753 581	1 831 442

Transportmittel.

B. Wagen.

134 a. Fremde Personenwagen haben auf der Bahn Achsmeilen durchlaufen.	134 b. Fremde Güter rc. Wagen haben auf der Bahn Achsmeilen durchlaufen.	135 Die eigenen und fremden Wagen haben auf der Bahn durchlaufen. Achsmeilen.	136 Größte von einer a. eisernen Achse (seit der Anschaffung) zurückgelegte Meilenzahl.	136 Größte von einer b. stählernen Achse	137 Größte von einem a. eisernen Radreifen	137 Größte von einem b. stählernen Radreifen	138 An Miethe für fremde Wagen sind gezahlt. Thlr.	139 An Miethe für die eigenen, auf fremden Bahnen benutzten Wagen sind eingenommen. Thlr.	
288 932	1 306 220	3 695 859	23 840	37 926	28 716	36 420	37 762	5774	30 a
145 992	256 464	1 341 303	11 840	—	11 840	—	934	6867	b
—	101 780	1 004 381	9400	—	3800	—	2	10 206	31
—	710 667	4 001 684	25 000	4500	18 000	22 000	14 951	23 846	32
—	85 319	272 487	—	—	—	—	2394	635	33
—	318 471	477 477	—	—	—	—	20 768	530	34 a
—	—	—	—	—	—	—	—	—	- b
197 978	510 326	962 847	—	—	—	—	13 936	881	35
—	2 989 249	8 022 905	—	—	—	—	54 394	53 517	36
104	244 620	443 526	—	—	—	—	16 263	174*	37
278 509	1 690 322	3 649 654	—	—	—	—	67 284	76 065	38
15	17 250	237 993	—	—	—	—	432	343	39
491 980	9 053 125	33 406 907	—	—	—	—	20 916	89 253	40
1214	464 729	8 394 286	—	—	—	—	30 720	78 914	41 a
—	—	—	—	—	—	—	—	—	- b
1 013 932*	6 654 511*	24 366 601	39 997	44 693	—	—	246 948	183 019	42
452 378	2 079 535	3 361 171	—	—	—	—	34 273	5814	43
129 657	1 652 135	5 791 822	—	—	—	—	66 331	76 435	44
—	23 100	181 368	104 990	—	77 600	—	949	—	45
7229	188 284	635 583	78 041	24 275	33 000	—	4972	7016	46
33 844	2 234 351	5 667 561	—	—	—	—	33 596	29 553	47
184 160	1 585 313	3 118 601	27 631	17 129	24 864	6551	54 856	82 662	48
48	595 564	1 421 738	35 850	22 426	—	—	15 063	9445	49
1372	218 771	1 654 738	44 656*	—	—	—	5500	9668	50
—	—	774 813	30 429	—	—	—	—	—	51
62	184 120	395 032	—	—	—	—	4626	8913	52
760	135 790	3 324 965	—	—	—	—	8798	43 519	53
33 170	453 349	854 514	33 933	—	11 662	—	10 963	10 750	54
776 526	6 106 956	34 419 702	—	—	—	—		—	55
—	59 202	474 920	26 800	—	26 800	—	1465	7981	56
313 209	1 495 160	5 830 151	41 000	—	38 000	—	33 143	64 000	57 a
108 618	687 686	1 099 331	20 000	—	20 000	—	—	30 954	- b
in Kol. 13 ab.	146 433	244 131	16 717	—	15 941	6923	4903	5461	58
237 654	1 964 227	7 747 462	36 000	32 500	14 000	22 000	30 184	33 593	59
—	942 290*	30 949 769*	—	—	—	—	—	32 655	60 a
—	45 818	584 926	—	—	—	—	—	—	- b
—	—	14 042 436	47 786	—	31 954	13 875	—	—	- c
369	608 427	1 969 203	—	—	—	—	429	5204	61
—	85 513	1 117 686	—	—		—	2526	3967	62
6249	1 601 414	6 513 443	—	—	—	—	39 465	45 524	63
396 299	3 103 742	8 036 703	63 000	27 000	36 000	27 000	70 548	73 597	64
152	689 196	1 766 125	35 030	—	35 030	—	18 653	19 765	65

	I. Staatsbahnen.	Personen in der I. Klasse	Personen in der II. Klasse	Personen in der III. Klasse	Personen in der IV. Klasse	Personen zu ermäßigten Fahrpreisen (Militairs, Auswanderer, mit Extrazügen u. s. w.)	Ueberhaupt Personen.	Davon a. im Binnen-Verkehre. Personen.	Davon b. im direkten Verkehre. Personen.	Reisegepäck überhaupt. Z.-Ctr.	Davon a. Gepäck-Ueberfracht. Z.-Ctr.
1	Badische	73 712	702 117	3 111 824	—	29 375	3 917 028	3 271 802	645 226	222 214	193 767
2	Bayerische (u. 5 gepcht. Zwgb.)	28 327	796 857	3 561 227	—	22 462	4 408 873	4 311 807*	97 066*	228 068	228 063
3	Braunschweigische	13 498	221 384	791 430	—	20 627	1 046 939	709 754	337 205	158 105	—
4	Hannoversche	25 849	428 245	1 787 145	—	31 545	2 272 784	2 074 002	198 782	344 206	—
5	Main-Neckar	29 421	238 752	748 403	—	8548	1 025 124	738 286	286 838	80 332	80 332
6	Main-Weser	11 923	147 960	577 984	—	15 903	753 770	654 614	99 156	75 763*	50 693
7	Preuß. Niederschles.-Märk.	21 202	229 755	515 680	764 112	14 213	1 544 962	1 325 991	218 971	186 144	46 260
8	" Ostbahn	15 496	341 351	603 079	780 166	53 943	1 794 035	1 613 915	180 120	201 411	—
9	" Saarbrücker (u. Trier)	7914	99 629	457 840	273 172	14 184	852 739	649 790	202 949	41 506	—
10	" Westfälische	3813	57 942	174 196	496 316	21 531	753 798	677 391	76 407	35 412	23 610
11	Sächsische östliche										
	a. Sächsisch-Böhmische	8057	125 731	430 804	—	4242	568 834*	514 402	54 432	34 608	19 533
	b. Sächsisch-Schlesische	4090	129 497	572 800	—	19 117	725 504*	640 495	85 009	61 843	12 556
	c. Tharandt-Freiberger	314	12 596	73 018	—	1365	87 293	40 227	47 066	3316	691
12	Sächsische westliche										
	a. Niedererzgebirgische	2199	171 093	854 597	—	19 206	1 047 095*	951 724	95 371	74 232	20 953
	b. Obererzgebirgische	1168	46 360	194 964	—	2658	245 150	239 564	5586	20 947	6066
	c. Sächsisch-Bayerische	5203	197 344	839 740	—	9601	1 051 888*	1 010 467	41 421	84 406	22 613
13	Württembergische	28 439	740 813	3 036 306	—	—	3 805 558	3 679 495	126 063	—	—
	II. Privatbahnen										
	a) unter Staatsverwaltg.										
14	Aach.-Düss.-Ruhrorter: a. Aach.-Düssel.	7799	144 943	383 316	494 516	5133	1 035 707	739 508	296 199	34 985	11 123
	b. Ruhrort-Crf.	1981	77 617	198 438	266 457	5137	549 630	413 466	136 164	14 495	4578
15	a. Bergisch-Märkische	11 460	297 017	1 082 519	1 548 567	12 700	2 952 263	2 823 200	129 063	78 108	25 250
	b. Prinz-Wilhelm-E.	455	19 887	64 681	110 140	881	196 044	166 859	29 185	1970	527
16	Cöthen-Bernburger	270	12 384	55 367	—	1656	69 677	69 677	—	7509	1958
17	a. Löbau-Zittauer	295	22 550	154 368	—	1762	179 005	141 544	37 461	12 233	2132
	b. Zittau-Reichenberger	293	22 944	135 897	—	119	159 253	155 054	4190	3732	1069
18	a. Oberschlesische	8689	154 918	280 087	261 694	16 109	721 497	614 648	106 849	74 541	26 997
	b. Breslau-Posen-Glogauer	3151	56 034	228 774	114 491	26 279	428 729	393 977	34 752	42 356	9702
19	Stargard-Posener	2032	42 789	112 338	93 193	10 035	260 387	169 133	91 254	42 712	9950
20	Rhein-Nahe-E.	9770	99 696	283 555	108 649	11 592	513 262	385 194	128 068	45 112	—
21	Wilhelms-Bahn	2065	36 630	86 037	153 687	1262	279 681	247 321	32 360	18 320	—
	b) in Privatverwaltung.										
22	Aachen-Mastrichter	12 898	80 118	245 338	—	25 735	364 089	257 918	106 171	18 024	18 024
23	Alberts-Bahn	1220	59 708	294 962	—	2337	358 227	312 210	46 017	8145	1571
24	a. Altona-Kieler	2807	51 544	463 961	—	2854	521 166	466 202	54 964	54 317	11 280
	b. Glückstadt-Elmshorner	270	11 329	108 550	—	554	120 703	118 922	1781	9056	1643
25	Aussig-Teplitzer	3243	32 018	125 797	—	1231	163 189	—	—	61 217	13 229
26	Bayerische Ostbahnen	4723	168 896	1 440 886	—	37 430	1 651 935	1 642 254	9681	69 890	69 890
27	Berlin-Anhaltische	9226	157 853	555 321	—	31 059	753 459	604 938	148 521	118 656	32 948
28	a. Berlin-Hamburger	9621	221 119	599 775	66 252	70 165	966 932	802 080	164 852	124 107	—
	b. Hamburg-Bergedorfer	4744	105 401	235 635	—	—	345 780	—	345 780	—	—
29	Berlin-Potsdam-Magdebg.	28 880	234 829	675 487	—	47 128	986 324	878 269	108 055	104 077	—

Güter=Verkehr.

... wurden befördert:

...fin: b. Frei-gewicht.	Hunde (der Reisenden).	Eilgüter a. im Binnen- Verkehre.	Eilgüter b. im direkten Verkehre.	Post-güter.	Frachtgüter der Normalklasse (u. sperrige) a. im Binnen- Verkehre.	Frachtgüter der Normalklasse (u. sperrige) b. im direkten Verkehre.	Frachtgüter d. ermäßigten Klasse (excl. Kohlen) a. im Binnen- Verkehre.	Frachtgüter d. ermäßigten Klasse (excl. Kohlen) b. im direkten Verkehre.	Kohlen und Coaks a. im Binnen- Verkehre.	Kohlen und Coaks b. im direkten Verkehre.	Ueberhaupt Güter.	Außerdem Betriebsdienst- und Baugüter.	
...	Stück.	Z.-Ctr.		Z.-Ctr.	Z.-Ctr.		Z.-Ctr.		Z.-Ctr.		Z.-Ctr.	Z.-Ctr.	
28 447	s. K. 159a	104 090	158 159	55 869	700 349	1 415 456	5 030 421	4 651 114	in Kol. 153a	in Kol. 153b	12 115 458	913 474	1
—*	32 658	187 880	193 292	—	1354 481*	2164158*	4 357 809	6 569 953	7 758 466*	1758897*	24 344 958	3 436 884	2
—	2698	26 259	154 646	—*	241 126	3 206 438	3 029 810	6 480 447	998 811	3 921 149	18 058 186	2 005 293	3
—	8584	183 153	166 818	—	1 472 095	3 768 867	11 472 565	6 856 797	4 617 627	4 145 683	32 703 603	—	4
—*	4596	52 194	67 316	—	802 952	1 536 963	939 590	529 949	in Kol. 153a	in Kol. 153b	3 928 964	—*	5
23 070*	2996	24 747	75 977	—*	257 504	1 073 192	1 501 494	1 236 931	537 379*	391 252*	5 098 476	12 830*	6
100 854	4973	66 035	127 323	9087	802 509	2 352 607	3 389 385	9 804 157	213 502	6 132 086	22 896 691	1 020 265	7
—*	8262	37 657	43 880	5889	871 057	876 083	5 239 623	1 951 731	348 087	177 447	9 531 454	1 279 086	8
—	4296	7296	27 399	2925	43 770	229 825	3 338 169	4 166 617	3 800 295	26 185 559	37 301 849	420 684	9
11 802	3193	11 718	45 622	5800	446 567	721 945	1 789 617	3 286 020	535 530	2 656 567	9 499 380	958 983	10
24 075	1441	38 565	—	—*	443 122	496 444	4 175 526	944 240			6 097 807	143 043	11 a
49 287	2035	55 091	20 672	—*	829 110	601 536	3 936 326	2 082 688			7 523 423	1 626 304	- b
[illegible]	223	52	1731	—*	2339	29 225	623 001	143 471			799 618	19 600	- c
53 279	2833	82 636	38 018	—*	716 416	576 173	8 743 882	1 378 958			11 536 083	1 464 040	12 a
14 551	793	20 539	3219	—*	193 944	31 941	14 681 709	1 060 714	in Kol. 153a mitenthalten.	in Kol. 153b mitenthalten.	15 992 060	55 760	- b
61 793	3615	115 091	55 069	—*	1 251 821	885 385	14 236 258	2 278 257			16 821 911	299 387	- c
—	30 412	s. K. 152a	s. K. 152b	—*	8 711 578	6 773 691	in Kol. 152a	in Kol. 152b	in Kol. 152a	in Kol. 152b	15 485 259	—	13
23 862	2871	9140	66 427	54 937	125 021	471 429	1 132 038	1 269 362	1 598 291	1 827 115	6 553 760	102 608	14 a
9917	899	11 236	40 330	29 988	107 034	219 863	576 878	1 073 958	1 877 768	1 542 806	5 479 861	205 125	- b
32 558	6431	152 862	60 319	89 285	2 857 321	838 891	17 219 282	2 281 567	21 389 406	3 173 021	18 091 054	3 478 338	15 a
1443	434	10 632	1029	3041	133 236	14 265	1 720 068	56 750	3 635 265	1 041 800	6 616 086	399 844	- b
5551	197	5041	—	1026	73 918		502 073		904 989		1 187 947	—	16
10 101	396	16 497	606	—	276 510	149 493	1 387 855	449 119	in Kol. 153a	in Kol. 153b	2 280 080	595 388	17 a
3663	583	8315	317	—	191 039	66 955	1 253 202	195 158	in Kol. 153a	in Kol. 153b	1 714 986	72 000	- b
47 544	1758	9675	16 225	3389	214 080	639 774	5 017 142	8 649 708	8 247 511	7 594 059	30 391 593	652 819	18 a
32 654	1712	8215	7780	2183	143 631	242 869	1 107 440	3 863 465		1 894 152	7 269 735	134 516	- b
21 732	1636	6319	16 679	6611	32 905	458 312	336 575	1 348 410	—	762 233	5 968 044	144 378	19
—	3062	4977	28 116	7309	27 118	189 890	397 091	2 379 523	16 285	1 677 370	4 728 579	117 552	20
—	717	1451	5495	3641	86 636	318 251	1 159 769	2 001 211	3 646 136	600 160	7 822 730	193 165	21
... Lowries	—	25 601	61 050	79	71 112	296 629	831 952	1 442 859	694 530	1 062 100	4 485 912	20 945	22
6574	2035	1990	1731	8139	36 102	29 225	208 725	143 471	5 514 654*	—	5 974 037	75 720	23
43 037	1125	48 077	8314	—	864 618	231 098	1 587 007	161 469	in Kol. 153a	in Kol. 153b	2 906 613	117 149	24 a
7413	125	9480	522		257 893	33 887	321 300	3196	in Kol. 153a	in Kol. 153b	626 578	34 478	- b
47 968	—	s. K. 153a	s. K. 153a	—	in Kol. 153a	in Kol. 153a	1 201 317*	in Kol. 154a	5 935 387	in Kol. 154a	7 136 734*	164 916	25
... Lowries	13 263	79 371	32 473	—*	1 976 517	1 388 913	2 467 886	1 908 204	in Kol. 153a	in Kol. 153b	7 853 394	614 780	26
35 706	3586	64 768	76 013	19 557	595 192	1 325 176	2 424 739	1 774 774	2 938 091	375 990	9 594 300	341 656	27
—	4714	68 074	86 809	10 028*	1 992 286	2 384 525	1 678 634	2 568 115	215 107	42 239	9 075 817	590 771	28 a
—	s. K. 159b	—	110 511			3 197 297		2 844 716		65 768	6 215 292		b
—	2495	108 052	63 126	20 511	1 300 330	1 169 172	932 358	2 133 205	291 183	427 804	6 445 741	—	29

II. Personen= und

A. Im Betriebsjahre 1862

	II. Privatbahnen. (Forts.)	140	141	142	143	144	145	146		147	148
		Personen in der I. Klasse.	Personen in der II. Klasse.	Personen in der III. Klasse.	Personen in der IV. Klasse.	Personen zu ermäßigten Fahrpreisen (Militairs, Auswanderer, mit Extrazügen u. s. w.).	Ueberhaupt Personen.	Davon a. im Binnen-Verkehre. Personen.	Davon b. im direkten Verkehre. Personen.	Reisegepäck überhaupt. Z.-Ctr.	Davon a. Gepäck Ueberfracht. Z.-Ctr.
30	Berlin-Stettiner										
	a. Berl.-Stettin-Stargard	4355	111 152	459 733	—	29 199	604 439	538 807	65 682	89 504	21 742
	b. Starg.-Cöslin-Colberg .	512	32 692	129 936	33 211*	12 334	208 687	157 437	51 250	27 589	6236
31	Böhmische Westbahn . .	2929	24 697	125 820	—	3265	156 711	156 711	—	13 698	4580
32	Breslau-Schweidnitz-Freib.	3969	84 363	389 897	78 633	132 643	689 525	673 276	16 249	54 877	w. nicht notirt
33	Brünn-Rossitzer	579	9211	43 259	—	—	53 049	35 049	—	2036	714
34	Buschtěhrader a. Locom.-B.	463	9476	47 478	—	—	57 417	11 109	46 308	4384	741
	Buschtěhrader b. Pferde-B.	3151	12 907	5125	—	1500	22 683	22 683	—	1041	186
35	Frankfurt-Hanauer . . .	6630	125 826	400 402	—	1725	534 783	481 997	52 786	24 565	—
36	Galizische Carl-Ludw.-Bahn	5310	64 099	216 040	in Kol. 144	32 282	318 631	299 671	18 960	47 225	16 423
37	Graz-Köflacher	8628	111 392	—	—	—	120 020	120 020	—	1794	288
38	Hessische Ludwigs-E. . .	32 120	293 373	1 012 348	—	41 350	1 379 191	1 013 217	365 974	71 628	—
39	Homburger	31 300	160 306	321 036	—	in Kol. 142	512 642	504 241	8401	15 922	—
40	Kaiser Ferdinands Nordb.	45 040	342 787	1 104 924	—	421 869	1 914 620	1 507 094	407 526	241 384	103 558
41	Kaiserin Elisabeth a. Locom.-Bahn	20 279	183 460	763 681	—	172 290	1 139 730	1 114 605	25 125	79 989	32 070
	Kaiserin Elisabeth b. Pferde-Bahn	—	1618	22 986	—	—	24 604	24 604	—	1301	393
42	Köln-Mindener (u. Gießener)	31 128	416 506	682 435	2209355	35 041	3 374 665	3 153 750	220 915	171 713	—
43	Kurf. Friedr. Wilh. Nordb.	6955	89 996	237 088	—	2006	336 945	233 145	103 800	59 622	—
44	Leipzig-Dresdener . . .	13 084	217 366	847 866	—	30 530	1 100 740	858 706	251 040	146 843	29 556
45	Ludwigs-E. (Nürnb.-Fürth)	4280	137 232	612 579	—	40 417	794 508	763 536	30 972	4133	—
46	Lübeck-Büchener	1199	41 445	111 183	—	2347	156 174	72 924	83 250	27 106	—
47	Magdb.-Cöth.-Halle-Leipz.	4223	120 093	750 669	—	16 837	891 822	805 126	86 696	93 235	21 051
48	Magdeburg-Halberstädter .	10 750	148 937	436 716	—	27 552	623 955	397 917	226 038	111 319	-
49	Magdeburg-Wittenbergesche	794	81 638	166 354	—	8945	207 731	188 843	18 868	23 055	—
50	Mecklenburgische	3363	93 289	195 488	—	13 741	305 881	235 158	70 723	67 409	—*
51	Mohacs-Fünfkirchener . .	517	12 908	24 312	—	7982	45 719	45 719	—	4450	1033
52	Neisse-Brieger	904	13 492	49 220	13 419	7790	84 825	63 241	21 584	8470	1891
53	Niederländische Rhein-E. .	98 469	211 990	575 946	—	220 883	1 107 288	1 064 199	43 089	77 143	67 481
54	Niederschlesische Zweigbahn	844	17 472	81 341	40 146	—	139 803	105 025	34 778	16 517	3584
55	a. Oesterreich. nördliche .	19 271	160 814	085 643	—	201 192	1 066 920	876 965	189 955	106 711	—
	b. Oesterreich. südöstliche .	19 911	198 327	412 238	—	361 638	992 114	660 451	331 663	106 363	—
	c. Wien-Neu-Szönyer . .	2937	37 504	162 163	—	20 940	223 604	214 139	9465	13 428	—
56	Oppeln-Tarnowitzer . . .	375	4218	17 158	28 799	969	51 519	49 703	1816	3072	683
57	a. Pfälzische Ludwigsbahn	7092	189 928	764 105	—	42 827	1 003 952	985 647	18 305	45 400	—
	b. Pfälzische Maximiliansb.	2629	56 635	214 189	—	13 018	286 471	267 971	18 500	11 795	11 795
58	Rendsburg-Neumünstersche	532	11 467	94 926	—	2204	109 129	28 370	80 759	17 779	3721
59	Rheinische	245 770	741 332	1 647 177	163 212	53 320	2 850 811	2 389 593	461 218	205 005	94 200
60	a. Südbahn, Oesterreich. .	82 201	682 522	2 323 549	—	392 918	3 481 190	3 360 313	120 877	189 476	87 269
	b. Nordtiroler	1772	32 720	201 821	—	10 199	246 512	246 512	—	16 509	6951
	c. Venetianische u. Südtirol.	48 625	478 849	1 120 230	—	328 595	1 976 299	1 976 299	i. Kol. 146a	104 925	—
61	Süd-Norddeutsche . . .	1812	33 609	236 387	—	18 075	289 883	233 479	56 404	19 024	19 021
62	Taunus-Bahn	42 082	362 180	801 087	—	—*	1 205 349	1 134 690	70 659	76 632	68 206
63	Theiß-Bahn	7669	100 829	233 029	—	101 831	443 358	443 358	—	47 040	—
64	Thüringische	8818	245 546	960 984	—	31 725	1 247 073	1 075 547	171 526	146 541	33 107
65	Werra-E.	1648	67 467	321 349	—	5601	396 063	362 662	33 403	31 304	23 904

148	149	150		151	152		153		154		155	156	

Güter=Verkehr.

wurden befördert:

...sind: b. Freigewicht. Z.-Ctr.	Hunde (der Reisenden). Anz.	Eilgüter a. im Binnen-Verkehre. Z.-Ctr.	Eilgüter b. im direkten Verkehre. Z.-Ctr.	Postgüter. Z.-Ctr.	Frachtgüter der Normalklasse (u. sperrige) a. im Binnen-Verkehre. Z.-Ctr.	Frachtgüter der Normalklasse (u. sperrige) b. im direkten Verkehre. Z.-Ctr.	Frachtgüter d. ermäßigten Klasse (excl. Kohlen) a. im Binnen-Verkehre. Z.-Ctr.	Frachtgüter d. ermäßigten Klasse (excl. Kohlen) b. im direkten Verkehre. Z.-Ctr.	Kohlen und Coaks a. im Binnen-Verkehre. Z.-Ctr.	Kohlen und Coaks b. im direkten Verkehre. Z.-Ctr.	Ueberhaupt Güter. Z.-Ctr.	Außerdem Betriebsdienst- und Baugüter. Z.-Ctr.	
67 762	3514	39 071	17 660	20 420	332 461	185 175	2 548 711	4 074 237	64 209	29 658	7 311 602	495 415	30 a
31 353	1663	3058	4796	6437	18 958	74 814	750 855	632 063	24 837	7683	1 523 501	803 266	b
9118	186	3298	—	—	180 268	—	1 833 626	—	1 240 881	—	3 263 073	139 035	31
—	1796	18 105	6437	3279	415 856	251 348	3 706 224	482 957	7 273 388	2 352 686	14 600 280	954 169	32
1354	29	—	—	—	12 995	11 051	144 990*	213 659*	1 560 750	754 919	2 698 364*	12 771	33
3643	10	864	370	—	105 822	60 195	11 967	—	5 536 037	3 970 618	9 685 373	144 434	34 a
855	—	—	—	—	70 785	—	63 612	—	1 362 841	—	1 497 238	86 016	b
—	1448	10 000	24 655	30 127	98 761	288 007	516 933	792 703	—	41 770	1 832 956	—	35
30 802	569	4172	6348	—	201 157	337 803	1 623 357*	2777564*	36 282	9477	4 996 460*	707 809	36
1506	93	920	—	—*	211 685	—	276 318	—	2 273 863	—	2 762 786	145 609	37
[illegible]	8400	38 372	127 100	—	145 620	982 226	389 646	1 695 983	1 824 948*	4407720*	9 611 673	—	38
—	1663	6031	—	5267	40 733	—	217 571	in Kol. 153a	in Kol. 153a	in Kol. 153a	269 602	29 841	39
137 826	2326	73 232	71 689	—*	1 066 456	2 953 370	8 091 932	10502399	8 458 733	1 832 425	33 050 236	2 675 495	40
47 919	1529	67 607	14 311	—	in Kol. 153a	in Kol. 153b	5 043 627*	4131402*	636 479	—	9 893 426*	2 138 005	41 a
908	—	529	—	—	in Kol. 153a	—	1 137 667	—	—	—	1 138 196	158 901	b
[illegible]	7548	99 546	180 194	27 575	2 215 469	2 119 291	18 841 437	6 793 486	39 901 344	10620070	80 828 412	2 216 190	42
—	1113	9913	81 689	—*	172 521	1 249 178	1 016 490	3 605 588	in Kol. 153a	in Kol. 153b	6 165 379	—*	43
117 287	3034	78 793	98 322	68 334	581 351	2 114 497	4 691 011	4 933 719	in Kol. 153a	in Kol. 153b	12 559 030	—	44
—	—	—	31 103	—	—	229 073	—	392 738	—	33 850	686 764	—	45
—	486	2124	38 787	—	14 669	821 943	77 674	921 863	—	—	1 880 060	—	46
72 184	1934	85 436	89 753	17 910	874 205	1 630 150	4 025 222	2 053 185	6 092 543	280 885	15 149 289	—	47
—	2312	55 739	122 734	18 922	1 456 735	3 475 784	867 152	1 214 689	481 035	1 700 129	12 392 919		48
—	1326	34 507	41 578	5163	510 114	817 515	562 406	307 038	334 198	1583	2 614 402	4027	49
—	1660	15 359	16 749	—*	225 293	135 497	803 222	587 501	270 253	7435	2 361 309	169 073	50
2847	148	836	—	—	27 288	—	161 789	·	3 385 858	—	3 575 771	105 500	51
6579	229	296	3941	929	5752	52 705	227 252	517 225	8767	757 474	1 601 341	26 066	52
9662	32	170 837	51 123	—	1 677 719	140 860	in Kol. 152a	793 506	—	1 477 075	4 311 120	515 169	53
12 933	363	4695	13 551	635	64 963	195 681	668 863	1 337 188	in Kol. 153a	in Kol. 153b	2 285 879	19 790	54
[illegible]	1160	44 635	37 418	—	2 976 374	3 936 070	2 829 121	2 230 301	553 075	7 537 002	20 143 999	941 524	55 a
	1307	16 263	41 436	—	2 596 220	3 950 065	1 717 534	5 729 077	466 603	263 165	14 783 363	3 312 886	b
	359	57 176	772	—	697 602	240 219	2 071 323	1 713 748	91 567	47 464	5 819 871	250 690	c
2359	173	132	1398	752	31 816	94 813	991 685	629 060	299 495	549 089	2 601 270	157 912	56
—	4881	21 279	53 407	—	109 189	339 398	3 460 858	3 375 999	6 430 230	2 320 920	16 110 280	—	57 a
—	1443	9291	9278	—	46 707	57 906	1 420 236	863 231	887 626	2 292 360	5 386 638	—	b
14 058	25	1751	12 093	—	19 034	236 068	143 080	310 651			722 677	3258	58
110 805	6698	75 757	168 634	114 710	229 552	1 053 553	4 862 718	5 711 003	3 209 151	3 106 608	18 531 686	338 003	59
102 207	3313	135 015	14 830	—	8 386 218	467 121	11 985 438	2 853 112	3 661 065	82 678	27 585 807	1 877 011	60 a
9558	346	14 496	i. K. 150a	—	492 090	in Kol. 152a	137 721	in Kol. 153a	96 000		1 040 307	48 911	b
—	2306	208 607	i. K. 150a	—	2 983 855	in Kol. 152a	3 303 721	in Kol. 153a	204 715	in Kol. 154a	6 700 928	707 623	c
—	—	10 432	5015	—	189 509	493 944	1 162 827*	885 917*	911 351	79 769	3 768 767	170 631	61
8426	2568	23 595	39 087	35 746	149 998	260 159	270 983	502 824	83 252	419 433	1 785 377		62
—	610	4642	11 140	—	104 267	161 975	1 211 187*	3828521*	36 080	27 803	5 691 915*	915 637	63
113 434	3770	100 318	113 991	14 989	704 659	1 711 673	3 122 877	2 908 639	1 509 704	1 014 275	11 231 128	211 101	64
7400*	1886	26 192	28 341		150 209	179 601	1 034 977	1 075 305	in Kol. 153a	in Kol. 153b	2 791 625	89 331	65

Nr.	I. Staatsbahnen.	Benennung derjenigen Arten von Gütern, welche den Hauptverkehr auf der Bahn bildeten.
1	Badische	Abfälle, Bau- und Nutzholz, rohe Baumwolle und baumwollene Waaren, Bier, Brennholz ꝛc. . .
2	Bayerische (u. 5 gepcht. Zwgb.)	Getreide, Brennholz, Kohlen, Baumaterialien, Hopfen, Bier, Zucker, Kaffee, Tabak, Cichorien ꝛc. .
3	Braunschweigische . . .	Holz, Baumwolle, Cichorien, Droguerie-, Apotheker- und Farbewaaren, Eisen und Stahl ꝛc. .
4	Hannoversche	Baumwolle, Kohlen, Tabak, Eisen, Spiritus, Nutzholz, Steine, Heringe, Kolonial- ꝛc. Waaren . .
5	Main-Neckar	Manufakturwaaren aller Art, Getreide, Tabak (roh u. fabrizirt), Wein, Bier, Steinkohlen, Eisen ꝛc. .
6	Main-Weser	Blei, Kolonial-, Eisen- und Eisengußwaaren, Eisensteine, Getreide, Gyps, Roheisen, Tabak, Holz ꝛc. .
7	Preuß. Niederschles.-Märk.	Steinkohlen, Getreide u. Hülsenfrüchte, Mehl, Getreideschroot, Graupen, Gries u. Grütze, Kartoffeln ꝛc.
8	„ Ostbahn	Brennmaterialien, als: Holz, Stein- und Braunkohlen, Eisen resp. Eisen- und Stahlwaaren ꝛc. .
9	„ Saarbrücker (u. Trier)	Kohlen, Coaks, fabrizirtes Eisen, Erze, Erde, Glas, Wein, Früchte, Holz und Salz . .
10	„ Westfälische . . .	Steinkohlen, Hölzer, Eisenerze, Hüttenprodukte, Getreide . . .
11	Sächsische östliche	
	a. Sächsisch-Böhmische . .	Baumwolle, Bettfedern, Braunkohlen, Braunsteine, Bücher, Kaffee, Kolonialwaaren, Droguen ꝛc. .
	b. Sächsisch-Schlesische . .	Baumwolle, baumwollene, leinene und wollene Waaren, Bier, Bleche, Braunkohlen, Droguen ꝛc. .
	c. Tharandt-Freiberger . .	Blei, Braunkohlen, Kolonialwaaren, Chamottsteine, Coaks, Erze, Eisenwaaren, Flachs ꝛc.
12	Sächsische westliche	
	a. Niedererzgebirgische . .	Steinkohlen, Getreide, Kalk Steine, Manufakturwaaren, Mehl, Bau- u. Brennholz, Bretter ꝛc.
	b. Obererzgebirgische . .	Steinkohlen, Bau-, Brenn- u. Nutzholz, Sägewaaren, Eisen- und Kalksteine, Schienen, Getreide ꝛc. .
	c. Sächsisch-Bayerische . .	Steinkohlen, Coaks, Getreide, Bau- und Nutzholz, Baum- und Schaafwolle, Kolonial- ꝛc. Waaren ꝛc. .
13	Württembergische . . .	Holz Getreide, Wolle, Baumwolle, Eisen-, Leder- und Schnittwaaren, Kolonialwaaren ꝛc. .
	II. Privatbahnen	
	a) unter Staatsverwaltg.	
14	Aach.-Düss.-Ruhrorter { a. Aach.-Düssel.	Eisen, Eisen- und Stahlwaaren, Holz, Kohlen, Erze, Getreide und Hülsenfrüchte, Wolle ꝛc.
	{ b. Ruhrort-Crf.	Eisen, Erden, Erze, Getreide, Manufakturwaaren, Steine, Kohlen ꝛc. . . . .
15	a. Bergisch-Märkische . .	Steinkohlen, Eisen und Stahl (fabrizirtes) Roh- und Brucheisen, Eisenerze, Kalksteine, Steine ꝛc.
	b. Prinz-Wilhelm-E. . .	Steinkohlen und Briquetts, Kalksteine, Sand und Kies, Bau- und Werksteine, Kalk, Getreide ꝛc.
16	Cöthen-Bernburger . . .	Zucker, Getreide, Steine, Kohlen, Ziegeleiwaaren . . . .
17	a. Löbau-Zittauer . . .	Baumwolle, baumwollene, leinene und wollene Waaren, Braunkohlen, Farbehölzer, Garne ꝛc. .
	b. Zittau-Reichenberger .	Baumwolle, baumwollene Waaren, Braunkohlen, Dachschiefer, Farbehölzer, Flachs, Garne ꝛc. .
18	a. Oberschlesische	Steinkohlen, Getreide, Kalk, Bau- u. Nutzholz, verarbeitetes Eisen, Roheisen, Steine, Zink, Mühlenfabrikate ꝛc.
	b. Breslau-Posen-Glogauer	Steinkohlen, Getreide, Kalk, Zink, Hülsenfrüchte und Sämereien, Bau- und Nutzholz, Heringe ꝛc.
19	Stargard-Posener . . .	Getreide, Steinkohlen, Zink, Heringe, Hülsenfrüchte und Sämereien, Kartoffeln, Kalk ꝛc. . .
20	Rhein-Nahe-E.	Fabrizirtes Eisen, Erze, Weine' Früchte, Kohlen und Coaks, Spiritus, Steine, Rohtabak . .
21	Wilhelms-Bahn	Steinkohlen, landwirthschaftliche Produkte, Roh- und Gußeisen, Maschinen und Maschinentheile ꝛc.
	b) in Privatverwaltung.	
22	Aachen-Mastrichter . . .	Brennmaterialien, Erde, Erze, Steine, Holz- und Holzfabrikate, landwirthschaftliche Produkte ꝛc. .
23	Alberts-Bahn	Kohlen, Coaks, Papier, Lumpen, Getreide, Steine, Holz ꝛc. . . .
24	a. Altona-Kieler . . .	Kolonial- und Manufakturwaaren, Butter, Fleisch, Speck, Fische, Felle, Getreide ꝛc.
	b. Glückstadt-Elmshorner .	Manufaktur- und Kolonialwaaren, Getreide, Holz, Stroh, Steinkohlen ꝛc. . .
25	Aussig-Teplitzer	Kohlen, Bausteine und Ziegel, Mahlprodukte, Getreide, Zucker, Kalk, Salz und Tabak ꝛc.
26	Bayerische Ostbahnen . .	Getreide, Holz und Kohlen . . . .
27	Berlin-Anhaltische . . .	Wolle, Metalle, Getreide, Lumpen, Eisen und Metallwaaren, Spiritus und Branntweine ꝛc.
28	a. Berlin-Hamburger . .	} Baumwolle, Baumwollengarn, Kolonialwaaren, Droguen, Getreide, Holz, Kohlen, Manufakturwaaren
	b. Hamburg-Bergedorfer .	
29	Berlin-Potsdam-Magdebg.	Eisen und Eisenwaaren, Getreide, Garten- und Feldfrüchte, Metalle, Bier, Droguen ꝛc.

158			159		160		161		162					163	

Güter-Verkehr.

… wurden befördert:							B. Durchschnitts-Verhältnisse.								
Fahrzeuge aller Art.			Thiere.		Gewicht		a.	b.	Durchschnittlich haben durchfahren:						
a. Equipagen. Stk.	b. Eisenbahnfahrzeuge (Lokomotiven, Tender und Wagen). Stk.	c. Sonstige Fahrzeuge (Möbelwagen, Schlitten, Feuerspritzen u. s. w.). Stk.	a. Pferde (Luxus-, Koppel- rc.) Stück	b. Rindvieh, Schweine und sonstige Thiere. Stück	a. der in Kol. 159a. u. b. aufgeführten Thiere. Z.-Ctr.	b. der außerdem beförderten Thiere. Z.-Ctr.	Sämmtliche beförderte Personen haben zurückgelegt Meilen.	Güter (Kol. 156.) haben zurückgelegt Meilen.	a. jede Person in der I. Klasse. Meilen.	b. jede Person in der II. Klasse. Meilen.	c. jede Person in der III. Klasse. Meilen.	d. jede Person in der IV. Klasse. Meilen.	e. jeder Militair rc. Meilen.	jede Person (ohne Unterschied der Klassen). Meilen.	
331	s. K. 130 u. 152.*	s. K. 130 u. 152.*	s. K. 159a.	106 868	—	—	13 835 728	141 720 295	8,67	5,83	2,91	—	12,[illegible]	3,52	1
700	s. K. 152.	s. K. 152.	7346	254 348	—	—	25 170 964	539 134 310	19,02	10,60	5,60	—	21,95	5,71	2
174	378	—	9516	164 649	313 126	809*	4 723 631	146 948 274	9,31	6,47	3,72	—	10,55	4,51	3
1305	s. K. 158a.	s. K. 158a.	3453*	12 921*	—	959	14 517 637*	390 609 581*	13,28	10,22	5,86	—	—	6,18	4
124	24*	—*	1640	12 204	—*	—	4 408 033	29 467 230	—	—	—		—	4,30	5
109	6*	—*	281*	1166*	128 233	955	5 575 178	72 767 411	16,96	13,72	5,09	—	11,07	7,40	6
418	1291	—	7289	479 870	423 674	649	14 588 869	568 634 994	18,[illegible]	15,66	8,71	7,64	19,06	9,[illegible]	7
566	778	—	14 213	694 230	761 293	—	18 279 605	159 461 684	41,25	16,93	9,77	6,56	16,69	10,19	8
56	117	—	2533	55 281	61 851	1074	2 209 912	103 113 845	4,25	3,37	2,28	2,52	6,78	2,59	9
60	290	—	2259	20 569	89 701	798	3 588 671	88 415 502	6,99	6,13	4,84	4,39	7,61	4,16	10
29	75	—	283	420	—*	146 944	1 825 799	30 695 565	5,59	4,11	2,99	—	4,17	3,71	11a
67	291	—	131	1071	—*	189 820	3 503 094	68 966 614	10,10	6,16	4,36	—	6,91	4,43	—b
1	—	—	[illegible]	41	—*	2322	[illegible]	[illegible]	[illegible]	[illegible]	[illegible]	—	[illegible]	[illegible]	—c
62	54	—	72	1193	—*	142 386	3 552 125	70 172 340	8,18	4,39	3,13	—	6,17	3,39	12a
10	—	—	4	255	—*	13 810	647 769	23 507 301	5,05	3,37	2,46	-	4,19	2,66	—b
109	43	—	157	1019	—*	167 511	4 760 160	193 458 072	10,50	7,00	3,87	—	7,41	4,53	—c
—*	—	—	—	—	*		13 509 730	201 308 367		—	—	—		3,55	13
64	16	—	4615	103851	175 750	s. K. 160a.	2 512 501	26 429 664	4,7	2,8	2,7	2,3	5,7	2,5	14a
24	15	—	687	35 336	63 959	—	1 041 128	20 385 810	2,68	2,11	1,95	1,88	5,33	2,02	—b
4	15	281	180	38 298	173 696		7 030 936	235 341 810	3,66	3,01	2,30	2,30	4,02	2,34	15a
—	14	s. K. 158a.	3	2877	3514	—	321 051	24 113 686	1,87	1,95	1,69	1,51	2,74	1,64	—b
10	—	—	105	7492	—	—	181 497	3 215 796	2,75	2,64	2,65		2,75	2,65	16
11	—	—	14	249	—*	28 027	162 014	8 805 260	4,23	3,75	2,37	—	3,47	2,58	17a
4	—	—	11	235	—*	27 572	316 108	5 592 313	3,21	2,33	1,92	—	2,50	1,98	—b
245	—	—	4331	80 542	154 819	352	4 530 644	460 426 949	13,12	9,37	5,93	4,87	8,20	6,36	18a
132	—	—	2115	115 796	83 790	342	3 129 798	123 300 760	10,10	9,38	6,71	6,15	10,92	7,30	—b
121	—	—	4226	261 172	183 393	327	1 969 180	95 686 680	9,12	8,50	7,64	6,19	9,51	7,52	19
73	577	—	1767	65 877	88 107	765,6	1 781 936	18 355 617	6,94	3,71	3,22	2,61	12,11	3,[illegible]	20
50	754	—	1198	66 618	105 728		913 817	52 906 648	5,03	4,36	3,37	2,98	4,98	3,27	21
12	16	—	3767	95 841	179 345	—	978 321	11 940 201	3,77	3,79	2,42	—	3,16	2,68	22
1	—	—	7	418	—*	0,5	523 823	6 511 307	1,55	1,63	1,47		1,93	1,56	23
182	—	—	1957	66 627	290 775	–	2 843 132	21 551 750	10,38	8,17	5,12		[illegible]	5,15	24a
24	—	—	88	2751	10 236	–	349 019	1 902 012	3,58	3,19	2,87	-	[illegible]	2,88	—b
—*	—	—	*	—	s. K. 155a.	—	116 048		—	—	—		—	2,55	25
162	—	—	1768	132 131	*		8 110 880	133 368 125	12,11	7,90	4,43	—	8,76	4,91	26
133	134	42	2655	90 191	247 833	—	6 837 185	113 573 614	18,33	13,84	7,55		9,[illegible]	9,07	27
139	71	6	7448	216 888	317 185	171	6 494 236	168 545 709	11,36	9,18	5,71	5,[illegible]	8,61	6,71	28a
111	—		1731	112 538			771 680	12 399 960			-	-	-	7,[illegible]	—b
156	—		3472	51 406	121 120		6 715 186	105 166 431	8,08	8,81	5,87	-	5,61	6,84	29

(Fortſ.) II. Perſonen= und

(Fortſ.) A. Im Betriebsjahre 1862

	II. Privatbahnen. (Fortſ.)	Benennung derjenigen Arten von Gütern, welche den Hauptverkehr auf der Bahn bildeten.
30	Berlin-Stettiner	
	a. Berl.-Stettin-Stargard	Getreide, Hering, Hülſenfrüchte, Zink, Bauholz, Mühlenfabrikate, Spiritus, Kartoffeln ꝛc.
	b. Starg.-Cöslin-Colberg	Brennholz, Getreide, Bauholz, Spiritus, Kartoffeln, Hülſenfrüchte, Kalk, Mühlenfabrikate ꝛc.
31	Böhmiſche Weſtbahn	Kohlen, Holz, Roheiſen, Stab- und Stangeneiſen, Schienen, Gußeiſenwaaren, Ziegel und Steine ꝛc.
32	Breslau-Schweidnitz-Freib.	Steinkohlen, Steine, Erden, Cement, Feld- und Garten-Erzeugniſſe, Kolonial- ꝛc. Waaren
33	Brünn-Roſſitzer	Kohlen, Eiſen und Eiſenwaaren, Zucker, Brennholz, Getreide
34	Buſchtĕhrader a. Lokom.-B.	Steinkohlen, Bau- und Grubenholz, Victualien, Eiſen
	Buſchtĕhrader b. Pferde-B.	Steinkohlen, Bau- und Nutzholz, Steine ꝛc.
35	Frankfurt-Hanauer	Getreide, Mehl, Hülſenfrüchte, Oelſaat, Kartoffeln, Bau-, Nutz- und Schneideholz ꝛc.
36	Galiziſche Carl-Ludw.-Bahn	Getreide, Salz, Horn- und Borſtenvieh, Eiſen und Eiſenmaterialien, Spirituoſen ꝛc.
37	Graz-Köflacher	Kohlen, Eiſen, Eiſen- und Metallwaaren, Bau- und Brennholz, Kalk und Steine
38	Heſſiſche Ludwigs-E.	Kohlen, Eiſen, Steine, Getreide, Hölzer, Weine, Glas, Leder, Häute
39	Homburger	Steinkohlen und Bauſteine
40	Kaiſer Ferdinands Nordb.	Kohlen, Getreide, Eiſen, Salz, Holz, lebende Thiere, Abfälle, Zucker, Getränke, Garne ꝛc.
41	Kaiſerin Eliſabeth a. Lokom.-Bahn	Salz, Kohlen, Eiſen und Eiſenwaaren, Getreide, Wolle, Holz, Steine und Thiere
	Kaiſerin Eliſabeth b. Pferde-Bahn	Salz, Gyps, Garne, Baumwollenwaaren, Thonwaaren und Spiritus
42	Köln-Mindener (u. Gießener)	Kohlen, Erze, Roheiſen, Getreide und Hülſenfrüchte, Bau- und Grubenholz, fabrizirtes Eiſen
43	Kurf. Friedr. Wilh. Nordb.	Steinkohlen, Bau- und Brennholz, Backſteine, Eiſen und Eiſenwaaren, Getreide und Hülſenfrüchte
44	Leipzig-Dresdener	Getreide und Kohlen, Eiſen- und Eiſenwaaren, Manufakturwaaren
45	Ludwigs-E. (Nürnb.-Fürth)	Hopfen, Manufakturwaaren, Spiegelglas, Eiſen und Maſchinentheile, Steinkohlen, Bau- und Brennholz
46	Lübeck-Büchener	Rohprodukte und Handelsgüter
47	Magdb.-Cöth.-Halle-Leipz.	Baumwolle, Eiſen und Eiſenwaaren, Farbehölzer, Farbewaaren, Getreide, Gewürze, Heringe ꝛc.
48	Magdeburg-Halberſtädter	Rohzucker, Syrup, Spiritus, Oel, Getreide, Mühlenfabrikate, Bau- u. Brennholz, Coaks, Stein- u. Braunkohlen ꝛc.
49	Magdeburg-Wittenbergeſche	Getreide, Stein- u. Braunkohlen, Spiritus, Baumwolle, Oel, Wolle, Eiſen, Stahl, Droguen, Hüttenprodukte
50	Mecklenburgiſche	Getreide u. Hülſenfrüchte, Coaks, Steinkohlen, Bau- u. Nutzholz, Oelſaat, Rohprodukte u. Handelsgüter
51	Mohacs-Fünfkirchener	Steinkohlen, Holz, Gerbeſtoffe, Hadern, Salz, Getreide, Mehl, Wein, Eiſen und Tabak
52	Neiſſe-Brieger	Steinkohlen, Getreide u. Hülſenfrüchte, Kalk, Mühlenfabrikate, Holz, Salz, Steine, Eiſen- u. Eiſenwaaren ꝛc.
53	Niederländiſche Rhein-E.	Getreide, Gemüſe, Kaffee, Baumwolle, Manufakturen, Mehl, Oel, Papier, Fiſche, Steinkohlen, Zucker ꝛc.
54	Niederſchleſiſche Zweigbahn	Getreide
55	a. Oeſterreich. nördliche	Kohlen, Zucker, Spezereiwaaren, Spiritus, Getreide, Mahlprodukte, Manufakturwaaren, Salz ꝛc.
	b. Oeſterreich. ſüdöſtliche	Brennholz, Steinkohlen, Wein, Getreide, Raps. Mehl, Salz, Schafwolle, Tabak, Eiſenwaaren ꝛc.
	c. Wien-Neu-Szönyer	Brenn-, Bau- u. Nutzhölzer, Steinkohlen, Zucker, Spiritus, Getreide, Hülſenfrüchte, Runkelrüben, Raps ꝛc.
56	Oppeln-Tarnowitzer	Kohlen, Roheiſen, Erze, Erden u. ſonſtige Mineralien, Bretter u. Hölzer aller Art, faconnirtes ꝛc. Schmiedeeiſen ꝛc.
57	a. Pfälziſche Ludwigsbahn	Kohlen, Coaks, Erze, Roheiſen, Schienen, Holz u. Bretter, Steine, Wolle, Getreide, Salz, Erden, Glas ꝛc.
	b. Pfälziſche Maximiliansb.	Kohlen, Coaks, Roheiſen, Schienen, Holz, Steine, Wolle, Getreide, Salz, Erden, Glas, Häute, Hopfen ꝛc.
58	Rendsburg-Neumünſterſche	Manufaktur- und Kolonialwaaren, Feldfrüchte, Butter, Bau- und Brennholz, Torf
59	Rheiniſche	Bauholz, Baumwolle, Bier, Blei, Eiſen, Erze, Getreide, Lumpen, Häute, Kalk, Kurzwaaren ꝛc.
60	a. Südbahn, Oeſterreich.	Getreide, Steinkohlen, Braunkohlen, Hölzer, Eiſen, Eiſenwaaren, Stahlwaaren, Wein, Mahlprodukte ꝛc.
	b. Nordtiroler	Getreide, Kohlen, Eiſen u. Stahl, Kaffee, Zucker, Manufacturwaaren, Salz, Tabak, Kurz- u. Galanteriewaaren
	c. Venetianiſche u. Südtirol.	Getreide und Mehl, Branntwein, Weingeiſt, Brennholz, Steinkohlen, Reis
61	Süd-Norddeutſche	Kohlen, Holz, Getreide, Manufakturwaaren
62	Taunus-Bahn	Ordinäre Handelsgüter, namentlich Kolonialwaaren, Wein, Feldfrüchte, Häute, Eiſenerze u. Braunſtein ꝛc.
63	Theiß-Bahn	Weizen, Korn, Oelſaat, Kukuruz, Knoppern, Hornvieh, Borſtenvieh, Tabaksblätter, Spiritus, Holz ꝛc.
64	Thüringiſche	Braunkohlen, Steinkohlen, Holz, Salz, Getreide, Mühlenfabrikate, Eiſen und Eiſenwaaren
65	Werra-E.	Holz, Kohlen, Steine, Vieh

Güter-Verkehr.

wurden befördert: Fahrzeuge aller Art. a. Equipagen. Stck.	b. Eisenbahn-Fahrzeuge (Lokomotiven, Tender und Wagen). Anz.	c. Sonstige Fahrzeuge (Mehr-wagen, Schlitten, Feuerspritzen u. s. w.). Anz.	Thiere. a. Pferde (Luxus-, Koppel- rc.) Stück	b. Rindvieh, Schweine und sonstige Thiere. Stück	Gewicht a. der in Kol. 159a. u. b. aufgeführten Thiere. Z.-Ctr.	b. der außerdem beförderten Thiere. Z.-Ctr.	B. Durchschnitts-Verhältnisse. a. Sämmtliche Personen haben zurückgelegt Meilen.	b. beförderte Güter (Kol. 156.) haben zurückgelegt Meilen.	Durchschnittlich haben durchfahren: a. jede Person in der I. Klasse. Meilen.	b. jede Person in der II. Klasse. Meilen.	c. jede Person in der III. Klasse. Meilen.	d. jede Person in der IV. Klasse. Meilen.	e. jeder Militair rc. Meilen.	jede Person (ohne Unterschied der Klasse). Meilen.	
304	259	—	2965	156 543	241 777	—	4 941 198	58 608 225	11,16	10,06	7,67	—	8,07	8,17	30 a
60	—	—	1607	65 879	88 557	—	1 415 366	13 336 344	9,49	8,13	6,99	2,15	10,94	6,79	- b
164	—	—	99	15 723	19 998	—	1 098 750	26 972 306	9,80	9,52	6,35	—	12,64	7,01	31
101	—	120	163	20 907	44 917	240	3 677 239	107 946 203	7,11	6,17	4,99	4,81	7,06	5,33	32
3	—	—	3	2164	3494	—	147 000	8 068 105	2,82	2,76	2,77	—	—	2,78	33
—	—	53	1	6539	5307	—	112 435	20 908 626	2,27	2,01	1,91	—	—	1,97	34 a
—	—	—	—	—	—	—	90 715	5 678 418	4,20	3,94	4,10	—	4,16	4,00	- b
37	142	—	562	25 005	—	—	1 288 200	8 264 536	3,15	2,90	2,35	—	—	2,12	35
302	11	87	2283	356 449	878 450	—	4 512 906	103 756 924	16,03	14,41	10,76	i. K. 162c.	30,31	14,16	36
11	—	2	34	190	689	408	319 586	13 068 454	2,39	2,44	—	—	—	2,66	37
153	—	—	2258	47 998	—	—	4 565 122	67 011 742	5,35	4,39	3,16	—	5,86	3,31	38
2	—	—	—	56	—	—	1 051 508	661 769	2,39	2,16	1,81	—	2,80	2,73	39
1185	1530	—	8671	1 066 303	2 387 774	7825	19 206 729	652 952 709	12,55	11,34	8,16	—	12,97	10,01	40
137	—	i. K. 158a.	3575	237 512	366 090	—	9 151 960	205 958 415	—	—	—	—	—	7,96	41 a
—	—	—	—	—	—	—	124 650	18 649 040	—	—	—	—	—	5,03	- b
182	1633	144	10 048	194 337	419 332	—	16 582 316	690 081 393	16,95	10,00	5,19	3,50	17,43	4,91	42
61	1037*	46*	169*	1100*	—	—	1 929 000	60 976 763	—	—	—	—	—	5,70	43
129	129	5	2422	94 337	—	29 890	6 229 058	110 441 335	9,36	7,60	4,95	—	8,19	5,61	44
—	—	—	—	1931	2660	—	635 606	274 705	—	—	—	—	—	0,4	45
41	—	—	206	14 216	—	—	628 775	11 020 232	5,33	4,79	3,81	—	—	4,09	46
215	4	—	5834	101 952	321 768	387	4 395 909	101 892 711	11,26	7,95	4,35	—	6,66	4,93	47
156	—	—	4112	62 878	200 982	—	2 497 226	61 368 356	5,13	4,69	3,57	—	5,91	4,00	48
21	—	—	2737	35 562	89 612	—	1 154 978	27 158 055	10,86	7,75	5,03	—	7,09	5,31	49
143	—	—	2062	37 492	71 688	—	1 794 356	17 349 558	7,33	6,33	5,17	—	6,02	5,47	50
15	—	—	3	811	1859	—	214 835	28 234 535	6,55	5,82	4,03	—	6,13	5,76	51
43	—	—	910	5112	15 029	46	374 717	8 604 301	4,30	5,01	4,34	3,56	5,30	4,42	52
164	—	—	1353	54 711	175 984	52	6 186 110	59 881 458	8,25	7,54	4,80	—	4,53	5,34	53
24	—	—	243	36 235	34 959	—	671 444	15 059 484	5,53	5,50	4,83	4,21	7,09	4,80	54
926	—	—	3547	141 829	440 905	11 406	11 123 012	327 993 529	18,69	13,47	6,10	—	22,90	9,39	55 a
726	—	—	3332	565 262	1 783 998	10 709	12 458 899	333 051 858	17,43	13,09	10,88	—	14,86	12,56	- b
56	—	—	1422	106 572	270 598	3278	1 557 209	74 902 310	11,03	8,19	6,00	—	18,45	6,44	- c
14	—	—	111	3967	9997	60	223 291	17 374 756	6,90	5,30	4,80	4,00	6,60	4,30	56
75	—	—	2340	58 670	—	—	2 771 577	134 563 669*	4,98	3,39	2,69	—	—	2,18	57 a
13	—	—	90	9669	—		558 135	26 802 193*	4,70	2,91	1,91	—	5,00	2,15	- b
48	—	—	5576	24 179	175 907	—	415 502	2 934 500	4,86	4,45	3,94	—	4,60	3,88	58
245	—	—	3485	32 125	171 345	—	12 532 016	135 929 748	6,02	5,07	3,87	2,30	8,81	4,39	59
2066	i. K. 158a.	i. K. 158a.	6324	356 954	—	—	28 335 140	793 660 446	13,44	6,48	4,77	—	29,16	8,11	60 a
77	—	—	79	3949	14 273	38	867 543	7 506 992	6,90	4,61	3,03	—	8,09	3,37	- b
446	—	—	2155	22 380	178 670	—	13 463 508	99 546 230	—	—	—	—	14,0	5,10	- c
65	—	—	410	28 793	53 973	—	1 507 876	37 637 850	8,31	6,77	5,01	—	4,43	5,20	61
61	i. K. 158a.	i. K. 158a.	485	6823*	—	—	3 113 066	7 868 650	3,79	2,03	2,38	—	—	2,84	62
10	—	384	2180	245 693	702 865	931	5 824 591	82 316 548	14,86	12,93	10,04	—	20,78	13,11	63
236	58	5	5393	62 928	300 249	—	7 020 176	126 178 644	17,01	9,02	4,60	—	7,41	5,61	64
120	—	—	863	23 636	102 491		1 557 767	28 693 994	8,65	5,52	3,52	—	7,36	3,93	65

		164					165	166		167		168		
		(Forts.) **II. Personen- und**												
		(Forts.) B. **Durchschnitts-**												
		Durchschnittlich haben durchfahren:						Auf eine (d. h. jede) Meile Bahnlänge kommen durchschnittlich		Uebersichtl. Verhältnißzahlen zur leicht. Vergleich. d.		Eingenom-		
	I. Staatsbahnen.	a.	b.	c.	d.	e.	jeder Z.-Ctr. Gut überhaupt	a. beim Personen-Verkehr	b. beim Güter-Verkehr	a. Personen-Frequenz	b. Güter-Frequenz	a. für jede Person I. Klasse.	b. für jede Person II. Klasse.	c. für jede Person III. Klasse
		jeder Zoll-Centner Eilgut.	jeder Zoll-Centner Postgut.	Frachtgut der Normalklasse.	Frachtgut der ermäßigten Klasse.	Kohlen und Coaks.								
		Meilen.		Meilen.		Meilen.		Person.-Meilen.	Ctr.-Meilen			Sgr.		Sgr.
1	Badische	10,67	13,15	11,65	11,73	i. C. 164d	11,49	259 680	2 659 915	26,0	266	6,67	4,07	2,38
2	Bayerische (u. 5 gepcht. Zwgb.)	—	—	—	—	—	22,18	159 502	3 416 350	16,0	342	6,03	3,92	2,47
3	Braunschweigische	8,87	—	9,78	7,73	i. C. 164d	8,14	177 580	5 524 371	17,8	552	i. C. 168c	i. C. 168c	3,33
4	Hannoversche	—	—	—	—	—	11,82	127 292*	3 424 895*	12,7	342	6,03	4,65	3,07
5	Main-Neckar	—	—	—	—	—	7,30	372 930	2 492 997	37,3	249	—	—	—
6	Main-Weser	18,19	—*	20,77	13,75	7,85*	14,27	206 488	2 695 090	20,6	270	6,92	4,18	2,63
7	Preuß. Niederschles.-Märk.	18,66	15,79	22,00	22,31	32,19	24,01	281 633	1 097 75[illegible]	28,1	1010	6,64	4,48	3,00
8	„ Ostbahn	35,25	11,20	30,14	14,10	6,34	16,78	170 678	1 488 904	17,1	149	6,43	4,40	3,08
9	„ Saarbrücker (u. Trier)	4,84	7,99	6,11	3,76	2,97	2,77	114 964*	5 364 924	11,5	536	6,49	4,30	3,0
10	„ Westfälische	10,70	6,00	9,40	8,30	9,60	7,19	131 694	3 244 606	13,2	324	6,50	4,50	3,00
11	Sächsische östliche													
	a. Sächsisch-Böhmische	8,31	—*	8,40	4,35	in Col. 164d mitenthalten.	5,03	203 772	3 425 844	20,4	343	4,59	3,34	2,38
	b. Sächsisch-Schlesische	9,25	—*	10,05	8,91		9,16	251 298	4 947 390	25,1	495	4,90	3,68	2,66
	c. Tharandt-Freiberger	3,41	—*	3,83	3,90		3,40	160 806	1 997 692	16,1	200	4,80	3,30	2,73
12	Sächsische westliche													
	a. Niedererzgebirgische	5,69	—*	6,64	6,01		6,00	185 975	3 673 945	18,6	367	5,37	3,84	2,67
	b. Obererzgebirgische	4,01	—*	4,19	1,43		1,17*	106 191	3 853 656	10,6	385	4,92	3,47	2,89
	c. Sächsisch-Bayerische	11,75	—*	12,77	9,91		10,26	204 299	8 094 450	20,4	809	5,38	4,13	2,63
13	Württembergische	—	—	—	—	—	13,0	239 322	3 566 136	23,9	357	—	—	—
	II. Privatbahnen													
	a) unter Staatsverwaltg.													
14	Aach.-Düss.-Ruhrorter a. Aach.-Düssel.	6,39	4,03	4,81	5,50	2,99	4,13	220 395	2 318 392	22,0	232	6,08	4,66	3,33
	Aach.-Düss.-Ruhrorter b. Ruhrort-Crf.	3,41	2,72	3,50	3,04	3,78	3,77	186 451	3 640 323	18,6	364	6,33	4,50	3,13
15	a. Bergisch-Märkische	8,17	4,06	6,72	5,05	4,47	4,39	170 861*	5 546 590*	17,1	555	6,14	4,76	3,46
	b. Prinz-Wilhelm-E.	2,30	2,22	2,03	2,92	4,00	3,64	73 470	5 518 006	7,3	552	5,90	4,26	3,09
16	Cöthen-Bernburger	2,75	2,75	i. C. 165	i. C. 165	i. C. 165	1,88	67 089	811 449	6,7	81	6,36	4,44	3,30
17	a. Löbau-Zittauer	4,16	—	3,60	3,63	„ „ 164d	3,86	102 670	1 956 724	10,3	196	4,17	3,70	2,67
	b. Zittau-Reichenberger	3,17	—	3,48	3,22	„ „ 164d	3,26	88 298	1 562 098	8,8	156	6,92	3,41	2,62
18	a. Oberschlesische	14,65	11,45	17,13	15,13	16,15*	14,90	144 610	13 502 257	14,5	1350	6,48	4,99	2,92
	b. Breslau-Posen-Glogauer	12,99	9,82	16,80	18,14	19,33	16,05	112 179	4 419 352	11,2	442	6,00	4,07	2,93
19	Stargard-Posener	10,63	10,11	13,13	17,35	12,41	16,04	86 352	4 215 272	8,6	422	6,11	4,66	3,10
20	Rhein-Nahe-E.	8,62	8,91	10,60	8,06	12,28	10,21	110 200	2 990 453	11,0	299	6,55	4,76	3,0
21	Wilhelms-Bahn	6,67	5,92	6,04	5,80	7,27	6,78	38 952	2 255 185	3,9	226	6,46	4,08	2,96
	b) in Privatverwaltung.													
22	Aachen-Mastrichter	3,14	4,20	3,41	3,79	1,02	2,66	78 897	962 113	7,8	96	5,43	4,16	2,89
23	Alberts-Bahn	1,46	1,97	1,73	1,83	1,88	1,07	261 911*	1 252 174	26,2	125	5,38	3,66	2,41
24	a. Altona-Kieler	9,26	—	9,72	7,63	i. C. 164d	8,15	203 091	1 758 696	20,3	175	—	—	—
	b. Glückstadt-Elmshorner	3,13	—	3,44	3,67	„ „ 164d	3,01	77 560	422 669	7,8	42	—	—	—
25	Aussig-Teplitzer	—	—	—	—	—	—	138 683	—	13,9	—	—	—	—
26	Bayerische Ostbahnen	14,84	—	23,05	16,72	i. C. 164d	16,89	134 732	2 215 417	13,3	222	5,43	3,37	2,23
27	Berlin-Anhaltische	16,97	i. C. 164d	18,38	13,30	7,15	11,38	143 947	2 391 024	14,1	239	6,00	4,69	3,41
28	a. Berlin-Hamburger	19,14	17,07	21,78	16,01	7,36	18,57	163 507	4 245 484	16,4	425	6,83	4,38	3,09
	b. Hamburg-Bergedorfer	—	—	—	—	—	2,80	343 790	6 215 293	10,8	622	—	—	—
29	Berlin-Potsdam-Magdebg.	12,99	12,53	17,28	17,23	11,17	16,31	335 759	5 258 321	33,6	526	6,33	4,67	3,00

	169		170					171	172		173	174	175	
Güter-Verkehr. Verhältnisse.									**III. Finanz-Ergebnisse.** A. Einnahmen.					
men sind durchschnittlich pro Meile:									Für Personen-Beförderung					
d. in der IV. Klasse.	e. für jeden Militair etc.	für jede Person (ohne Unterschied der Klasse).	a. Eilgut.	b. Postgut.	c. für jeden Zoll-Centner Frachtgut der Normalklasse.	d. Frachtgut der ermäßigten Klasse.	e. Kohlen und Coaks.	für jeden Z.-Ctr. Gut überhaupt.	a. im Binnen-Verkehre.	b. im direkten Verkehre.	Für Reisegepäck.	Für Hunde (der Reisenden).	Zusammen im Personen-Verkehre.	
Sgr.	Sgr.	Sgr.	Pf.	Pf.	Pf.	Pf.	Pf.	Pf.	Thlr.	Thlr.	Thlr.	Thlr.	Thlr.	
—	1,66	2,97	11,01	15,74	i. K. 170d	3,35	i. K. 170d	3,76	1 112 167	256 344	109 578	in Kol. 173	1 478 089	1
—	1,18	2,84	—	—	—	—	—	3,37	2 471 082	in Kol. 172a	136 311	„ „ 173b	2 608 293	2
—	1,69	3,16	10,55	—	4,22	2,58	i. K. 170d	3,01	177 473	335 283	22 297	„ „ 173b	535 053	3
—	—	3,63	—	—	—	—	—	2,56	1 344 678	442 059	72 764	1066	1 862 367	4
—	—	2,41	—	—	—	—	—	4,33	412 249	in Kol. 172a	47 394	560	460 203	5
—	1,38	3,07	10,30	—*	5,17	3,71	2,35*	4,35	341 542	293 495	42 718	707	678 462	6
1,60	1,33	2,03	10,86	10,19	4,84	2,52	1,15	2,41	1 006 360	404 573	46 268	1812	1 459 013	7
1,65	1,14	3,26	10,09	11,26	5,35	2,40	1,50	3,60	1 065 342	918 300	105 965	8548	2 093 155	8
1,30	1,35	2,72	12,18	10,01	5,74	2,77	2,58	2,72	132 341	69 140	4348	425	206 254	9
1,80	1,17	2,33	10,88	12,06	5,00	2,40	2,00	3,30	194 212	66 945	5106	500	266 763	10
—	1,82	2,63	13,10	—*	5,38	2,99	in Kol. 170d mitenthalten	3,73	126 242*	35 084	5587	164	167 077	11a
—	1,59	2,60	12,79	—*	6,18	3,02		3,79	238 662*	99 489	8093	323	347 457	—b
—	1,00	2,92	16,6	—*	[illegible]	3,83		3,28	6517	14 743	163	31	21 453	—c
—	1,64	2,56	12,63	—*	6,09	3,01		3,60	240 066*	92 532	7084	288	345 970	12a
—	1,68	2,85	12,61	—*	6,26	2,58		2,77	57 924	3567	1710	56	63 257	b
—	1,71	3,09	12,09	—*	5,96	2,16		3,05	404 351*	86 160	14 207	479	505 206	—c
—	—	2,51	—	—	—	—	—	3,63	930 971	208 393	64 151	3135	1 206 650	13
1,93	1,17	2,93	12,16	10,80	7,37	3,69	2,77	3,77	102 938	82 399	4988	310	250 635	14a
2,0	1,17	2,75	15,52	10,00	10,58	3,41	2,70	3,27	63 138	35 398	1516	66	100 118	—b
1,91	1,83	2,87	8,53	12,38	5,21	3,07	2,30	3,08	599 742*	73 335	7681	705	681 463	15a
2,06	1,03	2,68	14,0	14,66	7,03	2,33	2,36	2,37	21 782	6918	114	23	28 837	—b
—	2,72	3,34	12,37	11,87	i. K. 171	i. K. 171	i. K. 171	4,99	21 156	—	326	19	21 501	16
—	1,31	2,93	13,61	—	6,10	2,60	„ „ 170d	3,25	26 935	16 600	700	25	44 260	17a
—	1,57	2,67	17,49	—	7,19	3,11	„ „ 170d	3,84	25 876	2245	215	35	28 371	—b
1,38	1,42	3,17	13,14	13,03	6,13	2,56	1,73*	2,33	322 414	155 747	16 552	517	195 230	18a
1,67	1,31	2,77	12,82	13,18	5,76	2,10	1,10	2,29	238 964	50 670	7781	438	297 853	—b
1,60	1,56	2,88	11,34	11,12	5,15	2,49	1,22	2,60	82 680	106 331	6387	450	195 848	19
1,50	1,38	3,13	10,57	10,06	5,08	2,42	1,68	2,30	90 038	95 791	5249	298	191 376	20
1,63	1,37	2,68	14,33	16,26	8,37	3,08	2,19	2,76	57 039	24 524	2050	92	83 705	21
—	1,37	3,00	13,16	163,23	4,62	3,11	3,83	3,62	64 633	33 357	5646	—	103 636	22
—	2,49	3,03	45,65	7,29	12,35	9,83	6,15	6,30	44 106	9106	502	68	63 782	23
—	—	2,63	12,75	—	5,31	2,51	i. K. 170d	3,90	197 041	52 711	7575	183	257 510	24a
—	—	2,91	16,59	—	5,39	2,52	„ „ 170d	4,30	32 545	502	811	20	33 878	—b
—	—	3,56		—	—	—	—	—	53 626	i. Kol. 172a	1483	—	55 109	25
—	1,13	2,40	7,60	—	5,16	2,17	i. K. 170d	2,67	676 888	„ „ 172a	27 839	in Kol. 173b	704 727	26
—	1,67	3,91	12,59	i. K. 170a	6,04	4,16	1,09	4,33	527 248	346 991	28 128	1128	903 495	27
1,67	1,68	3,54	9,92	8,19	3,58	2,69	1,81	3,18	584 083	181 878	26 205	in Kol. 173b	792 166	28a
—	—	3,07	—	—	—	—	—	3,13	—	77 973	5966*	„ „ 173b	83 939	—b
	2,00	3,55	9,14	10,58	5,55	2,76	1,65	3,50	488 289	306 555	25 618	760	821 222	29

(Fortſ.) **II. Perſonen= und**

(Fortſ.) B. **Durchſchnitts-**

II. **Privatbahnen.** (Fortſ.)	Durchſchnittlich haben durchfahren: jeder Zoll-Centner a. Eil-gut. Meilen.	b. Poſt-gut.	c. Frachtgut der Normalklaſſe. Meilen.	d. Frachtgut der ermäßigten Klaſſe.	e. Kohlen und Coaks. Meilen.	jeder Z.-Ctr. Gut überhaupt	Auf eine (d. h. jede) Meile Bahnlänge kommen durchſchnittlich a. beim Perſonen-Verkehr Perſon.-Meilen.	b. beim Güter-Verkehr Ctr.-Meilen	Ueberſichtl. Verhältnißzahlen zur leicht. Vergleich. d. a. Perſonen-Frequenz	b. Güter-Frequenz	Eingenom. für jede Perſon a. I. Klaſſe. Sgr.	b. II. Klaſſe.	c. III. Klaſſe. Sgr.
30 Berlin-Stettiner													
a. Berl.-Stettin-Stargard	12,91	11,36	12,36	7,67	5,05	8,02	219 706	2 605 968	22,0	261	6,75	4,71	2,83
b. Starg.-Cöslin-Colberg	10,94	11,15	13,08	8,42	7,46	8,75	62 077	584 927	6,2	58	6,66	4,84	3,03
31 Böhmiſche Weſtbahn	14,98	—	11,15	7,10	8,53	8,37	8390	174 683	0,8	17	8,72	6,61	4,47
32 Breslau-Schweidnitz-Freib.	8,11	7,68	7,53	6,33	7,74	7,08	161 282	4 734 483	16,1	473	5,75	4,08	2,63
33 Brünn-Roſſitzer	—	—	2,91	2,56	2,47	2,58	49 000	2 689 369	4,9	269	6,84	3,78	2,71
34 Buſchtěhrader a. Lokom.-B.	2,56	—	2,11	2,16	2,17	2,17	37 478	6 999 542	3,7	700	—	—	—
34 Buſchtěhrader b. Pferde-B.	—	—	2,70	6,13	3,51	3,92	12 095	783 789	1,3	78	—	—	—
35 Frankfurt-Hanauer	4,63	—	4,51	4,60	—	4,54	234 218	1 502 643	23,4	150	6,05	3,74	2,76
36 Galiz. Carl-Ludw.-Bahn	31,03	—	15,45	21,55	6,30	20,77	95 009	2 184 356	9,5	218	8,4	6,65	4,11
37 Graz-Köflacher	5,07	—	4,16	4,05	5,01	4,73	58 106	2 376 083	5,8	238	6,2	4,1	—
38 Heſſiſche Ludwigs-E.	6,93	—	7,79	7,06	6,70	6,97	207 789	3 050 147	20,9	305	6,20	3,16	2,01
39 Homburger	2,33	2,50	2,36	2,37	i. R. 164d	2,27	420 603	264 708	42,1	26,5	6,87	3,34	1,71
40 Kaiſer Ferdinands Nordb.	15,0	—	16,11	15,91	39,75	18,55	232 809	7 914 945	23,3	791	7,20	5,10	3,60
41 Kaiſerin Eliſabeth a. Lokom.-Bahn	—	—	—	—	—	20,01	160 758	3 617 748	16,1	362	—	—	—
41 Kaiſerin Eliſabeth b. Pferde-Bahn	—	—	—	—	—	16,26	7278	1 088 677	0,7	109	—	—	—
42 Köln-Mindener (u. Gießener)	16,97	8,60	13,67	9,15	7,32	8,31	240 696	10 017 730	24,1	1002	7,10	4,67	3,10
43 Kurf. Friedr. Wilh. Nordb.	—	—	—	—	—	11,35	91 815	3 455 643	9,5	346	—	—	—
44 Leipzig-Dresdener	10,01	9,63	10,08	8,13	i. R. 164d	8,79	377 519	6 693 414	37,8	669	5,76	4,12	2,77
45 Ludwigs-E. (Nürnb.-Fürth)	—	—	—	—	—	0,8	794 508	343 381	79,5	34,3	4,0	3,0	2,0
46 Lübeck-Büchener	—	—	—	—	—	5,56	99 808	1 749 243	10,0	175	—	—	—
47 Magdb.-Cöth.-Halle-Leipz.	10,63	8,51	11,80	8,99	2,12	6,73	231 364	5 094 636	23,1	509	6,53	4,71	2,53
48 Magdeburg-Halberſtädter	5,01	4,75	4,93	5,22	4,99	4,95	257 416	6 326 635	25,7	633	6,9	4,3	2,8
49 Magdeburg-Wittenbergeſche	10,45	8,15	12,31	10,51	2,59	10,37	80 768	1 899 165	8,1	190	6,12	3,92	3,25
50 Mecklenburgiſche	8,59	—*	9,44	6,13	—*	7,15	92 972	898 941	9,3	90	—	—	—
51 Mohacs-Fünfkirchener	4,29	—	6,57	6,47	7,97	7,59	30 605	3 529 319	3,1	353	7,20	5,13	3,64
52 Neiſſe-Brieger	5,68	5,62	5,53	5,49	5,19	5,35	60 438	1 367 790	6,0	139	6,67	4,92	3,35
53 Niederländiſche Rhein-E.	10,19	—	11,59	16,17	16,96	11,36	252 494	2 414 141	25,2	244	6,81	5,19	3,22
54 Niederſchleſiſche Zweigbahn	7,21	5,13	6,91	6,37	i. R. 164d	6,13	70 678	1 588 367	7,1	150	7,05	5,0	3,25
55 a. Oeſterreich. nördliche	24,13	—	16,25	im Ref. 164c	9,19	16,28	179 403	5 290 216	17,9	529	8,43	6,50	4,24
b. Oeſterreich. ſüdöſtliche	22,05	—	22,29		27,10	22,53	136 163	3 639 911	13,6	364	8,12	6,07	4,33
c. Wien-Neu-Szönyer	11,01	—	12,59		6,31	12,57	75 581	3 566 777	7,5	357	9,03	6,75	4,56
56 Oppeln-Tarnowitzer	9,68	4,70	5,40	6,50	7,26	6,65	21 266	1 651 739	2,1	165	6,9	4,66	3,04
57 a. Pfälziſche Ludwigsbahn	6,19	—	8,01	6,33	9,79	8,15	138 578	6 728 183	13,8	673	6,56	3,54	2,29
b. Pfälziſche Maximiliansb.	4,81	—	7,96	4,93	4,26	5,02	93 059	4 240 853	9,1	424	6,75	3,90	2,28
58 Rendsburg-Neumünſterſche	4,29	—	4,12	3,57	—	4,01	90 326	637 935	9,0	61	7,18	4,92	2,57
59 Rheiniſche	12,04	9,22	10,83	8,63	3,81	7,20	321 334	3 485 377	32,1	349	7,25	3,83	2,50
60 a. Südbahn, Oeſterreich.	24,13	—	28,13	28,07	i. R. 164d	28,77	203 850	5 709 787	20,1	571	8,66	6,32	4,21
b. Nordtiroler	5,41	—	7,68	6,52	7,00	7,22	86 754	750 699	8,7	75	7,95	5,11	3,27
c. Venetianiſche u. Südtirol.	9,60	—	—	—	—	14,90	195 152	1 442 908	19,5	144	—	—	—
61 Süd-Norddeutſche	9,32	—	14,25	9,05	9,08	10,03	55 847	1 393 994	5,6	139	7,18	5,17	2,59
62 Taunus-Bahn	—	—	—	—	—	4,11	555 908	1 405 116	55,6	141	7,16	4,56	2,69
63 Theiß-Bahn	20,47	—	17,60	14,22	13,86	14,55	73 673	1 041 191	7,1	104	8,52	6,19	4,11
64 Thüringiſche	12,45	10,61	14,72	11,26	7,65	11,23	187 205	3 364 764	18,7	336	7,16	4,59	3,07
65 Werra-E.	8,21	—	12,53	9,61	i. R. 164d	10,27	65 473	1 261 275	6,5	126	7,11	3,92	2,55

168	169		170					171	172		173	174	175	
Güter-Verkehr.									**III. Finanz-Ergebnisse.**					
Verhältnisse.									A. Einnahmen.					
men sind durchschnittlich pro Meile:									Für Personen-Beförderung					
d. in der IV. Klasse.	e. für jeden Militair ꝛc.	für jede Person (ohne Unterschied der Klasse).	a. für jeden Zoll-Centner Eilgut.	b. Postgut.	c. Frachtgut der Normalklasse.	d. Frachtgut der ermäßigten Klasse.	e. Kohlen und Coaks.	für jeden Z.-Ctr. Gut überhaupt.	a. im Binnen-Verkehre.	b. im direkten Verkehre.	Für Reisegepäck.	Für Hunde (der Reisenden).	Zusammen im Personen-Verkehre.	
Sgr.	Sgr.	Sgr.	Pfge.	Pfge.	Pfge.	Pfge.	Pfge.	Pfge.	Thlr.	Thlr.	Thlr.	Thlr.	Thlr.	
—	1,71	3,36	12,87	13,04	6,39	3,1	3,01	3,71	456 058	79 341	15 488	944	551 831	30a
1,74	1,67	3,18	12,87	13,02	6,83	3,12	3,11	3,61	80 539	69 521	4147	386	154 593	- b
—	1,53	5,11	23,94	—	6,04	5,13	4,50	5,04	181 436	—	5241	59	186 736	31
1,72	1,03	2,67	12,34	11,07	9,33	3,18	2,16	2,59	311 967	14 682	8226	328	335 203	32
—	—	3,06	—	—	10,12	6,99	9,21	8,47	14 640	—	370	4	15 014	33
—	—	3,16	68,92	—	7,81	6,34	5,63	5,72	2333	9888	474	2	12 697	34a
—	—	3,35	—	—	—	—	—	6,80	9834	—	167	—	10 001	- b
—	--	3,13	10,12	-	7,00	3,36	—	4,35	103 122*	32 201	5277	124	140 724	35
i. K. 169e	1,32	5,32	22,18	—	7,32	5,56	3,71	6,03	524 086	101 326	31 423	in Kol. 173	657 435	36
—	—	4,13	26,84	—	6,65	4,97	3,92	4,63	43 992	—	404	" " 173	44 396	37
—	1,83	2,60	9,40	—	6,15	3,44	2,03	3,26	218 562	177 423	24 116	669	420 770	38
—	1,60	2,67	18,72	6,86	6,72	i. K. 170c	i. K. 170c	6,92	106 508	3612	3700	89	113 909	39
—	1,26	3,86	18,0	—	7,01	4,50	2,12	4,27	1 541 881	706 036	88 167	108	2 836 192	40
—	—	4,75	—	—	—	—	—	3,69	1 264 804	174 980	46 566	824	1 487 174	41a
—	—	3,91	—	—	—	—	—	6,60	16 135	—	421	—	16 556	- b
1,55	1,63	2,46	10,61	11,05	5,59	2,74	1,52	2,31	946 933	635 460	65 887	1381	1 649 661	42
—	—	3,37	—	—	—	—	—	3,39	95 408	152 063	10 295	224	257 990	43
—	1,44	3,20	12,05	9,02	6,30	2,99	i. K. 170c	3,95	384 587	278 665	19 252	598	683 102	44
—	1,0	2,39	8,0	8,0	8,0	3,0	3,0	—	47 597	884	79	—	48 560	45
—	—	3,53	—	—	—	—	—	4,03	19 223	55 157	2838	i. Kol. 183b	77 218	46
—	1,65	2,91	10,92	10,91	5,03	3,41	3,17	4,08	297 506	128 717	9957	361	436 541	47
—	1,5	3,44	9,30	13,08	5,81	3,38	2,07	4,00	125 387	150 938	10 177	314	286 816	48
—	1,66	3,33	9,00	10,00	4,00	3,00	4,00	3,00	95 509	32 437	3172	233	131 441	49
—	—	3,68	—	—	—	—	—	4,37	149 509	71 223	7490	i. K. L. 183b	228 222	50
—	1,33	3,75	17,59	—	7,77	5,40	5,13	5,17	30 649	—	687	32	31 368	51
1,03	1,60	3,95	12,43	25,16	6,02	3,41	2,34	3,21	26 801	13 430	1041	38	41 310	52
—	2,15	4,03	19,55	—	2,99	2,19	1,01	2,62	753 683*	103 278	31 242	39	888 242	53
1,01	1,66	3,06	11,99	12,73	7,86	3,20	i. K. 170d	3,61	39 753	28 418	1663	70	69 904	54
—	1,19	4,43	23,07	—	4,13		2,82	4,24	1 149 288*	511 777	66 469	510	1 728 050	55a
—	1,41	4,35	27,00	—	3,90	in Kol. 170c	4,01	4,01	1 216 267*	601 280	72 157	960	1 890 664	- b
—	1,34	4,53	13,66	—	4,01		4,85	4,09	227 926*	13 026	7671	147	248 770	- c
2,09	1,50	2,74	12,0	12,0	5,0	2,93	i. K. 170d	2,49	18 153	2244	344	44	20 785	56
—	2,75	2,71	8,57	—	4,36	2,66	2,16	2,69	261 504	in Kol. 172a	11 086	377	272 967	57a
—	—	2,79	8,57	—	4,42	2,90	2,09	2,74	57 860	" " 172a	2502	95	59 957	- b
—	1,32	3,16	15,39	—	4,83	2,54	—	3,60	5206	38 547	1205	25	44 983	58
1,33	1,35	3,58	9,82	15,00	5,09	3,40	2,09	3,61	801 014	682 645	70 948	1051	1 555 658	59
—	1,19	3,46	17,29	—	5,83	2,96	i. K. 170d	3,84	3 134 700	129 707	101 387	in Kol. 173	3 365 794	60a
—	1,03	4,48	27,75	—	4,75	3,63	2,39	4,44	126 698	—	3190	90	129 978	- b
—	1,30	4,31	11,40	—	—	—	—	4,80	1 479 154	in Kol. 172a	47 029	in Kol. 173	1 526 183	- c
—	1,26	3,38	25,84	—	6,72	4,38	2,88	4,73	116 966	63 101	4907	" " 173	184 974	61
—	—	3,53	—	—	—	—	—	5,57	366 997	in Kol. 172a	22 323	339	389 659	62
—	1,36	3,99	24,33	—	6,60	3,50	3,43	4,61	755 393	—	27 334*	in Kol. 173	782 727	63
—	2,01	3,87	10,75	8,07	5,20	4,00	2,36	4,25	505 618	333 842	28 350	766	868 576	64
—	1,53	2,00	11,13	—	3,93	i. K. 170c	i. K. 170c	4,03	110 080	42 740	10 101	i. Kol. 173b	162 921	65

1	Badische	28 720	56 073	32 121	in Kol. 179a	in Kol. 179b	667 492	694 622	in Kol. 179a	i. K. 179b.	—
2	Bayerische (u. 5 gpchl. Zwgb.)	i. K. 178a.	i. K. 179a.	—	in Kol. 179a	in Kol. 178a.	5 313 080	in Kol. 179a.		i. K. 179a.	—
3	Braunschweigische	4510	42 221	18 832	19 142	376 593	170 810	629 010		i. K. 179b	—
4	Hannoversche	56 447	79 202	27 129	352 587	756 532	781 919	799 131	118 948	193 900	21 881
5	Main-Neckar	i. K. 175b.	i. K. 176b.	6694	in Kol. 175b.	348 059*	in Kol. 175b.	in Kol. 17?b.	i. K. 17?b	i. K. 179b.	3130
6	Main-Weser	7422	47 876	17 617	45 542	351 340	126 266	253 529	26 862*	19 007*	—
7	Preuß. Niederschles.-Märk.	33 404	67 418	4064	242 329	713 500	450 976	1 664 615	7457	615 909	—
8	" Ostbahn	16 457	70 551	8559	229 227	556 885	476 455	311 031	14 892	2575	7135
9	" Saarbrücker (u. Trier)	1067	4609	641	3855	23 672	59 792	157 301	71 487	453 626	6003
10	" Westfälische	2658	14 506	1165	47 873	110 388	92 153	262 896	16 379	137 161	3921
11	Sächsische östliche										
	a. Sächsisch-Böhmische	11 667	—	—*	59 828	60 945	126 248	58 892	in Kol. 179a. mitenthalten.	in Kol. 179b. mitenthalten.	703
	b. Sächsisch-Schlesische	17 163	9352	—*	131 875	115 650	255 871	195 893			7325
	c. Tharandt-Freiberger	10	276	—*	185	1230	16 061	8838			68
12	Sächsische westliche										
	a. Niedererzgebirgische	12 503	11 566	—*	60 151	85 443	381 782	127 214			9702
	b. Obererzgebirgische	2834	532	—*	13 851	2569	152 557	8622			282
	c. Sächsisch-Bayerische	34 831	32 532	—*	210 819	240 791	826 627	295 804			2082
13	Württembergische	i. K. 178a.	i. K. 178b	43 886*	1 261 459	773 009	in Kol. 178a.	in Kol. 178b.	i. K. 178a	i. K. 178b.	—
	II. Privatbahnen										
	a) unter Staatsverwaltg.										
14	Aach.-Düss. Ruhrorter: a. Aach.-Düssel.	2301	14 336	6182	11 826	46 003	52 691	63 519	52 085	24 278	1204
	b. Ruhrort-Crf	2898	4641	2128	10 885	15 470	19 354	35 918	61 443	35 390	178
15	a. Bergisch-Märkische	25 539	15 726	12 468	251 002	108 805	687 892	152 478	651 900	106 635	3967
	b. Prinz-Wilhelm-E.	949	92	288	6312	672	31 297	1469	90 500	27 157	1308
16	Cöthen-Bernburger	807	--	92	4928	—	20 269	—	17 137	—	—
17	a. Löbau-Zittauer	2598	89	—	20 097	8006	38 782	12 421	i. K. 179a.	i. K. 179b.	2312
	b. Zittau-Reichenberger	1276	53	—	14 051	3854	34 453	5904	i. K. 179a.	i. K. 179b.	442
18	a. Oberschlesische	4302	9355	1404	57 797	192 757	459 658	857 505	656 839	574 136	13 815
	b. Breslau-Posen-Glogauer	3004	4394	785	35 892	67 508	84 498	430 058	—	132 358	6610
19	Stargard-Posener	970	6729	2065	4667	89 145	19 732	531 060	—	32 247	1842
20	Rhein-Nahe-E.	837	7541	1526	3312	29 149	18 013	149 656	280	97 412	4350
21	Wilhelms-Bahn	369	1461	973	8994	36 285	47 431	121 984	163 256	24 601	—
	b) in Privatverwaltung.										
22	Aachen-Mastrichter	3098	7066	161	3709	12 384	28 722	45 754	10 560	8615	—
23	Alberts-Bahn	354	212	365	2364	1612	6324	5006	113 613	—	1283
24	a. Altona-Kieler	15 506	2249	6956	126 242	28 328	85 242	8627	i. K. 179a.	i. K. 179b.	—
	b. Glückstadt-Elmshorner	1387	73	—	13 735	1307	6748	63	i. K. 179a.	i. K. 179b.	—
25	Aussig-Teplitzer	1527	i. K. 176a.	—	in Kol. 180a.	in Kol. 180a	in Kol. 180a.	in Kol. 180a.	178 972*	i. K. 180a.	—
26	Bayerische Ostbahnen	35 079	i. K. 176a	12 881	212 900	in Kol. 178a.	726 809	221 292*	i. K. 179a.	i. K. 179b	—
27	Berlin-Anhaltische	37 218	49 497	9356	188 409	400 027	236 224	256 882	90 081	22 704	—
28	a. Berlin-Hamburger	47 872	34 002	12 343*	477 833	470 383	167 575	332 982	9804	787	—
	b. Hamburg-Bergedorfer	—	i. K. 178b.	5148	—	89 719	—	in Kol. 178b.	—	i. K. 179b.	—
29	Berlin-Potsdam-Magdebrg.	20 174	36 374	7537	284 908	351 088	95 169	280 066	8995	27 822	—

182			183		184	185	186	187	188		

Ergebnisse.

(Forts.) A. Einnahmen.

Für Fahrzeuge aller Art			Für Thiere		Neben-Erträge (Lagergeld, Provisionen, Frachtzuschlag rc.)	Zusammen im Güter-Verkehre.	Aus sonstigen Quellen (Pacht, Miethe, Erlös für verkaufte Materialien rc.)	Summe aller Einnahmen.	Durchschnittlich		
a. für Equipagen.	b. für Eisenbahn-Fahrzeuge.	c. für sonstige Fahrzeuge (Möbelwagen, Schlitten rc.)	a. für Pferde.	b. für Rindvieh, Schweine und sonstige Thiere.					a. pro Meile Bahnlänge.	b. pro Nutzmeile.	
Thlr.	Thlr.	Thlr.	Thlr.	Thlr.	Thlr.	Thlr.	Thlr.	Thlr.	Thlr.	Thlr.	
2254	i. K. 176 u. 179.	i. K. 176 u. 179.	in Kol. 183.	34 371	15 887	1 531 740	173 104	3 182 933	59 740	9,44	1
6180	in Kol. 179a.	in Kol. 179a.		125 802	i. K. 179a.	5 445 071	183 302*	8 236 666*	52 193	11,78	2
1933	5896	—		40 956	17 686	1 327 597	13 362	1 876 012	70 474	11,38	3
17 490	—	—	46 979	90 802	66 262	3 409 209	157 255*	5 428 831*	47 600	10,18	4
906	in Kol. 179b.	in Kol. 179b.	in Kol. 183b.	7085	i. K. 179b	365 874	22 820	848 897	73 054	10,97	5
1737	2596	2143	7743	8150	22 909	940 799	14 995	1 634 256	61 461	12,03	6
6471	21 694	—	24 261	76 260	58 537	3 986 895	197 559	5 643 467	109 327	14,66	7
10 662	41 355	—	51 213	192 440	15 625	2 005 722	344 634	4 443 511	41 489	13,36	8
446	332	—	2162	4316	5498	794 807	182 325	1 183 386	61 571	9,07	9
333	4650	—	2624	11 664	4077	711 948	57 402	1 036 113	37 391	10,12	10
234	365	—	1166	10 615	32 554	363 217	36 092	566 386	65 327	12,33	11a
494	1405	—	1125	15 860	6865	755 878	22 936	1 129 301	83 343	12,06	„ b
4	—	—	5	116	319	25 041	27 391	68 875	56 643	12,16	„ c
496	851	—	716	10 423	4791	708 638	58 964	1 113 572	60 259	10,39	12a
51	—	—	27	451	1346	183 122	3113	249 492	41 035	9,21	„ b
1344	429	—	2819	12 022	25 108	1 685 211	86 548	2 276 965	95 430	12,13	„ c
2331	—	—	in Kol. 183b.	43 745	12 262	2 139 692	109 500	3 455 842	61 220	10,76	13
319	61	—	in Kol. 183.	18 216	13 167	309 188	32 047	591 870	51 782	9,96	14a
87	42	—		3797	73 375*	265 106	19 272	384 496	68 660	13,76	„ b
29	in Kol. 182c.	883		15 418	105 552	2 141 294	172 869	2 995 626	75 324	11,37	15a
—	4	in Kol. 182b.		362	1393	161 863	36 269	226 969	51 701	9,10	„ b
28	—	—	45	479	—	43 785	9809	75 095	18 774	8,94	16
29	—	—	100	1009	765	86 208	6291	136 739	30 323	9,38	17a
9	—	—	109	674	606	61 431	8202	98 004	27 607	8,34	„ b
2451	7758	—	7820	15 361	31 348	2 922 306	407 052	3 824 588	115 233	16,69	18a
1210	1244	—	4003	10 546	8476	810 286	111 668	1 219 807	43 768	11,98	„ b
902	687	—	3885	14 594	3842	712 367	76 430	984 645	43 511	13,06	19
509	3087	—	2027	8991	2040	329 029	47 667	568 072	35 460	8,33	20
273	4254	—	1182	5530	1873	418 469	101 509	603 683	25 732	10,66	21
74	108	—	in Kol. 183b.	16 014	10 111	146 426	33 774*	283 836	22 890	8,70	22
3	—	—	6	116	18 786	150 044	17 685	221 511	13 349	6,09	23
710	—	—	in Kol. 183b.	37 320	21 611	332 791	11 094*	602 295	42 777	14,03	24a
65	—	—	„ „ 183b.	766	156	24 302	4019	62 229	13 829	9,13	„ b
i. K. 186a.	—	—	„ „ 186a.	—	3207	184 006	971	240 086	99 209	23,37	25
1256	—	—	„ „ 183b.	38 516	6701	1 255 424	196 868*	2 157 019	35 831	7,03	26
1857	2028	637	9903	10 020	11 802	1 386 645	52 143	2 342 283	49 415	14,07	27
2024	—*	—*	in Kol. 183b.	104 049	19 539	1 678 693	80 312	2 551 171	64 326	12,79	28a
207	—	—	„ „ 183b.	8365	—	113 438	67 757*	265 135	126 859	—	„ b
1839	—	—	9597	15 757	—	1 139 326	99 653	2 060 201	104 367	15,63	29

(Fortf.) **III. Finanz=**

(Fortf.) **A. Einnahmen.**

	II Privatbahnen. (Fortf.)	176 Für Eilgüter a. im Binnen- Verkehre. Thlr.	176 b. im direkten Verkehre. Thlr.	177 Für Postgüter. Thlr.	178 Für Frachtgüter der Normal-Klasse (und sperrige) a. im Binnen- Verkehre. Thlr.	178 b. im direkten Verkehre. Thlr.	179 Für Frachtgüter der ermäßigten Klasse (excl. Kohlen ꝛc.) a. im Binnen- Verkehre. Thlr.	179 b. im direkten Verkehre. Thlr.	180 Für Kohlen u. Coaks a. im Binnen- Verkehre. Thlr.	180 b. im direkten Verkehre. Thlr.	181 Für Betriebsdienst- und Baugüter (insofern h… Fracht bere… art werden) Thlr.
30	Berlin-Stettiner										
	a. Berl.-Stettin-Stargard	18 006	7380	8404	71 479	41 858	233 571	215 552	2713	1253	—
	b. Starg.-Cöslin-Colberg .	797	2202	2065	4499	18 771	41 931	58 795	1086	522	—
31	Böhmische Westbahn .	3268	—	—	39 299	—	202 065	—	132 434	—	—
32	Breslau-Schweidnitz-Freib.	4889	1881	838	52 417	37 966	190 040	39 528	339 386	108 434	—
33	Brünn-Rossitzer	—	—	—	1075	913	8075	11 667	123 129	48 298	—
34	Buschtěhrader a. Lokom.-B.	265	87	-	4526	4170	527	—	117 530	205 523	1147
	Buschtěhrader b. Pferde-B.	—	—	—	7552	—	4494	—	91 244	—	2470
35	Frankfurt-Hanauer . . .	1250	3267	2356	8028	26 009	16 101	43 247	—	i. K. 178b.	—
36	Galizische Carl-Ludw.-Bahn	6315	16 204	—	63 193	105 623	569 451*	974 207*	2057	538	—
37	Graz-Köflacher	418	—	—	24 338	—	30 566	—	146 701	—	—
38	Hessische Ludwigs-E. . .	5049	24 006	6991	14 370	113 424	26 021	131 810	91 067	196 161	—
39	Homburger	785	—	251	10 063	—	in Kol. 178 a.	—	i. K. 178a.	—	—
40	Kaiser Ferdinands Nordb.	36 480	70 677	7000*	364 633	1 006 647	1 217 048	2 253 417	1 698 113	323 305	—
41	Kaiserin Elisabeth a. Lokom.-Bahn	27 796	16 195	—	in Kol. 179a.	in Kol. 179b.	701 636	1 026 386	65 489	—	i. K. 179
	Kaiserin Elisabeth b. Pferde-Bahn	551	—	—	in Kol. 179a.	—	338 084	—	—	—	—
42	Köln-Mindener (u. Gießener)	32 438	107 406	7879	345 803	581 359	910 979	873 568	1 280 231	608 069	57 678
43	Kurf. Friedr. Wilh. Nordb.	2216	25 003	13 197	87 214	544 458	in Kol. 178a	in Kol. 178b.	i. K. 178a	i. K. 178b.	—
44	Leipzig-Dresdener . . .	31 301	28 059	18 121	150 819	321 923	298 879	374 925	i. K. 179a.	i. K. 179b.	—
45	Ludwigs-E. (Nürnb.-Fürth)	—	592	—	—	4363	—	2805	—	486	—
46	Lübeck-Büchener	i. K. 178a	i. K. 178b.	682	4463	119 038	in Kol. 178a.	in Kol. 178b	—	—	—
47	Magdb.-Cöth.-Halle-Leipz. .	19 345	37 164	4576	122 700	295 417	261 349	255 605	133 445	15 308	—
48	Magdeburg-Halberstädter .	6789	17 525	3266	127 638	230 301	55 618	158 963	21 962	40 645	—
49	Magdeburg-Wittenbergesche	5105	15 593	1251	50 991	98 560	35 989	34 499	10 488	182	—
50	Mecklenburgische	i. K. 178a.	i. K. 178b	1196	85 144	125 641	in Kol. 178a.	in Kol. 178b.	i. K. 178a.	i. K. 178b.	—
51	Mohacs-Fünfkirchener . .	359	—	—	4278	—	15 499	—	384 809	—	—
52	Neisse-Brieger	52	794	370	640	5490	13 867	28 874	67	26 247	—
53	Niederländische Rhein-E. .	103 649	19 310	15 131	151 934	23 580	in Kol. 178a	79 214	—	70 244	5266
54	Niederschlesische Zweigbahn	845	3505	115	7180	30 824	28 826	82 817	i. K. 179a.	i. K. 179b.	—
55	a. Oesterreich. nördliche .	37 351	91 071	—	604 779	2 271 545	in Kol. 178a.	in Kol. 178b.	i. K. 180b.	582 848	24 435
	b. Oesterreich. südöstliche .	22 654	77 869	—	643 091	1 919 564			i. K. 180b.	220 234	38 520
	c. Wien-Neu-Szönyer . .	21 035	3161	—	462 981	293 859			11 373	i. K. 180a.	1346
56	Oppeln-Tarnowitzer . . .	43	452	121	2845	8532	48 664	24 483	11 024	19 121	2702
57	a. Pfälzische Ludwigsbahn	i. K. 176b.	11 390	—	42 760	in Kol. 178a.	326 678	in Kol. 179a.	523 724	i. K. 180a.	—
	b. Pfälzische Maximiliansb.	2171	i. K. 176a.	—	9924	" " 178a.	79 196	" " 179a.	83 156	i. K. 180a.	—
58	Rendsburg-Neumünstersche	216	2327	1624	1101	13 041	3337	9311	—	—	—
59	Rheinische	21 035	57 786	43 949	41 524	183 483	325 678	532 412	67 826	74 757	1662
60	a. Südbahn, Oesterreich. .	149 756	25 858	—	3 651 085	216 137	4 180 760	245 816	i. K. 179a.	i. K. 179b.	—
	b. Nordtiroler	3092	i. K. 176a.	—	60 035	in Kol. 178a.	44 117	in Kol. 179a.	6094	—	—
	c. Venetianische u. Südtirol.	92 180	i. K. 176a.	—	632 155	" " 178a.	585 200	" " 179a.	i. K. 179a.	i. K. 179a.	31 678
61	Süd-Norddeutsche . . .	3521	6198	—	50 505	131 720	127 987	100 105	65 410	5797	—
62	Taunus-Bahn	i. K. 176b.	i. K. 176b.	3169	in Kol. 178b.	105 877	in Kol. 179b.	in Kol. 178b.	i. K. 180b.	14 362	—
63	Theiß-Bahn	4065	22 483	—	26 144	171 573	177 637	505 020	4583	4000	—
64	Thüringische	25 834	56 641	3562	119 824	400 902	322 706	432 450	62 493	64 017	—
65	Werra-E.	3996	9898	309	72 366	235 004	in Kol. 178a.	in Kol. 178b.	i. K. 178a	i. K. 178b.	—

2853	1507	—	5708	39 707	42 229	692 220	24 356	1 268 406	56 399	14,81
461	—	—	2131	9678	2678	146 816	13 254	314 663	13 801	5,53
957	—	—	439	4341	4606	387 409	14 226	588 371	34 188	11,17
530	—	293	581	5344	3728	785 855	72 186	1 193 244	52 129	10,37
5	—	—	2	197	2548	195 909	2593	213 516	60 486	39,30
—	—	11	2	313	11 358	345 459	8584	366 740	95 505	32,47
—	—	—	—	—	169	105 929	—	115 930	15 457	—
87	in Rel. 17?b.	—	in Rel. 153b.	7203	646	108 194	9103*	258 021	47 257	9,41
… Rel. 179.	„ „ 179.	in Rel. 179.	„ „ 179.	in Rel. 179.	22 748	1 760 336	9171	2 426 942	51 957	16,41
34	—	4	26	57	1960	201 104	1325	249 825	47 048	14,00
657	—	—	in Rel. 153b.	17 312	7471	635 239	48 589	1 104 598	64 067	10,05
„ „ 174a.	—	—	—	in Rel. 174a.	54	11 153	2592	127 654	51 062	8,76
18 553	86 895	—	29 054	653 103	147 574	7 912 499	458 515*	10 707 206	133 273	21,10
3882	—	in Rel. 152a.	15 072	77 069	51 461	1 984 986	102 952	3 573 112	62 798	14,07
—	—	—	—	—	5198	343 833	2386	362 773	20 885	—
2613	16 387	947	8236*	96 404	26 803	4 936 800	724 725*	7 311 189	106 128	12,46
2499	in Rel. 152a.	in Rel. 152a.	2665	5394	4637	687 283	5948	951 221	48 017	10,24
930	687	45	4684	22 127	35 409	1 287 909	117 463*	2 088 474	126 344	15,15
—	—	—	—	116	—	8362	2330	59 252	74 065	6,35
142	—	—	in Rel. 153b.	1799	5526	131 650	11 009	219 877	34 901	12,05
1932	192	—	8187	30 296	61 757	1 247 273	102 683	1 786 497	92 278	15,41
727	—	—	3814	11 392	—	678 640	28 815	904 271	102 502	15,35
176	—	—		12 488	14 641	279 963	15 511	426 915	29 896	11,01
779	—	—	in Rel. 153.	15 171	446	228 377	15 015	471 614	24 474	7,91
125	—	—		198	—	405 268	794	437 430	54 137	26,79
126	—	—	442	703	1805	79 477	17 525	138 312	22 381	13,56
1639	—	—	3416	19 752	42 919	536 054	74 724	1 499 020	64 501	11,23
100	—	—	369	3580	1562	159 723	7294	236 921	24 939	9,10
10 700	—	—	19 106	152 688		3 884 523	62 669	5 673 242	91 726	18,31
8235	—	—	17 113	768 889	L. R. 173—193.	3 736 175	16 988	5 643 827	61 681	17,51
585	—	—	5213	51 895		851 448	15 422	1 115 640	53 688	22,12
81	—	—	947	764	4593	123 772	18 921	163 478	16 154	10,60
242	—	—		8900	3650	917 344	114 298	1 304 609	65 230	8,0
16	—	—	in Rel. 153.	1264	1139	176 866	46 775	283 598	44 872	7,11
151	—	—		6806	—	39 914	546	85 443	18 494	8,03
2354	5686	—	7584	26 926	25 561	1 418 610	94 603	3 069 071	78 473	11,17
24 559	in Rel. 192a.	in Rel. 191a.	32 706	63 767	L. R. 173—193.	8 590 044	100 049	12 036 287	88 727	16,06
638	—	—	194	2042	2206	218 418	8634	237 030	26 886	13,65
4486	—	—	8513	14 530	L. R. 173—193.	1 368 742	—	2 894 925	42 151	12,39
295	—	—	612	6584	7491	506 225	29 510	720 709	27 529	9,73
257	in Rel. 182a.	in Rel. 182a.	in Rel. 153b.	4879	1790	130 334	9491*	529 484	90 665	16,56
„ in. 173.	—	3446	6085	182 311	19 135	1 126 482	27 358	1 936 567	25 049	15,19
2005	843	40	6233	32 042	11 158	1 540 840	207 307	2 616 723	70 228	12,15
1030	—	—	in Rel. 153b.	15 195	2485	340 283	34 894	538 098	23 767	9,96

(Forts.) **III. Finanz-**

B. Ausgaben. 1) Für die

		189	190	191	192	193	194	195	196	197	198	199
	I. Staatsbahnen.	Besoldung der Bahnbeamten incl. Dienstkleidung ꝛc.	Unterhaltung des Bahndamms, der Schienen u. Schwellen.	Unterhaltung der Brücken u. Durchlässe.	Unterhaltung der Gebäude.	Unterhaltung der Telegraphen.	Unterhaltung der übrigen Anlagen.	Unterhaltung des Inventars und der Geräthe.	Heizung der Wärterlokale.	Grundsteuer, Feuerversicherung ꝛc.	Reinigen der Bahn vom Schnee.	Bürraubedürfnisse, Drucksachen und Formulare.
		Thlr	Thlr	Thlr	Thlr	Thlr.	Thlr	Thlr.	Thlr.	Thlr	Thlr	Thlr.
1	Badische	139 729	264 959	9922	21 017	—	8362	12 515	6344	1067	260	1686
2	Bayerische (u. 5 gepcht. Zwgb.)	305 471	631 925	25 993	103 504*	7275	35 071	15 424	6112	—	69 280*	in Kol. 217
3	Braunschweigische	130 869	213 791	in Kol. 190	41 531*	1926	7231	3677	4217	853	909	3800
4	Hannoversche	275 626	309 417	„ „ 190	44 671	11 069	in Kol. 193	10 061*	13 758*	2153	138	4378
5	Main-Neckar	40 153	108 567	438	14 854	622	100	607	1568	1771	—	721
6	Main-Weser	80 248*	142 713*	679	10 127	679	4238	3676	4124*	1607	804	325
7	Preuß. Niederschles.-Märk.	281 291	132 708	6612	40 163	7469	30 456	15 446	54 372*	2482	9946	2941
8	„ Ostbahn	277 764	296 570	13 604	38 388	8793	74 456	15 516	10 006	1288	21 706	2569
9	„ Saarbrücker (u. Trier)	71 271	136 724	704	8569	3923	22 244	4570	1328	69	30	511
10	„ Westfälische	96 213	117 151*	2130	5806	4403	14 285	2044	1550	365	35	839
11	Sächsische östliche											
	a. Sächsisch-Böhmische	31 472	56 996	4152	4418	574	4161	1167	—	407	51*	156
	b. Sächsisch-Schlesische	37 932	56 281	378	5765	991	1528	1206	—	557	426*	238
	c. Tharandt-Freiberger	[illegible]	[illegible]		[illegible]	[illegible]	[illegible]	[illegible]	—	—	[illegible]*	[illegible]*
12	Sächsische westliche											
	a. Niedererzgebirgische	47 230	31 609	3765	9766	1128	8521	1440	—	1824	1329*	519
	b. Obererzgebirgische	10 860	8057	939	2626	310	2111	415	—	551	—	159
	c. Sächsisch-Bayerische	68 501	114 846	12 645	19 207	1432	11 831	3014	—	1795	1910*	467
13	Württembergische	115 900	247 368	9928	33 696	—*	25 701	3145	in Kol. 211	1923	1164	337
	II. Privatbahnen											
	a) unter Staatsverwaltg.											
14	Aach.-Düss.-Ruhrorter a. Aach.-Düsseld.	39 990	16 900	405	1531	1764	1491	1359	1315	1588	—	783
	Aach.-Düss.-Ruhrorter b. Ruhrort-Crf.	24 185	8622	245	980	1314	1553	715	779	1053	—	459
15	a. Bergisch-Märkische	189 340	108 006	2634	41 989	29 415	63 793	7906	1831	11 812	47	2252
	b. Prinz-Wilhelm-E.	19 525	10 343	440	2980	2103	3844	1143	5	165	—	81
16	Cöthen-Bernburger	5791	4477	85	656	276	98	186	341	290	—	—
17	a. Löbau-Zittauer	10 446	15 502	258	3069	445	885	331	—	1074	146*	60
	b. Zittau-Reichenberger	9361	4331	541	822	183	732	170	—	3656	145*	63
18	a. Oberschlesische	119 904	59 525	12 946	23 572	12 825	23 834	0773	2633	6714	8723	1151
	b. Breslau-Posen-Glogauer	70 499	32 701	2153	11 751	6817	10 344	2397	833	5449	2970	673
19	Stargard-Posener	47 095	20 780	606	8321	2583	7551	1568	3489	2088	1556	390
20	Rhein-Nahe-E.	55 904	42 004	15 793	3722	2917	9856	2348	2499	911	73	423
21	Wilhelms-Bahn	38 888	23 867	1154	3455	1029	4536	1451	—	1015	943	223
	b) in Privatverwaltung.											
22	Aachen-Mastrichter	26 574	25 822	1800	4028	858	5650	611	75	1388	—	101
23	Alberts-Bahn	11 690	19 363	653	1430	630	1239	1056	323	1289	101	770
24	a. Altona-Kieler	42 249	15 833	4319	8865	1596	14 540	1811	324	2853	91	81
	b. Glückstadt-Elmshorner	8800	8463	108	3626	590	2204	584	55	445	12	26
25	Aussig-Teplitzer	2705	16 070	—	2103	39	2028	544	in Kol. 210	1400*	—	43
26	Bayerische Ostbahnen	150 215	44 391	902	2788	78	224	501	11 199*	in Kol. 200	792	1518
27	Berlin-Anhaltische	161 238	60 739	11 088	16 346	8654	1230	6082	1660	8115	1453	1957
28	a. Berlin-Hamburger	115 922	124 568	15 825	84 518	13 210	5573	6555	10 302	8476	6109	516
	b. Hamburg-Bergedorfer	—	—	—		—	—	—	—	—	—	—
29	Berlin-Potsdam-Magdebg.	02 735	93 060	13 281	19 475	6990	12 697	1466	1637	771	—	—

200	201	202	203	204	205	206	207	208	209	210	211	
Ergebnisse.												
Bahn-Verwaltung.			2) Für die Transport-Verwaltung.									
				Kosten der Transportkräfte:								
Sonstige Ausgaben. Thlr.	Zusammen. Thlr.	Durchschnittlich pro Meile Bahnlänge. Thlr.	Besoldung der Betriebs-Beamten incl. Dienstkleidung rc. Thlr.	Feuerung der Lokomotiven. Thlr.	Schmieren der Maschinen und Tender. Thlr.	Putzen der Maschinen und Tender. Thlr.	Schmieren der Wagen. Thlr.	Reinigen der Wagen. Thlr.	Beleuchtung der Züge. Thlr.	Güterverladung. Thlr.	Sonstige Kosten. Thlr.	
15 310	481 171	9031	303 409	91 954	9340	11 745	6056	6461	3556	45 043	16 964	1
19 025*	1 219 080	7725	671 927	505 645	in Kol. 206	76 251	in Kol. 208	22 706	10 341	150 353	1310	2
10 177	419 014	15 741	91 166	121 828	18 752	in Kol. 205	5134	1472	11 899*	—	—	3
499	672 070	5892	355 750	224 794	79 877	„ 205	12 718	1274	3328	153 444*	22 657*	4
1102	170 503	14 073	73 217	24 819	7524	5783	2036	2181	1363	13 234	3649	5
—	249 220	9373	115 613	52 266	7729	11 418	2659	1869	954	27 929*	30 318*	6
3640	587 526	11 381	337 704	173 629	17 411	30 949	22 494	7253	12 858	139 447	93 257	7
30 325	791 015	7386	259 969	155 066	12 320	29 594	9087	4649	7658	19 299	52 278	8
17 726	267 749	13 931	108 225	54 052	16 148	16 501	9444	2002	1662	7487	9383	9
17 695	262 606	9690	87 983	35 952	5570	14 524	1611	12 498	1808	9072	458	10
1967	105 521	12 171	80 824	22 540	1059	258	3070	100	1678	19 694	3712	11a
2123	107 425	7928	111 927	42 153	2297	710	7816	390	2501	17 658	4818	—b
157	8010	5990	16 191	3176	419	103	411	31	735	542	302	—c
1885	109 016	5599	127 948	30 200	2782	804	3013	137	2536	11 896	5331	12a
2216	34 274	5637	42 658	7337	969	280	727	33	1117	2934	476	—b
4289	239 967	10 057	203 715	54 419	5920	1711	6739	307	3353	22 953	16 037	—c
870	440 032	7795	239 853	195 709	21 923	25 184	7121	3414	1205	112 152	46 447	13
1450	68 582	6000	64 930	12 204	3486	2030	1660	225	1184	14 947	5050	14a
784	40 669	7262	43 239	8090	2215	1182	967	131	680	7038*	3266	—b
21 246	480 271	12 076	283 547	59 446	24 184*	32 126	22 187*	540*	4983	44 958	2236	15a
854	41 783	9518	19 033	8318	1908*	2464	1543*	13*	342	1052	112	—b
466	12 666	3166	6379	4903	550	657	431	—	76	2279	684	16
337	32 553	7218	24 067	8034	610	146	919	51	619	1846	1834	17a
322	20 236	5726	26 093	5669	451	103	648	36	505	3063	912	—b
34 164	312 764	9423	192 051	88 239	6686	23 260	7212	3331	7426	27 769	42 678	18a
20 844	167 431	6007	74 109	33 403	2531	6805	2296	1228	2611	10 512	16 155	—b
5837	101 864	4501	52 820	30 558	3659	7333	1328	1046	2175	3459	12 628	19
8045	144 525	9022	50 820	29 498	5533	7713	5845	1060	947	5337	3079	20
4816	81 377	3469	27 351	9046	2881	1096	5793	21	893	1373	—	21
1061	67 998	5483	25 438	16 067	3334	4987	2065	1124	664	2933	6025	22
—	38 576	7549	14 434	5835	583*	1448	1982*	in Kol. 207	1206*	8890	7838	23
7215	99 807	7088	62 029	17 776	1350	im Kol. 205	1843	„ „ 207	564	28 469	552	24a
2179*	27 092	6020	6928	2990	227		191	—	62	1396	93	—b
—	24 932	10 302	28 648	4104	1711		in Kol. 205	in Kol. 205	343	—	962	25
366	215 774	3583	209 212	97 213	6627	6883	6528	„ „ 210	in Kol. 210	19 055	4233	26
1711	280 273	5912	170 798	93 212	20 973	in Kol. 205	13 377	„ „ 207	18 645*	96 489	4246	27
—	391 574	9873	146 394	106 111	10 652	14 236	8894	7249	31 435	162 014*	19 940	28a
—	30 014	14 361	—	—	—	—	—	—	—	—	—	—b
31 682	273 794	13 570	118 026	71 021	5156	7203	6331	696	3070	36 826	4444	29

II. Privatbahnen. (Forts.)	189	190	191	192	193	194	195	196	197	198	199
	B. Ausgaben.									1) Für die	
	Besoldung der Bahnbeamten incl. Dienstkleidung &c.	Unterhaltung des Bahndamms, der Schienen u. Schwellen.	Unterhaltung der Brücken u. Durchlässe.	Unterhaltung der Gebäude.	Unterhaltung der Telegraphen.	Unterhaltung der übrigen Anlagen.	Unterhaltung des Inventars und der Geräthe.	Heizung der Wärterlokale.	Grundsteuer, Feuerversicherung &c.	Reinigen der Bahn vom Schnee.	Büreaubedürfnisse, Drucksachen und Formulare.
	Thlr.	Thlr.	Thlr.	Thlr.	Thlr.	Thlr.	Thlr.	Thlr.	Thlr.	Thlr.	Thlr.
30 Berlin-Stettiner											
a. Berl.-Stettin-Stargard	71 194	105 398	28 803	16 183	5740	in Kol. 193	3108	9596	6101	391	871
b. Starg.-Cöslin-Colberg	43 363	54 123	363	10 165	1705	" " 193	1781	5849	1161	1933	383
31 Böhmische Westbahn	48 336	40 252	65	926	576	231	1583	in Kol. 211	3000	1911	469
32 Breslau-Schweidnitz-Freib.	61 055	50 870	2837	10 298	2755	13 077	2482	1213	4279	942	115
33 Brünn-Rossitzer	16 721	15 331	1343	2315	—	1380	863	—	—	83	188
34 Buschtěhrader a. Lokom.-B.	8404	25 330	1928	5094	92	1122	2062	547	512	153	50
34 Buschtěhrader b. Pferde-B.	4676	9996	934	3092	16	621	1039	55	431	336	20
35 Frankfurt-Hanauer	1124	10 451	in Kol. 190	1438	in Kol. 190	in Kol. 190	in Kol. 190	in Kol. 211	1243	in Kol. 190	in Kol. 217
36 Galizische Carl-Ludw.-Bahn	164 266	175 515	15 248	17 850	" " 195	12 289	8168	26 345*	3500	42 860	6412
37 Graz-Köflacher	10 794	15 006	851	1998	247	—	924	1767	333*	802	561
38 Hessische Ludwigs-E.	56 034	10 891	in Kol. 190	3645	in Kol. 194	2799	819	2622*	8111	—	167
39 Homburger	6027	3700	1000	316	18	—	81	47	1579	—	14
40 Kaiser Ferdinands Nordb.	423 733*	648 433	147 181	121 966	16 402*	3699	48 756	8068	8000	24 721	40 648*
41 Kaiserin Elisabeth a. Lokom.-Bahn	177 286*	131 236	5049	31 820	14 966*	5112	in Kol. 200	in Kol. 200	in Kol. 233	4717	8703
b. Pferde-Bahn	16 656	28 890	3799	5888	—	550	—	—	[illegible]	1691*	666
42 Köln-Mindener (u. Gießener)	352 829	414 611*	4222	11 515	20 512	40 314	9557	6288	2748	519	3422
43 Kurf. Friedr. Wilh. Nordb.	68 085	58 833	1946	8200	1530	9880	3967	4374	911	2137	1515
44 Leipzig-Dresdener	53 737	131 001	35 765	69 820	in Kol. 194	6674	17 184	936	31 215*	856	11 918
45 Ludwigs-E. (Nürnb.-Fürth)	1260	8229*	—	2550	—	—	—	in Kol. 211	670	in Kol. 190	in Kol. 221
46 Lübeck-Büchener	9771	13 244	1642	5116	751	—	721	612	403	—	60
47 Magdb.-Cöth.-Halle-Leipz.	70 680	61 540	in Kol. 190	15 536	5536	—	2519	6311	6156	—	in Kol. 200
48 Magdeburg-Halberstädter	47 645	29 242	264	10 234	4667	8821	637	603	170	—	—
49 Magdeburg-Wittenbergesche	47 730*	7076	3544	4160	1565	5472	1200	810	6037	—	—
50 Mecklenburgische	35 304	23 316	2331	7276	1590	5760	1505	874	943	172	251
51 Mohacs-Fünfkirchener	19 375	19 736	278	3063	201	504	3157	1622	1235	90	—
52 Neisse-Brieger	10 386	3768	in Kol. 190	823	390	367	507	193	106	47	104
53 Niederländische Rhein-E.	7835	81 360	3099	8334	2285	30 128	i. K. 190—192	—	1321	—	i. K. 190—192
54 Niederschlesische Zweigbahn	15 882	9264	1012	3277	1363	671	842	282	318	457	2
55 a. Oesterreich. nördliche	128 962	228 350	16 116	30 128	7295	14 351	23 555*	—*	13 874*	611	4462
b. Oesterreich. südöstliche	179 928	223 192	17 668	40 314	7436	14 074	26 506*	—*	—	10 254	7388
c. Wien-Neu-Szönyer	37 632	72 102	1714	9358	1832	5928	2992*	—*	—	2222	1330
56 Oppeln-Tarnowitzer	14 512	7051	1227	2214	192	—	587	206	in Kol. 192	452	97
57 a. Pfälzische Ludwigsbahn	64 569	59 972	—	8766	282	563	775	—	5105	—	—
b. Pfälzische Maximiliansb.	17 126	10 079	—	1421	22	198	575	—	1403	—	—
58 Rendsburg-Neumünstersche	8300	2721	47	168	307	751	207	62	404	11	12
59 Rheinische	105 223	86 686	3492	8329	19 982	20 913	6625	1561	3938	—	853
60 a. Südbahn, Oesterreich.	375 626	459 604	13 669	54 020	in Kol. 211	in Kol. 211	9162	—	—	22 065	11 074
b. Nordtiroler	23 198	7131	3501	4142	136	1121	625	—	—	710	464
c. Venetianische u. Südtirol.	221 723	45 902	18 452	in Kol. 191	3680	—	8817	—	—	—	3652
61 Süd-Norddeutsche	45 554	48 639	5118	12 532	3659	12 379	1252	231	3827	3378	217
62 Taunus-Bahn	15 298	7533	77	8658	449	1610	614	558*	2269	511	127
63 Theiß-Bahn	166 016	117 742	6884	26 250	5674	3834	16 282	9152	8948	9004	3992
64 Thüringische	112 835	190 738*	3033	10 324	1917	11 526	6835	2326	4218	1631	1307
65 Werra-E.	56 480	29 132	264	1304	763	970	1545	1259	1585	281	358

Ergebnisse.

200	201	202	203	204	205	206	207	208	209	210	211	
Bahn-Verwaltung.			2) Für die Transport-Verwaltung.									
				Kosten der Transportkräfte:								
Sonstige Ausgaben.	Zusammen.	Durchschnittlich pro Meile Bahnlänge.	Besoldung der Betriebs-Beamten incl. Dienstkleidung ꝛc.	Feuerung der Lokomotiven.	Schmieren der Maschinen und Tender.	Putzen der Maschinen und Tender.	Schmieren der Wagen.	Reinigen der Wagen.	Beleuchtung der Züge.	Güterverladung.	Sonstige Kosten.	
Thlr.	Thlr.	Thlr.	Thlr.	Thlr.	Thlr.	Thlr.	Thlr.	Thlr.	Thlr.	Thlr.	Thlr.	
9778	257 463	11 448	73 766	58 689*	7340	2395	4399	250	in Kol. 214	57 645*	5332	30 a
3385	123 314	5409	29 170	23 210*	2902	947	1740	99	—	22 115*	2783	- b
209	97 888	5658	38 651	26 419	9886	in Kol. 205	in Kol. 205	in Kol. 205	2288	7825	1735	31
3283	153 206	6693	44 706	49 914	11 326	7177	12 151	7710	1426	6672	—	32
1686	39 940	11 314	12 159	6381	653*	207*	436*	123*	69	7552	—	33
2471	47 765	12 439	10 739	9316	2497	—	1400	—	1833	5157	4401	34 a
1020	22 272	2969	10 721	—	—	—	793	—	48	2637	25 591*	- b
—	14 256	2611	47 472	14 937	2370	in Kol. 205	in Kol. 205	in Kol. 205	in Kol. 214	—	—	35
20 980	493 465	10 564	149 734	115 769	18 684	10 737	30 994	13 720	i. K. 205 u. 207	16 376	16 527	36
1809	35 152	6620	14 396	4781	1876	i. Kol. 212a	339	i. Kol. 212b	125	11 938	181	37
15 379	100 467	4918	133 431	53 815*	26 756	„ „ 205	in Kol. 205	„ „ 205	in Kol. 205	43 468	1900	38
3594*	16 376	6550	8570	7568	1288	672	149	366	307	1676	856	39
51 734	1 546 321	19 247	581 003	353 439	101 544	35 072	in Kol. 205	87 245*	14 752	235 701	103 113*	40
35 963	414 852	7286	391 246	261 524	36 656	in Kol. 205	11 723	in Kol. 207	4651	78 426	12 938*	41a
—	58 140	3347	50 441*	—	—	—	890	—	—	13 429	125 702*	- b
306 609*	1 173 206*	17 030	508 776	162 208	41 642	58 798	22 414	12 952	13 715	117 020	78 813	42
149	161 827	8165	63 874	34 452	11 826	in Kol. 205	3280	in Kol. 207	1600	8689	10 118	43
1013	360 149*	21 787	256 776	58 044	26 692		in Kol. 205	„ „ 205	11 457*	in Kol. 20[illegible]	—	44
317	13 026	16 282	5453	3060	1010		680	„ „ 218	185	—	—	45
765	33 088	5252	20 878	13 777	588	297	204	10	—	17 061	10	46
9762	178 070	9198	82 738	53 237	6178	7639	8055	39 694	4881	55 571	3169	47
13 344	115 627	11 020	68 943	45 508	2969	3472	5293	130	1670	16 107	2572	48
7387	84 981	5951	26 825	20 489	1845	2454	2525	1016	868	7251	3301	49
1445	80 767	4191	40 932	19 176	2258	675	533	35	740	2406	363	50
13 888*	63 155	7816	18 218	17 554	3787*	in Kol. 205	4823*	in Kol. 207	268	16 159	24	51
466	17 157	2943*	7637	3724	407	854	1215		265	1051	493	52
in Kol. 190	137 365	5911	114 630	46 680	8153	in Kol. 205	3903		828	90 735*	32 000	53
1249*	34 619	3641	15 835	14 143	1712	1390	331	318	267	5219*	671	54
17 220*	490 447	7927	498 892	133 651*	21 868*	in Kol. 205	21 405	12 872	15 390	73 665	11 196	55 a
18 460*	545 420	5961	508 734	252 830*	25 413*		23 897	9441	16 263	116 734	18 332	- b
2343*	137 453	6615	111 174	66 200*	3388*		2502	3035	2208	52 980	4810	- c
1095	28 533	2819	12 676	5398	570	715	655	21	130	4152	1612	56
8287	143 319	7166	85 607	35 928	5891	8095	6747	2754	1043	6583	13 328	57 a
1013	31 837	5038	27 775	9680	2586	1657	743	832	264	1646	6317	- b
5663*	18 673	4042	5251	4022	271	111	89	156	80	797	483	58
867	258 469	6609	267 677	74 628*	24 303	25 908	29 092*	3342	3491	61 738	62 030*	59
—	945 520	6958	1 059 792	781 982	101 559	40 000	52 548	24 893	24 937	214 818	71 712*	60 a
22	41 050	4294	38 763	22 710	2123	in Kol. 205 enthalten	673	in Kol. 207	590	8560	—	- b
10 194	312 420	4548	345 236	147 832	20 144		2695	„ „ 207	16 705	66 441	47 382	- c
351	137 137	5238	93 469	29 797	8869		in Kol. 205	„ „ 205	3435	8802	—	61
28	87 732	6461	45 156	43 018*	4250		3501	„ „ 207	861	11 981	16 175	62
1442	375 520	4857	65 922	224 392	97 920		in Kol. 205	„ „ 205	4126	33 826	5136	63
5142	351 832	9443	123 339	109 760	9340	14 677	2237	4184	4339	70 315*	24 224	64
1983	95 924	4237	34 486	83 578	2413	5338	601	232	1563	12 539*	11 998	65

	212				213	214	215	216	217	218
	(Forts.) III. Finanz-									
	(Forts.) B. Ausgaben. 2) Für die Transport-Verwaltung.									
	Reparaturkosten:				Ergänzung der Transportmittel (d. h. soweit dies aus den lfdn. Betriebs-Einnahmen und nicht aus dem Reserve- u. Baufonds geschehen ist).	Heizung und Reinigung der Betriebs-Lokale.	Wagenmiethe (und Konventionalstrafen).	Entschädigungen im Güterverkehr.	Drucksachen und Büreaubedürfnisse.	Sonstige Ausgaben.
I. Staatsbahnen.	a. der Lokomotiven und Tender.	b. der Personenwagen.	c. der Lastwagen.	d. der sonstigen Transportmittel.						
	Thlr.	Thlr.	Thlr.	Thlr.	Thlr.	Thlr.	Thlr.	Thlr.	Thlr.	Thlr.
1 Badische	77 493	i. K. 212c.	139 934	i. K. 212c.	—	22 098	23 072	7165*	21 105	10 436
2 Bayerische (u. 5 gepcht. Zwgb.)	251 023	i. K. 212c.	385 686	3815	5427	119 591*	241 902	29 780	27 023	37 475
3 Braunschweigische	84 989	25 477	30 964	—	13 868	—	i. K. 218.	1184	7600	41 604
4 Hannoversche	284 060	79 921	325 120	—	74 762	26 898	18 788	9760	21 085	9137
5 Main-Neckar	152	40	40	—	121 730	5128	—*	2675*	6335	1807
6 Main-Weser	77 979*	14 721	25 619	—	—	10 303	29 825*	878	6640	3817
7 Preuß. Niederschles.-Märk.	131 515	31 716	82 370	—	—	12 637	324 596*	1678	24 257	20 055
8 " Ostbahn	180 835	132 513	—	—	14 603	32 673	57 206	3120	13 722	191 688
9 " Saarbrücker (u. Trier)	66 205	6496	32 643	3046	64 970	i. K. 200.	93 541	2267	8198	4704
10 " Westfälische	34 044	i. K. 212c.	35 985	4883	47 592	7042	50 059	518	3932	16 374
11 Sächsische östliche										
a. Sächsisch-Böhmische	11 361	5192	8371	—	—	1382	13 462	875	2462	18 066
b. Sächsisch-Schlesische	21 613	4184	10 902	278	—	2625	49 521	1387	4074	23 982
c. Tharandt-Freiberger	550	13	139	—	—	153	758	3	446	1369
12 Sächsische westliche										
a. Niedererzgebirgische	16 717	4094	14 026	8	—	1465	21 036	133	5016	16 304
b. Obererzgebirgische	4053	988	3386	4	—	545	—	15	1545	3928
c. Sächsisch-Bayerische	29 288	9035	30 954	23	—	1338	34 869	469	6620	36 717
13 Württembergische	152 810	i. K. 212c.	93 961	i. K. 212c.	12 282	60 899*	51 980	961	15 700	13 897
II. Privatbahnen										
a) unter Staatsverwaltg.										
14 Aach.-Düss. Ruhrorter a. Aach.-Düssel.	7092	in Kol. 212c.	9941	689	—	3472	4340	489	3782	2602
b. Ruhrort-Crf.	4388		5769	9450	—	2022	2527	344	2215	2152
15 a. Bergisch-Märkische	84 010		76 193	4554	29 103	—	63 335	2959	14 854	20 606
b. Prinz-Wilhelm-E.	9935		9675	—	9062	—	11 494	137	1353	2918
16 Cöthen-Bernburger	6960	450	828	—	207	416	2247	1299	194	573
17 a. Löbau-Zittauer	4333	907	2469	i. K. 212c.	—	526	8232	115	999	2071
b. Zittau-Reichenberger	3057	640	1704	38	—	811	5158	318	1280	2776
18 a. Oberschlesische	61 113	in Kol. 212c.	66 845	—	—	13 458	156 600	6125	7859	32 130
b. Breslau-Posen-Glogauer	23 134		21 283	—	—	6725	59 281	1673	2975	12 765
19 Stargard-Posener	15 474		15 509	—	—	7847	70 599	464	2104	6559
20 Rhein-Nahe-E.	26 025	5138	10 653	1933	—	i. K. 200.	45 823	456	4053	10 767
21 Wilhelms-Bahn	13 160	i. K. 212b	15 030	333	—	657	14 890	1176	2354	33 761
b) in Privatverwaltung.										
22 Aachen-Mastrichter	13 615	5520	12 269	335	—	1523	9196	497	2440	8017
23 Alberts-Bahn	5587	i. K. 212c.	8499	i. K. 212c.	—	173	2441	26	350	11 320
24 a. Altona-Kieler	11 617	8695	14 834	189	—	3920	3529	30	2053	11 967
b. Glückstadt-Elmshorner	1963	954	1628	21	—	428	389	3	225	4802
25 Aussig-Teplitzer	5960	2113	2620	278	—	2441	10 171	—	269	4797
26 Bayerische Ostbahnen	3534	i. K. 212c.	3213	195	570	4326	25 314	514	11 548	107 810
27 Berlin-Anhaltische	47 849	i. K. 212c.	38 759	i. K. 212c.	—	6812	16 107*	2164	10 537	3641
28 a. Berlin-Hamburger	92 358	29 767	79 375	—	124 676	7532	30 051	1255	7434	15 670
b. Hamburg-Bergedorfer	—	—	—	—	—	—	—	—	—	—
29 Berlin-Potsdam-Magdebg.	61 612	41 882	40 277	i. K. 212c.	—	8068	—	1643	—	29 886

Ergebnisse.

219	220	221	222	223	224	225	226	227	228	229	230		
		3) Für die allgemeine Verwaltung.							(Fortf.) B. Ausgaben.				
Zusammen.	Durchschnittlich pro Nutzmeile.	Besoldung ꝛc. der Verwaltungs-Vorstände.	Besoldung d. Büreau- u. Kassen-Beamten.	Gerichtskosten, Stempel, Porto und Inserate.	Drucksachen, Schreibmaterialien und sonstige Büreau-Bedürfnisse.	Heizung, Reinigung und Beleuchtung der Verwaltungs-Gebäude.	Sonstige Ausgaben.	Zusammen.	Zins für gepachtete Bahnstrecken.	Summe aller Ausgaben.	Durchschnittlich a. pro Meile Bahnlänge.	Durchschnittlich b. pro Nutzmeile.	
Thlr.	Thlr.	Thlr.	Thlr.	Thlr.	Thlr.	Thlr.	Thlr.	Thlr.	Thlr.	Thlr.	Thlr.	Thlr.	
795 831	2,46	2286	23 743	502	4498	1094	3509	35 632	—	1 312 634	24 637	4,05	1
2 549 255	3,61	in Kol. 227.	24 944	675	10 226	885	11 833*	48 563	190 920	4 007 818*	25 396	5,74	2
455 937	2,74	6800	47 838	—	3113	—	10 413	68 194	—	943 143	35 430	5,67	3
1 698 373	3,35	in Kol. 227.	134 678	7934	29 350	in Kol. 224.	12 105	184 067	—	2 354 310*	22 397	4,85	4
271 713	3,51	12 065	i. K. 221	—	2132	—	546	14 743	—	456 959	39 325	5,90	5
420 537	3,37	6202	25 654	40	3627	1313	673	37 509	—	707 266	26 599	5,89	6
1 463 826	3,78	8277	41 868	2548	5588	2271	20 340	80 892	—	2 132 244	41 306	5,50	7
1 176 370	3,51	in Kol. 222.	102 222	i. K. 224.	5789	3829	16 841	128 681	—	2 096 066	19 571	6,75	8
506 974	3,49	2408	22 000	386	3992	488	4001	33 275	38 222	846 220	44 028	6,49	9
369 905	3,62	5512	24 034	107	2242	360	8528	40 783	—	673 294	24 845	6,38	10
194 135	4,20	in Kol. 222 mitenthalten.	9017	108	634	194	630	10 583	27 326	337 365	38 935	7,30	11a
315 436	3,37		15 175	325	1913	606	992	19 011	—	441 872	32 610	4,71	—b
19 235	3,40		1860	16	134	71	28	2208	—	29 453	21 666	5,21	—c
263 466	2,16		12 781	81	936	148	425	14 371	37 622	424 475	22 969	3,96	12a
70 095	2,62		5873	35	443	78	111	6540	—	111 809	18 390	4,13	—b
464 467	2,47		18 490	116	1399	340	2505	22 850	24 426	751 710	31 505	4,01	—c
1 055 498	3,28	8754	17 858	307	4937	i. K. 244.	6133	37 989	—	1 533 319	27 166	4,77	13
138 123	2,12	3844	11 581	1434	1821	346	3592	25 621	—	232 326	20 326	3,91	14a
95 724	3,13	1956	8801	979	1062	201	3325	16 327	—	152 720	27 271	5,87	—b
769 821	2,97	in Kol. 222.	59 016	2732	6095	1202	23 022	92 067	—	1 312 159	33 748	5,09	15a
79 350	3,28	„ „ 222.	6485	300	670	132	2426	10 013	—	131 155	29 876	5,43	b
29 133	3,57	1700	1269	55	98	166	461	3749	—	45 548	11 387	5,42	16
57 978	3,94	in Kol. 222.	2122	238	243	39	1462	4104		94 635	20 983	6,13	17a
53 202	4,18	„ 222.	2506	13	885		104	3508		77 126	21 726	6,18	b
742 782	3,21	4557	35 667	232	6699	1597	9605	58 357	—	1 113 903	33 561	4,86	18a
279 686	2,75	3216	27 431	189	5015	1294	8159	45 337	—	492 454	17 670	4,83	b
233 562	3,09	2427	21 385	51	3288	923	5981	34 055	—	369 481	16 327	4,89	19
214 700	3,15	5669	19 765	336	3657	425	5273	35 125	—	394 350	24 616	5,78	20
129 835	2,37	3100	11 192	157	1971	98	11 042	27 860	5446	244 518	10 422	4,28	21
116 958	3,60	—	4665	1077	313	224	463	6772	43 478	235 206	18 968	7,21	22
70 612	2,20	1425	2045	179	908	86	132	4775		113 963	22 302	3,55	23
169 427	4,20	5275	7335	331	1065	106	1600	16 015	—	285 249	20 259	7,0[illegible]	24a
22 300	3,27		665	17	36	10	74	832*		50 224	11 161	7,[illegible]	b
64 420	6,27	in Kol. 222.	10 920	1077	2635	248	341	15 221	—	104 573	13 212	10,18	25
506 805	1,86	7773	13 465	2138	4559	311	5001	33 283		755 862	12 555	2,[illegible]	26
543 609	3,78	21 691	29 596	1205	in Kol. 223.	i. K. 211.	2703	58 195	—	882 077	18 609	5,30	27
895 943	4,19	13 222	32 876	482	7223	2710	19 735	76 248	107 181*	1 471 246	37 096	7,78	28a
68 673	-	—	—					3800		102 489	49 038		b
436 141	3,31	in Kol. 222.	38 769	461	2169	887	7711	49 997		759 932	38 197	5,78	29

	II. Privatbahnen. (Forts.)	Reparaturkosten: a. der Lokomotiven und Tender. Thlr.	b. der Personenwagen. Thlr.	c. der Lastwagen. Thlr.	d. der sonstigen Transportmittel. Thlr.	Ergänzung der Transportmittel (d. h. soweit dies aus den Betr.-Einnahmen und nicht aus dem Reserve- u. Baufonds geschehen ist). Thlr.	Heizung und Reinigung der Betriebs-Lokale. Thlr.	Wagenmiethe (und Konventionalstrafen). Thlr.	Entschädigungen im Güterverkehr. Thlr.	Drucksachen und Büreaubedürfnisse. Thlr.	Sonstige Ausgaben Thlr.
30	Berlin-Stettiner										
	a. Berl.-Stettin-Stargard.	19 791	9157	22 233	—	36 346	10 273*	37 762	352	4433	15 357
	b. Starg.-Cöslin-Colberg.	17 351	4497	13 883	—	7821	4102	934	139	1752	21 225
31	Böhmische Westbahn	7316	979	4081	40	—	7436	2	3522*	6724	6
32	Breslau-Schweidnitz-Freib.	39 037	5935	44 591	—	—	1008	14 951	1	2741	11 450
33	Brünn-Rossitzer	9782	601	2380	1960	—	387	1780	212	544	206
34	Buschtěhrader a. Lokom.-B.	8018	506	5219	2240	—	1630	20 768	—	800	2859
	Buschtěhrader b. Pferde-B.	—	747	5923	411	—	840	—	—	286	2410
35	Frankfurt-Hanauer	9112	2422	s. S. 212b	s. S. 212b.	—	4560	13 106	256	3282	6328
36	Galizische Carl-Ludw.-Bahn	67 370	17 704	74 129	2473	—	9894	676	29 026	21 353	7248
37	Graz-Köflacher	5331	2050	3314	616	—	284	16 263	—	1395	404
38	Hessische Ludwigs-E.	15 951	s. S. 212c.	14 839	4043	—	13 187	—	10 844*	13 506	2956
39	Homburger	5972	2460	—	—	—	1831	432	—	1146	4368
40	Kaiser Ferdinands Nordb.	471 446	94 666	268 858	86 333*	—	9963	—	2339	33 316	37 231
41	Kaiserin Elisabeth a. Lokom.-Bahn	110 819	51 150	54 848	—	—	4843	—	—	28 419	—
	Kaiserin Elisabeth b. Pferde-Bahn	—	1350	16 574	s. S. 212c.	10 992*	—	—	19	1934	1953*
42	Köln-Mindener (u. Gießener)	176 194*	s. S. 212c.	284 572*	66 457*	—	28 750	246 948	1567	16 406	98 747
43	Kurf. Friedr.-Wilh. Nordb.	63 964	8755	16 843	—	32 440	5950	28 459	1753	4004	3235
44	Leipzig-Dresdener	32 960	s. S. 212c.	56 874	s. S. 212c.	70 000	6510	—	60 884*	—	5993
45	Ludwigs-E. (Nürnb.-Fürth)	1967	2438	—	381*	1618	718	949	—	—	823
46	Lübeck-Büchener	6867	2339	4651	—	—	2206*	4972	44	892	868
47	Magdeb.-Cöth.-Halle-Leipz.	35 005	16 470	20 287	—	—	1289	4043	2505	s. S. 224.	57 822*
48	Magdeburg-Halberstädter	26 209	6200	14 108	s. S. 212c.	—	5365	—	540	—	13 413
49	Magdeburg-Wittenbergesche	12 349	2603	8004	—	—	—	5618	56	124	3597
50	Mecklenburgische	16 348	6115	11 558	—	—	942	—	301	2166	6673
51	Mohacs-Fünfkirchener	19 862*	566	12 194	2499	—	755	—	48	488	572
52	Neisse-Brieger	2118	s. S. 212c.	1042	705	—	249	4626	1486	672	98
53	Niederländische Rhein-E.	42 350	22 872	28 575	—	s. S. 212.	475	—	s. S. 210.	4000	7884
54	Niederschlesische Zweigbahn	3321	s. S. 212c.	3611	—	—	931	218	126	1773	2160
55	a. Oesterreich. nördliche	197 576	38 174	148 474	2458	—	38 576	—	114	24 506	—
	b. Oesterreich südöstliche	334 371	53 912	287 064	2441	—	24 362	—	2418	24 325	6042*
	c. Wien-Neu-Szönyer	40 353	5090	42 135	878	—	7278	—	146	6302	288*
56	Oppeln-Tarnowitzer	4739	621	2849	470	—	147	1466	53	793	1573
57	a. Pfälzische Ludwigsbahn	36 126	7426	30 747	—	—	2460	—	15 674	8412	39 984
	b. Pfälzische Maximiliansb.	8567	2730	9150	—	—	867	—	2165	2291	24 077*
58	Rendsburg-Neumünstersche	3384	2567	1520	—	—	402	—	4	490	897
59	Rheinische	32 432	16 021	35 633	s. S. 212c.	—	21 293	—	—	18 976	56 747*
60	a. Südbahn, Oesterreich.	383 736	97 068	134 216	—	—	61 611	—	7823	96 889	45 983
	b. Nordtiroler	12 584	5188	4241	150	—	1109	—	—	2458	3048
	c. Venetianische u. Südtirol.	62 350	24 314	17 742	228	—	—	—	—	—	—
61	Süd-Norddeutsche	53 714	8600	29 934	377	—	2798	429	22 394	6009	9686
62	Taunus-Bahn	6196	s. S. 212c.	6006	938	—	3185	1461	1689	6086	999
63	Theiß-Bahn	105 128	34 006	38 482	—	—	14 614	—	20 106	4270	6426
64	Thüringische	113 990*	29 587*	69 957*	—	—	20 336*	70 548	3429	11 546	18 470
65	Werra-E.	26 059	s. S. 212c.	11 206	—	—	4867*	18 653	1122	3225	5431

Ergebnisse.

Zusammen.	Durchschnittlich pro Nutzmeile.	3) Für die allgemeine Verwaltung. Besoldung etc. der Verwaltungs-Vorstände.	Besoldung d. Büreau- u. Kassen-Beamten.	Gerichtskosten, Stempel, Porto und Inserate.	Drucksachen, Schreibmaterialien und sonstige Büreau-Bedürfnisse.	Heizung, Reinigung und Beleuchtung der Verwaltungs-Gebäudes.	Sonstige Ausgaben.	Zusammen.	(Fortf.) B. Ausgaben. Zins für gepachtete Bahnstrecken.	Summe aller Ausgaben.	Durchschnittlich a. pro Meile Bahnlänge.	b. pro Nutzmeile.	
Thlr.	Thlr.	Thlr.	Thlr.	Thlr.	Thlr.	Thlr.	Thlr.	Thlr.	Thlr.	Thlr.	Thlr.	Thlr.	
365 520	4,21	5277	18 260	1157	921	737	7089	33 441	—	636 424	29 187	7,36	30 a
154 670	2,51	5350	18 511	1172	933	748	9965	36 679	—	314 663	13 801	5,53	- b
116 910	2,33	26 645	in Kol. 221.	1424	4106	2936	1615	36 726	—*	251 524	14 615	4,79	31
260 796	2,31	i. K. 222.	13 806	509	986	inkl. 214 u. 216.	5169	20 470	—	434 472	18 981	3,45	32
45 712	8,41	—	i. K. 199.	12 247*	1060	—	2376	15 683	—	101 335	28 707	18,65	33
77 443	6,85	2400	4530	740	600	397	7282	15 949	—	141 157	36 760	12,14	34 a
53 407	—	—	1333	20	59	23	804	2239	—	77 918	10 389	—	- b
103 845	3,79	5010	i. K. 221.	i. K. 226.	i. K. 217.	i. K. 214.	1944	6054	17 463	141 618	25 937	5,16	35
610 6[illegible]4	4,13	22 222	54 893	2820	3174	6132	9634	98 875	—	1 202 954	25 753	8,14	36
63 205	3,64	1340	5127	1278	1315	658	1000*	10 718	—	109 165	20 558	6,7[illegible]	37
334 696	3,05	—	15 193	1820	601	453	1612	19 679	—	454 842	22 263	4,14	38
37 661	2,59	3670	i. K. 221.	67	440	54	435	4666	—	58 703	23 481	4,0[illegible]	39
2 516 111	4,96	14 700	114 112	12 036	6204	640	24 730	173 322	—	4 235 754	52 723	8,35	40
1 067 243	4,19	33 496	108 480	3753	17 210	i. K. 221.	15 795	178 734	—	1 660 829	29 173	6,51	41 a
223 284	—	i. K. 221 b. Verb.	1634	—	920	—	3558	6112	—	287 536	16 554	—	- b
1 936 009*	3,10	—*	59 268	1717	7482	1815	30 009*	109 291	—	3 218 306*	46 719	5,18	42
299 242	3,22	3631	13 349	652	686	599	5052	25 969	10 912	497 950	25 186	5,36	43
586 190	4,25	i. K. 222	29 925	1795	1766	i. K. 214.	3084	36 570	—	982 909	59 462	7,13	44
19 282	2,04	i. K. 203.	914	—	226	i. K. 214.	915	2055	—	34 363	42 954	3,79	45
75 664	4,47	2600	4254	726	327	434	1261	9602	—	118 354	18 786	6,95	46
398 581*	3,03	10 500	17 379	1300	6523	278	17 692	53 672	56 795	687 118	35 492	6,06	47
212 799	3,77	19 303	i. K. 221.	262	2258	768	2600	25 191	—	353 617	36 455	5,13	48
98 925	2,55	i. K. 222.	12 959	i. K. 224.	3216	i. K. 221.	1899*	18 074	—	201 980	14 144	5,21	49
119 221	2,06	9854	9145	316	1114	466	1332	22 227	—	222 215	11 532	3,73	50
97 812	5,39	3474	2652	194	535	816	796	8467	—	169 434	20 969	10,18	51
26 642	2,61	—	5092	381	220	60	802	6755	1217*	51 771	8377	5,04	52
403 085	3,02	16 254	16 415	2814	1198	604	7965	45 450	39 935*	625 835	26 929	4,69	53
52 021	2,0	2000	5749	201	778	575	109	9412	—	96 052	10 111	3,69	54
1 233 820	3,96	316 804*	135 406	2083	41 371	2094	37 230*	202 820	—	1 927 087	31 147	6,18	55 a
1 706 579	5,30							268 932	—	2 520 931	27 551	7,82	- b
349 076	6,02							63 236	—	549 765	26 456	10,90	- c
38 940	2,57	—	7313	264	385	449	650	9061	—	76 534	7562	4,96	56
366 805	1,67	9448	9892	624	2870	1048	11 576	35 458	—	485 582	24 279	2,96	57 a
101 347	2,35	2582	3746	305	409	112	1870	9024	—	142 208	22 502	3,57	- b
20 524	1,93	1762	1050	128	125	95	1839	4999	—	44 196	9566	4,16	58
733 311	2,67	i. K. 222.	43 171	3989	3728	1886	3620	56 393	—	1 048 173	26 801	3,41	59
3 199 507	4,37	i. K. 221.	100 000*	i. K. 226.	53 069*	i. K. 226.	—	153 069	—	4 298 186	31 632	5,86	60 a
102 195	5,43	4240	6237	760	404	475	856	12 972	—	156 217	16 341	8,29	- b
771 069	3,27	i. K. 222.	64 718	3894	6831	i. K. 226.	21 511	96 954	—	1 180 443	17 188	5,01	- c
278 313	3,75	i. K. 222.	34 965	3421	3353	570	13 781	56 090	—	471 540	18 012	6,16	61
151 802	4,04	4965	4724	314	914	i. K. 214.	2227	13 144	—	202 678	34 705	6,66	62
654 354	5,26	28 000	35 218	14 686	7656	3828	1774	91 162	—	1 121 036	14 500	8,97	63
700 278	3,34	6072	10 748	1684	2359	669	18 035*	48 707	—	1 100 877	29 545	5,25	64
178 314	3,21	4420	12 120	651	1769	873	2733	22 566	63 428	355 232	15 890	6,88	65

(Forts.) III. Finanz-

	231			232	233			234		235
	(Forts.) B. **Ausgaben.**				C. **Ueber-**					
	Von den Ausgaben (excl. Kol. 228) kommen			Sämmtliche Ausgaben betragen Procente der Brutto-Einnahme.	Der Ueberschuß beträgt:			Der		
I. Staatsbahnen.	a. auf die Bahn-	b. auf die Transport- Verwaltung	c. auf die allgemeine		a. überhaupt.	b. pro Meile Bahnlänge	c. Procente des Gesammt-Anlage-Kapitals.	a. zur Verzinsung der Anleihen.	b. zur Amortisation der Anleihen.	zur Entrichtung der Eisenbahnsteuer.
	Proc.	Proc.	Proc.		Thlr.	Thlr.		Thlr.	Thlr.	Thlr.
1 Badische	36,66	60,63	2,71	41,74	1 870 299	35 103	5,41	—	—	—
2 Bayerische (u. 5 gepcht. Zwgb.)	31,93	66,79	1,28	48,65	1228 848*	26 797	5,80*	—	—	—
3 Braunschweigische	44,11	48,31	7,33	50,37	932 867	35 014	11,10	—*	—	—
4 Hannoversche	26,31	66,19	7,21	47,03	2 874 321	25 203	6,06*	—	—	—
5 Main-Neckar	37,31	59,16	3,33	53,63	391 938	33 729	5,63	—	—	—
6 Main-Weser	35,71	59,16	5,30	43,75	926 990	34 862	6,63	—	—	—
7 Preuß. Niederschles.-Märk.	27,56	68,65	3,79	37,78	3 511 223	68 021	11,27	586 244	74 100	—
8 „ Ostbahn	37,74	56,12	6,14	47,17	2 347 445	21 918	6,31	—	—	—
9 „ Saarbrücker (u. Trier)	33,14	62,74	4,12	71,81	337 166	17 543	2,66	—	—	—
10 „ Westfälische	39,00	54,91	6,06	64,98	362 645*	13 087	2,04	—	—	—
11 Sächsische östliche										
a. Sächsisch-Böhmische	34,01	62,58	3,31	59,60	228 821	26 392	3,84	—	—	—
b. Sächsisch-Schlesische	24,31	71,39	4,30	39,13	687 429	50 733	8,55	—	—	—
c. Tharandt-Freiberger	27,90	63,30	7,80	47,70	39 422	[illegible]	1,30	—	—	—
12 Sächsische westliche										
a. Niedererzgebirgische	28,18	68,10	3,72	38,12	689 097	37 290	5,35 resp. 6,40*	—	—	—
b. Obererzgebirgische	30,65	63,80	5,55	44,91	137 683	22 645	4,51	—	—	—
c. Sächsisch-Bayerische	33,00	63,46	3,14	33,01	1 525 255	63 925	8,98	—	—	—
13 Württembergische	28,69	68,63	2,64	44,37	1 922 323	34 054	6,39	—	—	—
II. Privatbahnen										
a) unter Staatsverwaltg.										
14 Aach.-Düss.-Ruhrorter a. Aach.-Düssel.	29,12	59,45	11,03	39,75	359 544	31 456	4,65	112 980	25 500	—
b. Ruhrort-Crf.	26,83	62,68	10,49	39,71	231 776	41 389	6,75	83 894	13 100	1978
15 a. Bergisch-Märkische	35,78	57,36	6,86	44,90	1 633 467	41 576	—*	620 417	57 233	25 521
b. Prinz-Wilhelm-E.	31,86	60,61	7,53	57,70	95 814	21 825	4,25	52 478*	7880	—
16 Cöthen-Bernburger	27,91	63,86	8,23	60,65	29 547	7387	—*	—	—	—
17 a. Löbau-Zittauer	34,10	61,26	4,31	69,20	42 124	9340	1,57	12 555	6000	—
b. Zittau-Reichenberger	26,35	69,10	4,55	78,70	20 878	5581	0,88	—	—	—
18 a. Oberschlesische	28,08	66,65	5,24	29,12	2743 010*	82 706	16,84	343 890	61 203	163 176
b. Breslau-Posen-Glogauer	34,00	56,70	9,31	40,37	727 353	26 098	5,04	466 782	34 833	—
19 Stargard-Posener	27,57	63,21	9,22	37,53	615 164	27 184	9,51	62 339	14 184	16 379
20 Rhein-Nahe-E.	36,65	54,11	8,91	69,13	173 722	10 844	1,86	173 722*	—	—
21 Wilhelms-Bahn	34,01	54,31	11,65	40,50	359 165	15 310	4,12	246 974	30 651	300
b) in Privatverwaltung.										
22 Aachen-Mastrichter	35,67	61,00	3,53	52,87	48 630	3922	0,95	48 630	—	—
23 Alberts-Bahn	33,85	61,96	4,19	51,69	107 548	21 047	4,81	64 702	16 400	—
24 a. Altona-Kieler	34,89	59,39	5,02	47,36	317 046	22 518	8,60	7482	—	—
b. Glückstadt-Elmshorner	53,91	44,10	1,66	80,71	12 005	2668	1,71	12 005*	—	—
25 Aussig-Teplitzer	23,94	61,40	14,66	43,56	135 513	55 997	6,14	30 415	6000	7478*
26 Bayerische Ostbahnen	28,55	67,05	4,40	35,04	1 401 157	23 276	5,61	—	—	—
27 Berlin-Anhaltische	31,77	61,63	6,60	37,66	1 460 206	30 806	9,17	307 500	42 500	79 687
28 a. Berlin-Hamburger	28,71	65,70	5,59	57,67	1 079 925	27 230	7,77	312 861	52 500	—*
b. Hamburg-Bergedorfer	29,29	67,0	3,71	38,66	162 646*	77 821	7,07	28 440*	3802*	7848*
29 Berlin-Potsdam-Magdebg.	36,03	57,39	6,55	30,69	1 300 269	65 870	9,48	337 793	74 800	115 625

236		237		238	239		
Ergebnisse.							
schuß.							
Ueberschuß ist verwendet:							
a. zu Zinsen und Dividenden für die Stamm-Actien.	b.	zur Einlage a. in den Reservefonds	b. in den Erneuerungsfonds.	Zuschuß zum Pensionsfonds.	zu sonstigen Zwecken.		
Proc.	Thlr.	Thlr.	Thlr.	Thlr.		Thlr.	
—	—	—	—	—	. . . .	—	1
—	—	—	—	—	. . . .	—	2
—	—	—	—	—	. . . .	—	3
—	—	—	—	—	. . . .	—	4
—	—	—	—	—	an die Staatskassen abgeliefert	391 938	5
—	—	—	—	—	a) zu Meliorationen der Bahn-Anlagen . . . . . b) zur Vermehrung des Wagenparks . . . . . c) zur Ablieferung an die Staatskassen	[illegible] [illegible] [illegible]	6
4*	389 666	1785	254 814	—	a) an die General-Staatskasse abgeführt . . . . . b) der [illegible]verwaltung überwiesen . . . . . c) zu Erweiterungen der Bahn-Anlage und Vermehrung der Betriebsmittel . . .	[illegible] [illegible] [illegible]	7
—	—	—	—	—	. . . .	—	8
—	—	—	—	—	. . . .	—	9
—	—	—	—	—	an die General-Staatskasse abgeliefert	882 645	10
—	—	—	57 810	862	. .	—	11a
—	—	—	54 232	1096	. .	—	-b
—	—	—	13 869	176	. .	—	-c
—	—	—	187 107	1464	. .	—	12a
—	—	—	43 880	523	. .	—	-b
—	—	—	235 716	2044	. .	—	-c
—	—	—	—	—	. .	—	13
2,14*	85 542	7950	97 572	in Kol. 226	. . . .	—	14a
4 ½	67 500	3512	55 918	in Kol. 226	a) Staats-Präcipuum . . . . b) auf die Betriebs-Rechnung pro 1863 übertragen	5901 73	-b
6 ½ u. 4*	391 345	31 198	304 989	—	a) zur Deckung von Convertirungskosten . . . . . b) „ Ueberweisung an die Baufonds	3153 219 611	15a
—	—	2400	33 114	—	. . . .	—	-b
—*	—	—	—	—	an den Eisenbahnfonds in Dessau abgeliefert . . .	29 547	16
—	—	—	—	287	. . . .	—	17a
—	—	—	—	313	. . . .	—	-b
10 ¹⁰⁄₁₆	1 159 843	14 995	606 257	in Kol. 226	a) Superdividende des Staats . . . . b) auf die Betriebs-Rechnung pro 1863 übertragen	394 599 1047	18a
—	—	738	225 000	—	. . . .	—	-b
6	300 000	1	183 750	—	a) Extradividende an den Staat . . . . . . b) auf die Betriebsrechnung pro 1863 übertragen	34 699 3512	19
—	—	—	—	—	. . . .	—	20
½	12 000	58 393	—	—	a) zur Verzinsung der schwebenden Schuld . . . . . b) zur Abzahlung an die Bergbau-Hülfskasse auf deren Forderung . .	2003 8814	21
—	—	—	—	—	. . . .	—	22
2	18 000	—	—	500	zur Tantième für die Direktions-Mitglieder und zur Deckung von Provisions- und Convertirungskosten der Pr. Oblig. A, B u. C &c. &c. . .	7046	23
9 ½	292 125	15 297	—	1500	Zinsen für Brückenactien in Rendsburg	642	24a
—	—	—	—	—	. . . .	—	-b
6	84 000	3598	1683	666	zur Verzinsung einer schwebenden Schuld	1073	25
5	1 247 096	17 143	—	14 286	a) zur Verzinsung des Staats-Antheils . . . . . b) dem Baufonds überwiesen . . . . . c) zu allgemeinen Ausgaben	[illegible] [illegible] [illegible]	26
6 ½	722 500	--	299 163	5684	auf die Betriebs-Rechnung pro 1863 übertragen . . .	3132	27
5,875*	470 000	239 544	—	5000	. . . .	—	28a
7 ½	122 947*	—	—	—	auf die Betriebs-Rechnung pro 1863 übertragen . . .	922	-b
14	700 000	—	—	in Kol. 229	zur Extra-Reserve für nachträgliche Ausgaben . . .	72 551	29

II. Privatbahnen. (Forts.)	231			232	233			234		235
	III. Finanz= (Forts.)									
	B. Ausgaben. (Forts.)				C. Ueber=					
	Von den Ausgaben (excl. Kol. 228) kommen			Sämmtliche Ausgaben betragen Procente der Brutto-Einnahme.	Der Ueberschuß beträgt:			Der		
	a. auf die Bahn-	b. auf die Transport-	c. auf die allgemeine		a. überhaupt.	b. pro Meile Bahnlänge	c. Procente des Gesammt-Anlage-Kapitals.	a. zur Verzinsung	b. zur Amortisation	zur Entrichtung der Eisenbahnsteuer.
	Verwaltung							der Anleihen.		
	Proc.	Proc.	Proc.		Thlr.	Thlr.		Thlr.	Thlr.	Thlr.
30 Berlin-Stettiner										
a. Berl.-Stettin-Stargard	39,33	55,68	5,10	51,75	611 982*	27 211	8,24	32 751	7249	39 471
b. Starg.-Cöslin-Colberg	39,19	49,15	11,66	100,0	—	—	—	—	—	—
31 Böhmische Westbahn	38,93	46,48	14,60	42,75	336 847	19 573	2,33	336 847*	—	—
32 Breslau-Schweidnitz-Freib.	35,26	60,03	4,71	36,11	758 772	33 148	8,30	160 475	16 000	41 437
33 Brünn-Rossitzer	39,11	45,11	15,66	47,46	112 181	31 779	6,09	10 991	—	in Kol. 233
34 Buschtěhrader a. Lokom.-B.	33,84	54,86	11,30	38,40	263 595	23 245	14,83	—	—	16 644
b. Pferde-B.	28,38	68,84	2,49	67,31						
35 Frankfurt-Hanauer	11,45	83,64	4,85	54,40	116 403*	21 319	5,34	27 525	6696	—
36 Galizische Carl-Ludw.-Bahn	41,02	50,76	8,22	49,37	1 223 088*	26 204	8,74	—	5650*	66 279
37 Graz-Köflacher	32,30	57,90	9,92	43,70	140 660	26 490	7,05	37 636	—*	5427*
38 Hessische Ludwigs-E.	22,09	73,58	4,33	41,18	649 756	31 804	7,45	95 620	12 500	—
39 Homburger	27,90	64,15	7,95	45,98	68 931	27 580	4,37	30 225	6914	—
40 Kaiser Ferdinands Nordb.	36,31	59,10	4,59	39,56	6 471 432	80 550	12,80	568 210	26 950	475 330*
41 Kaiserin Elisabeth a. Lokom.-Bahn	24,98	64,26	10,76	46,16	1 914 283	33 625	3,76	1 079 869	—	132 575*
b. Pferde-Bahn	20,22	77,66	2,13	79,76	75 239	4331	2,60			
42 Köln-Mindener (u. Gießener)	36,45*	60,18	3,10	44,02*	1 092 683*	59 409	6,77*	1 102 951*	73 000	258 081
43 Kurf. Friedr. Wilh. Nordb.	33,23	61,44	5,33	52,35	433 271*	22 851	3,94	119 633	24 200	—
44 Leipzig-Dresdener	36,64	59,64	3,72	47,06	1 105 563	66 852	12,39	170 000	i. K. 234a.	—
45 Ludwigs-E. (Nürnb.-Fürth)	37,01	56,11	5,91	58,01	24 889*	31 111	20,07	—	10 000	—
46 Lübeck-Büchener	27,06	63,03	8,11	53,43	101 523	16 115	3,07	—	—	—
47 Magdb.-Cöth.-Halle-Leipz.	30,80	59,91	9,29	38,16	1 099 379	56 786	12,78	220 397	45 100	107 188
48 Magdeburg-Halberstädter	32,70	60,18	7,11	35,57	640 634	66 047	14,66	18 169	i. K. 234a.	68 188
49 Magdeburg-Wittenbergesche	42,07	48,98	8,95	47,31	224 935	15 752	3,59	63 403	16 200	1233
50 Mecklenburgische	36,33	53,65	10,00	47,12	249 399*	12 942	3,06	72 712	16 688	—
51 Mohacs-Fünfkirchener	37,27	57,73	5,00	39,73	267 996	33 168	5,93	217 908*	—	18 971
52 Neisse-Brieger	33,84	52,70	13,46	37,43	86 341	14 003	7,21	4500	500	1553
53 Niederländische Rhein-E.	23,14	68,80	7,76	41,75	873 185	37 572	5,89	210 870	—	12 864
54 Niederschlesische Zweigbahn	36,04	54,16	9,80	40,54	140 869	14 828	5,65	49 863	10 347	1056
55 a. Oesterreich. nördliche	25,43	64,03	10,52	33,96	3 748 155*	60 581	12,05	3 377 999	342 280*	805 183
b. Oesterreich. südöstliche	21,61	67,69	10,67	44,67	3 122 896*	34 130	6,99			
c. Wien-Neu-Szönyer	25,0	63,50	11,50	49,29	565 875*	27 232	5,90			
56 Oppeln-Tarnowitzer	37,26	50,88	11,81	46,01	86 944	6591	3,31	—	—	762
57 a. Pfälzische Ludwigsbahn	29,32	63,19	7,30	37,22	819 027	40 951	8,06	125 912	15 485	—
b. Pfälzische Maximiliansb.	22,39	71,27	6,34	50,14	141 390	22 370	5,07	—	25 140*	—
58 Rendsburg-Neumünstersche	42,25	46,44	11,31	51,73	41 247	8928	6,25	9074	—	—
59 Rheinische	24,66	69,06	5,38	34,18	2 020 898	51 672	6,78	551 542	43 458	63 160*
60 a. Südbahn, Oesterreich.	22,00	74,44	3,56	35,63	7 738 101*	57 095	—*	4 138 768	63 733	—
b. Nordtiroler	26,28	65,42	8,30	60,78	100 813	10 545				
c. Venetianische u. Südtirol.	26,17	65,33	8,31	40,78	1 714 482	24 963				
61 Süd-Norddeutsche	29,08	59,03	11,89	65,43	249 169	9517	1,80	70 000	87 433	in Kol. 226
62 Taunus-Bahn	18,61	74,91	6,48	38,78	326 806	55 960	13,05	19 723	2857	9293*
63 Theiß-Bahn	33,80	58,37	8,13	57,90	815 531	10 549	2,01	764 031*	—	51 500
64 Thüringische	31,86	63,61	4,43	42,07	1 515 846	40 653	7,25	553 617	90 800	43 125*
65 Werra-E.	32,97	59,30	7,74	66,02	182 866*	8077	2,22	167 679	—	—

Ergebnisse.

236		237		238	239		
schuß.							
Ueberschuß ist verwendet:							
a. zu Zinsen und Dividenden für die Stamm-Actien.	b.	zur Einlage a. in den Reservefonds	b. in den Erneuerungsfonds.	Zuschuß zum Pensionsfonds.	zu sonstigen Zwecken.		
Proc.	Thlr.	Thlr.	Thlr.	Thlr.		Thlr.	
7 5/12	440 780	30 514	—	—	a) Tantième an den Verwaltungsrath b) Zuschuß zur Verzinsung des Anlage-Kapitals der hinterpommerschen Bahn c) an die Postverwaltung d) auf die Betriebs-Rechnung pro 1863 übertragen	[illegible] 53 [illegible] [illegible] [illegible]	30 a
—	—	—	—	—	. . . .	—	- b
—	—	—	—	—	. . . .	—	31
8	408 000	—	125 998	4000	a) Tantième des Betriebs-Direktors b) asservirt für noch festzustellende Rechnungen	765 2097	32
1	896	7939	—	—	6 Proc. Zinsen und 1 Proc. Dividende für Prioritäts-Actien	92 355	33
9,81	164 936	57 303	—	—	a) zur Amortisation der Actien b) Tantième für die Direktions-Mitglieder	12 364 12 345	34
3,5	53 170	4235	—	3429	a) zur Tilgung der rückständigen Bahnpacht vom Jahre 1861 b) Zuschuß zur Krankenkasse der Werkstätten-Arbeiter	22 464 228	35
7 5/7	1 079 826	17 892	—	in Kol. 226	a) zur Bezahlung von Zinsen und Coursdifferenzen b) auf die Betriebs-Rechnung pro 1863 übertragen	21 911 178 662	36
5*	77 060	1661	4339	in Kol. 226	Pachtschilling für die gepachteten Betriebsmittel	14 537	37
7 1/7*	428 571*	—	97 143	4571	a) Tantième für den Verwaltungsrath b) Zuschuß zur Krankenkasse	10 833 518	38
6*	27 428	857	—	—	a) zu Neubauten b) Tantième des Verwaltungsraths c) Zahlungen pro 1861 d) auf die Betriebs-Rechnung pro 1863 übertragen	[illegible] 1448 115 1026	39
12,61	4 650 828	205 468	200 000	16 666	a) Tantième an die Direktions-Mitglieder b) auf die Betriebs-Rechnung pro 1863 übertragen	28 000 100 000	40
—*	448 634*	—	—	in Kol. 226	a) zur Deckung des Ausfalles für die Verzinsung des Silber-Anlehens b) zur Verzinsung der schwebenden Schuld	282 325 66 116	41
12 1/2	1 641 250	7359	513 931	3573	a) Extra-Dividende an den Staat b) Zinsen für Vorschüsse, Tantièmen, Beitrag zum Dombau	628 852 180 341	42
3 1/2	280 000	30 000	—	—	Auf die Betriebs-Rechnung pro 1863 übertragen	912	43
18	900 000	—	—	5000	a) Tantième der Bevollmächtigten b) Entschädigung an die Postverwaltung c) Auf die Betriebs-Rechnung pro 1863 übertragen	[illegible] 15 000 13 257	44
15	15 171	—	—	571	Auf die Betriebs-Rechnung pro 1863 übertragen	2720	45
3 1/2	81 856	19 667	—	—	. . . .	—	46
17	595 000	125 516	—	2000	Kommunal-Einkommensteuer	4178	47
25 1/2	433 500	84 957	—	—	Dem Baufonds der Harzbahn gutgeschrieben	15 840	48
1 5/21	48 079	—	76 020	in Kol. 226		—	49
2 1/2	101 500	10 675	52 125	800	Auf die Betriebs-Rechnung pro 1863 übertragen	962	50
—	—	—	20 004	—	Dem General-Conto der Donau-Dampfschifffahrt-Gesellschaft überwiesen	11 113	51
4 2/3	51 333	28 000	—	—	Dem Betriebe pro 1863 überwiesen	655	52
5,47*	637 600	3386	—	—	Statutarisch verwendet	8465	53
2 11/12	41 189	—	37 300	1000	Auf die Betriebs-Rechnung pro 1863 übertragen	114	54
5	3 214 475	203 556	—	24 939	a) zur Deckung von Coursverlusten b) Zuschuß zum Unterstützungsfonds für Diener und Arbeiter	392 612 24 782	55
2 1/3	58 329	2500	22 500	—	Auf die Betriebs-Rechnung pro 1863 übertragen	2853	56
9	599 786	—	72 132	5712	. . . .	—	57 a
4,33	113 817	—	1861	572	. . . .	—	- b
7 3/4	30 225	1948	—	—	. . . .	—	58
6	989 655	5000	308 779	4614	Tantième an den Verwaltungs-Vorstand, zum Dombau, Reserve- ꝛc. Fonds	54 660	59
9,3*	8 500 000	226 927	—	—	zu Tantièmen an den Verwaltungsrath und die Oberbeamten zu einer Extra-Reserve	226 927 168 022	60
—*	91 736*	—	—	—	. . . .	—	61
9 3/5	164 571	53 883	57 143	2286	a) Beitrag zur Arbeiter-Krankenkasse b) " zum Amortisationsfonds c) Reservirt zur Gewerbesteuer pro 1863 d) zur Deckung eines Coursverlustes und der Güterrabatte	[illegible] 1711* 11 [illegible] 3410	62
—	—	—	—	—	. . . .	—	63
7 2/3	690 000	45 000	[illegible]	in Kol. 226	a) Zu Ergänzungsbauten b) Reservirt zur Eisenbahn-Abgabe pro 1862	27 878 65 620	64
2,83	126 842	40 000	—	2400	Auf die Betriebs-Rechnung pro 1863 übertragen	455	65

	240	241	242		243	244	245	246		247
	(Forts.) **III. Finanz-Ergebnisse.**									
	D. Reservefonds.					**E. Erneuerungsfonds.**				
I. Staatsbahnen.	Bestand am Schlusse des Jahres 1861. Thlr.	Einlage und sonstige Einnahmen pro 1862. Thlr.	Ausgegeben im Betriebsjahre 1862 a. für Bahn-Anlagen (Schienen, Schwellen u.) Thlr.	b. für Betriebsmittel. Thlr.	Bestand am Schlusse d. Jahres 1862. Thlr.	Bestand am Schlusse des Jahres 1861. Thlr.	Einlage und sonstige Einnahmen pro 1862. Thlr.	Ausgegeben im Betriebsjahre 1862 a. für Bahn-Anlagen (Schienen, Schwellen u.) Thlr.	b. für Betriebsmittel. Thlr.	Bestand am Schlusse d. Jahres 1862. Thlr.
1 Badische	—	—	—	—	—	—	—		—	—
2 Bayerische (u. Hgrchl. Zwgb.)	—	—	—	—	—	—	—	—	—	—
3 Braunschweigische	50 000	—	—	—	50 000	196 890	232 591	17 074	3290	408 617
4 Hannoversche	—	—	—	—	—	—	—	—	—	—
5 Main-Neckar	—	—	—	—	—	—	—	—	—	—
6 Main-Weser	—	—	—	—	—	—	—	—	—	—
7 Preuß. Niederschles.-Märk.	*	1785	829	956	—	—*	254 814	150 569	104 245	—
8 „ Ostbahn	—*	—	—	—	—	—*	—	—	—	—
9 „ Saarbrücker (u. Trier)	—*	—	—	—	—	—*	—	—	—	—
10 „ Westfälische	—*	—	—	—	—	—*	—	—	—	—
11 Sächsische östliche										
a. Sächsisch-Böhmische										
b. Sächsisch-Schlesische										
c. Tharandt-Freiberger										
12 Sächsische westliche	—	—	—	—		1 584 502	1 226 691	472 631	180 407	2 158 152
a. Niedererzgebirgische										
b. Obererzgebirgische										
c. Sächsisch-Bayerische										
13 Württembergische	—		—	—		—			—	—
II. Privatbahnen										
a) unter Staatsverwaltg.										
14 Aach.-Düss. Ruhrorter a. Aach.-Düssel.	25 123	8957	3055	s. Col. 242a	31 025	105 769	111 141	28 313	79 454	109 143
b. Ruhrort-Crf.	5920	3782	3196	s. Col. 242a	6506	74 295	64 480	12 443	11 723	84 60[illegible]
15 a. Bergisch-Märkische	67 357	48 090	6904*	2227	103 050	100 354	141 802	163 875*	171 303	206 492
b. Prinz-Wilhelm-E.	11 011	7837	1924*	—	16 862	10 626	42 821	30 000*	21 080	2259
16 Cöthen-Bernburger	—		—	—	—			—	—	
17 a. Löbau-Zittauer	—	—	—	—	—	—	—	—	—	—
b. Zittau-Reichenberger	—	—	—	—	—	—	—		—	—
18 a. Oberschlesische	18 183	14 995	4995	—	28 183	954 769	612 390	128 440	102 953	1 432 990
b. Breslau-Posen-Glogauer	-	738	738	—	—	133 220*	225 000	66 606	36 267	255 347
19 Stargard-Posener	20 000	1	—	1	20 000	296 191	183 750	59 980	21 607	398 354
20 Rhein-Nahe-E.	—	—	—	—		—			—	—
21 Wilhelms-Bahn	374 184	97 337	39 466	64 131	367 924	—*		—	—	—
b) in Privatverwaltung.										
22 Aachen-Mastrichter	4236	—	—	-	4236	7899	—	—	—	7899
23 Alberts-Bahn	—	—	—	—	—	—	—	—	—	—
24 a. Altona-Kieler	346 077	27 801	10 510	12 000*	351 368	—		—		-
b. Glückstadt-Elmshorner	1260	—	—	—	1260	—	—	—	—	—
25 Aussig-Teplitzer	20 423	3598	—		24 021	51 820	1683	—	—	53 503
26 Bayerische Ostbahnen	—*	17 143	—	—	17 143			—	—	
27 Berlin-Anhaltische	50 000	—	—	—	50 000	386 569	319 297	177 903	63 753	464 210
28 a. Berlin-Hamburger	774 310	159 042	395 967	—	837 385*	—*	—	—	—	—
b. Hamburg-Bergedorfer	—	—	—	—	—		—	—	—	—
29 Berlin-Potsdam-Magdebg.	500 000	—	—	—	500 000	—	—		—	—

	II. Privatbahnen. (Forts.)	240	241	242		243	244	245	246		247
		(Forts.) III. Finanz-Ergebnisse.									
		D. Reservefonds.					E. Erneuerungsfonds.				
		Bestand am Schlusse des Jahres 1861.	Einlage und sonstige Einnahmen pro 1862.	Ausgegeben im Betriebsjahre 1862		Bestand am Schlusse d. Jahres 1862.	Bestand am Schlusse des Jahres 1861.	Einlage und sonstige Einnahmen pro 1862.	Ausgegeben im Betriebsjahre 1862		Bestand am Schlusse d. Jahres 1862.
				a. für Bahn-Anlagen (Schienen, Schwellen etc.)	b. für Betriebsmittel.				a. für Bahn-Anlagen (Schienen, Schwellen etc.)	b. für Betriebsmittel.	
		Thlr.	Thlr.	Thlr.	Thlr.	Thlr.	Thlr.	Thlr.	Thlr.	Thlr.	Thlr.
30	Berlin-Stettiner										
	a. Berlin-Stettin-Stargard	32 695	30 514	8411	—	54 798	1 001 627	369 995	164 837	230 025	975 860*
	b. Stargard-Cöslin-Colberg	133 350	—	—	—	133 350	204 665	107 059	48 223	36 367	256 090*
31	Böhmische Westbahn . .	—	—	—	—	—	—	—	—	—	—
32	Breslau-Schweidnitz-Freib.	20 000	—	—	—	20 000	254 554	188 193	163 849	24 883	254 015
33	Brünn-Rossitzer	27 537	7939	823	553	34 100	—*	—	—	—	—
34	Buschtehrader { a. Lokom.-B. b. Pferde-B.	116 690	57 303	3423	34 964	135 606	—	—	—	—	—
35	Frankfurt-Hanauer . . .	9401	4245	—	—	13 646	—	—	—	—	—
36	Galizische Carl-Ludw.-Bahn	124 709	31 985	—	—	156 694	—	—	—	—	—
37	Graz-Köflacher	4769	1949	—	—	6718	2985	4428	—	—	7413
38	Hessische Ludwigs-E. . .	—	—	—	—	—	65 885*	67 169	14 934	40 245	77 875
39	Homburger	1143	2391	—	—	3534	—	—	—	—	—
40	Kaiser Ferdinands Nordb.	1 582 295	362 696	—	344 492	1 600 499	423 963	213 300	167 207	—	470 056
41	Kaiserin Elisabeth { a. Lokom.-Bahn	—	—	—	—	—	—	—	—	—	—
	b. Pferde-Bahn	—	—	—	—	—	—	—	—	—	—
42	Köln-Mindener (u. Gießener)	100 000	7570	4473*	3097	100 000	1 286 648	779 261	425 569*	96 029	1542344
43	Kurf. Friedr. Wilh. Nordb.	135 680	32 900	65 508	—	103 072	—	—	—	—	—
44	Leipzig-Dresdener . . .	500 000	—	—	—	500 000	—	—	—	—	—
45	Ludwigs-E. (Nürnb.-Fürth)	—	—	—	—	—	—	—	—	—	—
46	Lübeck-Büchener	115 057	24 189	16 378	2829	120 039	—*	—	—	—	—
47	Magdbg.-Cöth.-Halle-Leipz.	246 217	147 407	66 651	74 473	252 500	—	—	—	—	—
48	Magdeburg-Halberstädter .	405 791	101 259	—	—	507 050	—	—	—	—	—
49	Magdeburg-Wittenbergesche	320 000	—	—	—	320 000	115 624	100 015	125 517	—	90 122
50	Mecklenburgische . . .	42 624	15 411	40 443	—	17 592	108 032	54 023	—	23 131	138 924
51	Mohacs-Fünfkirchener . .	—	—	—	—	—	174 090	20 004	—	—	194 094
52	Neisse-Brieger	22 362	28 000	11 659	6156	32 547	—*	—	—	—	—
53	Niederländische Rhein-E. .	1731	3386	—	—	5117	—	—	—	—	—
54	Niederschlesische Zweigbahn	38 184	1866	1675	54	38 321	61 246	41 213	5467	8633	88 359
55	a. Oesterreich. nördliche .										
	b. Oesterreich. südöstliche .	774 390	203 556	74 613	—	903 333	—	—	—	—	—
	c. Wien-Neu-Szönyer . .										
56	Oppeln-Tarnowitzer . .	2500	2600	—	—	5100	65 147	27 033	14 131	5115	72 934
57	a. Pfälzische Ludwigsbahn .	461 214	—	—	—	461 214	9593	73 488	22 960	26 104	34 017
	b. Pfälzische Maximiliansb.	—	—	—	—	—	—	—	—	—	—
58	Rendsburg-Neumünstersche	44 209	1948	—	—	46 157	—	—	—	—	—
59	Rheinische	60 287	29 100	s. Col. 242b	15 756	73 631	502 164	370 366	86 667	116 397	669 466
60	a. Südbahn, Oesterreich. .										
	b. Nordtiroler	907 894	280 763	—	—	1 188 657	—	—	—	—	—
	c. Venetianische u. Südtirol.										
61	Süd-Norddeutsche . . .	—	—	—	—	—	—	—	—	—	—
62	Taunus-Bahn	214 116	53 883	188 329*	—	79 669	119 576	57 143	18 130	40 397	118 192
63	Theiß-Bahn	—	—	—	—	—	—	—	—	—	—
64	Thüringische	100 000	49 271	3011	105 375	40 885	255 217	278 088	107 329	47 790	378 186
65	Werra-E.	114 598	45 211	10 079	—	149 730	—	—	—	—	—

1	Badische	53,20	4,81	745 598	—	301 321	—	143 046	—
2	Bayerische (u. Hzpcht. Zwgb.)	142,92 / 15,74	— / 2,30	423 795	—	2 973 659*	—	984 754*	—
3	Braunschweigische . . .	26,62	—	234	—	2 633 707	—	124 377	—
4	Hannoversche	114,08	3,82	184 656	—	6 056 651	—	375 170	—
5	Main-Neckar	11,62	—	170 309	—	677 391	—	34 003	—
6	Main-Weser	26,59	—	55 272	—	552 442	—	65 138*	—
7	Preuß. Niederschles.-Märk.	51,82	—	197 163	—	6 745 469	—	1 263 392	—
8	„ Ostbahn	107,10	5,6	140 549	—	1 834 542	—	672 545	—
9	„ Saarbrücker (u. Trier)	19,32	0,56	—	98 734*	2 058 940	—	108 710	—
10	„ Westfälische . . .	27,10	—	16 001	—	696 165	—	43 913	—
11	Sächsische östliche								
	a. Sächsisch-Böhmische . .	8,67	—	47 501	—	215 050	—	3006	—
	b. Sächsisch-Schlesische .	13,66	—	55 995	—	1 709 856	—	170 007	—
	c. Tharandt-Freiberger .	—*	—	—*	—	—	—	—	—
12	Sächsische westliche								
	a. Niedererzgebirgische . .	18,48	—	56 551	—	139 370	—	31 151	—
	b. Obererzgebirgische . .	6,06	—	3305	—	650 781	—	—	1373
	c. Sächsisch-Bayerische .	23,86	—	27 752	—	620 630	—	30 176	—
13	Württembergische . . .	56,65	10,86	659 246	—	4 113 824	—	819 448	—
	II. Privatbahnen								
	a) unter Staatsverwaltg.								
14	Aach.-Düss.-Ruhrorter: a. Aach.-Düss.	11,03	—	25 800	—	474 243	—	—	26 240*
	b. Ruhrort-Crf.	5,60	—	14 724	—	546 308	—	15 826	—
15	a. Bergisch-Märkische . .	39,77	10,60	622 799	—	9 948 640	—	632 777	—
	b. Prinz-Wilhelm-E. . .	4,38	—	53 462	—	—	44 282*	—	13 700
16	Cöthen-Bernburger . . .	4,0	—	5342	—	93 930	—	9821	—
17	a. Löbau-Zittauer . . .	4,81	—	10 652	—	8323	—	—	1390
	b. Zittau-Reichenberger .	3,88	—	14 872	—	72 472	—	5071	—
18	a. Oberschlesische . . .	33,19	—	59 957	—	7 857 000*	—	870 394	—
	b. Breslau-Posen-Glogauer	27,87	—	29 867	—	1 676 763*	—	191 507	—
19	Stargard-Posener . . .	22,63	—	27 563	—	1 704 691*	—	244 035	—
20	Rhein-Nahe-E.	16,03	—	—	20 258	604 460	—	24 007	—
21	Wilhelms-Bahn	23,66	—	17 938	—	1 242 017	—	72 476	—
	b) in Privatverwaltung.								
22	Aachen-Mastrichter . . .	12,40	—	4457	—	1 005 384	—	—	1233*
23	Alberts-Bahn	5,11	—	—	3589	985 921	—	39 029	—
24	a. Altona-Kieler . . .	14,08	—	22 653	—	32 306	—	19 849	—
	b. Glückstadt-Elmshorner .	4,8	—	—	7879	101 625	—	—	574
25	Aussig-Teplitzer	2,42	—	8404	—	536 316	—	17 112	—
26	Bayerische Ostbahnen . .	60,2	4,3	131 854	—	2 508 637	—	685 494	—
27	Berlin-Anhaltische . . .	47,00	—	26 067	—	405 295	—	38 163	—
28	a. Berlin-Hamburger . .	39,66	—	55 588	—	572 437*	—	41 793*	—
	b. Hamburg-Bergedorfer .	2,00	—	16 605	—	187 364	—	—	3636
29	Berlin-Potsdam-Magdeb. .	19,74	—	31 154	—	2 150 539	—	299 158	—

und Ertrages mit dem Vorjahre.

252		253		254		255		256		257		
...me pro Meile Bahnlänge		Ausgabe		Ausgabe pro Meile Bahnlänge		Ueberschuß		Ueberschuß pro Meile Bahnlänge		Dividende		
a. mehr. Thlr.	b. weniger. Thlr.	a. mehr. Thlr.	b. weniger. Thlr.	a. mehr. Thlr.	b. weniger. Thlr.	a. mehr. Thlr.	b. weniger. Thlr.	a. mehr. Thlr.	b. weniger. Thlr.	1862 (nach Kol. 236). Proc.	im Vorjahre. Proc.	
—	2591	208 695	—	2001	—	—	65 649	—	4592	—	—	1
6896	—	684 902	—	4796	—	299 852	—	2100	—	—	—	2
4672	—	58 732	—	2206	—	65 645	—	2466	—	—	—	3
1837	—	71 056	—	—	92	304 114	—	1929	—	—	—	4
2925	—	7990	—	687	—	26 013	—	2238	—	—	—	5
2449	—	—	14 114	—	531	79 252	—	2980	—	—	—	6
24 475	—	316 243	—	6126	—	947 149	—	18 349	—	—	—	7
4337	—	274 414	—	1624	—	398 131	—	2713	—	—	—	8
3979	—	95 665*	—	3806	—	13 045	—	173	—	—	—	9
1620	—	66 837*	—	2466	—	—	23 008	—	852	—	—	10
347	—	4831	—	557	—	—	1825	—	210	—	—	11a
12 546	—	17 701	—	1306	—	152 306	—	11 240	—	—	—	- b
—	—	—	—	—	—	—	—	—	—	—	—	- c
1686	—	—	29 841	—	1615	60 992	—	3301	—	—	—	12a
—	226	—	11 395	—	1874	10 022	—	1648	—	—	—	- b
1265	—	—	170 008	—	7125	200 184	—	8390	—	—	—	- c
3404	—	412 368	—	2579	—	407 080	—	825	—	—	—	13
—	2296	—	12 013	—	1051	—	14 227	—	1245	2,14	2,45	14a
2826	—	2380	—	425	—	13 446	—	2401	—	4 1/2	3,72	- b
—	5679	323 772	—	—	1164	309 005	—	—	4515	6 1/2 u. 4*	6 1/3 u. 4	15a
—	3121	2692	—	613	—	—	16 392	—	3734	—	1/3	- b
2455	—	—	2889	—	722	12 710	—	3177	—	—	—	16
—	308	—	67	—	15	—	1323	—	293	—	—	17a
1429	—	4384	—	1235	—	687	—	194	—	—	—	- b
26 225	—	130 427	—	3930	—	736 970	—	22 205	—	10 13/15	7,98	18a
6871	—	50 752	—	1821	—	140 755	—	5050	—	—	—	- b
10 784	—	55 622	—	2458	—	188 413	—	8326	—	6	4	19
1498	—	33 005	—	2060	—	—	8998	—	562	—	—	20
3089	—	10 716	—	457	—	61 760	—	2632	—	1/8	—	21
—	99	5336*	—	430	—	—	6569	—	529	—	—	22
7638	—	5164	—	1011	—	33 865	—	6627	—	2	—	23
1410	—	13 000	—	923	—	6849	—	487	—	9 1/2	9	24a
—	127	4867	—	1082	—	—	5441	—	1209	—	—	- b
7071	—	11 708	—	4838	—	5404	—	2233	—	6	5 1/2	25
9507	—	145 835	—	1643	—	539 659	—	7864	—	5	—*	26
805	—	3712	—	78	—	34 451	—	727	—	8 1/3	8 1/4	27
1054	—	32 971	—	831	—	8822	—	223	—	5,67	5,63	28a
—	1739	—	2414	—	1155	—	1222	—	584	7 1/2	8	- b
15 155	—	104 212	—	5279	—	194 946	—	9876	—	14	11	29

IV. Vergleichung des Verkehrs

II. Privatbahnen. (Forts.)	248 Betriebs-Bahnlänge a. 1862 (nach Sol. 17) Meilen	b. gegen 1861 mehr	249 Personen im Betriebsjahre 1862 a. mehr	b. weniger	250 Güter im Betriebsjahre 1862 a. mehr Z.-Ctr.	b. weniger Z.-Ctr.	251 Einnah- a. mehr Thlr.	b. weniger Thlr.
30 Berlin-Stettiner								
a. Berl.-Stettin-Stargard	22,19	—	47 753	—	1 044 642	—	24 274	—
b. Starg.-Cöslin-Colberg	22,60	—	34 025	—	94 497	—	25 003	—
31 Böhmische Westbahn	17,21	—*	—	—	—	—	—	—
32 Breslau-Schweidnitz-Freib.	22,55	—	83 194	—	2 791 138	—	134 510	—
33 Brünn-Rossitzer	3,31	0,11	2948	—	242 633	—	35 483	—
34 Buschtěhrader a. Locom.-B.	3,84	—	3890	—	—	393 336	—	9698
b. Pferde-B.	7,5	—	—*	—		52 800	4042	—
35 Frankfurt-Hanauer	5,06	—	51 579	—	559 439	—	47 857	—
36 Galiz. Carl-Ludw.-Bahn	46,71	10,41*	31 077	—	568 156	—	602 660	—
37 Graz-Köflacher	5,31	—	14 383	—	532 988	—	34 403	—
38 Hessische Ludwigs-E.	20,41	—	63 115	—	1 548 596	—	163 261	—
39 Homburger	2,50	—	21 604	—	46 923	—	7362	—
40 Kaiser Ferdinands Nordb.	80,33	—	107 331	—	—	1 327 381*	—	312 648
41 Kaiserin Elisabeth a. Locom.-Bahn	56,43	7,55*	—	31 962	414 275	—	189 480	—
b. Pferde-Bahn	17,37	—	1139	—	—	124 684	—	45 581
42 Köln-Mindener (u. Gießener)	68,60	24,30	842 433*	—	16 891 522*	—	1 349 816	
43 Kurf. Friedr. Wilh. Nordb.	19,61	—	6099	—	741 726	—	54 877	—
44 Leipzig-Dresdener	16,83	—	63 526	—	1 442 929	—	195 413	—
45 Ludwigs-E. (Nürnb.-Fürth)	0,80	—	—*	—	—	—	—	—
46 Lübeck-Büchener	6,30	—	2486	—	175 985	—	8716	
47 Magdb.-Cöth.-Halle-Leipz.	19,40	—	37 934	—	1 749 543	—	55 312	—
48 Magdeburg-Halberstädter	9,10	1,13	135 671	—	2 327 266	—	128 408	—
49 Magdeburg-Wittenbergesche	14,28	—	7445	—	73 719	—	4504	—
50 Mecklenburgische	19,27	—	—	2815	—	71 900	—	19 176
51 Mohacs-Fünfkirchener	8,00	—	4725*	—	208 987	—	—	24 922*
52 Neiße-Brieger	6,18	—	9564	—	171 144	—	14 675	—
53 Niederländische Rhein-E.	23,14	—	45 932	—	380 748	—	90 487	—
54 Niederschlesische Zweigbahn	9,50	—	37 946	—	539 259	—	35 933	—
55 a. Oesterreich. nördliche	61,07	—	47 692	—	—	351 121	—	488 845
b. Oesterreich. südöstliche	91,50	—	—	49 974	—	4 929 400	—	1 330 201
c. Wien-Neu-Szönyer	20,78	—	—	9645	—	1 505 799	—	303 097
56 Oppeln-Tarnowitzer	10,12	—	4617	—	604 756	—	38 509	—
57 a. Pfälzische Ludwigsbahn	20,0	—	49 262	—	2 787 195	—	20 493	—
b. Pfälzische Maximiliansb.	6,02	—	12 512	—	1 587 071	—	43 478	—
58 Rendsburg-Neumünstersche	4,03	—	365	—	57 178	—	2103	—
59 Rheinische	39,11	—	102 379	—	3 241 493	—	354 450	—
60 a. Südbahn, Oesterreich.	135,88	7,38*	237 367	—	—	3 420 066	—	17 510
b. Nordtiroler	9,56	—	24 157	—	—	155 847	—	1673
c. Venetianische u. Südtirol.	68,65	—	2495	—	379 477	—	166 129	—
61 Süd-Norddeutsche	26,18	—	62 546	—	147 072	—	32 998	—
62 Taunus-Bahn	5,84		46 835	—	158 559	—	60 410	—
63 Theiß-Bahn	77,31	—	—	47 508	—	897 577	—	419 349
64 Thüringische	37,26	—	14 117	—	933 021	—	218 220	—
65 Werra-E.	22,44			17 966	140 260	—	39 062	—

252		253		254		255		256		257		

und Ertrages mit dem Vorjahre.

me		Ausgabe				Ueberschuß				Dividende		
pro Meile Bahnlänge				pro Meile Bahnlänge				pro Meile Bahnlänge		1862 (nach Col. 236)	im Vorjahre.	
a. mehr. Thlr.	b. weniger. Thlr.	a. mehr. Thlr.	b. weniger. Thlr.	a. mehr. Thlr.	b. weniger. Thlr.	a. mehr. Thlr.	b. weniger. Thlr.	a. mehr. Thlr.	b. weniger. Thlr.	Proc.	Proc.	
1080	—	—	3429	—	153	27 703	—	1231	—	7⅚	7⅚	30a
1097	—	25 003	—	1097	—	—	—	—	—	—	—	- b
—	—	—	—	—	—	—	—	—	—	—	—	31
5876	—	42 392	—	1852	—	92 118	—	4024	—	8	6½	32
3056	—	20 889	—	2757	—	14 595	—	299	—	1	½	33
—	2523	3 906	—	783	—	—	8156	—	719	9,81	9,85	34a
539	—	—	495	—	66							- b
8766	—	20 738	—	3797	—	27 119	—	4967	—	3,5	3,5	35
1099	—	248 968	—	1945	—	253 692	—	—	846	7½	9½	36
6478	—	22 559	—	4248	—	11 844	—	2230	—	5	4,5	37
7991	—	64 225	—	3143	—	99 036	—	4848	—	7½	7	38
2945	—	1516	—	606	—	5846	—	2338	—	6	5½	39
—	3892	211 496*	—	2633	—	—	524 144	—	6525	12,63	15	40
—	5214	200 083	—	—	171	—	10 603	—	5043	—	—	41a
—	2624	—	13 552	—	780	—	32 029	—	1844	—	—	- b
—	27 587*	692 462*	—	—	7425*	656 354	—	—	20 162*	12½	12½	42
2770	—	24 755	—	1249	—	30 122	—	1521	—	3½	3	43
11 821	—	70 768	—	4282	—	124 625	—	7539	—	18	15½	44
—	—	—	—	—	—	—	—	—	—	—	—	45
1384	—	49	—	8	—	8667	—	1376	—	3½	3	46
2867	—	15 256	—	788	—	40 256	—	2079	—	17	17*	47
—	9222	62 067		—	1164	66 341	—	—	8058	25½	22½	48
315	—	3159		221	—	1345	—	94	—	1⅘	1½	49
—	995	15 079	—	783	—	—	34 255	—	1778	2½	2½	50
—	3084	43 253*	—	5353	—	—	68 175	—	8437	—	—	51
2374	—	2104	—	340	—	12 571	—	2034	—	4½	3½	52
3693	—	44 569		1918	—	45 918	—	1975	—	5,47	5,33	53
3782	—	10 896	—	1147	—	25 037	—	2635	—	2⅚	1½	54
—	7902	—	66 613		1077	—	422 232	—	6825	5	8,01	55
—	14 538	—	486 408	—	5316	—	843 793	—	9222			
—	14 586	—	128 861	—	6202	—	174 218	—	8384			
3806	—	—	1298	—	129	39 807	—	3935	—	2½	½	56
1024	—	—	65 343	—	3267	65 836	—	4291	—	9	8	57a
6878	—	10 434	—	1652	—	33 044	—	5226	—	4,53	4,31	- b
435	—	—	3255	—	704	5358	—	1159	—	7½	6½	58
9063	—	48 886	—	1250	—	305 564	—	7813	—	6	5 resp. 5½	59
—	5233	—	35 859	—	2096	18 349	—	—	3137	9,5	10,21	60
—	175	7195	—	753	—	—	8868	—	928			
2420	—	—	54 155	—	788	220 284	—	3208	—			
1261	—	32 914	—	1258	—	84	—	3	—	—	—	61
10 344	—	19 335	—	3311	—	41 075	—	7033	—	9½	9½	62
—	5424	—	44 979	—	582	—	374 370	—	4842	—	—	63
5856	—	58 632		1573	—	159 589	—	4283	—	7½	6½	64
1725	—	2647	—	116	—	36 415	—	1609	—	2,55	2½	65

Abschnitt E.

Außergewöhnliche Ereignisse beim Eisenbahn-Betriebe.

	I. Staatsbahnen.	258 a. Zusammenstoß zweier Züge	b. Entgleisung	c. unrichtige Stellung der Weichen	d. zu schnelles Einfahren in die Bahnhöfe	e. Achsbrüche	f. sonstige Ursachen	Anz.	259 Zusammen. Unfälle	260 Reisende verletzt	getödtet	261 Bahn-Beamte und Arbeiter verletzt	getödtet	262 Dritte Personen verletzt	getödtet	263 Zusammen Personen verletzt	getödtet	264 a. durch Unvorsichtigkeit beim Besteigen oder Verlassen der Züge verletzt	getödtet
		Anzahl der Unfälle.																	
1	Badische	—	—	—	—	—		—	—	—			—	—	—	—		—	—
2	Bayerische (u. 5 gpcht. Zwgb.)	1*	1	—	—	1		—	3	—	—	3	—	—	—	3	—	—	1
3	Braunschweigische	—	1	—	—	—		—	1	—	—	1	—	—	—	1	—	—	—
4	Hannoversche	—	1	—	—	—		1	2	—	—	1	—	1	3	2	3	—	—
5	Main-Neckar	—	—	—	—	—		—	—	—	—	—	—	—	—	—	—	—	—
6	Main-Weser	—	—	—	—	—		—	—	—	—	—	—	—	—	—	—	—	—
7	Preuß. Niederschles.-Märk.	—	—	—	—	—		—	—	—	—	—	—	—	—	—	—	—	—
8	„ Ostbahn	—	—	1	—	—		—	1	—	—	4	—	—	—	4	—	—	—
9	„ Saarbrücker (u. Trier)	2	—	—	—	—		2	4	—	—	3	—	1	—	4	—	—	—
10	„ Westfälische	—	—	—	—	—		—	—	—	—	—	—	—	—	—	—	—	—
11	Sächsische östliche																		
	a. Sächsisch-Böhmische	—	—	—	—	—		—	—	—	—	—	—	—	—	—	—	—	—
	b. Sächsisch-Schlesische	—	—	—	—	1	Zusammenstoß einer leergehenden Maschine mit Personenzug	1	2	—	—	5	—	1	1	6	1	1	—
	c. Tharandt-Freiberger	—	—	—	—	—		—	—	—	—	—	—	—	—	—	—	—	—
12	Sächsische westliche																		
	a. Niedererzgebirgische	—	—	—	—	—		—	—	—	—	—	—	—	—	—	—	—	—
	b. Obererzgebirgische	—	—	—	—	—		—	—	—	—	—	—	—	—	—	—	—	—
	c. Sächsisch-Bayerische	—	2	—	—	—	Zusammenstoß eines Personenzugs mit einem Wagen	1	3	—	—	3	—	—	—	3	—	—	—
13	Württembergische	—	—	—	—	—		—	—	—	—	—	—	—	—	—	—	1	—
	II. Privatbahnen																		
	a) unter Staatsverwaltg.																		
14	Aach.-Düss.-Ruhrorter a. Aach.-Düssel.	—	—	—	—	—		—	—	—	—	—	—	—	—	—	—	—	—
	b. Ruhrort-Crf.	—	—	—	—	—		—	—	—	—	—	—	—	—	—	—	—	—
15	a. Bergisch-Märkische	—	—	—	—	—		—	—	—	—	—	—	—	—	—	—	—	—
	b. Prinz-Wilhelm-E.	—	—	—	—	—		—	—	—	—	—	—	—	—	—	—	—	—
16	Cöthen-Bernburger	—	—	—	—	—		—	—	—	—	—	—	—	—	—	—	—	—
17	a. Löbau-Zittauer	—	—	—	—	—		—	—	—	—	—	—	—	—	—	—	—	—
	b. Zittau-Reichenberger	—	—	—	—	—		—	—	—	—	—	—	—	—	—	—	—	—
18	a. Oberschlesische	1	—	—	—	—		—	1	—	—	—	1	—	—	—	1	—	—
	b. Breslau-Posen-Glogauer	—	—	1	—	—		—	1	—	—	—	—	1	1	1	1	—	—
19	Stargard-Posener	—	—	—	—	—		—	—	—	—	—	—	—	—	—	—	—	—
20	Rhein-Nahe-E.	—	—	—	—	—		—	—	—	—	—	—	—	—	—	—	—	—
21	Wilhelms-Bahn	—	—	—	—	—		—	—	—	—	—	1*	—	—	—	1	—	—
	b) in Privatverwaltung.																		
22	Aachen-Mastrichter	—	—	—	—	—		—	—	—	—	—	—	—	—	—	—	—	—
23	Alberts-Bahn	—	—	—	—	—		—	—	—	—	—	—	—	—	—	—	—	—
24	a. Altona-Kieler / b. Glückstadt-Elmshorner	—	—	—	—	—		—	—	—	—	—	—	—	—	—	—	—	—
25	Aussig-Teplitzer	—	—	—	—	—		—	—	—	—	—		—	—	—	—	—	—
26	Bayerische Ostbahnen	—	—	—	—	—		—	—	—	—	—	—	—	—			—	—
27	Berlin-Anhaltische	—	—	—	—	—		—	—	—	—	—	—	—	—	—	—	—	—
28	a. Berlin-Hamburger / b. Hamburg-Bergedorfer	—	—	—	—			—	—	—	—	—	—	—	—	—	—	—	—
29	Berlin-Potsdam-Magdeburg.	2	1	—	—	—		—	3	1	—	2	—	—	—	3	—	—	—

264					265							266							267		
(incl. ihres Aufenthalts auf den Bahnhöfen).																					
Außerdem wurden (unabhängig von den Unfällen ad Kol. 258) durch eigene Schuld der Betreffenen																					
Reisende					Bahnbeamte und Arbeiter							Dritte Personen							Zusammen Personen		
b. durch eigenmächtiges Oeffnen der Wagenthüren		c. durch sonstige Ursachen.			a. durch Unvorsichtigkeit bei Handhabung des Dienstes		b. durch unvorsichtiges Betreten der Bahn		c. durch sonstige Ursachen			a. durch unbefugtes oder unvorsichtiges Betreten der Bahn		b. durch Betreten der Geleise an Straßenübergängen wider Vorschrift		c. durch sonstige Ursachen					
beschäd.	getödt.		besch.	getödt.	beschäd.	getödt.	beschäd.	getödt.		besch.	getödt.	beschäd.	getödt.	beschäd.	getödt.		besch.	getödt.	beschäd.	getödt.	
—	—	. . . . .	—	—	2	1	—	—	. . . . .	—	—	—	—	—	1	. . . . .	—	—	2	2	1
—	—	. . . . .	—	—	3	2	2	—	. . . . .	—	—	2	9	—	2	. . . . .	—	—	7	13	2
—	—	. . . . .	—	—	1	1	—	—	. . . . .	—	—	—	—	—	—	. . . . .	—	—	1	1	3
—	—	. . . . .	—	—	—	—	—	—	. . . . .	—	—	—	3	—	—	. . . . .	—	—	—	3	4
—	—	. . . . .	—	—	—	—	—	—	. . . . .	—	—	—	—	—	—	. . . . .	—	—	—	—	5
—	—	. . . . .	—	—	4	—	—	—	. . . . .	—	—	—	—	—	—	. . . . .	—	—	4	—	6
—	—	. . . . .	—	—	1	1	1	2	. . . . .	—	—	2	2	—	2	. . . . .	—	—	4	7	7
—	—	. . . . .	—	—	1	—	—	1	. . . . .	—	—	1	3	—	—	. . . . .	—	—	2	4	8
—	—	. . . . .	—	—	3	—	—	—	. . . . .	—	—	1	—	—	—	. . . . .	—	—	4	—	9
—	—	. . . . .	—	—	1	—	—	—	. . . . .	1	—	—	—	—	—	. . . . .	—	—	2	—	10
—	—	. . . . .	—	—	—	—	—	—	. . . . .	—	—	—	—	—	1	. . . . .	—	—	—	1	11a
—	—	. . . . .	—	—	1	—	—	—	. . . . .	—	—	—	1	—	—	. . . . .	—	—	2	1	- b
—	—	. . . . .	—	—	—	—	—	—	. . . . .	—	—	—	—	—	—	. . . . .	—	—	—	—	- c
—	—	. . . . .	—	—	—	1	—	—	. . . . .	—	—	—	—	1	1	. . . . .	—	—	1	2	12a
—	—	. . . . .	—	—	—	—	—	—	. . . . .	—	—	—	—	—	—	. . . . .	—	—	—	—	- b
—	—	. . . . .	—	—	1	—	—	—	. . . . .	—	—	—	3	—	1	. . . . .	—	—	1	4	- c
—	—	. . . . .	—	—	—	1	—	—	. . . . .	—	—	—	1	—	1	. . . . .	—	—	1	3	13
—	—	. . . . .	—	—	—	—	—	—	. . . . .	—	—	—	—	—	1	. . . . .	—	—	—	1	14a
—	—	. . . . .	—	—	—	—	—	—	. . . . .	—	—	—	—	—	—	. . . . .	—	—	—	—	- b
—	—	{Besteigen der Kreisbahn eines Wagens}	—	1	—	2	—	—	{Herabspringen von einem im Gange befindlichen Zuge}	—	1	—	1	—	3	. . . . .	—	—	—	8	15a
—	—	. . . . .	—	—	—	1	—	—	. . . . .	—	—	—	—	—	—	. . . . .	—	—	—	1	- b
—	—	. . . . .	—	—	—	—	—	—	. . . . .	—	—	—	—	—	—	. . . . .	—	—	—	—	16
—	—	. . . . .	—	—	—	—	—	—	. . . . .	—	—	—	—	—	—	. . . . .	—	—	—	—	17a
—	—	. . . . .	—	—	—	—	—	—	. . . . .	—	—	—	—	—	—	. . . . .	—	—	—	—	- b
—	—	. . . . .	—	—	2	1	—	—	. . . . .	—	—	—	1	—	—	. . . . .	—	—	2	2	18a
—	—	. . . . .	—	—	—	—	—	—	. . . . .	—	—	—	—	—	1	. . . . .	—	—	—	1	- b
—	—	. . . . .	—	—	1	—	—	—	. . . . .	—	—	—	—	—	—	. . . . .	—	—	1	—	19
—	—	. . . . .	—	—	—	—	—	—	. . . . .	—	—	—	—	—	—	. . . . .	—	—	—	—	20
—	—	. . . . .	—	—	1	1	—	—	. . . . .	—	—	—	1	—	—	. . . . .	—	—	1	2	21
—	—	. . . . .	—	—	—	—	—	—	. . . . .	—	—	—	—	—	—	. . . . .	—	—	—	—	22
—	—	. . . . .	—	—	—	—	—	—	. . . . .	—	—	—	—	—	1	. . . . .	—	—	—	1	23
—	—	. . . . .	—	—	—	—	—	—	. . . . .	—	—	—	—	—	2	. . . . .	—	—	—	2	24
—	—	. . . . .	—	—	—	—	—	—	. . . . .	—	—	—	—	—	—	. . . . .	—	—	—	—	25
—	—	. . . . .	—	—	1	—	—	—	. . . . .	—	—	—	—	—	—	. . . . .	—	—	1	—	26
—	—	. . . . .	—	—	—	—	—	—	. . . . .	—	—	—	—	—	1	. . . . .	—	—	—	1	27
—	—	. . . . .	—	—	—	—	—	—	. . . . .	—	—	4	3	—	2	. . . . .	—	—	4	5	28
—	—	. . . . .	—	—	—	—	—	—	. . . . .	—	—	—	1	—	—	. . . . .	—	—	—	1	29

	II. Privatbahnen. (Forts.)	258							259	260		261		262		263		264	
		I. Unfälle a) bei fahrenden Zügen																	
		Die Unfälle im Betriebsjahre 1862, bei denen Personen beschädigt oder getödtet wurden, sind veranlaßt durch:							Zusammen.	Bei diesen Unfällen (Kol. 258) wurden unverschuldet									
		a. Zusammenstoß zweier Züge.	b. Entgleisung.	c. unrichtiges Stellen der Weichen.	d. zu schnelles Einfahren in die Bahnhöfe.	e. Achsbrüche.	f. sonstige Ursachen.			Reisende		Bahn-Beamte und Arbeiter		Dritte Personen		Zusammen Personen		a. durch Unvorsichtigkeit beim Besteigen oder Verlassen der Züge	
		Anzahl der Unfälle.						Anz.	Unfälle	beschädigt	getödtet	beschäd.	getödt.	beschäd.	getödt.	beschäd.	getödt.	beschäd.	getödt.
30	Berlin-Stettiner																		
	a. Berl.-Stettin-Stargard	—	—	—	—	—	. .	—	—	—	—	—	—	—	—	—	—	—	—
	b. Starg.-Cöslin-Colberg	—	—	—	—	—	. . .	—	—	—	—	—	—	—	—	—	—	—	—
31	Böhmische Westbahn	—	—	—	—	—	. .	—	—	—	—	—	—	—	—	—	—	—	—
32	Breslau-Schweidnitz-Freib.	—	—	—	—	—	. . .	—	—	—	—	—	—	—	—	—	—	—	—
33	Brünn-Rossitzer	—	1	—	—	—	. .	—	1	2	—	1	—	—	—	3	—	—	—
34	Buschtěhrader a. Lokom.-B.		—	—	—	—		—	—	—	—	—	—	—	—	—	—	—	—
	b. Pferde-B.	—	—	—	—	—	. . .	—	—	—	—	—	—	—	—	—	—	—	—
35	Frankfurt-Hanauer		—	1	—	—	.	—	1	—	—	—	1	—	—	—	1	—	—
36	Galizische Carl-Ludw.-Bahn	—	—	—	—	—	. .	—	—	—	—	—	—	—	—	—	—	—	—
37	Graz-Köflacher	—		—	—	—	. .	—	—	—	—	—	—	—	—	—	—	—	—
38	Hessische Ludwigs-E.	—	—	—	—	—	.	—	—	—	—	—	—	—	—	—	—	—	—
39	Homburger	—	—	—	—	—	.	—	—	—	—	—	—	—	—	—	—	—	—
40	Kaiser Ferdinands Nordb.	—	—	—	—	—	.	—	—	—	—	—	—	—	—	—	—	—	—
41	Kaiserin Elisabeth a. Lokom.-Bahn	1	—	—	—	—	.	—	1	1	—	—	—	—	—	1	—	—	—
	b. Pferde-Bahn	—	—	—	—	—		—	—	—	—	—	—	—	—	—	—	—	—
42	Köln-Mindener (u. Gießener)		—	—	—	—	durch Zusammenstoß mit einer Rangirmaschine . . . desgl. mit Privatfuhrwerk am Wegeübergange	2 2	4	—	—	3	2	1	2	4	4	—	—
43	Kurf. Friedr. Wilh. Nordb.	—	—	—	—		. . . .	—	—	—	—	—	—	—	—	—	—	—	—
44	Leipzig-Dresdener	—	—	—	—	—	.	—	—	—	—	1	—	—	—	1	—	—	—
45	Ludwigs-E. (Nürnb.-Fürth)	—	—	—	—	—	.	—	—	—	—	—	—	—	—	—	—	—	—
46	Lübeck-Büchener	—	—	—	—	—	. . . .	—	—	—	—	—	—	—	—	—	—	—	—
47	Magdb.-Cöth.-Halle-Leipz.	—	—	—	—	—	durch 2 scheu gewordene Pferde welche d. Wegebarrieren durchbrech. hat.	1	1	—	—	1	—	—	—	1	—	—	—
48	Magdeburg-Halberstädter	—	—	—	—	—	. . . .	—	—	—	—	—	—	—	—	—	—	—	—
49	Magdeburg-Wittenbergesche	—	—	—	—	—	. . .	—	—	—	—	—	—	—	—	—	—	—	—
50	Mecklenburgische	—	—	—	—	—	. .	—	—	—	—	—	—	—	—	—	—	—	—
51	Mohacs-Fünfkirchener	—	—	—	—	—	. .	—	—	—	—	—	—	—	—	—	—	—	—
52	Neisse-Brieger	—	—	—	—	—	. .	—	—	—	—	—	—	—	—	—	—	—	—
53	Niederländische Rhein-E.	—	—	—	—	—	. .	—	—	—	—	—	—	—	—	—	—	—	—
54	Niederschlesische Zweigbahn	—	—	—	—	—	. .	—	—	—	—	—	—	—	—	—	—	—	—
55	a. Oesterreich. nördliche	—	—	—	—	—	.	—	—	—	—	—	—	—	—	—	—	2	—
	b. Oesterreich. südöstliche	—	—	—	—	—	. .	2	2		—	1	—	1	—	2	—	—	—
	c. Wien-Neu-Szönyer	—	—	—	—	—	. .	—	—	—	—		—	—	—	—	—	—	—
56	Oppeln-Tarnowitzer	—	—	—	—	—	. .	—	—	—	—	—	—	—	—	—	—	—	—
57	a. Pfälzische Ludwigsbahn	—	—	—	—	—	. .	—	—	—	—	—	—	—	—	—	—	—	—
	b. Pfälzische Maximiliansb.	—	—	—	—	—	. .	—	—	—	—	—	—	—	—	—	—	—	—
58	Rendsburg-Neumünstersche	—		—	—	—	. .	—	—	—	—	—	—	—	—	—	—	—	—
59	Rheinische	—	—	—	—	—	. . . .	—	—	—	—	—	—	—	—	—	—	—	—
60	a. Südbahn, Oesterreich.	—	—	1	—	—	durch Aufgehen einer Wagenthür	1	2	—	—	2	—	—	—	2	—	1	—
	b. Nordtiroler	—	—	—	—	—	. . . . .	—	—	—	—	—	—	—	—	—	—	—	—
	c. Venetianische u. Südtirol.			—	—	—	.	—	—	—	—	—		—		—	—	—	—
61	Süd-Norddeutsche	—		—	—	—	.	—	—	—		—	—	—	—	—	—	—	—
62	Taunus-Bahn	—		—	—			—	—	—			—	—	—	—	—	—	—
63	Theiß-Bahn							—	—		—			—			—	—	—
64	Thüringische		—		—	—		—	—					—			—		—
65	Werra-E.		—	—	—			—	—				—	—	—	—	—	—	—

264					265							266							267		

(incl. ihres Aufenthalts auf den Bahnhöfen).

Außerdem wurden (unabhängig von den Unfällen ad Kol. 258) durch eigene Schuld der Betroffenen																					
Reisende					Bahnbeamte und Arbeiter							Dritte Personen							Zusammen Personen		
b. durch eigenmächtiges Oeffnen der Wagenthüren		c. durch sonstige Ursachen.			a. durch Unvorsichtigkeit bei Ausübung des Dienstes		b. durch unvorsichtiges Betreten der Bahn		c. durch sonstige Ursachen			a. durch unbefugtes oder unvorsichtiges Betreten der Bahn		b. durch Betreten der Geleise zu selbstmörderischer Absicht		c. durch sonstige Ursachen					
getödt.	verl.		getödt.	verl.	getödt.	verl.	getödt.	verl.		getödt.	verl.	getödt.	verl.	getödt.	verl.		getödt.	verl.	getödt.	verl.	
—	—	. . . . .	—	—	1	—	—	—	. . . . .	—	—	—	—	—	—	. . . . .	—	—	1	—	30 a
—	—	. . . . .	—	—	—	—	—	—	. . . . .	—	—	—	—	—	—	. . . . .	—	—	—	—	- b
—	—	. . . . .	—	—	2	2	1	—	. . . . .	—	—	1	1	—	1	. . . . .	1	—	5	4	31
—	—	. . . . .	—	—	—	1	—	—	. . . . .	—	—	—	—	—	—	. . . . .	—	—	—	1	32
—	—	. . . . .	—	—	—	—	—	—	. . . . .	—	—	—	—	—	—	. . . . .	—	—	—	—	33
—	—	. . . . .	—	—	—	—	—	—	. . . . .	—	—	—	—	—	—	. . . . .	—	—	—	—	34 a
—	—	. . . . .	—	—	—	—	—	—	. . . . .	—	—	—	—	—	—	. . . . .	—	—	—	—	- b
—	—	. . . . .	—	—	2	—	—	—	. . . . .	—	—	—	—	—	—	. . . . .	—	—	2	—	35
—	—	. . . . .	—	—	1	—	3	5	. . . . .	—	—	—	1	—	1	. . . . .	—	—	4	7	36
—	—	. . . . .	—	—	—	—	—	—	. . . . .	—	—	2	—	—	—	. . . . .	—	—	2	—	37
—	—	. . . . .	—	—	—	—	—	—	. . . . .	—	—	—	—	—	—	. . . . .	—	—	—	—	38
—	—	. . . . .	—	—	—	—	—	—	. . . . .	—	—	—	—	—	—	. . . . .	—	—	—	—	39
2	—	. . . . .	—	—	1	1	—	1	{Ersteigen der Wagen . . . {Herabsteigen vom Wagen	3 –	1 1	1	4	—	—	. . . . .	—	—	7	8	40
1	—	. . . . .	—	—	3	1	—	1	. . . . .	2	2	1	—	—	—	. . . . .	—	—	7	4	41 a
—	—	. . . . .	—	—	—	1	—	—	. . . . .	—	—	—	—	—	—	. . . . .	—	—	—	1	- b
—	—	. . . . .	—	—	2	2	—	1	. . . . .	—	—	1	2	—	—	. . . . .	—	—	3	5	42
—	—	. . . . .	—	—	—	—	—	—	. . . . .	—	—	—	—	—	—	. . . . .	—	—	—	—	43
—	—	Herausfallen aus dem Fenster	1	—	5	1	—	—	. . . . .	—	—	—	—	—	1	. . . . .	—	—	6	2	44
—	—	. . . . .			—	—		—	. . . . .	—	—	—	—	—	—	. . . . .	—	—	—	—	45
—	—	. . . . .	—	—	—	—	—	—	. . . . .	—	—	—	—	—	1	. . . . .	—	—	—	1	46
—	—	. . . . .	—	—	—	—	—	—	. . . . .	—	—	1	—	1	1	. . . . .	—	—	2	1	47
—	—	. . . . .	—	—	—	2	—	—	. . . . .	—	—	—	—	—	—	. . . . .	—	—	—	2	48
—	—	. . . . .	—	—	—		—	—	. . . . .	—	—	—	—	—	—	{In Folge Durchgehens eines Pferdes . . .}	—	1	—	1	49
—	—	. . . . .	—	—	—	—	—	—	. . . . .	—	—	—	—	—	—	. . . . .	—	—	—	—	50
—	—	. . . . .	—	—	—	—	—	—	. . . . .	—	—	—	—	—	—	. . . . .	—	—	—	—	51
—	—	. . . . .	—	—	—	—	—	—	. . . . .	—	—	—	—	—	1	. . . . .	—	—	—	1	52
—	—	. . . . .	—	—	1	2	—	—	. . . . .	—	—	—	2	—	—	. . . . .	—	—	1	4	53
—	—	. . . . .	—	—	—	—	—	—	. . . . .	—	—	—	—	—	—	. . . . .	—	—	—	—	54
1	—	. . . . .	—	—	—	—	—	—	. . . . .	—	—	—	5	—	—	. . . . .	—	—	3	5	55 a
—	—	durch Raubanfall	1	—	2	3	1	1	. . . . .	—	—	1	4	—	—	. . . . .	—	—	5	8	- b
—	—	. . . . .	—	—	—	—	—	—	. . . . .	—	—	—	—	—	—	. . . . .	—	—	—	—	- c
—	—	. . . . .	—	—	—	—	—	—	. . . . .	—	—	—	—	—	—	. . . . .	—	—	—	—	56
—	—	. . . . .	—	—	—	—		—	. . . . .	—	—	—	—	—	—	. . . . .	—	—	—	—	57 a
—	—	. . . . .	—	—	—	—	—	—	. . . . .	—	—	—	—	—	—	. . . . .	—	—	—	—	- b
—	—	. . . . .	—	—	—	—	—	—	. . . . .	—	—	—	—	—	—	. . . . .	—	—	—	—	58
—	—	. . . . .	—	—	1	1	—	1	. . . . .	—	—	—	1	—	5	. . . . .	—	—	1	8	59
7	1	{Springen aus dem Wagenfenster . . .}	—	1	14	7		—	. . . . .	—	—	10	—	9	2	. . . . .	—	—	41	11	60 a
—	—	. . . . .	—		—	—		—	. . . . .	—	—	—	—	—	—	. . . . .	—	—	—	—	- b
—	—	. . . . .	—		—	—	1	1	. . . . .	—	—	1	2	—	—	. . . . .	—	—	2	3	- c
—	—	. . . . .	—	—	—	—	—	1	. . . . .	—	—	—	—	—	—	. . . . .	—	—	—	1	61
—	—	. . . . .	—	—	—	—	—	—	. . . . .	—	—	—	—	—	—	. . . . .	—	—	—	—	62
—	—	. . . . .	—	—	3	1	—	—	. . . . .	—	—	—	—	—	—	. . . . .	—	—	3	1	63
—	—	. . . . .	—	—	—	—	—	1	. . . . .	—	—	1	—	3	3	. . . . .	—	—	4	4	64
—	—	. . . . .	—	—	—	—	—	—	. . . . .	—		—	—	—	4	. . . . .	—	—	—	4	65

	I. Staatsbahnen.	268 (Forts.) I. Unfälle a) bei fahrenden Zügen (incl. ihres Aufenthalts auf den Bahnhöfen). Die Unfälle, bei denen Personen nicht verletzt, aber die Fahrzeuge erheblich beschädigt wurden, sind veranlaßt durch: a. Zusammenstoß zweier Züge	b. Entgleisung	c. unrichtiges Stellen der Weichen	d. zu schnelles Einfahren in die Bahnhöfe	e. Achsbrüche	f. Anfahren d. Züge an Hindernisse / Fuhrwerke / Wagen	g. sonstige Ursachen	Nr.	269 zusammen	270 Bei diesen Unfällen (Kol. 268) wurden zerstört oder stark beschädigt: a. Lokomotiven	b. Tender	c. Personenwagen	d. Lastwagen (u. Arbeits-) wagen	e. sonstige Fahrzeuge	Nr.
		Anzahl der Unfälle.								Unfälle	Anzahl.					
1	Badische	—	—	—	—	—	—		—	—	—	—	—	—		—
2	Bayerische (u. verpacht. Zwgb.)	—	1	—	—	1	1		—	3	—	—	3	6		—
3	Braunschweigische	—	2	1	—	—	1		—	4	1	—	—	8		—
4	Hannoversche	—	—	—	—	—	—		—	—	—	—	—	—		—
5	Main-Neckar	—	—	—	—	—	—		—	—	—	—	—	—		—
6	Main-Weser	—	—	—	—	—	—		—	—	—	—	—	—		—
7	Preuß. Niederschles.-Märk.	—	—	—	—	—	—		—	—	—	—	—	—		—
8	" Ostbahn	—	—	—	—	2	—		—	2	—	—	—	5		—
9	" Saarbrücker (u. Trier)	—	—	3	—	—	2		—	5	5	—	—	34		—
10	" Westfälische	—	—	—	—	—	—		—	—	—	—	—	—		—
11	Sächsische östliche															
	a. Sächsisch-Böhmische	—	—	1	—	1	—		—	2	—	—	—	4		
	b. Sächsisch-Schlesische	—	—	—	—	—	—		—	—	—	—	—	-		—
	c. Tharandt-Freiberger	—	—	—	—	—	—		—	—	—	—	—	—		—
12	Sächsische westliche															
	a. Niedererzgebirgische	—	—	1	—	—	1*		—	2	—	—	—	2		—
	b. Obererzgebirgische	—	—	—	—	—	—		—	—	—	—	—	—		—
	c. Sächsisch-Bayerische	—	—	—	—	—	—		—	—	1	—	—	4		—
13	Württembergische	1	—	1	—	1	1		—	1	—	—	—	13		—
	II. Privatbahnen															
	a) unter Staatsverwaltg.															
14	Aach.-Düss.-Ruhrorter: a. Aach.-Düssel.	—	—	—	—	—	—		—	—	—	—	—	—		—
	b. Ruhrort-Crf.	—	—	—	—	—	—		—	—	—	—	—	—		—
15	a. Bergisch-Märkische	1	—	—	—	1	1	durch Verbiegen einer Achse	1	4	—	—	—	37		—
	b. Prinz-Wilhelm-E.	—	1	—	—	—	—		—	1	—	1	1	1		
16	Cöthen-Bernburger	—	—	—	—	—	—		—	—	—	—	—	—		—
17	a. Löbau-Zittauer	—	—	—	—	—	—		—	—	—	—	—	—		—
	b. Zittau-Reichenberger	—	—	—	—	1	—		—	1	—	—	—	1		—
18	a. Oberschlesische	—	—	—	—	—	—		—	—	—	—	—			—
	b. Breslau-Posen-Glogauer	—	—	—	—	—	—		—	—	—	—	—	—		—
19	Stargard-Posener	—	—	—	—	—	—		—	—	—	—	—	—		—
20	Rhein-Nahe-E.	—	3	1	—	—	—		—	1	1	—	2	7		—
21	Wilhelms-Bahn	—	—	—	—	—	—		—	—	—	—	—	—		—
	b) in Privatverwaltung.															
22	Aachen-Mastrichter	—	—	—	—	—	—		—	—	—	—	—	—		—
23	Alberts-Bahn	—	—	—	—	—	—		—	—	—	—	—	—		—
24	a. Altona-Kieler / b. Glückstadt-Elmshorner	—	—	—	—	—	—		—	—	—	—	—	—		—
25	Aussig-Teplitzer	—	—	—	—	—	—		—	—	—	—	—	—		—
26	Bayerische Ostbahnen	—	—	—	—	—	1		—	1	—	—	—	2		—
27	Berlin-Anhaltische	1	—	—	—	—	—			1		—	—	2		—
28	a. Berlin-Hamburger / b. Hamburg-Bergedorfer	—	—	—	—	—	—			—		—		—		—
29	Berlin-Potsdam-Magdebg.	—	—	1	—		1		—	2	—		2	2		—

II Privatbahnen. (Forts.)	268 (Forts.) I. Unfälle a) bei fahrenden Zügen (incl. ihres Aufenthalts auf den Bahnhöfen). Die Unfälle, bei denen Personen nicht verletzt, aber die Fahrzeuge erheblich beschädigt wurden, sind veranlaßt durch: a. Zusammenstoßen der Züge	b. Entgleisung	c. unrichtige Stellung der Weichen	d. zu schnelles Einfahren in die Bahnhöfe	e. Achsbrüche	f. Anfahren d. Züge an stillstehende Wagen	g. sonstige Ursachen	Anzahl	269 zusammen Unfälle	270 Bei diesen Unfällen (Kol. 268) wurden zerstört oder stark beschädigt: a. Lokomotiven	b. Tender	c. Personenwagen	d. Lastwagen (u. Gepäckwagen)	e. sonstige Fahrzeuge	Anzahl
	Anzahl der Unfälle									Anzahl					
30 Berlin-Stettiner															
a. Berl.-Stettin-Stargard	—	—	—	—	—	—		—	—	—	—	—	—		—
b. Starg.-Cöslin-Colberg	—	—	—	—	—	—		—	—	—	—	—	—		—
31 Böhmische Westbahn	—	—	—	—	—	—		—	—	—	—	—	—		—
32 Breslau-Schweidnitz-Freib.	—	—	—	—	—	1		—	1	—	—	—	2		—
33 Brünn-Rossitzer	—	—	1	—	—	—	Trennung eines Zuges	1	2	—	—	—	6		—
34 Buschtěhrader a. Lokom.-B.	—	—	—	—	—	—		—	—	—	—	—	—		—
34 Buschtěhrader b. Pferde-B.	—	—	—	—	—	—		—	—	—	—	—	—		—
35 Frankfurt-Hanauer	—	—	—	—	—	—		—	—	—	—	—	—		—
36 Galizische Carl-Ludw.-Bahn	—	1	—	1	—	1	Trennung eines Zuges	1	4	—	—	—	20		—
37 Graz-Köflacher	—	—	—	—	—	—		—	—	—	—	—	—		—
38 Hessische Ludwigs-E.	—	—	—	—	—	—		—	—	—	—	—	—		—
39 Homburger	—	—	—	—	—	—		—	—	—	—	—	—		—
40 Kaiser Ferdinands Nordb.	5	3	—	—	—	3		—	11	5	1	—	11		—
41 Kaiserin Elisabeth a. Lokom.-Bahn	—	—	—	—	—	—		—	—	—	—	—	—		—
41 Kaiserin Elisabeth b. Pferde-Bahn	—	—	—	—	—	—		—	—	—	—	—	—		—
42 Köln-Mindener (u. Gießener)	—	—	1	1	—	—		—	2	—	—	—	5		—
43 Kurf. Friedr. Wilh. Nordb.	—	—	—	—	1	—		—	1	—	—	—	3		—
44 Leipzig-Dresdener	—	—	—	—	—	—		—	—	—	—	—	—		—
45 Ludwigs-E. (Nürnb.-Fürth)	—	—	—	—	—	—		—	—	—	—	—	—		—
46 Lübeck-Büchener	—	—	—	—	—	—		—	—	—	—	—	—		—
47 Magdb.-Cöth.-Halle-Leipz.	—	—	—	—	—	—		—	—	—	—	—	—		—
48 Magdeburg-Halberstädter	—	—	—	—	—	—		—	—	—	—	—	—		—
49 Magdeburg-Wittenbergesche	—	—	—	—	—	—		—	—	—	—	—	—		—
50 Mecklenburgische	—	—	—	—	—	—		—	—	—	—	—	—		—
51 Mohacs-Fünfkirchener	—	—	—	—	—	—		—	—	—	—	—	—		—
52 Neisse-Brieger	—	—	—	—	—	—		—	—	—	—	—	—		—
53 Niederländische Rhein-E.	—	—	—	—	—	—		—	—	—	—	—	—		—
54 Niederschlesische Zweigbahn	—	—	1	—	—	—		—	1	—	—	—	—	Bahnmeisterwagen	1
55 a. Oesterreich. nördliche	3	2	—	—	—	—			5	—	—	—	—		
b. Oesterreich. südöstliche	2	1	—	—	—	—		—	3	—	—	—	—		
c. Wien-Neu-Szönyer	—	—	—	—	—	—		—	—	—	—	—	—		—
56 Oppeln-Tarnowitzer	—	—	—	—	—	—		—	—	—	—	—	—		—
57 a. Pfälzische Ludwigsbahn	—	—	—	—	—	—		—	—	—	—	—	—		—
b. Pfälzische Maximiliansb.	—	—	—	—	—	—		—	—	—	—	—	—		—
58 Rendsburg-Neumünstersche	—	—	—	—	—	—		—	—	—	—	—	—		—
59 Rheinische	—	1	3	—	—	1		—	5	1	1	—	11		—
60 a. Südbahn, Oesterreich.	9	56	7	—	35*	7	[illegible]	2	116	31	7	3	31		—
b. Nordtiroler	—	—	—	—	—	—		—	—	—	—	—	—		—
c. Venetianische u. Südtirol.	—	2	1	—	—	1		—	4	1	1	4	5		—
61 Süd-Norddeutsche	—		—	—	—	—		—	—	—	—	—	—		—
62 Taunus-Bahn		—	—	—	—	—		—	—	—	—	—	—		—
63 Theiß-Bahn	—	—	—		—	—		—	—	—	—	—	—		—
64 Thüringische	1	6	2	—	—	1		—	10	5*	1	2	10		
65 Werra-E.			—			—		—				—	—		—

	271			272	273		274		275		276		277		278									
	(Forts.) 1. **Unfälle b) auf den Bahnhöfen,**																							
I. Staatsbahnen.	Die Unfälle im Betriebsjahre 1862, bei denen Personen (ohne eigene Schuld) beschädigt oder getödtet wurden, sind veranlaßt durch:				Bei diesen Unfällen (K. 271) wurden unverschuldet:								Außerdem wurden (unabhängig von Bahnbeamte und											
	a. Rangiren der Züge.	b. sonstige Ursachen.		Zusammen.	Reisende.		Bahnbeamte und Arbeiter		Dritte Personen.		Zusammen Personen.		Reisende.		a. durch unzeitiges oder verspätetes Absteigen oder Verlassen d. Fahrzeuge.		b. durch Unvorsichtigkeit beim Wagenschieben und Rangiren der Züge.		c. durch unbefugtes Betreten oder unvorsichtiges Ueberschreiten der Geleise.		d. durch unvorsichtige Handhabung des Dienstes.		e. durch Unvorsichtigkeit bei Bau-, Werkstatts- u. Arbeiten.	
	Unf.		Unf.	Unfälle	besch.	get.	besch.	get.	besch.	get.	besch.	get.	besch.	get.	besch.	get.	besch.	get.	besch.	get.	besch.	get.	besch.	get.
1 Badische	—	. . . . .	—	—	.	.	.	.	.	.	.	.	—	—	—	—	—	1	1	—	—	—	—	1
2 Bayerische (u. Hzgthl. Zwgb.)	3	. . . . .	—	3	.	.	.	.	.	.	.	.	—	—	—	1	3	4	3	2	—	—	—	—
3 Braunschweigische	—	durch Schlagbaum / „ Wagenkuppeln	1 / 1	2	.	1	1	.	.	.	1	1	—	—	—	—	1	1	—	—	—	—	—	1
4 Hannoversche	—	. . . . .	—	—	.	.	.	.	.	.	.	.	—	—	1	—	1		2	—	—	—	—	—
5 Main-Neckar	—	. . . . .	—	—	.	.	.	.	.	.	.	.	—	—	—	—	—	—	—	—	—	—	—	—
6 Main-Weser	—	. . . . .	—	—	.	.	.	.	.	.	.	.	—	—	—	—	—	—	—	—	—	—	—	—
7 Preuß. Niederschles.-Märk.	—	. . . . .	—	—	.	.	.	.	.	.	.	.	—	—	—	1	1	4	—	1	—	—	—	—
8 „ Ostbahn	—	. . . . .	—	—	.	.	.	.	.	.	.	.	—	—	1	—	2	2	—	—	—	—	—	1
9 „ Saarbrücker (u. Trier)	—	. . . . .	—	—	.	.	.	.	.	.	.	.	—	—	—	—	—	—	—	—	—	—	—	—
10 „ Westfälische	—	. . . .	1	1	.	.	1	.	.	.	1	.	—	—	—	—	—	—	—	—	—	—	—	—
11 Sächsische östliche																								
a. Sächsisch-Böhmische	—	. . . .	—	—	.	.	.	.	.	.	.	.	—	—	—	—	—	—	—	—	—	—	—	—
b. Sächsisch-Schlesische	—	. . . . .	—	—	.	.	.	.	.	.	.	.	—	—	—	—	1	—	—	—	—	—	—	—
c. Tharandt-Freiberger	—	. . . . .	—	—	.	.	.	.	.	.	.	.	—	—	—	—	—	—	—	—	—	—	—	—
12 Sächsische westliche																								
a. Niedererzgebirgische	—	. . . . .	—	—	.	.	.	.	.	.	.	.	—	—	—	—	—	1	—	—	1	—	—	—
b. Obererzgebirgische	—	. . . .	—	—	.	.	.	.	.	.	.	.	—	—	—	—	—	—	—	—	—	—	—	—
c. Sächsisch-Bayerische	—	. . .	—	—	.	.	.	.	.	.	.	.	—	—	—	—	—	1	—	1	—	—	—	—
13 Württembergische	2	.	1	3	.	.	1	2	.	.	1	2	—	—	1	—	1	…	—	1	—	—	—	1
II. Privatbahnen																								
a) unter Staatsverwaltg.																								
14 Aach.-Düss. Ruhrorter a. Aach.-Düssel.	—	. . . . .	—	—	.	.	.	.	.	.	.	.	—	—	—	—	—	—	—	—	—	—	—	—
b. Ruhrort-Cref.	1	. . .	—	1	.	.	.	1	.	.	.	1	—	—	—	—		—	—	—	—	—	—	—
15 a. Bergisch-Märkische	—	. . . . .	—	—	.	.	.	.	.	.	.	.	—	—	3	—	—	1	1	3	—	3	—	—
b. Prinz-Wilhelm-E.	—	. . . . .	—	—	.	.	.	.	.	.	.	.	—	—		2	1	—	—	—	—	—	—	—
16 Cöthen-Bernburger	—	. . . . .	—	—	.	.	.	.	.	.	.	.	—	—	—	—	—	—	—	—	—	—	—	—
17 a. Löbau-Zittauer	—	. . . . .	—	—	.	.	.	.	.	.	.	.	—	—	—	—	—	—	—	—	—	—	—	—
b. Zittau-Reichenberger	—	. . . .	—	—	.	.	.	.	.	.	.	.	—	—	—	—	—	—	—	—	—	—	—	—
18 a. Oberschlesische	—	. . . . .	—	—	.	.	8	4	.	.	8	4		—	—	—	—	—	—	—	—	—	—	—
b. Breslau-Posen-Glogauer	—	. . . . .	—	—	.	.	.	.	.	.	.	.		—	—	—	—	—	—	—	—	1	—	—
19 Stargard-Posener	—	. . . . .	—	—	.	.	.	.	.	.	.	.		—		—	2	—	—	—	—	—	—	—
20 Rhein-Nahe-E.	1	. . . . .		1	.	.	.	1	.	.	.	1		—	1	1	—	—	—	—	—	1	—	—
21 Wilhelms-Bahn	—	. . . . .	—	—	.	.	.	.	.	.	.	.	—	—	—	—	—	1	—	—	—	—	—	—
b) in Privatverwaltung.																								
22 Aachen-Mastrichter	—	. . . . .	—	—	.	.	.	.	.	.	.	.	—	—	—	—	—	1	—	—	—	—	—	—
23 Alberts-Bahn	—	. . . . .		—	.	.	.	.	.	.	.	.		—	—	—	—	—	—	—	—	—	—	—
24 a. Altona-Kieler / b. Glückstadt-Elmshorner	—	. . . . .	—	—	.	.	.	.	.	.	.	.			—	—	1	—	—	—	—	—	—	—
25 Aussig-Teplitzer	—	. . . . .	—	—	.	.	.	.	.	.	.	.	—	—	—	—		—	—	—	—	—	—	—
26 Bayerische Ostbahnen	—	. . . . .	—	—	.	.	.	.	.	.	.	.				—	—	—	—	—	—	—	—	—
27 Berlin-Anhaltische	—	. . . . .	—	—	.	.	.	.	.	.	.	.	—	—	—	—	1	—	1	1	1	—	6	…
28 a. Berlin-Hamburger / b. Hamburg-Bergedorfer	—	. . . . .	—	—	.	.	.	.	.	.	.	.	—	—		—	—	—	—	—	—	—	—	—
29 Berlin-Potsdam-Magdebg.	1	. .	5	6	.	.	2	1	.	.	2	1		—		1	1	—	—	—	—	1	—	—

auf der Bahn und bei nicht im Gange befindlichen Zügen.

den Unfällen ad Kol. 271) durch eigene Schuld der Betroffenen										Die Unfälle, bei denen Personen nicht verletzt, aber die Fahrzeuge erheblich beschädigt wurden, sind veranlaßt durch:								
Arbeiter			Dritte Personen					Zusammen Personen										
f. durch sonstige Ursachen			a. durch unbefugtes oder unvorsichtiges Betreten der Bahn, der Bahnhöfe oder Geleise		b. durch sonstige Ursachen					a. Rangiren der Züge.	b. Anfahren der Züge an stillstehende Wagen.	c. Entgleisung.	d. unrichtiges Stellen der Weichen.	e. Achsbrüche.	f. sonstige Ursachen.		Zusammen	
	besch.	get.	besch.	get.		besch.	get.	besch.	get.	Angabl der Unfälle.						Unf.	Unf.	
. . . .	—	—	1	—	. . . .	—	—	2	2	—	—	—	—	—	. . . .	—	—	1
. . . .	—	—	—	—	. . . .	—	—	6	7	—	—	—	—	—	. . . .	—	—	2
. . . .	—	—	—	—	. . . .	—	—	1	2	3	2	—	—	—	. . . .	—	5	3
. . . .	—	—	—	2	. . . .	—	—	4	2	—	—	—	2	—	. . . .	—	2	4
. . . .	—	—	—	—	. . . .	—	—	—	—	—	—	—	—	—	. . . .	—	—	5
. . . .	—	—	—	—	. . . .	—	—	—	—	—	—	—	—	—	. . . .	—	—	6
. . . .	—	—	—	1	. . . .	—	—	1	7	—	—	—	—	—	. . . .	—	—	7
. . . .	—	—	1	—	absichtl. Hineinsteig. in eine Abtrittsgrube	—	1	4	4	—	—	—	—	—	. .	—	—	8
. . . .	—	—	—	—	. . . .	—	—	—	—	—	—	—	—	—	. .	—	—	9
. . . .	—	—	—	—	. . . .	—	—	—	—	—	—	—	—	—	. .	—	—	10
. . . .	—	—	—	—	. . . .	—	—	—	—	—	—	—	—	—	. .	—	—	11a
. . . .	—	—	—	—	. . . .	—	—	1	—	—	—	—	—	—	. .	—	—	—b
. . . .	—	—	—	—	. . .	—	—	—	—	—	—	—	—	—	. .	—	—	—c
. . . .	—	—	—	—	. . . .	—	—	1	1	—	—	—	—	—	Aneinanderstoßen zweier Zugs-Abthl.	1	1	12a
. . . .	—	—	—	—	. . . .	—	—	—	—	—	—	—	—	—	. . . .	—	—	—b
. . .	—	—	—	—	. . . .	—	—	—	2	—	—	—	—	—	. . . .	—	—	—c
. .	—	—	—	—	. . . .	—	—	2	2	1	3	3	2	—	. .	—	9	13
.	—	—	—	—	. .	—	—	—	—	—	—	—	—	—	. .	—	—	14a
. .	—	—	—	—	.	—	—	—	—	—	—	—	—	—	. .	—	—	—b
. .	—	—	—	1	. .	—	—	4	8	2	1	—	—	—	. .	—	3	15a
. . .	—	—	—	—	. .	—	—	1	2	1	—	—	—	—	. .	—	1	—b
. . .	—	—	—	—	. . .	—	—	—	—	—	—	—	—	—	.	—	—	16
. . . .	—	—	—	—	. .	—	—	—	—	—	—	—	—	—	. .	—	—	17a
. . . .	—	—	—	—	.	—	—	—	—	—	—	—	—	—		—	—	—b
. . .	—	—	—	—	.	—	—	—	—	—	—	—	—	—	.	—	—	18a
. .	—	—	—	—	.	—	—	—	1	—	—	—	—	—	.	—	—	—b
. . .	—	—	—	—	. .	—	—	2	—	—	—	—	—	—	. .	—	—	19
. .	—	—	—	—	.	—	—	1	2	—	—	—	—	—	.	—	—	20
. .	—	—	—	—	. .	—	—	—	1	—	—	—	—	—	.	—	—	21
. .	—	—	—	—	.	—	—	—	1	—	—		—	—	.	—	—	22
. .	—	—	—	—	.	—	—	—	—	—	—	—	—	—		—	—	23
. .	—	—	—	—	.	—	—	1	—	—	—	—	—	—	.	—	—	24
.	—	—				—	—	—		—	—			—	. .	—	—	25
.		—	—				—	—		—	—	—	—	—	. .	—	—	26
. .	—	—	—	—		—		9	1	—	—	—	—	—	. .	—	—	27
.	—	—	—	—					—	—	—	—		—	.	—	—	28
	—	—	—					1	2	—		—		—		—	—	29

(Forts.) I. Unfälle b) auf den Bahnhöfen,

II. Privatbahnen. (Forts.)	271			272	273		274		275		276		277		278									
	Die Unfälle im Betriebsjahre 1862, bei denen Personen (ohne eigene Schuld) beschädigt oder getödtet wurden, sind veranlaßt durch:				Bei diesen Unfällen (R. 271) wurden unverschuldet:								Außerdem wurden (unabhängig von		Bahnbeamte und									
	a. Rangiren der Züge.	b. sonstige Ursachen.		Zusammen	Reisende		Bahnbeamte und Arbeiter		Dritte Personen		Zusammen Personen		Reisende		a. durch unzeitiges oder unvorsichtiges Besteigen oder Verlassen d. Fahrzeuge		b. durch Unvorsichtigkeit beim Wagenschieben und Rangiren der Züge		c. durch unzeitiges Betreten oder unvorsicht. Ueberschreiten der Geleise		d. durch unvorsichtige Handhabung des Dienstes		e. durch Unvorsichtigkeit bei Bau-, Werkstatts- u. Arbeiten	
	Anz.		Anz.	Beschäd.	besch.	get.	beschäd.	get.	besch.	get.	besch.	get.	besch.	get.	besch.	get.	besch.	get.	besch.	get.	besch.	get.	besch.	get.
30 Berlin-Stettiner																								
a. Berl.-Stettin-Stargard	—	.	—	—	.	.	.	.	.	.	.	.	—	—	—	—	1	1	—	1	8	—	1	—
b. Starg.-Cöslin-Colberg	—	.	—	—	.	.	.	.	.	.	.	.	—	—	—	—	—	1	—	—	—	—	—	—
31 Böhmische Westbahn	—	.	—	—	.	.	.	.	.	.	.	.	—	—	—	—	—		—	—	.	—	—	—
32 Breslau-Schweidnitz-Freib.	—	.	—	—	.	.	.	.	.	.	.	.		—	—	—	—	—	—	—	—	—	—	—
33 Brünn-Rossitzer	1	.	—	1	.	.	.	1	.	.	.	1		—	—	—	—	—	—	—	—	—	—	—
34 Buschtěhrader a. Locom.-B.	—	.	—	—	.	.	.	.	.	.	.	.	—	—	—	—	—	—	—	—	—	—	—	—
34 Buschtěhrader b. Pferde-B.	—	.	—	—	.	.	.	.	.	.	.	.	—	—	—	—	—	—	—	—	—	—	—	—
35 Frankfurt-Hanauer	—	.	—		.	.	.	.	.	.	.	.			—	—	—		—	—	—	—	—	—
36 Galiz. Carl-Ludw.-Bahn	—	.	—	—	.	.	.	.	.	.	.	.	—	—	1		6	2	—	—	1	1	—	—
37 Graz-Köflacher	—	.	—		.	.	.	.	.	.	.	.			—		—	—	—	—	—	—	—	—
38 Hessische Ludwigs-E.	—	.		—	.	.	.	.	.	.	.	.	—	—	—	—	1	—	—	1	1	—	—	—
39 Homburger	—	.	—	—	.	.	.	.	.	.	.	.		—	—	—	—	—	—	—	—	—	—	—
40 Kaiser Ferdinands Nordb.	—	durch Umfallen e. Leiter	1	1	.	.	1	.	.	.	1	.	—	—	3	1	9	4	3	3	—	—	1	—
41 Kaiserin Elisabeth a. Locom.-Bahn	2	.	—	2	.	.	.	.	.	.	.	.			—	—	2	—	—		—	3	—	1
41 Kaiserin Elisabeth b. Pferde-Bahn	—	.	—	—	.	.	.	.	.	.	.	.		—	—	—	—	—	—	—	—	—	—	—
42 Köln-Mindener (u. Giessener)	—	.	—	—	.	.	.	.	.	.	.	.		—	—	—	4	5	—	2	1	2	.	—
43 Kurf. Friedr. Wilh. Nordb.	—	.		—	.	.	.	.	.	.	.	.		—	—		—	—	—	—	—	—	—	—
44 Leipzig-Dresdener	—	.	—	—	.	.	.	1	.	.	.	1		—		—	3	—	—			—		—
45 Ludwigs-E. (Nürnb.-Fürth)	—	.	—		.	.	.	.	.	.	.	.	—		—		—		—		—	—		—
46 Lübeck-Büchener	—	.			.	.	.	.	.	.	.	.					—	1	—	—	—	—	—	—
47 Magdb.-Cöth.-Halle-Leipz.	—	durch Unvorsichtigkeit	1	1	.	.	1	.	.	.	1	.	—	—	1	—	1	2	—	—	4		2	—
48 Magdeburg-Halberstädter	—	.	—	—	.	.	.	.	.	.	.	.		—	—		—	—	—				—	—
49 Magdeburg-Wittenbergesche	4	durch Be- und Entladen der Wagen	2	6	.	.	6	.	.	.	6	.	—	—	—		—	—	—	—	—	—		
50 Mecklenburgische	—	.	—	—	.	.	.	.	.	.	.	.		—		—	—	—		—	—	—		
51 Mohacs-Fünfkirchener	—	.	—		.	.	.	.	.	.	.	.	—	—	—	—	—			—	—		—	—
52 Neisse-Brieger	—	.		—	.	.	.	.	.	.	.	.	—		—	—	—	—	—		—		—	—
53 Niederländische Rhein-E.	—	.	—	—	.	.	.	.	.	.	.	.	—	—	—		—	—	—		—	—		—
54 Niederschlesische Zweigbahn	—	.	—	—	.	.	.	.	.	.	.	.	—	—	—	—	—	—			—		—	—
55 a. Oesterreich. nördliche	—	.		—	.	.	.	.	.	.	.	.	—	—		—	6	1			2		6	—
b. Oesterreich. südöstliche	—	.	—	—	.	.	.	.	.	.	.	.	—		1	2	2	2	1	—	—		1	—
c. Wien-Neu-Szönyer	—	.	—	—	.	.	.	.	.	.	.	.	—		—	—	2	1	—	—		1		—
56 Oppeln-Tarnowitzer	—	.			.	.	.	.	.	.	.	.	—	—	—	—		—		—		1	—	—
57 a. Pfälzische Ludwigsbahn	—	.		—	.	.	.	.	.	.	.	.		—			\	1	—	—	2		—	—
b. Pfälzische Maximiliansb.	—	.	—	—	.	.	.	.	.	.	.	.	—	—		—	—		—		—		—	
58 Rendsburg-Neumünstersche	—	.	—	—	.	.	.	.	.	.	.	.	—		—	—	—	—	—	—			—	—
59 Rheinische	—	.	—		.	.	.	.	.	.	.	.	—		1	—	2	3	—	1		—		1
60 a. Südbahn, Oesterreich.	4			4	.	.	3	1	.	.	3	1	—		2	—	4	2	3	1	12	1	.	—
b. Nordtiroler	—	.									.	.	—					1			—		—	
c. Venetianische u. Südtirol.	—										.	.			—		—							—
61 Süd-Norddeutsche	—	.		—							.	.	—	—	2			1		—		1		1
62 Taunus-Bahn											.	.			—			—					—	—
63 Theiß-Bahn											.	.				—	2	3			2		1	
64 Thüringische											.	.					1			—		1		
65 Werra-E.												.					1	1			—	3		

278			279					280		281							282	

auf der Bahn und bei nicht im Gange befindlichen Zügen.

den Unfällen ad Kol. 271) durch eigene Schuld der Betroffenen: Arbeiter f. durch sonstige Ursachen	verl.	get.	Dritte Personen a. durch unbefugtes oder unvorsichtiges Betreten der Bahn, der Bahnhöfe oder Geleise verl.	get.	Dritte Personen b. durch sonstige Ursachen	verl.	get.	Zusammen Personen verl.	get.	Die Unfälle, bei denen Personen nicht verletzt, aber die Fahrzeuge erheblich beschädigt wurden, sind veranlaßt durch: a. Rangiren der Züge	b. Anfahren der Züge an stillstehende Wagen	c. Entgleisung	d. unrichtiges Stellen der Weichen	e. Achsbrüche	f. sonstige Ursachen	Anz.	Zusammen Anz.	
										Anzahl der Unfälle								
. . . .	—	—	2	1	. . . .	—	—	12	3	—	—	—	—	—	. . . . .	—	—	30a
. .	—	—	—	—	. . . .	—	—	—	1	—	—	—	—	—	. . . . .	—	—	—b
. .	—	—	—	—	. . . .	—	—	—	—	—	—	—	—	—	. . . . .	—	—	31
. . . .	—	—	—	—	. . . .	—	—	—	—	1	—	—	—	—	. . . . .	—	1	32
. . .	—	—	—			—	—	—	—	—	—	—	—	—	. . . . .	—	—	33
. . . .	—		—	—		—	—	—	—	—	—	—	—	—	. . . . .	—	—	34a
. . . .	—	—	—	—		—	—	—	—	—	—	—	—	—	. . . . .	—	—	—b
. . . .	—	—	—	—	. .	—	—	—	—	—	—	—	—	—	. . . . .	—	—	35
. . . . .	—	—		1	.	—	—	5	4	—	—	—	—	—	. . . . .	—	—	36
[...] einen vom Sturm [...] Signalbaum	1	—			.	—	—	1	—	—	—	—	—	—	.	—	—	37
. .	—	—			.	—	—	2	1		—	—	—	—	.	—	—	38
	—	—	—			—	—	—		—	—	—	—	—	.	—	—	39
.	—	—		—	.	—	—	16	8	—	1	—	—	—	. . . .	—	1	40
.	—	—				—		2	4	2	—	—	—	—	. .	—	2	41a
.	—	—			. . . . .	—		—	—	—	—	—	—	—	. . . . .	—	—	—b
. . .	—		1	2	Unvorsichtigkeit beim Entladen von Wag.		1	6	12	—	—	—	—	—	Anfahr. losgerissener an stillsteh. Wagen	1	1	42
. . . . .	—	—			. . . . .	—	—	—	—	1	1	1	1	—	. . . . .	—	4	43
[...]turz einer Erdwand	1	—					—	4	—	—	—	—	—	—	.	—	—	44
	—									—		—		—	.	—	—	45
. . . .	—	—							1	—	—	—	—	—	.	—	—	46
durch einen Fall	1	—				—		9	2		—	—	—	—	.	—	—	47
	—									—	1	—	—	—	.	—	1	48
	—					—						—	—	—	.	—	—	49
						—				—	—	—	—	—	.	—	—	50
	—				.					—	—	—	—	—	.	—	—	51
	—	—				—	—	—			—	—	—	—	.	—	—	52
	—	—			.			—		—	2	1	—	—	.	—	3	53
.	—					—	—		—	—	—	—	—	—	.	—	—	54
							—	14	1	1	—	—	—	—	.	—	1	55a
	—		1	1				6	5	-	—	—	—	—	.	—	—	—b
	—	—	1	1		—		3	3	—	—	—	—	—	.	—	—	—c
.	—					—	—	—	1	—		—		—	.	—	—	56
							—	2	1			—	—	—		—	—	57a
	—										—	—	—		.	—	—	—b
	—				. .	—	—				—		—	—	.	—	—	58
	—	—			Ueberfahr. von einem beladenen Wagen		1	3	6		2		2	—	. . . . . .	—	4	59
	—		1		.			22	1	9	4	3	2	—	durch Abreiß. d. Zugverschl., Bewegen von Wagen in Folge Sturmwinds	1	20	60a
	—							.			—		—	—	. . . . .	—	—	—b
											—		—	—	. .	—	—	—c
	-							2	3			—	—	—	.	—	—	61
										—		—	—	—	. . . . . .	—	—	62
								5	3	1	—	5	—	—	Anfahren eines Zug. an eine Reservemasch.	1	7	63
								1	1	—		—	—	—	. .		—	64
								1	1			—	—	—			—	65

I. Staatsbahnen.	283 (Forts.) I. Unfälle. Bei diesen Unfällen (Kol. 281) wurden zerstört oder stark beschädigt: a. Lokomotiven.	b. Tender.	c. Personenwagen.	d. Lastwagen (u. Arbeits-) wagen.	e. sonstige Fahrzeuge.		284 II. Achsbrüche. von ... bis Ende 1861.	285 In den früheren Jahren bei Lokomotiven.	286 bei Tendern.	287 a. bei eigenen Personenwagen.	b. bei fremden Personenwagen.	288 a. bei eigenen Lastwagen.	b. bei fremden Lastwagen.	289 Im Betr.-Jahre bei Lokomotiven.	290 bei Tendern.	291 a. bei eigenen Personenwagen.	b. bei fremden Personenwagen.
	Anzahl.					Su.		Anzahl der Achsbrüche.						Anzahl der Achs-			
1 Badische	—	—	—	—	. . . . . .	—	1840	6	2	2*	—	187*	—	—	3	—	—
2 Bayerische (u. 5 gpcht. Zwgb.)	—	—	—	—	. . . . . .	—	1845	—*	—	—	—	116*	—	—	5	—	—
3 Braunschweigische	1	—	2	5	. . . . . .	—	1857	1	—	1	—	6	—	—	—	—	—
4 Hannoversche	—	—	—	—	. . . . . .	—	1847	6	7	7	—	96	—	—	3	—	—
5 Main-Neckar	—	—	—	—	. . . . . .	—	1846	—	4	2	—	13	..	—	—	1	—
6 Main-Weser	—	—	—	—	. . . . . .	—	1850	—	2	6	—	14	12	—	—	—	—
7 Preuß. Niederschles.-Märk.	—	—	—	—	. . . . . .	—	1850	12	—	5	—	98	—	1*	1*	—	—
8 " Ostbahn	—	—	—	—	. . . . . .	—	1854	5	—	1	—	1	—	—	1	—	--
9 " Saarbrücker (u. Trier)	—	—	—	—	. . . . . .	—	1850	1	1	—	—	--	—	—	—	—	—
10 " Westfälische	—	—	—	—	. . . . . .	—	1850	—	—	3	—	18	—	1	—	—	—
11 Sächsische östliche																	
a. Sächsisch-Böhmische	—	—	—	—	. . . . . .	—	1848	1	1	—	—	—	—	—	—	—	—
b. Sächsisch-Schlesische	—	—	—	—	. . . . . .	—	1847	—	8	9	—	15	—	—	—	—	—
c. Tharandt-Freiberger	—	—	—	—	. . . . . .	—	—	—	—	—	—	—	—	—	—	—	—
12 Sächsische westliche																	
a. Niedererzgebirgische	—	—	—	1	. . . . . .	—	1847	—	3	2	—	16	—	—	—	—	—
b. Obererzgebirgische	—	—	—	—	. . . . . .	—	1858	—	—	—	—	1	—	—	—	—	—
c. Sächsisch-Bayerische	—	—	—	—	. . . . . .	—	1842	1	—	1	—	35	—	—	1	—	—
13 Württembergische	5	—	—	14	. . . . . .	—	1854	7	6	2	—	17	—	2	—	1	—
II. Privatbahnen																	
a) unter Staatsverwaltg.																	
14 Aach.-Düss. Ruhrorter a. Aach.-Düssel.	—	—	—	—	. . . . . .	—	1853	2	2	1	—	18	—	—	—	—	—
b. Ruhrort-Crf.	—	—	—	—	. . . . . .	--											
15 a. Bergisch-Märkische	—	1	—	8	. . . . . .	—	1841	4	—	13		48	—	—	—	—	—
b. Prinz-Wilhelm-E.	1	—	—	—	. . . . . .	—	1848	2	3	1	-	5	—	—	—	—	
16 Cöthen-Bernburger	—	—	—	—	. . . . . .	—	1857	1	—	—	—	1	—	--	—	—	—
17 a. Löbau-Zittauer	—	—	—	—	. . . . . .	—	1848	—	4	1	—	2	—	—	—	—	—
b. Zittau-Reichenberger	—	—	—	—	. . . . . .		1859	—	—	—	—	—	—	—	—	—	—
18 a. Oberschlesische	—	—	—	—	. . . . . .	—	1842	2	—	—	—	108	2	—	—	—	—
b. Breslau-Posen-Glogauer	—	—	—	—	. . . . . .	—	—	—	—	—	—	—	—	—	—	—	--
19 Stargard-Posener	—	--	—	—	. . . . . .	—	1848	—	—	1		4	.	—	--	—	—
20 Rhein-Nahe-E.	-	—	—	—	. . . . . .	—	—	—	—	—	—	—	—	—	—	—	—
21 Wilhelms-Bahn	—	—	—	—	. . . . . .	—	1846	5	---	1	—	9	—	—	—	—	—
b) in Privatverwaltung.																	
22 Aachen-Mastrichter	—	—	—	—	. . . . . .	—	1854	—	—	.	—	—	3	—	—	—	
23 Alberts-Bahn	-	—	—	—	. . . . . .	—	1855	—	—	---	—	17	--	—		—	—
24 a. Altona-Kieler b. Glückstadt-Elmshorner	—	—	—	—	. . . . . .	—	1844	2	1	6	--	32	--	—	—	—	
25 Aussig-Teplitzer	—		—	—	. . . . . .	—	--	—	—	—	—	—	—		—	--	—
26 Bayerische Ostbahnen	-	—	—	—		—	1862	—	-	--				—	1		—
27 Berlin-Anhaltische		—	—	—		...	1841	10	—	6	—	45	—	2	—		
28 a. Berlin-Hamburger b. Hamburg-Bergedorfer		—	--	—		—	1848	7	1		—	48	26	—	—		—
29 Berlin-Potsdam-Magdebg.		—	—	--		-	1856	10	1			11		2	1		

Achsbrüche.

292 1862 a. bei eigenen Lastwagenbrüche	292 1862 b. bei fremden Lastwagenbrüche	293 Zusammen bis Ende 1862 Achsbr.	294 Die Achsbrüche sind vorzugsweise vorgekommen:	295 Die Achsbrüche (Kol. 293) haben stattgefunden in einem Zeitraume von Jahren:	296 Durchschnittlich kommen auf ein Jahr Achsbr.	
1	1	202	bei Güterwagen mit eisernen Achsen von 5$\frac{1}{4}$" Durchmesser in der Nabe	22	9,18	1
8	—	129	bei Wagen, deren Achsen 45 Ctr. Tragkraft hatten	18	7,16	2
—	—	8	bei 4rädrigen Transportwagenachsen von geschmiedetem Eisen u. 3$\frac{7}{8}$ u. 4$\frac{1}{4}$" Durchmesser	6	1,33	3
—	—	119	bei Lastwagen	15	7,93	4
3	—	23	bei 4rädrig. Güterwag. mit eisernen Achsen, die in der Nabe (Bruchstelle) 3" 8''' stark waren	17	1,35	5
—	—	34	bei Lastwagen mit Achsen unter 5" Durchmesser	13	2,61	6
2*	—	119	bei Lastwagen mit Patent-Bündelachsen	13	9,15	7
1	—	9	bei Schnellzugs-Maschinen nach Cramptonschen System, mit Blindachsen von Feinkorneisen u. 5" Durchm.	9	1,0	8
—	3	5	bei Güterwagenachsen von geschmiedetem Eisen	12	0,42	9
2	—	24	bei offenen Güterwagen	12	2,0	10
—	—	2	bei einer eisernen Maschinen-Vorderachse von 6$\frac{5}{16}$ u. einer eis. Tenderachse v. 3$\frac{7}{8}$" Durchm.	14	0,14	11a
1	—	33	bei eisernen Tenderachsen von 4$\frac{10}{16}$", desgl. Personen- u. Güterwagenachsen v. 3$\frac{7}{8}$" Durchm.	16	2,06	—b
—	—	—	. . . .	—	—	—c
—	—	21	bei eisernen Güterwagenachsen von verschiedenen Dimensionen	15	1,4	12a
—	—	1	bei einer eisernen Lastwagenachse von 3$\frac{7}{8}$" Stärke in der Nabe	5	0,20	—b
—	—	38	bei 4rädrigen Transportwagenachsen von gehämmertem Eisen u. 3$\frac{6}{8}$" Stärke in der Nabe	20	1,90	—c
5	—	40	bei Lastwagen	8	5,0	13
1	—	24	bei bedeckten Güterwagen mit Achsen von gewalztem u. geschmiedetem Eisen	10	2,40	14
2	—	67	bei Personenzugs-Maschinen u. 4rädrigen Güterwagen; die Achsen waren theils Patent-Bündelachsen, theils von geschmiedetem Feinkorneisen	22	3,05	15a
—	—	11	bei Lokomotiven, Tender und Güterwagen	15	0,73	—b
—	—	2	bei einer Lokomotiv- und Güterwagen-Achse	6	0,33	16
2	—	9	bei eisernen Tenderachsen von 3$\frac{1}{2}$ u. 3$\frac{7}{8}$", dergl. Personenwagenachsen von 3$\frac{3}{4}$" und dergl. Lastwagenachsen von 3$\frac{9}{16}$ u. 4$\frac{5}{8}$" Durchmesser	14	0,64	17a
—	—	—	. . . .	—	—	—b
--	—	112	bei 6rädrigen Kohlenwagen mit engl. Patentachsen von 3$\frac{3}{4}$" Durchmesser an der Nabe .	21	5,33	18a
—	—	—	. . . .	—	—	—b
—	—	5	bei Lastwagen mit Patent-Bündelachsen von 2$\frac{7}{8}$ bis 3$\frac{7}{8}$" Durchmesser	14	0,36	19
—	—		. . . .	—	—	20
—	1	16	bei Güterwagen mit Patent-Bündelachsen von 3$\frac{5}{8}$—4" Durchmesser	17	0,94	21
—	—	3	bei Güterwagen mit Patent-Bündelachsen	9	0,33	22
9	—	26	bei den für die Zweigbahnen bestimmten Wagen mit Achsen von Walzeisen, harten Lagern u. 3" Durchmesser	7	3,71	23
—	-	41*	bei 6rädr. Personen- u. bei 4-, 6- u. 8rädr. Güterwagen mit Achsen von 3$\frac{5}{8}$—4" Durch. mit kurzen Naben	19	2,16	24
—	—	—	. . . .	—	—	25
—	1	2	bei einer Tender- und einer Güterwagenachse	1	2,0	26
--	—	63	bei Krummachsen von Lokomotiven u. 8rädrig. Güterwagen mit Patent-Bündelachsen von 3$\frac{7}{8}$" Durchmesser	21	3,0	27
—	2	84*	bei 4- und 8rädrigen Güterwagen mit Patent-Bündelachsen	15	5,60	28
1	—	26	bei Lokomotiven und Lastwagen mit eisernen Bündelachsen	7	3,71	29

26

		283					284	285	286	287		288		289	290	291	
	II. Privatbahnen. (Forts.)	(Forts.) **I. Unfälle.**					**II. Achsbrüche.**										
		Bei diesen Unfällen (Kol. 281) wurden zerstört oder stark beschädigt:					von ... bis Ende 1861.	In den früheren Jahren						Im Betr.-Jahre			
		a. Lokomotiven.	b. Tender.	c. Personenwagen.	d. Last- (u. Gepäck-) wagen.	e. sonstige Fahrzeuge.		bei Lokomotiven.	bei Tendern.	a. bei eigenen Personenwagen.	b. bei fremden Personenwagen.	a. bei eigenen Lastwagen.	b. bei fremden Lastwagen.	bei Lokomotiven.	bei Tendern.	a. bei eigenen Personenwagen.	b. bei fremden Personenwagen.
		Anzahl.						Anzahl der Achsbrüche.						Anzahl der Achs-			
30	Berlin-Stettiner																
	a. Berl.-Stettin-Stargard	—	—	—	—	—	1842	3	—	2	—	21	—	1	—	—	—
	b. Starg.-Cöslin-Colberg	—	—	—	—	—	—	—	—	—	—	—	—	—	—	—	—
31	Böhmische Westbahn	—	—	—	—	—	—	—	—	—	—	—	—	—	—	—	—
32	Breslau-Schweidnitz-Freib.	—	—	—	5	—	1852	—	—	—	—	55	—	1	—	—	—
33	Brünn-Rossitzer	—	—	—	—	—	—	—	—	—	—	—	—	—	—	—	—
34	Buschtěhrader a. Lokom.-B.	—	—	—	—	—	—	—	—	—	—	—	—	—	—	—	—
	Buschtěhrader b. Pferde-B.	—	—	—	—	—	—	—	—	—	—	—	—	—	—	—	—
35	Frankfurt-Hanauer	—	—	—	—	—	1848	—	—	1	—	—	4	—	—	—	—
36	Galizische Carl-Ludw.-Bahn	—	—	—	—	—	1859	—	4	—	—	7	—	—	—	—	—
37	Graz-Köflacher	—	—	—	—	—	1860	—	—	—	—	1	1	—	—	—	—
38	Hessische Ludwigs-E.	—	—	—	—	—	1860	—	—	—	—	—	—		—	—	—
39	Homburger	—	—	—	—	—	—	—	—	—	—	—	—	—	—	—	—
40	Kaiser Ferdinands Nordb.	—	—	—	2	—	1857	8	19	6	—	91	11	1	9	4	—
41	Kaiserin Elisabeth a. Lokom.-Bahn	—	—	—	4	—	1859	—	—	—	—	6	—	—	—	—	—
	Kaiserin Elisabeth b. Pferde-Bahn	—	—	—	—	—	1861	—	—	6	—	387	—	—	—	4	—
42	Köln-Mindener (u. Giessener)	—	—	—	—	—	1846	2	9	1	2	29	13	—	—	—	—
43	Kurf. Friedr. Wilh. Nordb.	2	—	—	7	—	1848	—	2	—	3	3	4	—	—	—	—
44	Leipzig-Dresdener	—	—	—	—	—	1849	5	3	2	—	35	—	—	—	—	—
45	Ludwigs-E. (Nürnb.-Fürth)	—	—	—	—	—	1836	4	2	4		—	—	2	—	—	—
46	Lübeck-Büchener	—	—	—	—	—	1851	—	—	3	—	23	2	—	—	—	—
47	Magdb.-Cöth.-Halle-Leipz.	—	—	—	—	—	1854	3	1	—	1	—	4	2	—	—	—
48	Magdeburg-Halberstädter	—	—	—	1		1853	—	—	—		7	—	1	—	—	—
49	Magdeburg-Wittenbergesche	—	—	—	—		1849	—	1	2	—	5	—		—	—	—
50	Mecklenburgische	—	—	—	—	—	1847	—	—	—	—	21	—	—	—	—	—
51	Mohacs-Fünfkirchener	—	—	—	—	—	—	—	—		—	—	—	—	—	—	—
52	Neisse-Brieger	—	—	—	—		—	—	—	—	—	—	—		—	—	—
53	Niederländische Rhein-E.	—	—	—	—	—	1855	6	—	—	—	6	—	—	—	—	—
54	Niederschlesische Zweigbahn	—	—	—	—	—	1847	—		—		12	—		—	—	—
55	a. Oesterreich. nördliche	—	—	—	—		1856	8	22	1		46	2	2	3	—	—
	b. Oesterreich. südöstliche	—	—	—	—	—	1856	2	5	3	—	81	2	—	1	1	—
	c. Wien-Neu-Szönyer	—	—	—	—	—	1856	2	2	2		32	—		—	—	—
56	Oppeln-Tarnowitzer	—	—	—	—		—		—	—	—	—	—	—	—	—	—
57	a. Pfälzische Ludwigsbahn	—	—	—	—	—	1859	—	—	2	—	16		—	—	—	—
	b. Pfälzische Maximiliansb.		—	—	—	—	—		—			—	—	—	—	—	—
58	Rendsburg-Neumünstersche	—	—	—	—		—	—	—	—	—	—	—	—	—	—	—
59	Rheinische	—	—	—	5	—	1847	7	1	1	—	13	2	—	—	—	—
60	a. Südbahn, Oesterreich.	4	2	6	29		1857	16	19	—*		108*		8	5	1	—
	b. Nordtiroler	—	—	—	.	—	—				—	—			—	—	
	c. Venetianische u. Südtirol.	—	—		—	—	1859	16		7	—	22					—
61	Süd-Norddeutsche	—	—	—		—	1859		—		—		3	1		—	—
62	Taunus-Bahn	—	—		—		1840	19	4	3	—	20	—*			1	
63	Theiss-Bahn	1		3	6	—	1858				—	4	6		—	1	—
64	Thüringische	—					1846	6	12	12*	2	38*	11			—	
65	Werra-E.		—		—	—	1859		1	—	—	—	2	—	—	—	—

292		293	294	295	296	
Achsbrüche.						
1862 a. bei eigenen Lastwagen-brüche	1862 b. bei fremden Lastwagen-brüche	Zusammen bis Ende 1862 Achsbr.	Die Achsbrüche sind vorzugsweise vorgekommen:	Die Achsbrüche (Kol. 293) haben stattgefunden in einem Zeitraume von Jahren:	Durchschnittlich kommen auf ein Jahr Achsbr.	
—	—	27	bei Güterwagen mit Patent-Bündelachsen und bei gehärteten Gußstahlachsen . . .	20	1,35	30 a
—	—	—	. . . .	—	—	- b
—	—	—	. . . .	—	—	31
1	-	57	bei Kohlenwagen mit schmiedeeisernen Achsen von 3⅞" Stärke in der Nabe	11	5,20	32
—	- .	—	. . . .	—	—	33
—	—	—	. . . .	—	—	34 a
—	—	—	. . . .	—	—	- b
—	2	7	bei Lastwagen	14	0,50	35
8	—	14	bei 4rädrigen Güterwagen mit englischen Hohlachsen von 4" Nabenstärke	4	3,50	36
—	—	2	bei einem Kohlenwag. mit Hohlachs. u. einem Kohlenwag. mit cylindr. Achs. v. 4⅛" Durchm.	3	0,66	37
—	2	2	bei einem offenen und einem bedeckten Güterwagen	3	0,66	38
—	—	—	. . . .	—	—	39
48	4	201	bei 4rädrigen Kohlenwagen mit vollen schmiedeeisernen Achsen von 4⅝" Durchmesser .	6	33,5	40
2	—	8	bei Lastwagen	4 .	2,0	41 a
327	—	724	bei Lastwagen	2	362,0	- b
1	2	59	bei Tendern von Gütermasch., 4rädr. off. Lastwag. u. 6rädr. Couliss.-Wag. mit eis. Achsen	17	3,46	42
—	1	13	bei offenen Güterwagen mit eisernen Achsen von 3⅝" Nabenstärke	15	0,87	43
1	—	46	bei Lastwagen	14	3,29	44
—	—	12	bei Maschinen am Krummzapfen der Kurbelachse	27	0,44	45
2	—	30	bei Güterwagen mit Achsen von gehärtetem Gußstahl und 3⅞" Durchmesser . . .	11	2,73	46
—	1	12	bei Lokomotiv-Achsen	9	0,75	47
—	—	8	bei Lastwagen mit schmiedeeisernen Achsen von 3⅝" Durchmesser	8	1,0	48
—	—	8	bei Lastwagen mit Stahlachsen von 3⅞" Durchmesser	14	0,57	49
—	—	21	bei Güterwagen mit eisernen Achsen von 3⅞" (englisch) Durchmesser	16	1,31	50
—	—	—	. . . .	—	—	51
—	—	—	. . . .	—	—	52
—	—	12	bei Lokomotiven und Lastwagen	8	1,50	53
—	—	12	bei offenen 4- u. 8rädrigen Güterwagen mit 3⅞ u. 3⅞" starken Patent-Bündelachsen .	16	0,75	54
16	1	101	bei Lastwagen	7	14,43	55 a
13	—	109	bei Lastwagen	7	15,57	- b
6	—	44	bei Lastwagen	7	6,29	- c
—	—	—	. . . .	—	—	56
9	—	27	bei Lastw. m. Achsen v. gewöhnl. Gußeisen, m. Lagerkast. v. Metall u. Compositionsfutt. u. m. Oelschm.-Einricht.	4	6,75	57 a
—	—	—	. . . .	—	—	- b
—	—	—	. . . .	—	—	58
—	—	24	bei Krummachsen der Lokomotiven und bei Lastwagen mit Achsen von 3⅞" Durchmesser	16	1,50	59
15	—	472	bei Wagenachsen aus den Jahren 1847, 1850 u. 1851 mit Stummeln von 2⅝" . .	6	78,66	60 a
—	—	—	. . . .	—	—	- b
—	—	45	bei Güterwagen	4	11,25	- c
—	—	4	bei Lastwagen	4	1,0	61
—	—	47	bei Lokomotiven und Lastwagen	23	2,04	62
—	—	11	bei gedeckt. Lastwagen mit cylindrischen, packetirten u. gewalzten Vollachsen aus Schmiedeeisen v. 4⅞" Durchm.	5	2,20	63
—	—	84	bei Güterwagen mit Bündelachsen von 3⅞" Stärke	16	5,25	64
—	—	3	bei Güterwagenachsen	4	0,75	65

	I. Staatsbahnen.	297		298		299	300	301	302	303	304	305		306
		III. Schienenbrüche.						IV. Verkehrs-Störungen im Betriebs-Jahre 1862.						
		In den früheren Jahren (seit dem Bestehen d. Bahn)		Im Betr.-Jahre 1862		Zusammen bis Ende 1862	Gewicht der gebrochenen Schienen pro laufenden Fuß.	Dieselben sind veranlaßt durch:						Dauer der Unterbrechung.
		a. bei Stahlschienen.	b. bei breitbasigen.	a. bei Stahlschienen.	b. bei breitbasigen.			Einsturz von Bauwerken.	Dammrutschung.	Schneefall.	Wasserfluthen.	sonstige Ereignisse.		
		Anzahl der Brüche		Anzahl der Brüche.		Schienenbr.	Z.-Pfd.	Anzahl der Verkehrs-Störungen.						Tage.
1	Badische	—	—	—	11	11	—	—	—	—	—	. . .	—	—
2	Bayerische (u. 5 gepcht. Zwgb.)	s. z. 297b	181	—	—	181	14—20	—	—	—	—	. . .	—	—
3	Braunschweigische	—	—	—	—	—	—	—	—	—	—	. . .	—	—
4	Hannoversche	—	77	—	4	81	20—22	—	—	—	—	. . .	—	—
5	Main-Neckar	—	—	—	—	—*	—	—	—	—	—	. . .	—	—
6	Main-Weser	—	6	—	—	6	20,24	—	—	—	—	. . .	—	—
7	Preuß. Niederschles.-Märk.	—	248	—	6	254	20,6 u. 22,9	—	—	—	—	. . .	—	—
8	" Ostbahn	—	—	—	1	1	20,75	—	—	1	—	. . .	—	3
9	" Saarbrücker (u. Trier)	13	8	—	—	21	24 u. 24,5	—	—	—	—	. . .	—	—
10	" Westfälische	—	—	—	—	—	—	—	—	—	—	. . .	—	—
11	Sächsische östliche													
	a. Sächsisch-Böhmische	—	103	—	4	107	14 u. 16	—	—	—	1	. . .	—	2
	b. Sächsisch-Schlesische	—	23	—	7	30	16 u. 17	—	—	—	—	. . .	—	—
	c. Tharandt-Freiberger	—	—	—	—	—	—	—	—	—	—	. . .	—	—
12	Sächsische westliche													
	a. Niedererzgebirgische	6	5	—	—	11	18—19	—	—	—	—	. . .	—	—
	b. Obererzgebirgische	—	—	—	—	—	—	—	—	—	—	. . .	—	—
	c. Sächsisch-Bayerische	20	54	—	7	81	14 u. 19	—	—	—	—	. . .	—	—
13	Württembergische	—	—	—	—	—	—	—	—	—	—	. . .	—	—
	II. Privatbahnen													
	a) unter Staatsverwaltg.													
14	Aach.-Düss.-Ruhrorter a. Aach.-Düssel.	—	—	—	—	—	—	—	—	—	1	. . .	—	6
	b. Ruhrort-Crf.	—	—	—	—	—	—	—	—	—	—	. . .	—	—
15	a. Bergisch-Märkische	76	—	2	—	78	20	—	—	—	—	. . .	—	—
	b. Prinz-Wilhelm-E.	47	—	3	—	50	18 4/5	—	—	—	—	.	—	—
16	Cöthen-Bernburger	—	—	—	—	—	—	—	—	—	—	. . .	—	—
17	a. Löbau-Zittauer	—	2	—	—	2	17	—	—	—	—	. . .	—	—
	b. Zittau-Reichenberger	—	—	—	—	—	—	—	—	—	—	. . .	—	—
18	a. Oberschlesische	17	13	—	11	41	16,6 resp. 20,6	—	—	—	—	. . .	—	—
	b. Breslau-Posen-Glogauer	—	4	—	3	7	20,37	—	—	—	—	. . .	—	—
19	Stargard-Posener	—	—	—	—	—	—	—	—	—	—	. . .	—	—
20	Rhein-Nahe-E.	—	—	—	—	—	—	—	—	—	—	. . .	—	—
21	Wilhelms-Bahn	—	53	—	3	56	22	—	—	—	1	. . .	—	1
	b) in Privatverwaltung.													
22	Aachen-Mastrichter	—	—	—	—	—	—	—	—	—	—	. . .	—	—
23	Alberts-Bahn	—	—	—	—	—	—	—	—	—	—	. . .	—	—
24	a. Altona-Kieler b. Glückstadt-Elmshorner	—	11	—	1	12	17,90	—	—	—	—	. . .	—	—
25	Aussig-Teplitzer	—	—	—	—	—	—	—	—	—	—	. .	—	—
26	Bayerische Ostbahnen	—	—	—	—	—	—	1	—	—	—	. .	—	—
27	Berlin-Anhaltische	8	2	—	—	10	15,7—19,3	—	—	—	—	. . .	—	—
28	a. Berlin-Hamburger b. Hamburg-Bergedorfer	—	1	—	—	1	20,61	—		—	—	. . .	—	—
29	Berlin-Potsdam-Magdebg.	32	1	—	—	33	17,22—20,287	—	—	—	1	. .	—	2

	II. Privatbahnen. (Forts.)	297 III. Schienenbrüche. In den früheren Jahren (seit dem Bestehen d. Bahn) a. bei Stuhlschienen.	297 b. bei breitbasigen.	298 Im Betr.-Jahre 1862 a. bei Stuhlschienen	298 b. bei breitbasigen.	299 Zusammen bis Ende 1862.	300 Gewicht der gebrochenen Schienen pro laufenden Fuß	301 IV. Verkehrs-Störungen im Betriebs-Jahre 1862. Dieselben sind veranlaßt durch: Einsturz von Bauwerken.	302 Dammrutschung.	303 Schneefall.	304 Wasserfluthen.	305 sonstige Ereignisse.	306 Dauer der Unterbrechung.
		Anzahl der Brüche		Anzahl der Brüche.		Schienenende	Z.-Pfd.	Anzahl der Verkehrs-Störungen.					Tage.
30	Berlin-Stettiner												
	a. Berlin-Stettin-Stargard	—	30	—	1	31	15,90—22,00	—	—	—	—	. . . —	
	b. Stargard-Cöslin-Colberg	—	85	—	1	86	22,5	—	—	—	—	. . . —	—
31	Böhmische Westbahn . .	—	—	—	—	—	—	—	—	—	—	. . . —	—
32	Breslau-Schweidnitz-Freib.	—	-	—	—	—	—	—	—	—	—	. . . —	—
33	Brünn-Rossitzer	—	—	—	—	—	—	—	—	—	—	. . . —	—
34	Buschtěhrader a. Lokom.-B.	—	—	—	—	—	—	—	—	—	—	. . . —	—
	Buschtěhrader b. Pferde-B.	—	—	—	—	—	—	—	—	—	—	. . . —	—
35	Frankfurt-Hanauer . . .	—	—	—	—	—	—	—	—	—	—	. . . —	—
36	Galizische Carl-Ludw.-Bahn	—	—	—	—	—	—	—	1	—	—	. . . —	22
37	Graz-Köflacher	—	—	—	—	—	—	—	—	—	—	. . . —	—
38	Hessische Ludwigs-E. . .	—	—	—	—	—	—	—	—	—	1*	. . . —	5
39	Homburger	—	—	—	—	—	—	—	—	—	—	. . . —	—
40	Kaiser Ferdinands Nordb.	818	8	—	—	826	12,66 resp. 23	—	—	—	1*	. . . —	18*
41	Kaiserin Elisabeth a. Lokom.-Bahn	—	—	—	—	—	—	—	—	—	1*	. . . —	15
	Kaiserin Elisabeth b. Pferde-Bahn	—	—	—	—	—	—	—	—	5	—	. . . —	—
42	Köln-Mindener (u. Gießener)	1	87	—	7	95	20 21	—	5	—	—	. . . —	9
43	Kurf. Friedr. Wilh. Nordb.	—	—	—	—	—	—	—	—	—	—	. . . —	—
44	Leipzig-Dresdener . . .	26	—	7	—	33	13	—	—	—	—	. . . —	—
45	Ludwigs-E. (Nürnb.-Fürth)	100	-	4	—	101	9,0	—	—	—	—	. . . —	—
46	Lübeck-Büchener	—	1	—	—	1	21,1	—	—	—	—	. . . —	—
47	Magdbg.-Cöth.-Halle-Leipz.	—	—	—	—	—	—	—	—	—	—	. . . —	—
48	Magdeburg-Halberstädter .	2	3	1	1	7	18resp.20[illegible]	—	—	—	—	. . . —	—
49	Magdeburg-Wittenbergesche	—	—	—	—	—	—	—	—	—	—	. . . —	—
50	Mecklenburgische . . .	28	—	—	—	28	16,75 u. 18,57	—	—	—	—	. . . —	—
51	Mohacs-Fünfkirchener . .	—	—	—	—	—	—	—	—	—	—	. . . —	—
52	Neisse-Brieger	—	—	—	—	—	—		—	—	—	. . . —	—
53	Niederländische Rhein-E. .	—	—	—	—	—	—	—	—	—	—	. . . —	—
54	Niederschlesische Zweigbahn	—	9	—	—	9	18	—	- -	—	—	. . . —	—
55	a. Oesterreich. nördliche .	1707	39	—	6	1752	13,5 resp. 23,52	—	—	—	1	. . . —	6
	b. Oesterreich. südöstliche .	—	29	—	2	31	23,53	—	—	1	1	. . . —	13*
	c. Wien-Neu-Szönyer . .	—	4	—	1	5	21,20	—	—	—	1	. . . —	12
56	Oppeln-Tarnowitzer . .	—	- -	—	—	—		—	—	—	—	. . . —	—
57	a. Pfälzische Ludwigsbahn .	—		—	—	—	—	—	—	—	—	. . . —	—
	b. Pfälzische Maximiliansb.	—	—	—	—	—	—	—	—	—	—	. . . —	—
58	Rendsburg-Neumünstersche	- -	—	—	—	—	—	.	—	—	—	. . . —	—
59	Rheinische	—*	—	—	—	—	18	—	—	—	—	. . . —	—
60	a. Südbahn, Oesterreich. .	—	1	—	3	4	—	—	—	—	—	. . . —	
	b. Nordtiroler	—			—	—	- -	—	—	—	—	. . . —	—
	c. Venetianische u. Südtirol.	—	- -	- -	—	- -	—	—	—	—	—	. . . —	—
61	Süd-Norddeutsche . . .	- -	7	- -		7	22,1	—	—	1	—	. . . —	½
62	Taunus-Bahn	29		—	—	29	18,5	—	—	—	1	. . . —	2
63	Theiß-Bahn	—	33		11	44	22,5	—	—	1*	—	. . . —	5½*
64	Thüringische	—	44			44	17—20	- -	- -	—	—	—	—
65	Werra-E.				- -	—		—		—	—	—	—

Abschnitt F.

Uebersicht der angestellten Beamten und beschäftigt gewesenen Arbeiter.

Die betreffenden Nachrichten sind in der Statistik pro 1859 enthalten.

Abschnitt G.

Stand der Beamten-Pensions- und Unterstützungs-Kasse.

		307	308	309	310	311	312	313	314	
			Einnahme pro 1862.							
	I. Staatsbahnen.	Bestand am Schlusse des Jahres 1861.	Zinsen.	Einlagen der Betheiligten.	Zuschuß aus Gesellschafts- oder Staatsfonds.	Coursgewinn von Werthpapieren.	Außerordentliche Einnahmen (Strafgelder, Geschenke rc.).	Ueberhaupt.	Pensionen a. an Beamte.	Pensionen b. an Wittwen.
		Thlr.	Thlr.	Thlr.	Thlr.	Thlr.	Thlr.	Thlr.	Thlr.	Thlr.
1	Badische	—*	—	—	—	—	—	—	—	—
2	Bayerische (u. Lgpcht. Zwgb.)	234 131	17 191	21 523	11 429	—	148 997*	199 140	11 751	11 557
3	Braunschweigische	50 267	1779	18 900	—	672	—	21 351	87	720
4	Hannoversche	—	—	—	—	—	—	—	—	—
5	Main-Neckar	6556	232	—	540	—	575	1347	—	—
6	Main-Weser	—*	—	—	—	—	—	—	—	—
7	Preuß. Niederschles.-Märk.	313 970	13 935	23 962	6363*	194	463	44 917	7304	7442
8	„ Ostbahn	206 176	8990	19 117	12 840	—	370	41 317	315	1400
9	„ Saarbrücker (u. Trier)	36 208	1725	8663	2232	748	78	13 446	—	240
10	„ Westfälische	99 344	3853	7820	3270*	—	190	15 133	162	500
11	Sächsische östliche a. Sächsisch-Böhmische b. Sächsisch-Schlesische c. Tharandt-Freiberger	199 148	8457	13 716	7137	1713	1645	32 668	1275	4998
12	Sächsische westliche a. Niedererzgebirgische b. Obererzgebirgische c. Sächsisch-Bayerische									
13	Württembergische	97 425	4585	11 335	1020	—	1674	18 623	354	364
	II. Privatbahnen									
	a) unter Staatsverwaltg.									
14	Aach.-Düss.-Ruhrorter a. Aach.-Düss.	85 186*	3522	6244	2550	—	2167	14 483	989	842
	b. Ruhrort-Crf.	17 452	716	1105	850	—	628	3299	45	—
15	a. Bergisch-Märkische	159 532*	6501	20 952	5275	605	2330	35 663	620	2055
	b. Prinz-Wilhelm-E.	19 065	801	1535	2189	92	—	4626	—	—
16	Cöthen-Bernburger	—*	—	—	—	—	—	—	—	—
17	a. Löbau-Zittauer	—*	—	—	—	—	—	—	—	—
	b. Zittau-Reichenberger	—*	—	—	—	—	—	—	—	—
18	a. Oberschlesische b. Breslau-Posen-Glogauer	264 659	11 240	17 280	7750	—	447	36 717	6819	5095
19	Stargard-Posener	62 358	2869	4011	3300	9	—	10 189	i. R. 314b.	2853
20	Rhein-Nahe-E.	20 933	1074	4160	2430	226	1330	9220	144	164
21	Wilhelms-Bahn	62 967	2876	3761	3000	749	72	10 458	605	461
	b) in Privatverwaltung.									
22	Aachen-Mastrichter	—	—	—	—	—	250	250	—	—
23	Alberts-Bahn	892*	35	—	—	—	576	611	—	—
24	a. Altona-Kieler b. Glückstadt-Elmshorner	47 675	2888	1997	1500	—	2743	9128	698	1956
25	Aussig-Teplitzer	12 062*	899	1214	666	—	—	2779	—	—
26	Bayerische Ostbahnen	53 157	3732	8675	14 286	—	1046	27 739	133	253
27	Berlin-Anhaltische	159 344	6950	12 871	5683	i. R. 313.	4172	29 676	2024	1403
28	a. Berlin-Hamburger	231 123	10 884	9232	5000	—	2781	27 897	978	2833
	b. Hamburg-Bergedorfer	—	—	—	—	—	—	—	—	—
29	Berlin-Potsdam-Magdebg.	55 535	2495	5386	1200	260	—	9341	3949	1470

315	316	317	318	319	320	321	322	323	324		325	
Ausgabe pro 1862.							Bestand der Kasse ultimo 1862.	Zahl der Betheiligten.	Im Jahre 1862 erhielten: Pensionen			
Kinder-Erziehungsgelder.	Temporaire Unterstützungen	Zurückerstattete Beiträge.	Coursverlust bei Werthpapieren.	Kur-, Verpflegungs- u. Beerdig.-Kosten, Honorar für Aerzte u. dergl.	Sonstige Ausgaben (als Druck- u. Schreibkosten rc.)	Ueberhaupt.			a. invalide Beamte.	b. Beamten-Wittwen.	temporaire Unterstützungen.	
Thlr.	Thlr.	Thlr.	Thlr.	Thlr.	Thlr.	Thlr.	Thlr.		Personen.		Personen.	
—	—	—	—	—	—	—	—	—	—	—	—	1
s. Z. 314b.	6549	1217	—	4917	257	36 248	307 023	ca. 5530	151	640	574	2
357	6250*	132	—	3332	—	10878	60 740	5390	4	104*	1633	3
—	—	—	—	—	—	—	—	—	—	—	—	4
—	540	—	—	—	—	540	7363	—	—	—	33	5
—	—	—	—	—	—	—	—	—	—	—	—	6
2055	—	1586	—	—	200	18 587	340 300	1845	90	162	—	7
867	54	3280	—	—	1434	7359	240 134	1753	11	46	3	8
234	20	1963	94	—	2	2553	47 099	540	—	7	1	9
634	—	655	395	—	2	2348	112 129	802	4	17	—	10
179	233	568	257	—	164	7674	224 142	2379	30	380	5	11 12
154	—	486	—	—	25	1383	114 665	1384	0	26	—	13
640	239	1544	76	—	199	4529	95 140	423	11	20	3	14
—	—	—	3	—	8	56	20 695	102	1	—	—	
825	—	1863	—	—	27	5390	180 805	1342	9	34	—	15
—	—	—	—	—	13	13	23 678	76	—	—	—	
—	—	—	—	—	—	—	—	—	—	—	—	16
—	—	—	—	—	—	—	—	—	—	—	—	17a
—	—	—	—	—	—	—	—	—	—	—	—	—b
1683	7	2589	339	70	11	16613	284 763	1719	65	100	7	18
s. Z. 314b.	55	35	139	274	69	3425	69 122	303	10	26	3	19
65	11	2017	102	—	464	2967	27 180	ca. 345	1	5	1	20
s. Z. 314b.	—	337	—	—	—	1403	72 022	357	11	13	—	21
—	—	—	—	166	—	166	84	—	—	—	—	22
—	—	—	—	—	—	—	1503	—	—	—	—	23
47	176	—	—	186	100	3163	53 640*	477	9	58	11	24
—	40	—	—	—	—	40	14 801	75	—	1	—	25
s. Z. 314b.	51	188	—	—	3	628	80 268	1285	5	5	2	26
9	—	2	—	713	629	4780	184 240	907	30	41	—	27
308	—	11	294	—	329	4753	254 267	1090	20	91	—	28a
—	—	—	—	—	—	—	—	—	—	—	—	—b
86	—	202	—	340	136	6183	58 693	628	58	49	—	29

30	Berlin-Stettiner									
	a. Berlin-Stettin . . .	129 870	5927	7428	2160	—	585	16 100	986	3154
	b. Stettin-Stargard . .	10 309	447	1010	600	—	22	2079	305	—
	c. Starg.-Cöslin-Colberg. .	12 099	655	5322	2736	—	104	8817	—	—
31	Böhmische Westbahn . .	—	10	4033	—	—	92	4135	—	—
32	Breslau-Schweidnitz-Freib.	51 723	2253	3004	4000	—	1247	11 104	1644	1050
33	Brünn-Rossitzer	—*	—	—	—	—	—	—	—	—
34	Buschtěhrader { a. Lokom.-B. / b. Pferde-B. }	32 445	2630	1119	795	—	22	4566	900	276
35	Frankfurt-Hanauer . . .	11 240	528	1135	—*	—	97	1760	39	143
36	Galizische Carl-Ludw.-Bahn	70 382	5485	16 485	6667	400	533	29 570	—	184
37	Graz-Köflacher	—	5	411	667	—	97	1180	—	—
38	Hessische Ludwigs-E. . .	28 809	1376	3776	2571	—	432	8155	—	205
39	Homburger	—	—	—	—	—	—	—	—	—
40	Kaiser Ferdinands Nordb.	736 555	38 447	46 312	16 666	—	—	101 425	6190	8847
41	Kaiserin Elisabeth { a. Lokom.-Bahn / b. Pferde-Bahn }	95 916	4896	8888	8588	3352	—	26 024	185	—
42	Köln-Mindener (u. Gießener)	255 226	13 756	23 142	9692	4971	2872	54 433	1278*	199
43	Kurf. Friedr.-Wilh. Nordb.	68 603	3217	4740	2855	—	475	11 287	369	783
44	Leipzig-Dresdener . . .	110 450	5712	5218	5000	—	744	16 674	899	4917
45	Ludwigs-E. (Nürnb.-Fürth)	1220	80	—	571	—	1	652	—	—
46	Lübeck-Büchener . . .	17 848	777	773	—	—	464	2014	—	118
47	Magdeb.-Cöth.-Halle-Leipz.	109 249	6291	5262	1000	1099	1622	15 274	6002	3663
48	Magdeburg-Halberstädter .	41 095	2858	2153	—	—	1828	6839	1927	583
49	Magdeburg-Wittenbergesche	54 233	2454	1946	600	—	1408	6408	203	549
50	Mecklenburgische	42 912	1943	1396	800	—	2066	6205	44	72
51	Mohacs-Fünfkirchener .	—*	—	—	—	—	—	—	—	—
52	Neisse-Brieger	12 398	522	581	600	200	82	1985	17	139
53	Niederländische Rhein-E. .	5655*	285	—	—	—	208	493	—	—
54	Niederschlesische Zweigbahn	20 903	885	802	1000	—	75	2762	31	160
55	{ a. Oesterreich. nördliche . / b. Oesterreich südöstliche . / c. Wien-Neu-Szönyer . . }	634 554	41 304	57 337	24 939	28 157	—	151 737	11 730	u. s. w.
56	Oppeln-Tarnowitzer . . .	9445	393	1505	337	—	61	2296	41	47
57	{ a. Pfälzische Ludwigsbahn / b. Pfälzische Maximiliansb. }	80 921	4688	5792	5714	—	210	16 404	532	2896
58	Rendsburg-Neumünstersche	5479	5	246	—	314	132	697	102*	5
59	Rheinische	81 230	4348	11 399	4614	—	9161	29 522	1671	2010
60	{ a. Südbahn, Oesterreich. . / b. Nordtiroler . . . . / c. Venetianische u. Südtirol. }	25 791*	1726	50 324	25 635	3265	956	82 106	—	—
61	Süd-Norddeutsche . . .	27 694	1970	5035	—	267	—	7272	800	—
62	Taunus-Bahn	39 168	1646	1457	2286	—	961	6350	3461	u. s. w.
63	Theiß-Bahn	96 199*	5188	12 467	—	6156	842	24 653	—	296
64	Thüringische	146 455	6316	6724	8200	1946	497	23 653	987	1531
65	Werra-E.	17 829	979	2721	2400	115	161	6376	—	112

315	316	317	318	319	320	321	322	323	324		325	
Ausgabe pro 1862.							Bestand der Kasse ultimo 1862.	Zahl der Betheiligten.	Im Jahre 1862 erhielten: Pensionen			
Kinder-Erziehungsgelder.	Temporaire Unterstützungen	Zurückerstattete Beiträge.	Coursverlust bei Werthpapieren.	Kur-, Verpflegungs- u. Beerdig.-Kosten, Honorar für Aerzte u. dergl.	Sonstige Ausgaben (als Druck- u. Schreibkosten etc.).	Ueberhaupt.			a. invalide Beamte.	b. Beamten-Wittwen.	temporaire Unterstützungen.	
Thlr.	Thlr.	Thlr.	Thlr.	Thlr.	Thlr.	Thlr.	Thlr.		Personen.		Personen.	
—	—	144	—	—	48	4332	141 614*	439	12	29	—	30 a
—	—	—	—	—	30	335	12 143	71	4	—	—	b
—	—	216	—	—	50	266	20 650	312	—	—	—	c
—	—	1	—	—	—	1	4134	384	—	—	—	31
s. Sp. 314b	40	188	4	—	517	3443	59 384	528	27	28	—	32
—	—	—	—	—	—	—	—	—	—	—	—	33
297	—	1479	—	—	—	2952	34 050	148	12	24	—	34
—	—	60	—	—	—	212	12 758	148	1	5	—	35
—	376	5	308	—	—	873	99 070	812	—	2	8	36
—	—	—	—	—	—	—	1150	59	—	—	—	37
s. Sp. 314b	—	—	—	—	—	205	36 819	500	—	9	—	38
—	—	—	—	—	—	—	—	—	—	—	—	39
1798	—	1164	—	—	—	17 999	819 981	1665	39	97	36	40
—	—	122	—	—	10	317	121 623	421	—	2	—	41
134	10 095*	—*	—	in Sp. 316	2062	13 768	295 890	2639	27	14	872	42
—	—	—	154	—	—	1306	76 384	442	7	35	—	43
414	60	120	—	—	14	6424	120 700	576	12	118	1	44
—	—	—	—	—	—	—	1872	—	—	—	—	45
41	—	—	7	—	6	172	19 690	110	—	5	—	46
—	30	440	—	—	44	10 179	114 344	608	70	65	2	47
97	20	198	119	85	508	3537	44 397	257	24	15	8	48
—	75	—	—	—	13	840	59 801	238	4	12	0	49
4	—	—	—	—	—	120	48 997	104	1	5	—	50
—	—	—	—	—	—	—	—	—	—	—	—	51
18	—	214	—	218	3	609	13 774	90	2	6	—	52
—	218	—	—	—	—	218	5930	—	—	—	1	53
—	—	—	73	—	—	264	23 401	143	8	2	—	54
s. Sp. 314a	s. Sp. 314a	6227	—	in Sp. 320	5055	23 012	763 279	1623	18	46	9	55
11	—	511	—	—	—	610	11 131	158	1	1	—	56
—	269	—	—	—	36	3753	93 572	ca. 730	7	50	13	57
—	—	—	—	19	7	223	5953	57	—	1	—	58
265	471	175	—	1849	—	6441	104 311	1368	43	59	107	59
—	—	564	—	—	—	564	107 333	1178	—	—	—	60
—	39	114	—	—	—	958	34 013	407	1	—	1	61
—	—	—	—	—	—	3461	42 057	178	52	s. Sp. 324a	—	62
—	601	—	—	—	—	900	119 952	749	—	3	7	63
20	—	116	—	—	134	2791	167 347	806	13	35	—	64
—	—	70	62	—	59	303	23 902	365	—	1	—	65

Statistische Berichte

und

Erläuterungen zu den Tabellen

für das

Betriebs-Jahr 1862.

I. Staatsbahnen.

---

1. Großherzogl. Badische Staats-Eisenbahnen.

I. Das **Bahngebiet** der Badischen Staatsbahnen umfaßt:

a) die Hauptbahn von Mannheim über Heidelberg, Carlsruhe, Freiburg und Basel nach Waldshut 43,16 Meilen,

b) die Zweigbahnen 1) von Heidelberg nach Mosbach . . . . 7,08 "

2) von Durlach nach Pforzheim . . . . 3,57 "

3) von Carlsruhe nach Maxau . . . . 1,26 "

4) von Dos nach Baden (gen. Baden-Baden) . . . . 0,37 "

5) von Appenweier nach Kehl (Straßburg) . . . . 1,94 "

6) von Basel nach Schopfheim . . . . 2,03 "

7) die Hafenbahn bei Mannheim, welche aber nur zum Gütertransport benutzt wird, von . . . . 0,39 "

zusammen 60,99 Meilen.

Von diesen Zweigbahnen wurde die ad 1 aufgeführte von Heidelberg nach Mosbach (7,08 M.) am 23. Oktober, die ad 3 aufgeführte von Carlsruhe nach Maxau (1,26 M.) am 5. August und die ad 6 aufgeführte von Basel nach Schopfheim (2,03 M.) am 7. Juni 1862 dem Betriebe übergeben. Mit Rücksicht hierauf beträgt der mittlere Jahresdurchschnitt . . . . 53,28 Meilen.

Die Zweigbahnen von Basel nach Schopfheim und von Carlsruhe nach Maxau sind von Privatunternehmern gebaut, die Verwaltung und der Betrieb derselben aber vom Staate übernommen, welcher sich auch bei beiden Bahnen das Ankaufsrecht vorbehalten hat.

II. **Verbindungsbahn Mannheim-Friedrichsfeld.** Das eine Geleise der Hauptbahn von Mannheim nach Friedrichsfeld dient ausschließlich für den Betrieb der Badischen Staatsbahn, wogegen das andere als Verbindungsbahn mit der Main-Neckar-Bahn benutzt und nur durch das Transportmaterial der letztern Bahn befahren wird. Die Beaufsichtigung dieser Verbindungsbahn wird von der Großherzogl. Badischen Eisenbahn-Verwaltung besorgt, welche auch die Einnahmen aus dem Personen- und Güterverkehre derselben bezieht und an die Main-Neckar-Bahnverwaltung eine Vergütigung für die von ihr verwendeten Maschinen und Wagen nebst Fahrpersonal jährlich zahlt.

III. **Beamten-Pensionskasse.** Für die Civilbeamten der Badischen Staats-Verwaltung bestehen zwei Pensions- und Unterstützungskassen, wovon die eine die höheren Staatsbeamten (Staatsdiener), die andere die niederen Bediensteten (Subalterndiener) in sich schließt.

Außerdem besteht noch ein Privat-Unterstützungs-Verein unter den bei der Post- und Eisenbahn-Verwaltung angestellten Subalterndienern, durch welchen bei dem Ableben eines Mitgliedes dessen Hinterbliebene die Summe von 300 Fl. (171 Thlr. 13 Sgr.) ausgezahlt erhalten.

IV. **Erläuterungen zu den Tabellen:**

zu Kol. 2b. Von diesen 10 Mitgliedern fungiren 3 für die Postverwaltung.

" " 13. Ohne die Hafenbahn wird die Bahnlänge in den Tarifen auf 60,7 Meilen angenommen.

" " 114. Die von den Material- und Arbeitszügen zurückgelegten 6792 Meilen sind hier nicht aufgenommen worden, da für dieselben Bezahlung nicht geleistet ist.

" " 115a u. 116a. Die Durchschnittszahl der im Jahre 1862 täglich beförderten Courier- und Schnellzüge, sowie der Personenzüge beträgt 11,11 mit 21 Wagen-Achsen (cfr. Kol. 115b u. 116b).

" " 158b u. c. Die Eisenbahn- und sonstigen Fahrzeuge sind, je nachdem sie als Eilgut oder gewöhnliche Fracht zur Beförderung kamen, mit ihrem Gewichte in Kol. 150 u. 152 und die Einnahme dafür in Kol. 176 u. 178 mitenthalten.

" " 216. Hierin sind auch die Entschädigungen im Personenverkehre mitenthalten.

" " 287a u. 288a. Die hier notirten Achsbrüche sind die bei eigenen und fremden Wagen vorgekommenen.

" " 307—325. Wegen der Pensions- und Unterstützungskasse ist oben ad III. das Nähere mitgetheilt.

2. Königl. Bayerische Staats-Eisenbahnen.

I. **Rechnungs-Periode.** Das Rechnungs- und Betriebsjahr umfaßt nicht die Periode des Kalenderjahres, sondern beginnt mit dem 1. Oktober. Die vorliegenden statistischen Notizen beziehen sich auf den Zeitraum vom 1. Oktober 1861 bis ult. September 1862.

II. Das **Bahngebiet** der Bayerischen Staatsbahnen umfaßt folgende Linien:

A. die Ludwigs-Südnordbahn von Lindau über Augsburg, Nürnberg und Hof bis zur Bayerisch-Sächsischen Grenze . . . . 74,45 Meilen
nebst der an die Werra-Eisenbahn-Gesellschaft verpachteten Verbindungsbahn von Lichtenfels bis zur Herzogl. Sächsischen Grenze bei Ebersdorf (1,06 Meilen) und von da bis Coburg 2,72 Meilen.
Von der Hauptbahn ist die Strecke von Hof bis zur Königl. Sächsischen Grenze . . . 1,33 "
an die Königl. Sächsische Staats-Eisenbahn-Verwaltung verpachtet, also im eigenen Betriebe 73,12 Meilen.

B. die Ludwigs-Westbahn von Bamberg über Würzburg bis zur Kurhessischen Grenze bei Kahl . . . . 27,17 Meilen,
von welcher die Strecke von Aschaffenburg bis zur Bayerisch-Hessischen Grenze bei Kahl von . . . . 2,10 "
an die Frankfurt-Hanauer Eisenbahn-Gesellschaft verpachtet ist; es verbleiben im eigenen Betriebe . . . . 25,07 "

C. die Maximiliansbahn, und zwar:
1) die Hauptbahn von Ulm über Augsburg, München und Rosenheim bis zur Landesgrenze bei Salzburg . . . . 40,6 Meilen
nebst der von der Königl. Württembergischen Staats-Eisenbahn-Verwaltung gepachteten Strecke von der Mitte der Donaubrücke (Landesgrenze) bis in den Bahnhof zu Ulm . . . . 0,12 "
und der von der Kaiserin Elisabeth-Bahn-Gesellschaft gepachteten Strecke von der Landesgrenze bei Salzburghofen bis Salzburg . . . . 0,74 "
zusammen 40,46 "
2) die Zweigbahn von Rosenheim bis zur Tiroler Grenze bei Kufstein . 4,23 Meilen
nebst der von der Oesterreichischen Südbahn-Gesellschaft gepachteten Strecke von der Landesgrenze bei Kiefersfelden bis Kufstein . . . . 0,30 "
zusammen 4,53 "

Zu der Betriebslänge der Bayerischen Staatsbahnen von . . . . 143,98 Meilen
kommen noch die von der Staats-Eisenbahn-Verwaltung gepachteten Zweigbahnen
a) Neuenmarkt-Bayreuth . . . 2,734 Meilen,
b) Pasing-Starnberg . . . . 2,766 "
c) Gunzenhausen-Ansbach . . 3,573 "
d) Hochstadt-Gundelsdorf . . . 2,744 "
e) Holzkirchen-Miesbach, am 23. November 1861 eröffnet. . . 2,303 "
zusammen 14,18 "

Die Gesammtlänge aller im Betriebe befindlichen Bahnlinien beträgt mithin . . . . 158,16 Meilen.

Die Zweigbahn Holzkirchen-Miesbach war 10⅓ Monate im Betriebe; mit Rücksicht hierauf beträgt der mittlere Jahresdurchschnitt aller im Betriebe stehenden Linien . . . . 157,91 Meilen.

III. **Pachtverhältnisse.** An Pachtzins für die vorstehend aufgeführten Privatbahnen wird jährlich gezahlt:
1) für die Neuenmarkt-Bayreuther 55 000 Fl. (5 Proc. von 1 100 000 Fl. Baukapital) . = 31 429 Thlr.,
2) für die Pasing-Starnberger 50 000 Fl. (5 Proc. von 1 000 000 Fl. Baukapital) . . . = 28 571 Thlr.,
3) für die Gunzenhausen-Ansbacher 70 080 Fl. (pptr. 4½ Proc. von 1 560 000 Fl. Baukapital) = 40 046 Thlr.,
4) für die Hochstadt-Gundelsdorfer 60 000 Fl. (5 Proc. von 1 200 000 Fl. Baukapital) . . = 34 286 Thlr.,
5) für die Holzkirchen-Miesbacher 50 000 Fl. (5 Proc. von 1 000 000 Fl. Baukapital) . . = 28 571 Thlr.,

6) für die Strecke von der Mitte der Donaubrücke bis Ulm (siehe oben ad C. 1) 22 310 Fl. (4 Proc. von 557 765 Fl. Baukapital) . . . . = 12 749 Thlr.,

7) für die Strecke v. Salzburghofen bis Salzburg 2 Proc. v. d. vorläufig ermittelten Baukapitale v. 1 813 830 Fl.

In dem oben aufgeführten Pachtzinse der Bahnen ad 1 bis 5 sind gleichzeitig ½ Proc. zur Amortisation resp. Erwerbung derselben mitenthalten, wodurch das Baukapital der Neuenmarkt-Bayreuther Bahn im Jahre 1899, der Pasing-Starnberger im Jahre 1909, der Gunzenhausen-Ansbacher im Jahre 1912, der Hochstadt-Gundelsdorfer im Jahre 1918 und der Holzkirchen-Miesbacher Zweigbahn im Jahre 1914 amortisirt wird und die resp. Bahnen erworben werden.

Für die verpachteten Bahnstrecken erhält die Königl. Bayerische Staats-Eisenbahn-Verwaltung jährlich an Pacht:

1) von der Werra-Eisenbahn-Gesellschaft für die Strecke von Lichtenfels bis an die Herzogl. Sächsische Grenze und für die für Rechnung jener Gesellschaft erbaute Strecke von der Grenze bis Coburg (2 477 560 Fl. Baukapital) 63 429 Thlr. (incl. 6280 Thlr. Rückerstattung des Baukapitals letzterer Strecke),

2) für die Strecke von Hof bis zur Königl. Sächsischen Grenze von der Königl. Sächsischen Staats-Eisenbahn-Verwaltung 42 745 Fl. (4 Proc. von 1 068 630 Fl. Baukapital) = 24 426 Thlr.,

3) für die Strecke von Aschaffenburg bis zur Bayerisch-Hessischen Landesgrenze bei Kahl 32 315 Fl. (und zwar 3 Proc. von 1 044 957 Fl. u. 1½ Proc. von 32 815 Fl. Baukapital von der Frankfurt-Hanauer, und 1½ Proc. von 32 815 Fl. Baukapital von der Hessischen Ludwigs-Eisenbahn-Gesellschaft) = 18 466 Thlr.

IV. Beamten-Pensionskasse. Für das niedere Personal der sämmtlichen Königl. Bayerischen Verkehrs-Anstalten (Eisenbahnen, Post, Telegraphie, Ludwigskanal-, Donau- und Bodensee-Dampfschifffahrt) besteht eine gemeinschaftliche Pensions- und Unterstützungskasse, worüber die Tabellen in Kol. 307—325 das Nähere enthalten.

Die Pensionen der übrigen, nicht zur Klasse des niederen Personals gehörigen Angestellten werden aus den Bahn-Erträgnissen bestritten und sind unter den laufenden Betriebs-Ausgaben aufgeführt.

V. Erläuterungen zu den Tabellen:

zu Kol. 2. Von den hier aufgeführten Mitgliedern der General-Direktion fungiren ausschließlich für die Eisenbahnen 4 Räthe und 1 Assessor, während der General-Direktor und die übrigen Mitglieder für die vereinigten Verkehrs-Anstalten, als: Eisenbahnen, Post-, Telegraphie und Dampfschifffahrt angestellt sind.

" " 85 u. 86. Hiervon kommen auf die Hauptbahn Lindau-Hof (74,63 M.) 33 422 531 Thlr. und pro Meile Bahnlänge 446 527 Thlr., auf die verpachtete Strecke von Lichtenfels bis zur Herzogl. Sächsischen Grenze bei Ebersdorf (1,03 Meilen) 615 990 Thlr. und pro Meile Bahnlänge 586 657 Thlr.

" " 104 u. 106. Die größte zulässige (Netto-) Belastung einer Achse beträgt:
bei Wagen von 200 Ctr. Tragkraft mit Achsen von 3,56 Zoll Durchmesser (in der Nabe) 175 Z.-Ctr.
" " " 180 " " " " " 3,56 " " " " " 150 "
" allen übrigen Wagen, deren Achsen 2,93 Zoll Durchmesser (in der Nabe) haben, . 70 "

" " 108. Hierin sind die Anschaffungskosten der Postwagen mitenthalten.

" " 112. Dies sind die Anschaffungskosten der Achsen und Räder für sämmtliche Wagen.

" " 113g. Hierin sind auch die von den Lokomotiven als vorgelegte Reservemaschinen zurückgelegten Meilen mitenthalten.

" " 114. Die vor Material- und Arbeitszügen zurückgelegten Meilen sind hier nicht aufgenommen.

" " 121b. Dies sind Nußkohlen.

" " 124. Außerdem wurden noch Braunkohlen, mit Stichtorf gemischt, gefeuert, wobei ein bestimmtes Mischungs-Verhältniß nicht bestanden hat; das zufällige war 1 Ctr. Braunkohlen gemischt mit 0,06 Klftr. Stichtorf. Verbraucht wurden bei 277 Nutzmeilen 675 Z.-Ctr. Braunkohlen.

" " 125 u. 126. Diese Angaben beziehen sich auf Stichtorf. Außerdem wurde zur Feuerung der Lokomotiven noch Preßtorf verwendet, und zwar:

1) ungemischt.

a) bei Nutzmeilen . . . 25 153 M.
b) überhaupt . . . . 127 014 Z.-Ctr.

2) gemischt mit Stichtorf.

a) Mischungsverhältniß, und zwar zufälliges 1 Klftr. Stichtorf auf 4,04 Z.-Ctr. Preßtorf.
b) bei Nutzmeilen . . . 8 454 M.
c) überhaupt . . . . . 9 694 Z.-Ctr.

3) gemischt mit Kohlen.

a) zufälliges Mischungsverhältniß 1,78 Ctr. Preßtorf auf 1 Ctr. Kohlen.
b) bei Nutzmeilen . . . 2 997 M.
c) überhaupt . . . . . 7 567 Z.-Ctr.

4) gemischt mit Stichtorf und Kohlen.

a) zufälliges Mischungsverhältniß 1 Z.-Ctr. Preßtorf gemischt mit 0,23 Ctr. Kohlen und 0,23 Klftr. Stichtorf.
b) bei Nutzmeilen . . . 9 511 M.
c) überhaupt . . . . . 7 822 Z.-Ctr.

5) gemischt mit Braunkohlen.

a) zufälliges Mischungsverhältniß 1 : 1

b) bei Nutzmeilen . . . 7 530 M.

c) überhaupt . . . . 25 003 Z.-Ctr.

6) gemischt mit Stichtorf und Braunkohlen.

a) zufälliges Mischungsverhältniß 1 Z.-Ctr. Preßtorf gemischt mit 0,04 Klftr. Stichtorf und 0,06 Z.-Ctr. Braunkohlen.

b) bei Nutzmeilen . . . 1 490 M.

c) überhaupt . . . . . 5 145 Z.-Ctr.

zu Kol. 121—127. Der Brennmaterial-Verbrauch der verschiedenen Maschinen-Gattungen pro Nutz- und Achsmeile (einschließlich des Reservedienstes) ist aus nachstehender Tabelle ersichtlich:

Klasse der Maschinen	Lieferung der Maschinen	Verbrauch an:	Maaß oder Gewicht.	Verbrauch pro Nutz-Meile	Verbrauch pro Achs-Meile
A.	I.	Rußkohlen	Z.-Pfd.	136,381	4,639
		Stichtorf	Cbfß.	8,476	0,323
		Rußkohlen	Z.-Pfd.	79,840	3,013
A.	II.	Rußkohlen		131,303	4,931
A	III.	Die Lokomotiven dieser Klasse wurden nur zum Stationsdienst verwendet.			
A.	IV.	Stichtorf	Cbfß.	20,077	0,596
		Stichtorf	„	20,272	0,620
		Rußkohlen	Z.-Pfd.	16,399	0,500
		Stichtorf	Cbfß.	20,627	0,583
		Preßtorf	Z.-Pfd.	18,654	0,527
		Rußkohlen	„	17,036	0,482
A.	V.	Stichtorf	Cbfß.	16,542	0,563
		Rußkohlen	Z.-Pfd.	148,185	5,987
		Stichtorf	Cbfß.	14,328	0,567
		Rußkohlen	Z.-Pfd.	27,403	1,100
		Stichtorf	Cbfß.	19,364	0,553
		Preßtorf	Z.-Pfd.	2,519	0,072
		Rußkohlen	„	12,313	0,353
B.	I.	Stichtorf	Cbfß.	31,327	0,730
		Rußkohlen	Z.-Pfd.	190,891	5,378
B.	II.	Stichtorf	Cbfß.	32,669	0,668
		Stichtorf	„	23,189	0,388
		Rußkohlen	Z.-Pfd.	89,520	1,339
B.	III.	Stichtorf	Cbfß.	23,161	0,367
		Rußkohlen	Z.-Pfd.	262,236	2,507
		Stichtorf	Cbfß.	20,159	0,331
		Rußkohlen	Z.-Pfd.	39,003	0,637
B.	IV.	Rußkohlen	„	232,871	2,837
B.	V.	Stichtorf	Cbfß.	25,812	0,336
		Preßtorf	Z.-Pfd.	413,092	7,331
		Stichtorf	Cbfß.	16,867	0,301
		Preßtorf	Z.-Pfd.	147,993	2,643

Klasse der Maschinen	Lieferung der Maschinen	Verbrauch an:	Maaß oder Gewicht.	Verbrauch pro Nutz-Meile	Verbrauch pro Achs-Meile
B.	V.	Rußkohlen	Z.-Pfd.	225,101	3,108
		Stichtorf	Cbfß.	25,079	0,427
		Rußkohlen	Z.-Pfd.	30,999	0,808
		Preßtorf	„	471,263	8,006
		Rußkohlen	„	4,692	0,079
		Stichtorf	Cbfß.	21,325	0,289
		Preßtorf	Z.-Pfd.	118,732	2,011
		Rußkohlen	„	19,318	0,331
		Braunkohl.	„	587,719	11,371
		Stichtorf	Cbfß.	14,537	0,314
		Braunkohl.	Z.-Pfd.	29,735	6,439
		Preßtorf	„	96,816	1,508
		Braunkohl.	„	385,135	7,190
		Stichtorf	Cbfß.	1,115	0,019
		Preßtorf	Z.-Pfd.	371,139	6,336
		Braunkohl.	„	6,132	0,101
C.	I.	Rußkohlen	„	354,838	9,735
C.	II.	Stichtorf	Cbfß.	45,316	0,556
		Preßtorf	Z.-Pfd.	722,073	9,012
		Stichtorf	Cbfß.	38,655	0,486
		Preßtorf	Z.-Pfd.	64,391	0,809
		Rußkohlen		376,313	4,791
		Preßtorf	„	15,298	0,171
		Rußkohlen	„	295,319	3,318
		Braunkohl.		563,669	8,199
		Preßtorf		346,782	5,057
		Braunkohl.		335,619	4,890
		Stichtorf	Cbfß.	26,082	0,366
		Preßtorf	Z.-Pfd.	332,500	4,673
		Braunkohl.	„	30 500	0,478
		Rußkohlen		3,610	0,032
		Braunkohl.		592,059	8,557

Anmerkung. Die durch Klammern verbundenen Brennmaterial-Quantitäten wurden im Gemenge verbraucht; ein bestimmtes Mischungs-Verhältniß kann jedoch nicht angegeben werden.

Bei Berechnung des Durchschnitts-Verbrauchs pro Nutz- resp. Achsmeile wurden die bei allen Zügen, mit Ausnahme der Hilfs- (Leer-) Fahrten, zurückgelegten Weg- oder Achsmeilen als Divisor in den Gesammt-Brennmaterial-Verbrauch (incl. Reservedienst und Anheizungen) angenommen.

zu Kol. 146a. Dies sind im Binnenverkehr beförderte und im direkten Verkehre abgegangene Personen.

„ „ 146b. Dies sind nur im direkten Verkehre angekommene Personen.

„ „ 149b. Freigewicht beim Reisegepäck wird nur im direkten Verkehre mit Norddeutschland, Frankreich ꝛc., im inneren Verkehre der Bayerischen Staatsbahnen dagegen nicht gewährt.

„ „ 152. Hierin ist auch das Gewicht der beförderten Eisenbahn- und sonstigen Fahrzeuge (efr. Kol. 158b u. c) mitenthalten.

„ „ 154. Ebenso hier die beförderten Baumaterialien, Roherze, Düngemittel u. a. m.

„ „ 186. Hierin ist der Zins für die verpachteten Bahnstrecken mitenthalten.

„ „ 187—233. Die hier gemachten Angaben beziehen sich auf sämmtliche, unter der Königl. Bayerischen Staats-Eisenbahn-Verwaltung stehende Staats- und Privat-Eisenbahnen (s. ad II dieses Berichts).

Mit Ausschluß dieser Privatbahnen (Kol. 11b der Tabellen) und unter Weglassung der für Vermehrung des Betriebs-Materials und für Hochbauten gemachten (dem Betriebsfonds fremden) Ausgaben, berechnen sich die Finanz-Ergebnisse ad Kol. 187—233, welche lediglich auf die Staats-Eisenbahnen Bezug haben, wie folgt:

ad Kol. 187 . . . 8 139 258 Thlr. Einnahme überhaupt,
„ „ 188a . . . 56 089 „ „ pro Meile Bahnlänge,
„ „ „ b . . . 11,65 „ „ pro Nutzmeile,
„ „ 229 . . . 3 976 500 „ Ausgabe überhaupt,
„ „ 230a . . . 27 842 „ „ pro Meile Bahnlänge,
„ „ „ b . . . 5,69 „ „ pro Nutzmeile,
„ „ 231a . . . 30,66 Proc. der Bahn- } Verwaltung.
„ „ „ b . . . 68,21 „ der Transport- } Verwaltung.
„ „ „ c . . . 1,13 „ der allgem. } Verwaltung.
„ „ 232 . . . 48,86 Proc.
„ „ 233a . . . 4 162 758 Thlr. Ueberschuß überhaupt,
„ „ „ b . . . 29 147 „ „ pro Meile Bahnlänge.

zu Kol. 192. Hierin sind auch die Unterhaltungskosten der Speisevorrichtungen enthalten.

„ „ 198. Ebenso hier die Kosten für Ablösung der Bahnwärter zur Nachtzeit und an Sonn- und Feiertagen.

„ „ 200. Desgleichen sind hier die Kosten für Beleuchtung der optischen Signale mitaufgeführt.

„ „ 214. Hierin sind auch die Beleuchtungskosten der Stationen mitenthalten.

„ „ 226. In dieser Summe sind die gezahlten Pensionen, Alimentationen und der Zuschuß zum Unterstützungsfonds mitenthalten.

„ „ 233. Außer diesem Ueberschusse war am Schlusse des Betriebsjahres 1862 noch ein Material-Vorrath im Werthe von 1 038 406 Thlrn. (157 452 Thlr. mehr wie im Vorjahre) vorhanden.

„ „ 233c. Das Gesammt-Anlage-Kapital der Königl. Bayerischen Staats- und unter Staats-Verwaltung stehenden Privat-Eisenbahnen (incl. der für Rechnung der Werra-Eisenbahn gebauten Strecke von der Grenze bei Ebersdorf bis Coburg) beträgt . . . 130 055 294 Fl. = 74 317 311 Thlr.
Rechnet man hiervon das Anlage-Kapital der verpachteten Bahnstrecken (siehe ad II dieses Berichts), welches 4 623 362 „ = 2 641 921 „
beträgt, ab, so verbleiben . . . . 125 431 932 Fl. = 71 675 390 Thlr.,
welche der Berechnung dieses Procentsatzes zu Grunde gelegt sind.

„ „ 250a. Bei Vergleichung der Güter-Frequenz mit dem Vorjahre sind die in Kol. 154a der Statistik pro 1861 mitenthaltenen 5138 Ctr. Militairgüter unberücksichtigt geblieben.

„ „ 251a—256a. Dieses Mehr bezieht sich nur auf die Staatsbahnen von 142,82 Meilen (siehe Kol. 248a).

„ „ 258. Dieser Unfall wurde durch Anstreifen einer Maschine an den letzten Wagen eines Zuges veranlaßt.

„ „ 285—288a. Die in den früheren Jahren an den Betriebsmitteln vorgekommenen Achsbrüche sind in Kol. 288a summarisch aufgeführt.

„ „ 312. Hierin sind 144 968 Thlr. Bestand der aufgelösten Unterstützungskasse des Eisenbahn-Bau-Personals und desjenigen der Bodensee-Dampfschifffahrt mitenthalten, da die Betheiligten nunmehr an der für die übrigen Angestellten der Königl. Bayerischen Verkehrs-Anstalten bereits bestehenden Pensionskasse (Kol. 307—325) Theil nehmen.

3. Herzogl. Braunschweigische Staats-Eisenbahnen.

I. **Bahngebiet.** Das Braunschweigische Eisenbahn-Netz besteht aus folgenden Linien:

1) der Hauptbahn von der Braunschweig-Hannoverschen Grenze über Braunschweig und Wolfenbüttel bis Oschersleben . . . . 11,33 Meilen,
2) den Zweigbahnen a) von Wolfenbüttel über Börßum nach Harzburg . . . . 4,43 „
b) von Börßum nach Kreiensen (Südbahn) . . . . 8,05 „
c) von Jerxheim nach Helmstedt (Schöninger Bahn) . . . . 2,81 „
zusammen 26,63 Meilen.

II. **Betriebsmittel.** Im Jahre 1862 wurden angeschafft und dem Betriebe überwiesen: 2 sechsrädrige Personenwagen, 110 vierrädrige offene, 9 vierrädrige bedeckte und 2 sechsrädrige bedeckte Güterwagen; dagegen wurden 4 Erdtransportwagen zurückgestellt.

III. **Erläuterungen zu den Tabellen:**

zu Kol. 15a. Der Betrieb der Hauptbahn wurde streckenweise zuerst am 1. Dezember 1838 bis Wolfenbüttel und am 16. Juli 1843 bis Oschersleben eröffnet; die Zweigbahnen
a) Wolfenbüttel-Harzburg zuerst am 22. Aug. 1840 und auf der ganzen Strecke am 31. Okt. 1841,
b) Börßum-Kreiensen am 5. August 1856 und
c) Jerxheim-Helmstedt am 20. Juli 1858.

zu Kol. 94d u. 97g. Außer den hier notirten Wagen besitzt die Verwaltung noch gemeinschaftlich mit der Königl. Hannoverschen und der Köln-Mindener Verwaltung 30 Courierzug-Personenwagen, 12 Personenwagen mit Postcoupés und 27 Gepäckwagen, sämmtlich sechsrädrig. Der Braunschweigische Antheil ist 13/[illegible] und beträgt 39 862 Thlr.

" " 113e. Dies sind die vor Extrazügen zurückgelegten Meilen.

" " 137a. Diese 40 472 Meilen legten 2 eiserne, von Piepenstock in Hermannshütte bei Hörde gelieferte Radreifen zurück; dieselben sind als abgenutzt austrangirt.

" " 137b. Gußstahlradreifen sind erst in neuester Zeit angeschafft und deren Leistungen unerheblich. Die hier notirten 38 802 Meilen haben 2 von Piepenstock gelieferte Radreifen von Puddelstahl durchlaufen, welche noch nicht abgenutzt sind.

Zwei andere von demselben bezogene Radreifen haben bis zum ersten Abdrehen 9041 Meilen und vom ersten bis zum zweiten Abdrehen 15 529 Meilen durchlaufen.

" " 151. Postgüter werden nicht besonders notirt, da die befördernde Bahn eine Staatsbahn ist und gegenseitige Abrechnung nicht erfolgt.

" " 160b. Dies ist das Gewicht der in Kol. 149 aufgeführten Hunde.

" " 192. Hierin sind auch die Kosten der Unterhaltung der Wasserstationen mitenthalten.

" " 209. Desgl. hier die Kosten der Beleuchtung der Bahnhöfe und Telegraphen.

" " 218. In dieser Summe ist die Differenz zwischen gezahlter und empfangener Wagenmiethe enthalten.

" " 234—239. Zu dem in Kol. 233 aufgeführten Ueberschusse von . . . . . . 932 867 Thlrn.
treten noch hinzu: der Uebertrag aus der Betriebsrechnung pro 1861 mit . 682 449 "
und an Erstattungen aus dem Extrabaufonds (Erneuerungsfonds) . . . 393 "
zusammen 1 615 709 Thlr.,

welche, wie folgt, verwendet sind:

1) für Neubaugegenstände . . . . 224 694 Thlr.,
2) Zuschuß zum Erneuerungsfonds . . . . 232 591 "
3) abgeliefert an die Staatskasse . . . . 402 535 "
4) auf die Betriebsrechnung pro 1863 übertragen . . 755 889 "
Summa wie oben 1 615 709 Thlr.

" " 316. Hierin ist auch das gezahlte Kranken- und Sterbegeld enthalten.

" " 324b. Dies ist diejenige Anzahl Personen, an welche Wittwen-Pensionen und Kinder-Erziehungsgelder gezahlt wurden.

4. Königl. Hannoversche Staats-Eisenbahnen.

I. **Rechnungs-Periode.** Das Rechnungs- und Betriebsjahr umfaßt nicht die Periode des Kalenderjahres, sondern beginnt mit dem 1. Juli. Die vorliegenden statistischen Notizen beziehen sich auf den Zeitraum vom 1. Juli 1861 bis ult. Juni 1862.

II. Das **Bahngebiet** der Hannoverschen Staatsbahnen besteht aus folgenden Linien:

1) v. d. Braunschweigischen Grenze über Hannover u. Bückeburg b. z. Schaumburg-Lippeschen Grenze 13,77 Meilen,
2) Löhne-Osnabrück 6,44 M. und Preußische Grenze bei Salzbergen bis Emden 18,06 M., zus. 24,50 "
3) Wunstorf-Verden-Bremen . . . . 13,61 "
4) Bremen-Geestemünde (Bremerhafen), am 23. Januar 1862 dem Betriebe übergeben, . . . 8,37 "
5) Lehrte-Uelzen-Lüneburg-Harburg . . . . 20,80 "
6) Hannover-Kreiensen-Göttingen-Kassel . . . . . . 22,42 "
mit der Zweigbahn Nordstemmen-Hildesheim-Lehrte . . . . 4,91 "
zusammen 108,38 Meilen.

Außerdem sind folgende Strecken gepachtet:

a) von der Grenze bei Bückeburg bis Minden . . . . . . 0,37 M.
b) von Minden bis Löhne. (Diese Strecke wird aber nicht ausschließlich, sondern von Hannover nur mitbenutzt.) . . . . . . 2,77 M.
} 3,14 "
von der Köln-Minder Eisenbahn-Gesellschaft;

c) von Osnabrück bis Rheine . . . . 6,30 M.
d) von Rheine bis zur Landesgrenze bei Salzbergen . . . . 0,78 M.
} 7,08 "
von Preußen resp. der Westfälischen Staatsbahn-Verwaltung.

Mithin Gesammtlänge 118,60 Meilen.

Der mittlere Jahresdurchschnitt beträgt mit Rücksicht auf die am 23. Januar 1862 erfolgte Inbetriebsetzung der ad 4 aufgeführten Bahnstrecke Bremen-Geestemünde . . . . 114,05 Meilen.

Von der Betriebslänge der 118,60 Meilen liegen circa 21 Meilen in den Nachbarstaaten.

III. **Auswärtige Bahnstrecken.** Welchen Staaten die außerhalb Hannovers belegenen, aber im Hannoverschen Betriebe stehenden Bahnstrecken angehören, ist in der Statistik pro 1860 S. 5 mitgetheilt. Dort sind auch die Pachtverhältnisse und die Abrechnungen mit den Eigenthümern dieser Strecken erläutert. Veränderungen sind in diesen Verhältnissen nicht eingetreten.

Die Herauszahlungen an die Eigenthümer haben pro 1862 betragen:

an Kurhessen für die Strecke von der Grenze bis Haste	92 631 Thlr.
und für den Reservefonds dieser Strecke	2188 „
an Schaumburg-Lippe für die Strecke von der Grenze bis Bückeburg	208 129 „
und für den Reservefonds dieser Strecke	5310 „
an die Köln-Mindener Eisenbahn-Gesellschaft für die Strecke von der Lippeschen Grenze bis Minden 20 000 Thlr. und für die Mitbenutzung von Minden-Löhne 40 000 Thlr., zus.	60 000 „
an Preußen für die Strecke Osnabrück-Rheine-Grenze bei Salzbergen	118 330 „
an Bremen für die gemeinschaftlich gebaute Bahn Wunstorf-Bremen	175 931 „
zusammen	662 519 Thlr.

Der Betrieb der am 23. Januar 1862 eröffneten, auf gemeinschaftliche Kosten von Bremen und Hannover erbauten Strecke Bremen-Geestemünde hat von jenem Tage bis zum Schlusse des Rechnungsjahres (30. Juni 1862) für Rechnung des Baufonds stattgefunden und kommt deshalb bei der Abrechnung mit fremden Eigenthümern nicht in Betracht.

IV. Die **Betriebsmittel** sind im Jahre 1862 um 7 Lokomotiven, 4 Tender, 4 Personenwagen, 39 bedeckte und 141 offene Güterwagen vermehrt, dagegen sind 2 Lokomotiven und 10 Arbeitswagen ausrangirt worden; überhaupt sind für Ergänzungen der Betriebsmittel 74 762 Thlr. verausgabt.

V. **Erläuterungen zu den Tabellen:**

zu Kol. 76—78 f, 79, 80 a, 81, 82 u. 84. Die Vertheilung des Anlage-Kapitals auf die einzelnen Bautitel kann nicht stattfinden, da das Anlage-Kapital der gepachteten Bahnstrecken (10,[illegible] M.) nur summarisch bekannt ist.

„ „ 85 u. 86. Hierin ist das Anlage-Kapital der gepachteten Bahnstrecken mitenthalten und deshalb die Durchschnittssumme nach dem Anlage-Kapitale der eigenen und gepachteten Bahnstrecken (108,[illegible] + 10,[illegible] = 118,[illegible] M.) berechnet worden.

„ „ 94 u. 97. Außer den hier aufgeführten Wagen besitzt die Hannoversche Verwaltung noch gemeinschaftlich mit den Köln-Mindener und Braunschweigischen Verwaltungen 30 Personenwagen, 12 Post- und Personenwagen und 27 Gepäckwagen. Der Hannoversche Antheil ist etwa [illegible] ([illegible]) und beträgt 49 876 Thlr.

„ „ 107 u. 108. Hierin sind die vorstehenden 49 876 Thlr. (35 943 resp. 13 933 Thlr.) mitenthalten.

„ „ 115. Die Hannoverschen Bahnen bilden ein Netz verschiedener, in der Frequenz sehr von einander abweichenden Bahnstrecken, weshalb die Zahl der täglich beförderten Züge nach den verschiedenen Gattungen nicht angegeben werden kann.

„ „ 116. Die durchschnittliche Anzahl der in den Zügen befindlichen Wagenachsen beträgt 40,[illegible] Achsen.

„ „ 127. Bei Berechnung der Menge des Brennmaterials pro Achsmeile sind 200 Ctr. Torf = 100 Ctr. Coaks = 100 Ctr. Steinkohlen gerechnet worden.

„ „ 159. Außer den hier notirten Thieren wurden noch 2438 Wagenladungen Pferde und 8031 Wagenladungen Rindvieh, Schweine ꝛc. befördert.

„ „ 161 u. 166. Die Anzahl der Personenmeilen bezieht sich nur auf die, auf tarifmäßige Billets beförderten Personen (Kol. 140—142), wogegen in der Anzahl der Centnermeilen auch die vom Reisegepäck zurückgelegten Meilen mitenthalten sind.

„ „ 186, 187 u. 229. In diesen Summen sind auch die Einnahmen und Ausgaben des gesammten Telegraphen-Dienstes enthalten, weil sich diejenigen des Eisenbahn-Telegraphen-Dienstes von denen des Staats-Telegraphen-Dienstes nicht trennen lassen. Die Gesammt-Einnahme beträgt 73 568 Thlr. und die Gesammt-Ausgabe 43 662 Thlr.

„ „ 195. Hierin sind die Unterhaltungskosten der optischen Telegraphen, und

„ „ 196 hierin die Beleuchtungskosten derselben mitenthalten.

„ „ 210. Ebenso sind hier die Kosten der An- und Abfuhr der Güter im Betrage von 15 468 Thlrn. mitenthalten.

„ „ 211. Dies sind die Beiträge zu den Kosten der verschiedenen Eisenbahn-Verbände, welchen Hannover angehört.

„ „ 233 c. Dieser Procentsatz entspricht nicht den in Kol. 85 aufgeführten 49 338 416 Thlrn., sondern einem Anlage-Kapitale von 47 468 356 Thlrn. Die Differenz zwischen beiden Summen besteht darin, daß das Anlage-Kapital der am 23. Januar 1862 eröffneten Bahnstrecke Bremen-Geestemünde von 3 297 449 Thlrn. nur mit [illegible] (der Betriebszeit vom 23. Januar bis 1. Juli entsprechend) zur Berechnung gezogen ist.

5. Main-Neckar-Eisenbahn.

I. **Verbindungsbahn Friedrichsfeld-Mannheim.** Von der zur Großherzogl. Badischen Staatsbahn gehörigen zweigleisigen Strecke Friedrichsfeld-Mannheim (1,[illegible] M.) wird das eine Geleise ausschließlich von der Badischen Staatsbahn, das andere dagegen als Verbindungsbahn mit der Main-Neckar-Bahn benutzt und nur durch das Transportmaterial der letzteren Bahn befahren. Die Main-Neckar-Bahnverwaltung erhält für die von ihr verwendeten Maschinen und Wagen nebst Fahrpersonal jährlich eine entsprechende Vergütigung von der Großherzogl. Badischen Eisenbahn-Verwaltung, wogegen letztere die Einnahmen aus dem Personen- und Güterverkehre dieser Strecke bezieht.

II. **Erläuterungen zu den Tabellen:**

zu Kol. 79. Die hier aufgeführte Summe ist deshalb niedriger als im Vorjahre, weil verschiedene für Rechnung des Baufonds angeschaffte Materialien dem Betriebe überwiesen worden sind.

„ „ 90f, 94e, 95f, 97b u. 103d. Diesen Durchschnittsberechnungen ist die Länge der eigenen Bahn von 11,69 M. und diejenige der Verbindungsbahn Friedrichsfeld-Mannheim von 1,90 M. (siehe oben ad I.) zu Grunde gelegt, da die letztere von den Transportmitteln der Main-Neckar-Bahn befahren wird.

„ „ 148b. Freigewicht wird nur im direkten Verkehr mit dem Mitteldeutschen und Westdeutschen Verbande, der Französischen Ostbahn und den Oesterreichischen Bahnen zu 50 resp. 60 Pfund gewährt; dasselbe wird aber nicht besonders notirt.

„ „ 156. Das Gewicht der beförderten Betriebsdienst- und Baugüter wird nicht besonders notirt. Die Einnahme dafür (Kol. 181) wird nach den durchlaufenen Wagenmeilen berechnet.

„ „ 158a u. b. Außer diesen 24 Lokomotiven mit Tendern wurden noch 316 Achsen Eisenbahnwagen, 267 Achsen Extratransporte, 17 diverse Fahrzeuge und eine Feuerspritze befördert.

„ „ 160. Das Gewicht der beförderten Thiere wird nicht notirt.

„ „ 178b. Dies ist die Gesammt-Einnahme für alle beförderten Eilgüter, Frachtgüter der Normal- und ermäßigten Klasse, Kohlen u. Coaks, Eisenbahn- und sonstigen Fahrzeuge im Binnen- und direkten Verkehre. Da die Buchführung der Main-Neckar-Eisenbahn nach den vorliegenden Tabellen nicht eingerichtet ist, so konnte eine spezielle Beantwortung der Fragen in Kol. 176, 178—180 und 184 nicht stattfinden.

„ „ 215. Die Wagenmiethe, sowohl diejenige, welche die Main-Neckar-Bahnverwaltung zu erhalten, als auch diejenige, welche sie zu zahlen hat, ist bei den Einnahmen aus dem Güterverkehre zur Ausgleichung gebracht.

„ „ 216. Diese Summe bezieht sich nicht nur auf die gezahlten Entschädigungen für abhanden gekommene oder beschädigte Güter, sondern auch auf die gewährten Frachtermäßigungen ꝛc.

„ „ 299. Schienenbrüche sind bei der Main-Neckar-Bahn bis jetzt nicht vorgekommen.

6. Main-Weser-Bahn.

I. Ueber die **Organisation der Verwaltung**, ihre Geschäftsleitung des Westdeutschen Eisenbahn-Verbandes, über die mit der Kurfürst Friedrich Wilhelms Nordbahn gemeinschaftliche Strecke Kassel-Guntershausen (1,53 M.) nebst den Werkstätten und dem Materialien-Magazin in Kassel, sowie über die Verbindungsbahn zwischen der Main-Weser- und Main-Neckar-Bahn in Frankfurt a. M. enthalten der Jahrgang 1860 der Statistik (S. 7) und die vorhergehenden Jahrgänge spezielle Mittheilungen. Im Laufe des Jahres 1862 wurde die anschließende Köln-Gießener Bahn in Betrieb gesetzt. Die Personen-Abfertigung dieser Bahn erfolgt in Gießen auf dem Bahnhofe der Main-Weser-Bahn.

II. **Bahn-Anlagen.** Auf den Eisenwerken: Gute Hoffnungshütte bei Sterkrade, Bergverein Hörde und Eberhard Hösch in Düren wurden 40 174,33 Z.-Ctr. Schienen zur Umwalzung gebracht, von denen mit einer Ausgabe von 78 393 Thlrn. 185 321 Fuß Schienen gewonnen wurden; außerdem wurden noch für 736 Thlr. Schienen angekauft.

Für neu bezogene Schienen und Laschen wurden zusammen . . . . 85 664 Thlr.
verausgabt, außerdem aus den Depots abgegeben für . . . . 8 416 „
überhaupt für diese Materialien also 94 080 Thlr.

Mit diesen Schienen wurden, wie in früheren Jahren, in zusammenhängenden Strecken altes Geleise ausgewechselt, die dabei gewonnenen noch brauchbaren alten Schienen wurden in Reserve genommen, um nach Bedarf zur Unterhaltung der verbliebenen alten Geleise verwendet zu werden.

In definitive Ausgabe ist deshalb auch nur der Betrag von 44 886 Thlrn. gestellt, welcher sich durch Veranschlagung der im Jahre 1862 als unbrauchbar ausgewechselten Materialien berechnet. Der Rest der ganzen Ausgabe von 49 194 Thlrn. ist als Materialvorrath zu betrachten, welcher der Jahresausgabe nicht zur Last fällt. Bis zum Schlusse des Jahres 1862 sind 394 486 Fuß Schienen oder 25,63 Proc. als unbrauchbar aus den Geleisen genommen, also pro Jahr (13 Jahre) 1,97 Proc.

Für Schwellen wurden 55 979 Thlr. verausgabt. Dieser Betrag, welcher die Ausgabe für die im Laufe des Jahres erforderlich gewesene Auswechselung enthält, ist definitiv in Ausgabe gestellt. Bis zum Schlusse des Jahres 1862 sind 51,62 Proc., jährlich also 3,97 Proc. Schwellen ausgewechselt.

Da im Jahre 1862 für Schienen 6,18 Proc. und für Schwellen 11,98 Proc. in Ermangelung eines Reservefonds, gegenüber obigen Koeffizienten, definitiv in Ausgabe gestellt sind, so ist die Ausgabe des Jahres 1862 für die Unterhaltung der Bahn höher, als sie bei dem Vorhandensein eines Reservefonds gewesen sein würde.

Ferner waren bedeutende Geleiseverlängerungen ꝛc., Vergrößerungen der Güterschuppen und sonstige Bahnhofs-Anlagen erforderlich.

III. **Betriebsmittel.** Im Laufe des Jahres 1862 sind 27 vierrädrige offene Güterwagen und 6 sechsrädrige Packmeisterwagen für zusammen 37 533 Thlr. angeschafft.

IV. **Verkehrs-Verbindungen.** Hierüber, wie über die Benutzung der Personenwagen in den Schnellzügen, enthalten die vorhergehenden Jahrgänge der Statistik spezielle Mittheilungen. Veränderungen hiergegen sind nur insofern eingetreten, als ein direkter Verkehr mit der Köln-Gießener, der Köln-Mindener, der Bergisch-Märkischen und der Niederländischen Rhein-Eisenbahn eröffnet wurde.

V. Ausnutzung der Transportmittel. Auf jede Güterwagen-Achse kam im Jahre 1862 pro Meile eine Belastung von 27,76 Ctrn., eine Einnahme von 10,07 Sgr. — gegen 27,56 Ctr. und eine Einnahme von 10,33 Sgr. im Jahre 1861. Da die leer gelaufenen Wagen 17,30 Proc. der beladenen betragen, der Güterverkehr in südlicher Richtung den in nördlicher um 23,33 Proc. übersteigt, so sind viele Wagen mit nur theilweiser Belastung zurückgeschickt. Außerdem muß bei der geringen Ausnutzung der Tragkraft der Güterwagen — 44,60 Proc. — berücksichtigt werden, daß bei der Main-Weser-Bahn der Transport der Einzelgüter zu dem der Rohprodukte (in Wagenladungen) sich wie 71,25 : 28,75 verhält.

VI. Erläuterungen zu den Tabellen:

zu Kol. 13. Bei Berechnung der Tarife, bei Abtheilung der Bahn (von 0,01 zu 0,01 Meilen) und in allen sonstigen Beziehungen wird die geographische Meile, deren die Bahn 27 enthält, zu Grunde gelegt.

Von dieser Bahnlänge kommen auf Kurhessen . . . . 18,17 Meilen,
" Großherzogthum Hessen . . . . . . 8,01 "
" die freie Stadt Frankfurt . . . . . 0,82 "
zusammen 27,00 Meilen.

" " 85. Von dem Baukapitale, welches in den Voranschlägen zu 15 428 000 Thlrn. berechnet war, sind bis Ende 1862 13 976 213 Thlr. verwendet.

Der Bau der Bahn ist insoweit nicht beendet, als noch Stationsbauten unvollendet und Wärterwohnungen auf größeren Strecken der Bahn auszuführen sind. Ebenso ist noch das zweite Geleise von Guntershausen bis Frankfurt a. M. herzustellen; die Kosten dafür sind jedoch unter der früheren Anschlagssumme nicht enthalten.

" " 89. Von den hier aufgeführten Summen sind 606 919 Thlr. zur Vermehrung der Betriebsmittel und 140 239 Thlr. zu Meliorationen der Bahnanlage verwendet.

" " 94. Hierunter befinden sich 2 Salonwagen, welche bei Berechnung der Sitzplätze (Kol. 95 u. 96) ausgeschlossen sind.

" " 97. Außerdem besitzt die Verwaltung noch einen Antheil an den gemeinschaftlichen 18 sechsrädrigen Packmeisterwagen des Mitteldeutschen Eisenbahn-Verbandes.

" " 114. Der Dienst der Lokomotiven auf der Verbindungsbahn zu Frankfurt a. M., sowie der Rangirdienst auf den Bahnhöfen, zusammen 14 334 Stunden, ist hierunter nicht mitenthalten. Ebenso ist der Verbrauch bei diesen Leistungen — 14 334 Ctr. Steinkohlen — und die Ausgabe für dieselben mit 3681 Thlrn. in den Angaben zu Kol. 117—129 nicht, dagegen in Kol. 204 enthalten.

" " 121c. Hierin ist auch der verbrauchte Coaks enthalten.

" " 131 u. 134b. Für die Post wird in einigen Zügen je nach Bedarf der Raum eines ganzen oder halben Waggons Seitens der Eisenbahn-Verwaltung gestellt; die auf diese Weise zurückgelegten Achsmeilen sind in Kol. 131 angegeben. Dagegen stellt in anderen Zügen die Post ihre eigenen Wagen ein, deren Achsmeilen (62 856) in Kol. 134b mitenthalten sind.

" " 132a. Hierunter sind die in Material-Transporten zurückgelegten 33 728 Achsmeilen mitenthalten.

" " 147. Hierin sind 2236 Ctr. Gepäck von Auswanderern enthalten.

" " 148b. Freigepäck wird gewährt im Verkehr des Mitteldeutschen und Westdeutschen Verbandes, im Verkehr mit der Niederländischen Rhein-Eisenbahn, der Bergisch-Märkischen und Köln-Gießener Bahn, nicht aber in dem inneren Verkehr und im Verkehr mit der Main-Neckar-Bahn und der Taunus-Eisenbahn, da in den letzteren geringere Sätze für die Personen-Beförderung zur Anwendung kommen. Bei Benutzung der III. Wagenklasse im inneren Verkehr wird indessen eine Traglast pro Person frei befördert.

" " 151, 164b u. 170b. Die zu Kol. 131 erläuterte Einrichtung gestattet eine Notirung der Postgüter nicht.

" " 154, 164e, 170e u. 180. Zu dem Tarifsatze der Kohlen und Coaks werden auch Erze und Steine befördert; in der angegebenen Zahl sind diese sämmtlichen Gegenstände enthalten, desgleichen im Ertrage. An Kohlen und Coaks wurden 191 300 Ctr. befördert.

" " 156. Außerdem wurden in besonderen Materialzügen 23 820 Achsmeilen beladener Wagen gefördert, wobei pro Achse eine Belastung von 50 Ctrn. anzunehmen ist.

" " 158b. Außerdem wurden noch 324 Achsen Eisenbahn-Wagen befördert.

" " 158c. An sonstige Fahrzeuge, Leichen ꝛc. wurden 214 Achsen befördert.

" " 159a u. b. Außerdem sind noch 409 Achsladungen Pferde, und an Rindvieh, Schweinen ꝛc. 2086 Achsladungen befördert worden.

" " 189. Hierin sind auch die Gehalte der Hülfswärter und ständigen Arbeiter enthalten.

" " 190. Durch die nach 13jährigem Betrieb eingetretene starke Abnutzung des Oberbaues sind große Ausgaben für Beschaffung von Schienen und Schwellen entstanden, welche in Ermangelung eines Reservefonds den laufenden Ausgaben zur Last fallen (siehe ad II dieses Berichts).

" " 196. Hierin sind auch die Kosten der Heizung der Wärterlokale enthalten.

" " 210. Diese Summe enthält auch die Löhne der Gepäckträger und Wagenschieber, sowie die Kosten für Frachtbriefträger und Bedienung der Drehscheiben.

" " 211. Ebenso enthält diese Summe die Kosten der Wasserstationen, der Unterhaltung der Werkzeuge und Maschinen in den Werkstätten, sowie die Kosten der Ausrüstungsgegenstände an den Maschinen und Wagen und diejenigen für Beleuchtung der Bahnhöfe, Weichen und Signal-Vorrichtungen.

zu Kol. 212. Hierunter sind auch die Kosten für den Umbau einzelner Maschinen, das Einziehen neuer Feuerbüchsen und überhaupt (in Ermangelung eines Reserve- ꝛc. Fonds) alle für Reparatur, Erneuerung, Reserve ꝛc. verausgabten Beträge enthalten.

„ „ 215. Außer diesem Betrage sind noch 1200 Thlr., deren Liquidation nach dem Rechnungsschlusse stattfand, auf die Rechnung pro 1863 übertragen.

„ „ 251a. Von dieser Mehr-Einnahme kommen auf den Personenverkehr 57 799 Thlr., auf den Güterverkehr 2101 Thlr. und der Rest auf Neben-Einnahmen. Die unverhältnißmäßig geringe Mehr-Einnahme im Güterverkehre hat hauptsächlich darin ihren Grund, daß sowohl durch Klassifikations-Aenderungen, wie Herabsetzungen der Tarife, Verminderungen der Fracht-Erträge eingetreten sind.

„ „ 307—325. Eine Pensionskasse besteht nicht, die Beamten unterliegen vielmehr den für die Staatsdiener in den verschiedenen betheiligten Staatsgebieten geltenden Pensions-Vorschriften. Dagegen besteht eine, auf volle Gegenseitigkeit gegründete Sterbekasse unter den Beamten, Dienern und Arbeitern der Bahn.

7. Königl. Preuß. Niederschlesisch-Märkische Eisenbahn.

I. Das **Bahngebiet** der Niederschlesisch-Märkischen Eisenbahn ist unverändert geblieben. Dasselbe besteht aus:

a) der Hauptbahn Berlin-Frankfurt a. O.-Liegnitz-Breslau	47,45 Meilen,
b) „ Zweigbahn Kohlfurt-Görlitz	3,76 „
c) „ Verbindungsbahn in Breslau zwischen dem Niederschlesischen und Oberschlesischen Bahnhofe	0,31 „
zusammen	51,52 Meilen.

Außerdem verwaltet die Niederschlesisch-Märkische Direktion die Verbindungsbahn in Berlin (1,20 Meilen), welche die dort mündenden Bahnen untereinander verbindet. Diese Verbindungsbahn, welche nur zum Gütertransport benutzt wird, ist in die vorliegenden Tabellen nicht aufgenommen.

II. **Bahn-Anlagen.**

1) **Geleise.** Im Jahre 1862 sind 9400 lfde. Ruthen Geleise und 83 921 Schwellen ausgewechselt worden.

2) **Stationsbauten.** In Berlin wurde im Jahre 1862 der Perron für ankommende Züge umgebaut; in Köpenick wurde ein Lokomotivschuppen aus Fachwerk; in Erkner ein massives Beamten-Familienhaus für 4 Familien, sowie ein Stallgebäude; in Fürstenwalde ein massives Stallgebäude mit einem Aufbau von Fachwerk und eine Umfassungsmauer erbaut. In Frankfurt a. O. wurde ein Wagen-Revisions-Schuppen erbaut und 2 Wasserkrähne aufgestellt. In Soran wurde eine 221½ Fuß lange massive Umwährungsmauer, in Kohlfurt 2 massive Beamten-Familienhäuser zu je 6 Familien, sowie ein Stallgebäude, u. in Lissa ein 371 Fuß langer massiver Zwischenperron an Stelle des bisherigen hölzernen erbaut. Außerdem wurden in mehreren anderen Stationen Erneuerungen und Verbesserungen ausgeführt.

Von den vorhandenen hölzernen Bahnwärter-Häuschen sind 57 demolirt und an deren Stelle massive erbaut.

III. **Industrielle Anlagen.** Die Arbeiten zur Unterhaltung und Erneuerung der Lokomotiven und Wagen nebst Inventarien ꝛc. werden in der Central-Werkstatt zu Frankfurt a. O. und den dazu gehörigen Neben-Werkstätten zu Berlin, Breslau, Soran, Görlitz und Liegnitz ausgeführt. In diesen Werkstätten waren im Jahre 1862 durchschnittlich 781 Arbeiter beschäftigt, denen 186 677 Thlr. Lohn gezahlt wurde. Der Werth der darin verarbeiteten Materialien betrug im Jahre 1862 zus. 244 198 Thlr.

IV. **Verkehrs-Verbindungen.** Eine direkte Personenbillet-Ausgabe und Gepäckexpedition findet zwischen der Niederschlesisch-Märkischen und folgenden Bahnen statt: Königl. Preuß. Ostbahn, Stargard-Posener, Niederschlesischen Zweigbahn, Sächsisch-Schlesischen Staatsbahn, Leipzig-Dresdener, Breslau-Schweidnitz-Freiburger und Oberschlesischen Bahn, der Wilhelmsbahn, Kaiser Ferdinands Nordbahn, Breslau-Posen-Glogauer, sowie der Berlin-Potsdam-Magdeburger Eisenbahn. Auch ist ein internationaler Personen- und Gepäckverkehr zwischen Breslau und Brüssel, Antwerpen, Ostende, Calais, London via Calais und via Ostende, und Paris via Erquelines eingeführt.

V. **Einführung neuer Einrichtungen.** Das Edmonsonsche Billetsystem wurde eingeführt; die Billets werden in einer eigenen Billet-Druckerei hergestellt.

VI. **Außer der Beamten-Pensionskasse** (Kol. 307—325 der Tabellen) besteht noch eine Beamten-Sterbekasse mit 2144 Betheiligten und einem Bestande von 14 297 Thlrn. ult. 1862.

VII. **Erläuterungen zu den Tabellen:**

zu Kol. 2. Außerdem sind noch ein Hülfsarbeiter gegen 75 Thlr. monatlicher Diäten und 1 Syndicus mit 1500 Thlrn. jährlicher Remuneration beschäftigt.

„ „ 75. Das Anlage-Kapital besteht:

a) in Stamm-Actien	10 000 000 Thlr.
b) „ Prioritäts-Actien zum Ankauf der frühern Berlin-Frankfurter Bahn.	4 175 000 „
c) „ Prioritäts-Obligationen	6 800 000 „
Summa des concessionirten Anlage-Kapitals	20 975 000 Thlr.
Davon sind an die General-Staats-Kasse abgeführt	25 „
mithin verwendet	20 974 975 Thlr.

Transport 20 974 975 Thlr

Durch Ueberweisungen aus dem Staatsfonds sind bis ult. 1862 verwendet:

a) zum Bau des II. Geleises . . . . 4 479 794 Thlr.

b) zu baulichen Erweiterungen . . . . 1 572 000 "

c) zur Vermehrung der Transportmittel . . . . . 457 249 "

zusammen 6 509 043 Thlr.,

wovon ult. 1862 noch Bestand war . . . . 8 737 "

verbleiben . . . . . . 6 500 306 "

Ferner sind aus den Betriebs-Ueberschüssen in den Jahren 1852 bis 1862 zur Erweiterung und Vervollständigung der Anlagen, sowie zur Vermehrung der Transportmittel verwendet . . . . 3 681 800 Thlr.

Summa des bis ult. 1862 verwendeten Anlage-Kapitals . . . . . 31 157 081 Thlr.

einschließlich von 1 414 173 Thlr. Agio, Werthstempel und Kosten, welche für den Ankauf der Berlin-Frankfurter Bahn verausgabt wurden.

zu Kol. 83. Dies sind die Anlage-Kosten der Central-Werkstatt zu Frankfurt a. O.

" " 84. Hierin sind 1 414 173 Thlr. für Ankauf der Berlin-Frankfurter Bahn mitenthalten.

" " 87b. Dies sind Prioritäts-Actien (cfr. Erläuterung zu Kol. 75).

" " 89a u. b. Die hier aufgeführten Beträge sind in den in Kol. 76—84 verzeichneten Summen mitenthalten.

" " 94 u. 95. Außerdem sind noch 16 achträdrige Personenwagen mit zusammen 1026 Sitzplätzen vorhanden, welche als nicht betriebsfähig zurückgestellt sind.

" " 98 Von diesen 141 Arbeitswagen sind 95 vier- und 46 sechsrädrig.

" " 103. Hierin ist die Ladungsfähigkeit der Arbeitswagen mit zus. 11 877 Ctrn. mitenthalten

" " 113e. Als vorgelegte Reservemaschinen haben die Lokomotiven 41 729 Meilen zurückgelegt, welche in den Angaben Kol. 113a—c mitenthalten sind.

" " 120 u. 122c. Hierin sind auch die bei Leerfahrten und beim Reserve- und Rangirdienst verbrauchten 8903 Ctr. Coaks und 175 470 Ctr. Steinkohlen mitenthalten.

" " 196. In dieser Summe sind auch die Kosten für Heizung, Erleuchtung und Reinigung der Empfangszimmer, der Stations-Büreau's, sowie für Erleuchtung und Reinigung der Bahn und der Bahnhöfe mitenthalten.

" " 215. Hiervon kommen 284 881 Thlr. auf gezahlte Wagenmiethe und 39 715 Thlr. auf Achsgeld für Ueberführung Niederschlesisch-Märkischer und fremder Wagen über die Verbindungsbahn zu Berlin.

" " 236. Von den der Amortisation unterliegenden Stamm-Actien im ursprünglichen Betrage von 10 000 000 Thlrn.

sind vom Staate übernommen 1/7 mit . . . . 1 437 500 Thlr.

und bis ult. 1862 amortisirt . . . . 883 800 "

2 321 300 "

Es bleiben noch zur Verzinsung und Amortisirung . . . . 7 678 700 Thlr.

Hierfür sind im Jahre 1862 gezahlt: a) an Zinsen . . . . 808 766 Thlr.

b) an Amortisationsbeträgen . . . 80 900 "

zusammen 889 666 Thlr.

" " 240 sc. u. 244 sc. Besondere Reserve- resp. Erneuerungsfonds giebt es bei der Königl. Niederschlesisch-Märkischen Eisenbahn nicht. Es sind hier aber diejenigen, aus den Betriebs-Ueberschüssen entnommenen Ausgaben, welche in Folge von Elementar- oder Betriebs-Unfällen und diejenigen, welche für Ersatz von Schienen und Auswechselung von Schwellen, sowie für größere Ersatzstücke an Lokomotiven und Wagen entstanden sind, in den Kol. 242 und 246 nachrichtlich aufgeführt worden.

" " 289 u. 290. Diese Achsbrüche kamen beim Rangiren der Züge vor.

" " 292. Die hier aufgeführten Achsbrüche sind in der Werkstatt bei Revision der Fahrzeuge entdeckt worden.

" " 310. Dies ist der Zuschuß, welchen der Staat jährlich mit 120 Thlrn. pro Meile Bahnlänge zur Pensionskasse leistet; derselbe beträgt für die Hauptbahn 6200 Thlr. und für die Berliner Verbindungsbahn 163 Thlr.

8. Königl. Preuß. Ostbahn.

I. Das Bahngebiet der Ostbahn umfaßt folgende Linien:

1) die Hauptbahn von Frankfurt a. O. über Bromberg, Dirschau und Königsberg i. Pr. bis zur Russischen Grenze bei Eydtkuhnen . . . . 96,11 Meilen,

2) die Zweigbahnen:

a) von Bromberg nach Thorn (6,42 M.) nebst der am 4. Dezember 1862 eröffneten Strecke von Thorn bis Otloczyn (1,73 M.) . . . . 8,15 "

b) von Dirschau nach Danzig . . . . 4,14 "

zusammen 108,40 Meilen.

Transport 108,60 Meilen.

3) die Verbindungsbahnen:

a) zwischen dem Grenzbahnhof Eydtkuhnen und dem Russischen Grenzbahnhofe Wirballen . 0,16 „

b) zwischen dem Grenzbahnhof Otloczyn und dem Russisch-Polnischen Grenzbahnhofe Alexandrowo, welche gemeinschaftlich mit der Warschau-Bromberger Bahn benutzt wird . . . 0,57 „

Mithin Gesammt-Betriebslänge 109,33 Meilen.

Die Strecke Thorn-Otloczyn war im Betriebsjahre 1862 nur 28 Tage im Betriebe; mit Rücksicht hierauf und auf die verschiedenen Betriebs-Eröffnungszeiten der Verbindungsbahnen beträgt der mittlere Jahresdurchschnitt 107,10 Meilen.

II. Betriebsmittel. Im Laufe des Jahres 1862 wurden 65 sechsrädrige Personenwagen, 8 sechsrädrige Gepäckwagen, 186 offene und 270 bedeckte vierrädrige Güterwagen angeschafft.

III. Erläuterungen zu den Tabellen:

zu Kol. 15. Die Betriebs-Eröffnung der einzelnen Bahnstrecken war folgende:

am 27. Juli 1851 Kreuz-Bromberg,	am 12. Oktober 1857 Frankfurt a. O.-Kreuz,
„ 6. August 1852 Bromberg-Danzig,	„ 6. Juni 1860 Königsberg-Stallupönen,
„ 19. Oktober 1852 Marienburg-Braunsberg,	„ 15. August 1860 Stallupönen-Eydtkuhnen,
„ 2. August 1853 Braunsberg-Königsberg,	„ 24. Oktober 1861 Bromberg-Thorn,
„ 12. Oktober 1857 Dirschau-Marienburg (einschließl. der Weichsel- u. Nogatbrücken),	„ 4. Dezember 1862 Thorn-Otloczyn.

„ „ 94d. Außerdem besitzt die Bahn noch 2 sechsrädrige Salonwagen für fürstliche Personen.

„ „ 121b. Hierin sind auch die beim Anheizen und Stationiren verbrauchten 80 053 Z.-Ctr. Steinkohlen mitenthalten.

„ „ 148b. Das Freigewicht kann nicht angegeben werden, da dasselbe nicht besonders notirt wird.

„ „ 240 rc. u. 244 rc. Ein besonderer Reserve- und Erneuerungsfonds besteht nicht, sondern es werden die bezüglichen Ausgaben aus den laufenden Betriebs-Einnahmen bestritten; wären dergleichen Fonds vorhanden, so würden die betreffenden Ausgaben betragen haben:

a) beim Reservefonds

für Bahnanlagen (Kol. 242a) 1385 Thlr., für Betriebsmittel (Kol. 242b) 2040 Thlr.;

b) beim Erneuerungsfonds

für Bahnanlagen (Kol. 246a) 222 055 Thlr., für Betriebsmittel (Kol. 246b) 93 824 Thlr.

9. Königl. Preuß. Saarbrücker Eisenbahn.

I. Verwaltung. Mit dem 1. Januar 1861 ist die Trennung der Saarbrücken-Trier von der Saarbrücker Eisenbahn aufgehoben.

Beide Bahnlinien, welche vom Staate erbaut sind, werden von der „Königl. Preuß. Eisenbahn-Direktion zu Saarbrücken" verwaltet und seit jenem Tage als ein einheitliches Ganzes behandelt.

Die genannte Direktion leitet auch den Betrieb der angrenzenden, einer Actien-Gesellschaft gehörigen Rhein-Nahe-Eisenbahn.

Ueber die mit der Letzteren gemeinschaftlichen Verwaltungszweige ist das Nähere in der Statistik pro 1861 S. 10 ersichtlich.

II. Das Bahngebiet umfaßt folgende Linien:

1) die Hauptbahn

a) von der Bayerischen Grenze bei Berbach über St. Johann-Saarbrücken nach der Französischen Grenze bei Forbach . . . . 4,20 Meilen,

b) vom Bahnhofe St. Johann-Saarbrücken über Saarlouis, Merzig und Conz nach Trier 11,10 „
mit der Abzweigung von Conz nach der Luxemburgischen Grenze bei Wasserbillig . . 0,64 „

zusammen 16,34 Meilen;

2) die Zweigbahnen

a) nach der Grube „Heinitz" und den Dechenschächten, nach den Gruben: Reden, Rußhütte, Friedrichsthal, Altenwald, Sulzbach, Dudweiler und „von der Heydt", nebst der zweiten Verbindung der Zweigbahn in das Burbachthal nach der Grube „von der Heydt" und mit dem nach der Französischen Grenze führenden Theile der Saarbrücker Eisenbahn von zusammen . . . . 2,0 „

b) die am 6. November 1862 eröffnete Zweigbahn nach dem Ziehwald-Stollen der Steinkohlengrube „König" bei Neunkirchen . . . . 0,04 „

c) nach der Steinkohlengrube „Kronprinz Friedrich Wilhelm" bei Griesborn . . . . . 0,23 „

überhaupt 18,61 Meilen.

Hierzu kommt die von der Französischen Ostbahn-Verwaltung gepachtete Strecke von der Französischen Grenze bis Forbach . . . . 0,64 „

Mithin Gesammt-Betriebslänge 19,25 Meilen.

Mit Rücksicht auf die erst im November 1862 eröffnete Zweigbahn nach dem Ziehwald-Stollen beträgt der mittlere Jahresdurchschnitt . . . . 19,22 Meilen.

III. **Bahn-Anlagen.** Die bedeutenderen Erneuerungen und Ergänzungen während des Jahres 1862 waren folgende:
1. **Geleise.** Auf der Strecke Saarbrücken-Neunkirchen wurden 2781 lfde. Ruthen Geleise, welche 4" und 4½" hohe Schienen hatten, gegen 5" hohe Schienen ausgewechselt und im Zusammenhange hiermit 36 Weichen neu eingelegt.

Auch hat auf dieser Strecke eine entsprechende Auswechselung der Schwellen stattgefunden.

Ferner fand ein vollständiger Umbau des Geleises der Zweigbahn nach der Grube „von der Heydt" statt, wobei 773 lfde. Ruthen Geleise aufgenommen, die Banketts beseitigt und die gesammte Bettung erneuert wurde.

2. **Stationsbauten.** Auf dem Bahnhofe Neunkirchen wurde der alte Lokomotivschuppen umgebaut und die Reparaturwerkstätte in St. Johann-Saarbrücken vergrößert.

IV. **Betriebsmittel.** Im Jahre 1862 wurden angeschafft und in Betrieb gestellt: 13 Lokomotiven, 4 Personenwagen I. u. II. Klasse, 6 Personenwagen II. u. III. Klasse, 8 Personenwagen III. Klasse, 160 vierrädrige bedeckte Güterwagen mit einer Ladefähigkeit von zusammen 22 500 Ctrn., 16 Holzwagen und 513 Kohlenwagen mit einer Gesammt-Ladungsfähigkeit von 104 800 Ctrn.

Auch wurden bedeutende Abänderungen an Lokomotiven und Wagen ausgeführt.

V. Außer der **Beamten-Pensionskasse**, worüber das Nähere in Kol. 307—325 der Tabellen enthalten ist, besteht noch eine, aus laufenden Beiträgen der Betheiligten gebildete Krankenkasse, welche bei Erkrankungen unentgeldliche ärztliche Hülfe, Arznei und den Arbeitern ein mäßiges Pflegegeld gewährt. Diese Kasse hatte ult. 1862 einen Bestand von 15 711 Thlrn. und nahmen an derselben ca. 460 Beamte und 990 Arbeiter Theil.

VI. **Erläuterungen zu den Tabellen:**

zu Kol. 2b. Zwei der Mitglieder sind Hülfsarbeiter.

„ „ 15. Die Betriebs-Eröffnung der einzelnen Bahnstrecken fand in nachstehender Reihenfolge statt:
am 16. November 1852 Berbach-Forbach, | am 26. Mai 1860 Merzig-Trier,
„ 16. Dezember 1858 Saarbrücken-Merzig, | „ 29. August 1861 Conz-Wasserbillig.

„ „ 80a. Hierin sind auch die Anlagekosten der Wärterbuden mitenthalten.

„ „ 121b u. 127. Außerdem sind zum Anheizen und Stationiren 66 824 Ctr. Steinkohlen verbraucht. Mit Hinzurechnung derselben beträgt der Verbrauch pro Nutzmeile 208,01 und pro Achsmeile 8,344 Z.-Pfd.

„ „ 166. Diese Durchschnittszahlen sind nach dem mittleren Jahresdurchschnitte von 19,22 Meilen berechnet.

„ „ 240 xc. u. 244 xc. Ein Reserve- resp. Erneuerungsfonds besteht nicht, es würden aber, wenn dergleichen Fonds vorhanden wären, die Ausgaben betragen haben:

a) für Erneuerung der Bahnanlagen (Schienen, Schwellen u. s. w.)	78 844 Thlr.
b) für Erneuerung der Betriebsmittel	27 919 „
zusammen	106 763 Thlr.

„ „ 249b. Diese Verminderung in der Personen-Frequenz beschränkt sich ausschließlich auf die IV. Wagenklasse, weil die Benutzung derselben gewöhnlich nur bei Lokalzügen stattfindet. Die Zahl der in höheren Wagenklassen beförderten Personen ist gegen das Vorjahr gestiegen.

„ „ 253a. Diese Mehrausgaben sind hauptsächlich durch die umfassenden Anschaffungen von Transportmitteln, (cfr. ad IV dieses Berichts und Kol. 213 der Tabellen), sowie durch die Erneuerungen der älteren resp. die Ergänzungen der noch neuen Bahnanlagen entstanden.

10. Königl. Preuß. Westfälische Eisenbahn.

I. **Bahngebiet.** Die Westfälische Eisenbahn umfaßt folgende drei, theils vom Staate, theils von Actien-Gesellschaften zu verschiedenen Zeiten ausgeführte und erst später vereinigte Bahnen:

a) die frühere Köln-Minden-Thüringer Verbindungs-Eisenbahn, von der Preußisch-Kurhessischen Landesgrenze bei Warburg bis Hamm	17,93 Meilen,
b) die frühere Münster-Hammer Eisenbahn von Hamm bis Münster	4,61 „
c) die Bahnstrecke von Münster bis Rheine	5,17 „
zusammen	27,71 Meilen.
Der Betrieb auf der	0,61 „
langen Strecke von der Kurhessischen Grenze bis zur ersten Bahnstation auf Preußischem Gebiete, Warburg, ist an die Direktion der Kurfürst Friedrich Wilhelms Nordbahn verpachtet, so daß im eigenen Betriebe stehen	27,10 Meilen.

Außerdem ist von der Bahnlinie Emden-Rheine-Löhne die zum größten Theil auf Preußischem Gebiete belegene und . . . . 7,98 Meilen lange Strecke von der Preußisch-Hannoverschen Grenze bei Salzbergen bis Osnabrück von der Königl. Direktion der Westfälischen Eisenbahn aus Staatsmitteln gebaut, der Betrieb aber der Königl. Hannoverschen Eisenbahn-Verwaltung pachtweise überlassen worden.

II. **Bahn-Anlagen.** In Folge der zwischen Willebadessen und Buke stattgefundenen bedeutenden Bergrutschungen ist die Bahn aus dem Bereiche derselben verlegt und zu diesem Behufe außerhalb des Bergeinschnitts auf einer Länge von circa ½ Meile ein neues Planum hergestellt worden.

Der Bau der Altenbeken-Holzmindener Bahn bedingte die Umänderung der bisherigen Steigungs- und Krümmungs-Verhältnisse einer Bahnstrecke zwischen Paderborn und Buke zur Herstellung des Planums für die Anschluß-Station Altenbeken, welche in einer Ausdehnung von circa ¼ Meile erfolgte.

Im Hofe des Werkstätten-Etablissements zu Paderborn ist ein neuer Bohrbrunnen und im Wasserstations-Gebäude daselbst eine Wannen- und Dampfbade-Anstalt angelegt.

Das provisorische Stations-Gebäude in Soest wurde abgebrochen und auf einem Dispositions-Grundstücke zu einem Beamten-Wohnhause wieder aufgebaut.

III. **Verkehrs-Verbindungen.** Ein direkter Personen- und Güter-Verkehr mit gegenseitigem Wagenübergange besteht im Rheinisch-Thüringischen, Ostfriesisch-Rheinischen und Ostfriesisch-Thüringischen Eisenbahn-Verbande.

Die Westfälische Verwaltung gehört diesen Verbänden an und steht dem Ostfriesisch-Rheinischen als geschäftsführende Direktion vor.

IV. **Neue Bahnlinien.** Auf der Altenbecken-Holzmindener Eisenbahn, wo die Arbeiten am 10. Sept. 1861 ihren Anfang genommen haben, ist die Strecke von der Anschlußstation Altenbecken bis zum Tunnel im Rehberge fertig gestellt und für Materialien-Transport in Betrieb gesetzt. Die beiden Tunnels der Bahn sind zum Durchschlag gebracht und die Erdarbeiten auf der ganzen Linie in Angriff genommen. Der größere Theil der kleineren Bauwerke ist vollendet und mit dem Bau der bedeutendsten Brücke — über die Weser bei Höxter — begonnen worden.

Auf der projektirten Eisenbahn von Rheine nach Enschede, für welche bereits im Vorjahre generelle Vorarbeiten gemacht sind, werden, nachdem die meisten betheiligten Kreise und Gemeinden den Grund und Boden unentgeldlich abgetreten haben, binnen Kurzem die speziellen Vorarbeiten eingeleitet werden.

V. Außer der **Beamten-Pensionskasse** (Kol. 307—325 der Tabellen) bestehen noch 8 Krankenkassen, und zwar:

a) eine für die Lokomotivführer, Heizer und Arbeiter der Maschinen-Werkstätte,

b) sieben verschiedene Krankenkassen-Verbände für die gering besoldeten Betriebs-Beamten

mit zusammen 1058 Theilhabern, welche einen Jahresbeitrag von 4018 Thlrn. einzahlten. Der Bestand dieser Krankenkassen belief sich Ende 1862 auf 7038 Thlr.

VI. **Erläuterungen zu den Tabellen:**

zu Kol. 2b. Außerdem ist noch ein Hülfsarbeiter beschäftigt.

„ „ 10. Wegen des außerdem zur Westfälischen Eisenbahn gehörigen Theiles der Bahnstrecke Emden-Rheine-Löhne siehe ad 1 dieses Berichts.

„ „ 122c u. 127. Außerdem wurden zum Anheizen und Stationiren und für leere Fahrten 55 695 Ctr. Kohlen und Coaks verbraucht. Mit Hinzurechnung derselben beträgt der Verbrauch pro Nutzmeile 169,17 Z.-Pfd. und pro Achsmeile 4,261 Z.-Pfd.

„ „ 190. Hierin sind 68 626 Thlr. enthalten, welche für Ergänzungen und Erneuerungen verwendet worden sind.

„ „ 233. Bei Ermittelung des Ueberschusses sind die Mehrausgaben bei der Restverwaltung und die Einnahme an Defekten mit in Rechnung gezogen.

„ „ 240 ꝛc. u. 244 ꝛc. Ein Reserve- und Erneuerungsfonds besteht bei der Westfälischen Eisenbahn nicht. Die Ausgaben, welche bei Privatbahnen aus diesen Fonds bestritten werden, sind im Jahre 1862 lediglich aus den Betriebs-Ueberschüssen gedeckt werden.

„ „ 253a. Diese Mehrausgabe ist hauptsächlich dadurch entstanden, daß ein Betrag von 116 218 Thlrn. aus den Betriebs-Einnahmen entnommen und zu Ergänzungen und Erneuerungen der Bahn (siehe ad II dieses Berichts) verwendet werden ist.

„ „ 310. Dies ist der Zuschuß, welchen der Staat jährlich mit 120 Thlrn. pro Meile Bahnlänge zur Pensionskasse beisteuert.

11. Königl. Sächsische östliche Staats-Eisenbahnen.

I. **Verwaltung.** Die Sächsisch-Böhmische, Sächsisch-Schlesische und Tharandt-Freiberger Staats-Eisenbahnen bilden die Königl. Sächsischen östlichen Staatsbahnen und stehen unter einer Verwaltung, der „Königl. Staats-Eisenbahn-Direktion zu Dresden."

Diese Direktion leitet auch den Betrieb der angrenzenden Löbau-Zittauer und Zittau-Reichenberger Privatbahnen.

II. Die **Verbindungsbahn** in Dresden verbindet die Sächsisch-Böhmische Staatsbahn mit der Albertsbahn, der Leipzig-Dresdener Gesellschafts- und der Sächsisch-Schlesischen Staatsbahn.

III. Die **Betriebsmittel** der östlichen Staatsbahnen (Sächsisch-Böhmische, Sächsisch-Schlesische und Tharandt-Freiberger) sind in einen Maschinen- und Wagenpark vereinigt. Außer den in Kol. 90 aufgeführten wurden im Jahre 1862 noch 5 Lokomotiven der Löbau-Zittauer und Zittau-Reichenberger Privatbahnen benutzt.

IV. **Erneuerungsfonds.** Für die sämmtlichen Königl. Sächsischen Staats-Eisenbahnen besteht ein Erneuerungsfonds, welcher vom Jahre 1862 an dahin ausgedehnt worden ist, daß aus demselben nunmehr bestritten werden:

die Kosten für Ersatzleistung abgängiger ganzer Transportmittel an Lokomotiven, Tendern und Wagen aller Art, es mag der Abgang Folge natürlicher Abnutzung sein oder durch Zerstörung bei Unfällen herbeigeführt werden;

für Erneuerung einzelner Stücke, und zwar bei den Lokomotiven und Tendern die Feuerkasten, Siederöhren, Cylinder, Achsen, Räder, Bandagen, Tragfedern, Kessel, Rauchkammern, Wasserkasten, Tendergestelle; bei den Personenwagen das Untergestelle des Kastens, der Polsterung und Ausstattung der Coupé's, der Achsen, Räder, Bandagen und Federn, gleichviel ob bei völliger oder bei Erneuerung in einzelnen Theilen, als Schwellen, Kopfstücken, Oberschwellen, Deckenbezügen; bei den Lastwagen ebenfalls die vorbemerkten einzelnen

Theile, soweit sie bei den Lastwagen vorkommen, und die Bodenbelege, wenn selbige ganz zu erneuern sind; ferner die Kosten für die zur Geleisunterhaltung verwendeten Schienen, Laschen, Schraubenbolzen, Unterlagsplatten und Nägel, der Weichen und der Schwellen nebst Imprägnirungskosten, bei Stuhlschienen der Stühlchen, Dübel und Schließen.

Die Einnahmen dieses Fonds bestehen aus bestimmten Abnutzungs-Procenten, den Erlösen für Materialien abgängig gewordener Betriebsmittel und abgenutzter Oberbau-Materialien, sowie den Zinsen der werbend angelegten Bestände.

In den statistischen Nachrichten werden die für Erneuerung des Oberbaues verwendeten, dem Erneuerungsfonds entnommenen Beträge in Kol. 198 mit zur Erscheinung gebracht, dergestalt, daß von der vollen Ausgabe vorerst noch die Erlöse von dem gewonnenen alten Oberbau-Material verabzugt werden und nur der verbleibende Rest als wirkliche Ausgabe betrachtet wird. In Kol. 237b. erscheinen nur diejenigen Beträge, welche nach Abzug der Ausgaben dem Erneuerungsfonds von den berechneten Einnahmen noch zukommen, dagegen in Kol. 245 die vollen Einlagen und Erlöse von den abgängig gewordenen Betriebsmitteln und abgenutzten Oberbau-Materialien, sowie in Kol. 246 die vollen Ausgaben für Erneuerung derselben.

Die Verwaltung des Erneuerungsfonds geschieht von einer Kasse bei dem Königl. Sächsischen Finanz-Ministerium.

V. Die **Beamten-Pensions- und Unterstützungs-Kassen** sämmtlicher Königl. Sächsischen Staats- und der unter Staatsverwaltung stehenden Privat-Eisenbahnen (Löbau-Zittauer und Zittau-Reichenberger), sowie des Staats-Telegraphen-Instituts sind in eine einzige, unter dem Namen „Unterstützungskasse für das bei den Königl. Sächsischen Staats-Eisenbahnen und dem Staats-Telegraphen-Institute angestellte Personal" vereinigt. Diese Kasse wird gegenwärtig von der Staats-Eisenbahn-Direction zu Dresden verwaltet.

a. Sächsisch-Böhmische Staatsbahn.

I. **Bahngebiet.** Die Bahnstrecke von der Sächsisch-Böhmischen Grenze bis Bodenbach (1,16 Meilen) ist Eigenthum der K. K. priv. Oesterreichischen Staats-Eisenbahn-Gesellschaft und wird von der Königl. Sächsischen Staats-Eisenbahn-Verwaltung pachtweise benutzt.

II. **Erläuterungen zu den Tabellen:**

zu Kol. 113. Die von den 5 Lokomotiven der Löbau-Zittauer und Zittau-Reichenberger Eisenbahnen (siehe oben ad III.) zurückgelegten Meilen sind hierin mitenthalten.

„ „ 115c u. 116c. Außerdem sind noch durchschnittlich täglich 9 Güterzüge mit durchschnittlich 80 Achsen auf der Verbindungsbahn zwischen Alt- und Neustadt Dresden befördert worden.

„ „ 120b. Von den hier aufgeführten sind 16 975 Ctr. Coaks als Zusatz zu Steinkohlen und 3375 Ctr. als Zusatz zu Stein- und Braunkohlen, ohne bestimmtes Mischungs-Verhältniß, verwendet worden.

„ „ 122c. Mit Coaks vermischt wurden 6078 Ctr. verbraucht, die übrigen 9253 Ctr. Steinkohlen wurden mit Coaks und Braunkohlen ohne bestimmtes Mischungs-Verhältniß verwendet.

„ „ 124c. Hiervon wurden 67 828 Ctr. mit Coaks und 14 887 Ctr. mit Steinkohlen, ohne bestimmtes Verhältniß vermischt, verwendet.

„ „ 145. Außerdem sind noch Personen mit Extrazügen befördert worden, von denen aber nicht die Anzahl, sondern nur die Einnahme notirt wird.

„ „ 151, 164b, 170b u. 177. Die Postgüter werden nicht besonders notirt, da die befördernde Bahn eine Staatsbahn ist und deshalb eine gegenseitige Abrechnung nicht stattfindet.

„ „ 160a. Das Gewicht der nach Stückzahl beförderten Thiere wird nicht notirt.

„ „ 172a. Hierunter befinden sich 967 Thlr. für Extrazüge (siehe Bemerkung zu Kol. 145).

„ „ 198. Dies sind die Kosten der außergewöhnlichen Schneebeseitigung, da diejenigen für gewöhnliches Reinigen der Bahn vom Schnee sich von den übrigen Bahn-Unterhaltungskosten nicht scheiden lassen.

b. Sächsisch-Schlesische Staatsbahn.

I. **Bahngebiet.** Von der Sächsisch-Schlesischen Staatsbahn liegen 1,07 Meilen (von der Sächsisch-Preußischen Grenze bis Görlitz) im Königreiche Preußen. Diese Bahnstrecke ist aber ebenfalls Eigenthum der Königl. Sächsischen Staats-Eisenbahn-Verwaltung.

II. **Erläuterungen zu den Tabellen:**

zu Kol. 113. Die von den 5 Lokomotiven der Löbau-Zittauer und Zittau-Reichenberger Eisenbahnen (siehe oben ad III) zurückgelegten Meilen sind hierin mitenthalten.

„ „ 145. Außerdem sind noch Personen mit Extrazügen befördert worden, von denen aber nicht die Anzahl, sondern nur die Einnahme notirt wird.

„ „ 151, 164b, 170b u. 177. Die Postgüter werden nicht besonders notirt, da die befördernde Bahn eine Staatsbahn ist und deshalb eine gegenseitige Abrechnung nicht stattfindet.

„ „ 160a. Das Gewicht der nach Stückzahl beförderten Thiere wird nicht notirt.

„ „ 172a. Hierunter befinden sich 767 Thlr. für Extrazüge (siehe Bemerkung zu Kol. 145).

„ „ 198. Dies sind die Kosten der außergewöhnlichen Schneebeseitigung, da diejenigen für gewöhnliches Reinigen der Bahn vom Schnee sich von den übrigen Bahn-Unterhaltungskosten nicht scheiden lassen.

c. Tharandt-Freiberger Staatsbahn.

I. **Bahngebiet.** Die von Tharandt nach Freiberg führende Eisenbahn, welche vom Staate erbaut und zu den östlichen Linien desselben gehört, wird mit diesen, wie in der Einleitung dieses Berichtes sub I gesagt ist, von der „Königl. Staats-Eisenbahn-Direktion zu Dresden" verwaltet. Die Bahn ist 3,51 Meilen lang und wurde am 11. August 1862 dem Betriebe übergeben. Mit Rücksicht auf die Betriebszeit von nur 4⅔ Monaten beträgt der mittlere Jahresdurchschnitt 1,36 Meilen.

II. **Erläuterungen zu den Tabellen:**

zu Kol. 113—239. Die hier aufgeführten Notizen beziehen sich auf einen Zeitraum von 4⅔ Monaten, sind also zu Vergleichungen mit denen der übrigen Vereinsbahnen, welche den Zeitraum eines Jahres umfassen, nicht geeignet.

„ „ 151, 164b, 170b und 177. Die Postgüter werden nicht besonders notirt, da die befördernde Bahn eine Staatsbahn ist und deshalb eine gegenseitige Abrechnung nicht stattfindet.

„ „ 160a. Das Gewicht der nach Stückzahl beförderten Thiere wird nicht notirt.

„ „ 198. Dies sind die Kosten der außergewöhnlichen Schneebeseitigung, da diejenigen für gewöhnliches Reinigen der Bahn vom Schnee sich von den übrigen Bahn-Unterhaltungskosten nicht scheiden lassen.

„ „ 248—257. Eine Vergleichung des Verkehrs und Ertrages mit dem Vorjahre kann nicht stattfinden, da die Bahn erst am 11. August 1862 dem Betriebe übergeben worden ist.

12. Königl. Sächsische westliche Staats-Eisenbahnen.

I. **Verwaltung.** Die Niedererzgebirgische, Obererzgebirgische und Sächsisch-Bayerische Staatsbahnen bilden die Königl. Sächsischen westlichen Staatsbahnen und stehen unter einer Verwaltung, der „Königl. Staats-Eisenbahn-Direktion zu Leipzig."

II. Die **Verbindungsbahn** in Leipzig verbindet die Sächsisch-Bayerische Staatsbahn mit den Leipzig-Dresdener, Magdeburg-Leipziger und Berlin-Anhaltischen Bahnen. Es findet auf dieser Verbindungsbahn Personen-Beförderung aber nicht statt.

III. Die **Betriebsmittel** der westlichen Staatsbahnen (Niedererzgebirgische, Obererzgebirgische und Sächsisch-Bayerische) sind in einen Maschinen- und Wagenpark vereinigt. Außerdem werden 2 Lokomotiven, 150 vierrädrige offene Lastwagen und 1 Arbeitswagen, welche Eigenthum der Chemnitz-Würschnitzer Eisenbahn-Gesellschaft sind, von der Staats-Eisenbahn-Verwaltung vertragsweise benutzt.

Diese Maschinen und Wagen sind in Kol. 96b, 97a und 98 der Tabellen mitaufgenommen, deren Anschaffungskosten aber in Kol. 106, 108 und 109 nicht.

IV. Ueber den **Erneuerungsfonds** und die **Beamten-Pensionskasse**, beide gemeinschaftlich für alle Sächsischen Staatsbahnen, ist das Nähere in dem Berichte der östlichen Staatsbahnen mitgetheilt.

a. Niedererzgebirgische Staatsbahn.

I. Das **Bahngebiet** besteht aus der frühern Chemnitz-Riesaer Staatsbahn . . . . 8,75 Meilen,
und deren Fortsetzung nach Zwickau und Gößnitz . . . . 8,06 „
Außerdem ist seit 15. November 1858 die von Wüstenbrand nach Lugau führende, auf Kosten einer Actien-Gesellschaft gebaute sogenannte „Chemnitz-Würschnitzer" Eisenbahn . . . . 1,63 „
von der Königl. Sächsischen Staats-Eisenbahn-Verwaltung verläufig auf 20 Jahre pachtweise übernommen.
zusammen 18,44 Meilen.

II. **Erläuterungen zu den Tabellen:**

zu Kol. 85. Von diesem Anlage-Kapitale kommen

auf die frühere Chemnitz-Riesaer Staatsbahn	7 268 407	Thlr.
auf deren Fortsetzung nach Zwickau und Gößnitz	4 830 671	„
auf die Vervollständigung der Bahn-Anlagen	772 174	„
zusammen	12 871 252	Thlr.

Ursprünglich war die Chemnitz-Riesaer Staatsbahn Eigenthum einer Actien-Gesellschaft, wurde aber vor Beendigung des Baues vom Staate angekauft. Das für Erwerbung dieser Bahn, für deren Vollendung und für die nöthige Ausrüstung derselben vom Staate bis Ende 1862 verwendete Kapital beläuft sich auf . . . . 5 168 857 Thlr.

Mit Hinzurechnung der für den Bau der Strecke Chemnitz-Zwickau-Gößnitz aufgewendeten . . . . 4 830 671 „
und der für Vervollständigung der Bahn-Anlagen verausgabten . . . . 772 174 „
beträgt das aus Staatsmitteln bis Ende 1862 auf die Niedererzgebirgische Bahn verwendete Anlage-Kapital überhaupt . . . . 10 771 702 Thlr.

„ „ 145. Außerdem sind noch Personen mit Extrazügen befördert worden, von denen aber nicht die Anzahl, sondern nur die Einnahme notirt wird.

zu Kol. 151, 164b, 170b und 177. Die Postgüter werden nicht besonders notirt, da die befördernde Bahn eine Staatsbahn ist und deshalb eine gegenseitige Abrechnung nicht stattfindet.

„ „ 160a. Das Gewicht der nach Stückzahl beförderten Thiere wird nicht notirt.

„ „ 172a. Hierunter befinden sich 171 Thlr. für Extrazüge (siehe Bemerkung zu Kol. 145).

„ „ 198. Dies sind die Kosten der außergewöhnlichen Schneebeseitigung, da diejenigen für gewöhnliches Reinigen der Bahn vom Schnee sich von den übrigen Bahn-Unterhaltungskosten nicht scheiden lassen.

„ „ 233c. Der erste Procentsatz berechnet sich nach dem wirklich verwendeten Anlage-Kapitale von 12 871 252 Thlrn. und der zweite nach der vom Staate aufgewendeten Summe von 10 771 702 Thlrn. (siehe Erläuterung zu Kol. 85).

„ „ 268f. Dieser Unfall wurde dadurch herbeigeführt, daß ein Personenzug zwei, in einem Nebengeleise vom Sturmwind in Bewegung gesetzte Güterwagen streifte.

b. Obererzgebirgische Staatsbahn.

I. Das **Bahngebiet** besteht aus der Hauptbahn Zwickau-Schwarzenberg mit der Kohlenbahn von Zwickau nach den Steinkohlengruben bei Bockwa 2c. . . . . 5,40 Meilen
und der Zweigbahn von Niederschlema nach Neustädtel und Schneeberg . . . . 0,64 „
zusammen 6,04 Meilen.

II. **Erläuterungen zu den Tabellen:**

zu Kol. 151, 164b, 170b u. 177. Die Postgüter werden nicht besonders notirt, da die befördernde Bahn eine Staatsbahn ist und deshalb eine gegenseitige Abrechnung nicht stattfindet.

„ „ 160a. Das Gewicht der nach Stückzahl beförderten Thiere wird nicht notirt.

„ „ 165. Diese geringe Durchschnittszahl erklärt sich dadurch, daß die früher zur Sächsisch-Bayerischen Staatsbahn gehörige Kohlenbahn von Zwickau nach den Steinkohlenbergwerken bei Bockwa 2c. jetzt einen Theil der Obererzgebirgischen Staatsbahn bildet und der Hauptverkehr derselben auf der gedachten, ca. ½ Meile langen Strecke stattfindet.

c. Sächsisch-Bayerische Staatsbahn.

I. **Bahngebiet.** Die Bahnstrecke von der Sächsisch-Bayerischen Grenze bis Hof (1,15 Meilen) ist Eigenthum der Königl. Bayerischen Staats-Regierung und wird von der Königl. Sächsischen Staats-Eisenbahn-Verwaltung pachtweise benutzt.

II. **Erläuterungen zu den Tabellen:**

zu Kol. 2. Das als unbesoldet aufgeführte Mitglied der Direktion ist ein Assessor, welcher nur zu gewissen Verhandlungen zugezogen wird und dafür eine jährliche Entschädigung von 120 Thlrn. erhält.

„ „ 13. In den Tarifen wird die Bahnlänge auf 23,3 Meilen für den Personenverkehr und auf 23,4 Meilen für den Güterverkehr angenommen.

„ „ 145. Außerdem sind noch Personen mit Extrazügen befördert worden, von welchen aber nicht die Anzahl, sondern nur die Einnahme notirt wird.

„ „ 151, 164b, 170b u. 177. Die Postgüter werden nicht besonders notirt, da die befördernde Bahn eine Staatsbahn ist und deshalb eine gegenseitige Abrechnung nicht stattfindet.

„ „ 160a. Das Gewicht der nach Stückzahl beförderten Thiere wird nicht notirt.

„ „ 172a. Hierunter befinden sich 643 Thlr. für Extrazüge (siehe Bemerkung zu Kol. 145).

„ „ 198. Dies sind die Kosten der außergewöhnlichen Schneebeseitigung, da diejenigen für gewöhnliches Reinigen der Bahn vom Schnee sich von den übrigen Bahn-Unterhaltungskosten nicht scheiden lassen.

13. Königl. Württembergische Staats-Eisenbahn.

I. **Rechnungs-Periode.** Das Rechnungs- und Betriebsjahr umfaßt nicht die Periode des Kalenderjahres, sondern beginnt mit dem 1. Juli. Die vorliegenden statistischen Notizen beziehen sich auf den Zeitraum vom 1. Juli 1861 bis ult. Juni 1862.

II. Ueber die Organisation der **Verwaltung** enthält der Jahrgang 1861 der Statistik spezielle Mittheilungen. Veränderungen sind hierbei im Jahre 1862 nicht eingetreten.

III. Das **Bahngebiet** der Württembergischen Staatsbahnen umfaßt:

1) die Hauptbahn von Bruchsal über Bietigheim, Stuttgart, Cannstatt, Plochingen, Ulm und Biberach nach Friedrichshafen . . . . 36,6 Meilen,

2) die Zweigbahnen a) von Bietigheim nach Heilbronn . . . . 3,4 „
b) von Cannstadt nach Wasseralfingen . . . . 9,5 „
c) von Plochingen über Reutlingen nach Rottenburg . . . . . . 7,0 „
zusammen 58,2 Meilen.

Hiervon liegen 2,1 Meilen auf Großherzogl. Badischem Gebiete.

Die Zweigbahn von Canustadt nach Wasseralfingen (9,6 Meilen) wurde am 25. Juli und die 3,8 Meilen lange Strecke von Reutlingen nach Rottenburg (ad 2c mitaufgeführt) am 15. Oktober 1861 dem Betriebe übergeben. Mit Rücksicht darauf, daß die erstere Strecke im Betriebsjahre $18^{61}/_{62}$ $11^{1}/_{6}$ Monate und die zweite $8^{1}/_{2}$ Monate im Betriebe waren, beträgt der mittlere Jahresdurchschnitt . . . . 56,63 Meilen.

IV. **Bahn-Anlagen.** Das zweite Geleise auf der 18,8 Meilen langen Strecke Mühlacker-Bietigheim-Ulm, welches im Vorjahre bis auf 12,3 Meilen hergestellt war, wurde im Jahre 1862 vollendet.

Auf verschiedenen Bahnhöfen wurden die Trotteirs niedriger gelegt, das Geleise vermehrt, Bodenwaagen eingerichtet und Magazine, Lokomotiv- und Wagenremisen theils neu erbaut, theils erweitert.

V. Das **Benutzungs-Verhältniß** der verschiedenen Wagenklassen im Jahre $18^{61}/_{62}$ war folgendes:

	bei gewöhnlichen Zügen	bei Schnellzügen
in I. Klasse	0,7 Proc.	7 Proc.
„ II. Klasse	19,5 Proc.	93 Proc.
„ III. Klasse	79,8 Proc.	—
	100 Proc.	100 Proc.

VI. **Beamten-Pensionskasse.** Die höheren Beamten der Eisenbahn-Verwaltung (Staatsdiener) partizipiren an der allgemeinen Pensions-Anstalt für die Hinterbliebenen der Civil-Staatsdiener. Für die niederen Bediensteten besteht seit 1845 eine Unterstützungskasse, an welcher Theil zu nehmen sie verpflichtet sind.

VII. **Erläuterungen zu den Tabellen:**

zu Kol. 2a. Dies unbesoldete Mitglied ist das merkantilische.

„ „ 76—84. Eine Vertheilung der Anlagekapitals auf die verschiedenen Bautitel hat bis zum Schlusse des Rechnungsjahres (30. Juni 1862) noch nicht stattgefunden.

„ „ 112. Dies sind die Anschaffungskosten der Postwagen, welche die Bahnverwaltung zu liefern hat.

„ „ 151 u. 177. Für Beförderung der fahrenden Postbüreau's, der Posteffekten xc. erhält die Eisenbahn von der Postverwaltung eine Aversional-Entschädigung, welche in Kol. 177 aufgeführt ist.

„ „ 158—160. Die Anzahl der beförderten Fahrzeuge und Thiere resp. das Gewicht der letzteren ist nicht bekannt.

„ „ 193. Die Unterhaltungskosten der Telegraphen können nicht angegeben werden, da für dieselben eine, von derjenigen der Eisenbahnen getrennte Verwaltung stattfindet.

„ „ 214. Hierin sind auch die Kosten für Heizung der Wärterlokale und die Kosten der Heizung, Reinigung und Beleuchtung des Verwaltungs-Gebäudes mitenthalten.

IIa. Privatbahnen

unter Staatsverwaltung.

---

14. Aachen-Düsseldorf-Ruhrorter Eisenbahn.

Unter dieser Bezeichnung werden zwei verschiedene Bahnen verstanden, nämlich die Aachen-Düsseldorfer und die Ruhrort-Crefelder. Dieselben sind Eigenthum zweier Actien-Gesellschaften, werden aber seit dem Jahre 1850 vom Staate verwaltet, und zwar durch die „Königl. Preuß. Direktion der Aachen-Düsseldorf-Ruhrorter Eisenbahn."

Das Nähere ist in der Statistik pro 1860 Seite 18 und den vorhergehenden Jahrgängen mitgetheilt.

a. Aachen-Düsseldorfer Eisenbahn.

I. **Besitzverhältnisse.** Die Strecke Aachen-Richterich-Kohlscheidt und die Kohlenzweigbahn Kohlscheidt-Kämpchen (720 Ruthen) sind gemeinschaftliches Eigenthum der Aachen-Düsseldorfer und Aachen-Mastrichter Eisenbahn-Gesellschaften.

II. **Betriebsmittel.** Der Wagenpark wurde im Betriebsjahre 1862 um 2 sechsrädrige Gepäckwagen und 35 vierrädrige offene Güterwagen vermehrt. 56 offene Kohlen- und Kieswagen, welche eine Ladungsfähigkeit von 80 bis 100 Ctr. hatten, wurden in Kohlenwagen zu 200 Ctr. Ladungsfähigkeit umgebaut.

III. **Beamten-Pensions-Kasse.** Für die Aachen-Düsseldorfer und Ruhrort-Crefelder Eisenbahn bestehen:

1) eine gemeinschaftliche Pensions- und Unterstützungs-Kasse für sämmtliche nicht definitiv angestellte Beamte, welche ult. 1862 einen Bestand von 95 140 Thlrn. und 423 Theilnehmer hatte;

2) ein gemeinschaftlicher Pensionsfonds für definitiv angestellte Beamte, welcher ult. 1862 einen Bestand von 20 695 Thlrn. und 102 Theilnehmer hatte.

VI. **Erläuterungen zu den Tabellen:**

zu Kol. 2b. Hierunter befindet sich ein Hülfsarbeiter.

„ „ 114. Die Lokomotiven, welche zu ⅔ Eigenthum der Aachen-Düsseldorfer und zu ⅓ Eigenthum der Ruhrort-Crefelder Eisenbahnen sind, haben zurückgelegt:

a) auf der Aachen-Düsseldorfer Eisenbahn . . . . 54 678 Nutzmeilen,
b) auf der Ruhrort-Crefelder Eisenbahn . . . . 27 940 „
zusammen 82 618 Nutzmeilen,

welche den Berechnungen Kol. 117b, 119, 121 und 129b zu Grunde gelegt sind.

Ferner haben Lokomotiven der Rheinischen Eisenbahn-Gesellschaft auf der Aachen-Düsseldorfer Eisenbahn, und zwar auf der Strecke zwischen Neuß und Obercassel, vor Personenzügen 4747 Nutzmeilen zurückgelegt.

Den Berechnungen Kol. 188b, 220 und 230b sind daher 54 678 + 4747 = 59 425 Nutzmeilen zu Grunde gelegt.

„ „ 117. Das zum Anheizen der Lokomotiven verwendete Holz bestand in sogenannten Reiserwellen von je 4' Länge und 1' Durchmesser, von denen je 1 = ¼ Cbfß. Holz gerechnet worden ist. Im Ganzen wurden 4759 Stück Reiserwellen = 22 Klafter Holz verbraucht.

„ „ 119b. Coaks wurde nur noch zum Anheizen der Lokomotiven verbraucht, im Uebrigen ist mit Steinkohlen gefeuert worden.

„ „ 121b. Hierin sind die beim Stationiren verbrauchten 29 856 Z.-Ctr. Steinkohlen mitenthalten.

„ „ 128a. Dies ist der Durchschnittspreis für eine Reiserwelle.

„ „ 236. Zur Verzinsung der mit 3½ Proc. garantirten Stamm-Actien waren nur 85 542 Thlr. = 2,14 Proc. vorhanden. Der Rest von 54 458 Thlrn. = 1,36 Proc. wurde durch Staatszuschuß gedeckt, welcher im Vorjahre 42,171 Thlr. = 1,05 Proc. betrug.

„ „ 251b. Die stärkere Personen-Frequenz im Jahre 1862 hat gegen das Vorjahr eine Mehreinnahme von 2205 Thlrn. aufgebracht, dagegen ist, obgleich die Güter-Frequenz um 474 243 Ctr. gestiegen ist, die Einnahme aus diesem Verkehrszweige um 23 306 Thlr. niedriger gewesen, als im Vorjahre. Diese Mindereinnahme hat hauptsächlich darin ihren Grund, daß an Gütern der ermäßigten Klasse 240 687 Ctr. weniger befördert und 18 727 Thlr. weniger eingenommen wurden, als im Jahre 1861 Der Kohlenverkehr ist gegen das Vorjahr um 710 738 Ctr. gestiegen, hat jedoch nur 1280 Thlr. mehr eingebracht.

„ „ 307—325. Die mit 85 186 Thlr. beginnende Zeile bezieht sich auf die oben unter Nr. III. 1 näher bezeichnete Pensions- und Unterstützungskasse für die nicht definitiv angestellten Beamten, und die mit 17 452 Thlr. beginnende Zeile auf den ebendaselbst ad 2 bezeichneten Pensionsfonds für die definitiv angestellten Beamten der Aachen-Düsseldorfer und Ruhrort-Crefelder Eisenbahnen.

b. Ruhrort-Crefelder Eisenbahn.

I. **Verkehr und Ertrag.** Der Verkehr hat im Jahre 1862 den des sehr günstigen Vorjahres überstiegen und die Einnahmen sind um 3285 Thlr. höher gewesen, als in dem bis dahin unübertroffenen Jahre 1857, während sich die Ausgaben um 26 905 Thlr. niedriger stellten, als im Jahre 1857.

Wenn im Jahre 1862 nur 4½ gegen 4⅔ Proc. Dividende des Jahres 1857 gezahlt sind, so hat dies seinen Grund in der inzwischen gestiegenen Zinsen- und Amortisationslast der Prioritäts-Obligationen.

II. **Erläuterungen zu den Tabellen:**

zu Kol. 82. Dies sind die Anlagekosten der Trajekt-Anstalt bei Ruhrort. Ueber dieselbe, resp. über die an beiden Ufern des Rheins erbauten hydraulischen Hebewerke sind in der Statistik pro 1855 Seite 2 ad II. nähere Mittheilungen enthalten.

„ „ 184. Hierin sind 61 612 Thlr. Einnahmen der Trajekt-Anstalt bei Ruhrort mitenthalten.

„ „ 210. Hiervon kommen auf Güterverladung 5426 Thlr. und auf die An- und Abfuhr der Güter rc. 1612 Thlr.

15a. Bergisch-Märkische Eisenbahn.

I. **Verwaltung.** Die Bergisch-Märkische Eisenbahn ist Eigenthum einer Actien-Gesellschaft, die Verwaltung derselben ist aber für immer auf den Staat übergegangen und wird von der „Königl. Preuß. Eisenbahn-Direktion zu Elberfeld" geleitet.

Neben der Direktion fungirt eine aus 9 Mitgliedern und ebensoviel Stellvertretern gebildete Deputation der Actionaire, welche in den wichtigeren Angelegenheiten mit ihrem Gutachten gehört wird und von der die Rechnungen geprüft und dechargirt werden.

Auch leitet die Königl. Direktion die Verwaltung der Prinz-Wilhelm-Eisenbahn.

II. **Bahngebiet.** Das Bergisch-Märkische Eisenbahn-Unternehmen umfaßte am Schlusse des Jahres 1862

1) die Bergisch-Märkische Bahn mit den Strecken Düsseldorf-Dortmund, Dortmund-Soest und Dortmund-Duisburg mit den Zweigbahnen Witten-Langendreer, Mühlheim-Oberhausen, Langendreer-Laer und von Duisburg nach dem Rhein-Ruhr-Kanal und den Etablissements im Hochfelde,
2) die Ruhr-Sieg-Bahn von Hagen und Herdecke nach Siegen.

Die Betriebslänge dieser Strecken betrug:

von Düsseldorf bis Dortmund	11,76	Meilen,
„ Dortmund bis Soest	7,16	„
„ Dortmund bis Duisburg	7,21	„
„ Witten bis Langendreer	0,70	„
„ Mühlheim bis Oberhausen	0,60	„
„ Langendreer bis Laer	0,11	„
„ Duisburg nach dem Hochfelde und dem Hafen	0,39	„
„ Hagen bis Siegen	14,10	„
„ Herdecke bis Einhaus	0,29	„
zusammen	42,13	Meilen.

Von der Dortmund-Witten-Duisburg-Oberhausener Linie sind die Strecken Bochum-Oberhausen (4,27 M.) seit 1. März, Mülheim-Duisburg (1,04 M.) seit 1. Mai, Dortmund-Langendreer (1,73 M.) und Langendreer-Laer (0,11 M.) seit dem 4. Oktober 1862 im Betriebe gewesen; es beträgt daher der mittlere Jahresdurchschnitt aller Linien . . . . . 39,77 Meilen.

Die im Bau befindliche Verbindungsbahn zwischen der Prinz-Wilhelm- und der Witten-Duisburger Bahn bei Steele (0,30 M.) wurde am 2. Juni 1863 und die Kohlenbahn Königsteele-Dahlhausen (0,57 M.) am 9. November desselben Jahres dem Betriebe übergeben, wogegen die Zweigbahn Letmathe-Iserlohn (0,75 M.) sich noch im Bau befindet.

III. **Vertheilung der gemeinschaftlichen Ausgaben.** Die Kosten der Bahnverwaltung (Unterhaltung und Beaufsichtigung der Bahn) werden von vornherein für jede der obigen Bahnstrecken getrennt gehalten, während die Kosten der gemeinschaftlichen Transportverwaltung nach Verhältniß der auf jeder der ad II. dieses Berichts bezeichneten Linien durchlaufenen Lokomotiv- und Wagen-Achsmeilen repartirt werden. Die Kosten der Central-Verwaltung werden von den obigen, zur Bergisch-Märkischen Eisenbahn gehörigen Linien und der Prinz-Wilhelm-Eisenbahn nach Verhältniß der Bahnlänge getragen.

IV. **Bahn-Anlagen.**

1) **Geleise.** Das zweite Geleise auf der Strecke Erkrath-Hochdahl wurde im Jahre 1862 um 456 Ruthen und auf der Strecke Elberfeld (Steinbeck)-Dortmund um 703 Ruthen vermehrt. Dasselbe umfaßte ult. 1862 auf der erstern Strecke 1230 Ruthen und auf der andern 15 427, zus. 16 657 Ruthen = 8,13 Meilen gegen 7,53 Meilen im Vorjahre.

   Die Nebengeleise in Station Düsseldorf wurden um 190 Ruthen vermehrt.

2) **Stationsbauten.**

   a) Auf der Station Düsseldorf wurden zwei 18füßige Drehscheiben, ein provisorischer Güterschuppen, eine Holzrampe und das Trottoir vor dem Stationsgebäude hergestellt.

   b) Der Bahnhof Vohwinkel wurde erweitert, eine massive Brücke über die Wupper bei Elberfeld und ein neues Magazingebäude daselbst erbaut.

   c) Auf den Bahnhöfen zu Barmen, Rittershausen und Hagen wurden die Nebengeleise umgebaut und verlängert, in Rittershausen ein neuer Güterschuppen hergestellt und der Anbau an das Stationsgebäude daselbst vollendet.

   d) In Witten wurde ein neues Central-Werkstätten-Etablissement errichtet und der ältere Bahnhof umgebaut, die Stations-Anlagen zu Dortmund durch umfassende Geleise-Bauten, Herstellung eines geräumigen Güterschuppens nebst Expeditions-Gebäudes, sowie eines halbkreisförmigen, zur Aufstellung von 10 Lokomotiven geeigneten Lokomotiv-Schuppens nebst Schmiede und Dreherei vergrößert.

   e) Das Stations-Gebäude in Hoerde wurde vollendet, der Lokomotivschuppen in Soest erweitert und die Wasserstation daselbst neu erbaut. In Altena wurde das Stations-Gebäude vergrößert und Gasbeleuchtung hergestellt.

   f) Endlich wurde das zur gemeinschaftlichen Benutzung mit der Deutz-Gießener Bahn bestimmte Empfangs-Gebäude auf dem Bahnhofe Siegen vollendet.

V. **Betriebsmittel.** Im Jahre 1862 sind beschafft: 10 Güterzug-Maschinen, 154 vierrädrige bedeckte Güterwagen à 150 Ctr. und 965 vierrädrige offene Güterwagen à 200 Ctr. Tragfähigkeit, überhaupt 1119 Wagen mit einer Ladungsfähigkeit von 216 100 Ctrn.

VI. **Verkehrs-Verbindungen.** Der Rheinisch-Thüringische Verband hat durch Aufnahme der Stationen Milspe, Marten, Königsteele, Essen, Mülheim, Oberhausen und Duisburg eine weitere Ausdehnung erfahren. Mit der Köln-Mindener und Main-Weser-Bahn ist eine neue direkte Verbindung mit den Stationen Marburg, Friedberg, Nauheim und Frankfurt a. M. der Main-Weser-Bahn in's Leben gerufen; auch sind direkte Expeditionen von Personen und Gepäck nach den größeren Stationen der Nassauischen, Badischen, Württembergischen, Bayerischen, Oesterreichischen und Schweizer-Bahnen via Neuß eingerichtet.

VII. **Beamten-Pensionskasse.** Für die Bergisch-Märkische und Prinz-Wilhelm-Eisenbahn bestehen:

1) eine von der Königl. Direktion unter Mitwirkung eines aus 5 Mitgliedern bestehenden Kuratoriums verwaltete gemeinschaftliche Pensions- und Unterstützungskasse für sämmtliche nicht definitiv angestellte Beamte, welche ult. 1862 einen Bestand von 189 805 Thlrn. und 1312 Theilnehmer hatte;

2) eine gemeinschaftliche Pensions-Kasse für die definitiv angestellten Beamten beider Bahnen mit einem Bestande von 23 678 Thlrn. ult. 1862 und 76 Theilnehmern.

Außer diesen beiden, in den Tabellen Kol. 307—325 aufgeführten Pensions-Kassen besteht für die Beamten unter 500 Thlr. Gehalt und die ständigen Arbeiter der Bergisch-Märkischen Bahn eine, ebenfalls von dem Kuratorium der Pensions- und Unterstützungskasse verwaltete Kranken- und Unterstützungskasse, welche ult. 1862 einen Bestand von 8854 Thlrn. (968 Thlr. mehr als in 1861) hatte und zu welcher 1182 Beamte und 463 Arbeiter gehörten.

VIII. Erläuterungen zu den Tabellen:

zu Kol. 13. In den Tarifen wird die Bahnlänge für den Personen-Verkehr auf 41,18 M. und für den Güter-Verkehr auf 42,43 M. angenommen, weil auf den Zweigbahnen Herdecke-Einhaus (0,39 M.), Langendreer-Laer (0,41 M.) und Duisburg-Hochfeld (0,44 M.) nur Güter-Verkehr stattfindet.

„ „ 15. Die Betriebs-Eröffnung der einzelnen Bahnstrecken fand in nachstehender Reihenfolge statt:

1) Düsseldorf-Elberfeld-Dortmund:
am 20. Dezember 1838 Düsseldorf-Erkrath,
„ 10. April 1841 Erkrath-Vohwinkel,
„ 3. September 1841 Vohwinkel-Elberfeld, und zwar für den Personenverkehr, für den Güterverkehr dagegen Anfangs Dezember 1841,
„ 9. Oktober 1847 Elberfeld-Schwelm für den Personenverkehr,
„ 29. Dezember 1848 Schwelm-Dortmund für den Güterverkehr und am 9. März 1849 für den Personenverkehr.

2) Dortmund-Soest am 9. Juli 1855.

3) Ruhr-Sieg-Eisenbahn:
am 21. März 1859 Hagen-Letmathe,
„ 16. Juli 1860 Letmathe-Altena und Herdecke-Einhaus,
am 6. August 1861 Altena-Siegen.

4) Dortmund-Witten-Duisburger:
im Januar 1859 Duisburg-Rhein-Ruhr-Kanal und Hochfeld (auf welcher Strecke die Köln-Mindener Eisenbahn den Betrieb bis 1. Mai 1861 bewirkte),
am 1. Februar 1860 Dortmund-Dorstfeld-Germania (ein Theil der Strecke Dortmund-Langendreer),
„ 26. Oktober 1860 Witten-Bochum-Engelsburg,
„ 1. März 1862 Bochum-Oberhausen,
„ 1. Mai 1862 Mülheim-Duisburg,
„ 4. Oktober 1862 Dortmund-Langendreer und Langendreer-Laer.

„ „ 75 u. 87. Von dem ganzen concessionirten Anlage-Kapitale von 39 633 000 Thlr. kommen auf die einzelnen Linien des Bergisch-Märkischen Eisenbahn-Unternehmens:

	Stamm-Actien. Thlr.	Prioritäts-Obligation. Thlr.	Zusammen Thlr.
1) Düsseldorf-Dortmund	5 713 000	6 800 000	12 513 000
2) Dortmund-Soest	500 000	2 620 000	3 120 000
3) Ruhr-Sieg-Eisenbahn	—	18 000 000	18 000 000
4) Dortmund-Witten-Duisburg	6 000 000	—	6 000 000
zusammen	12 213 000	27 420 000	39 633 000

„ „ 76—86. Das verwendete Anlage-Kapital kann nur für die Linien Düsseldorf-Dortmund und Dortmund-Soest angegeben werden. Dasselbe beträgt:

	Düsseldorf-Dortmund. Thlr.	Dortmund-Soest. Thlr.
1) für Vorarbeiten .	—	—
2) „ Grunderwerb .	1 054 419	389 264
3) „ den Bahnkörper		
a) Erdarbeiten } zusammen . .	2 484 628	326 108
b) Böschungen und Futtermauern }		
c) Einfriedigungen . . . . . ad 7	mitenthalten	8 213
d) Wege-Uebergänge	60 132	92 664
e) Kleine Brücken und Durchlässe } zusammen .	859 618	123 041
f) Große Brücken und Viadukte }		
g) Tunnels	—	—
4) für den Oberbau	2 174 221	795 986
5) „ Signal-Vorrichtungen		
a) optische . . . . . . } ad 7	mitenthalten	18 466
b) electromagnetische . . . . }		
6) für Bahnhöfe und Wärterhäuser	673 329	233 908
7) „ sonstige Anlagen	432 984	89 245
8) „ Betriebsmittel	1 708 735	568 719
9) Insgemein	931 257	222 481
zusammen	10 379 323	2 868 095
pro Meile Bahnlänge	921 787	400 570

Für die Ruhr-Sieg- und Dortmund-Witten-Duisburger Bahn können diese Angaben erst nach dem Abschluß der Baurechnungen resp. Fertigstellung des Revisions-Kosten-Anschlages gemacht werden.

zu Kol. 88. Die Stamm-Actien sind vom Staate nicht garantirt, dagegen hat derselbe eine Zins-Garantie auf Höhe von 3½ Proc. für 18 000 000 Thlr. 3½proc. Prioritäts-Obligationen III. Serie (in Kol. 87c mitenthalten) übernommen.

" " 94. Außer den hier aufgeführten Wagen besitzt die Verwaltung noch einen Antheil an 6 Personenwagen I. und II. Klasse des Rheinisch-Thüringischen Verbandes.

" " 120. Diese 475 Ctr. Coaks wurden zum Anheizen und beim Stationiren verwendet.

" " 121b. Hierin sind auch die beim Anheizen und Stationiren verbrauchten 233 937 Z.-Ctr. Steinkohlen mitenthalten.

" " 160. Bei dem Personenverkehre sind 41,15 Meilen und bei dem Güterverkehre 42,42 Meilen Bahnlänge der Durchschnittsberechnung zu Grunde gelegt.

" " 172—239. Die Finanz-Ergebnisse der einzelnen Bahnlinien des Bergisch-Märkischen Eisenbahn-Unternehmens stellen sich, wie folgt:

	Düsseldorf-Dortmund. Thlr.	Dortmund-Soest. Thlr.	Ruhr-Sieg. Thlr.	Dortm.-Witten-Duisbg. Thlr.
I. Einnahmen:				
1) aus dem Personenverkehr	403 222	79 263	102 388	96 852
2) " " Güterverkehr	1 100 914	330 721	473 146	236 251
3) " sonstigen Quellen	81 802	27 342	43 930	19 795
zusammen	1 585 938	437 326	619 464	352 898
II. Ausgaben:				
1) für die Bahnverwaltung	258 819	65 226	102 277	53 949
2) " " Transportverwaltung . .	369 981	132 552	172 552	94 736
3) " " allgemeine Verwaltung . .	26 480	16 503	32 783	16 301
zusammen	655 280	214281	307 612	164 986
III. Ueberschuß	930 658	223045	311 852	187 912
Derselbe ist verwendet:				
a) zur Verzinsung der Anleihen . . .	248 678	110 323	226 291	—
b) " Amortisation derselben . . .	43 865	13 368	—	—
c) " Entrichtung der Eisenbahnsteuer .	24 994	526	—	—
d) zu Zinsen und Dividenden für die Stamm-Actien	371 345	20 000	—	—
e) zur Einlage in den Reservefonds . .	10 828	3 120	12 250	5 000
f) " " " " Erneuerungsfonds .	140 868	47 160	73 311	43 644
g) " Deckung von Convertirungskosten .	3 153	—	—	—
h) " Deckung des von der Bergisch-Märkischen Eisenbahn-Gesellschaft vertragsmäßig übernommenen Zuschusses zur Verzinsung der Prioritäts-Obligationen III. Serie ½ Proc.	35 126	—	—	—
i) zur Ueberweisung an die Baufonds .	51 801	28 542	—	139 268
Summa wie oben	930 658	223 045	311 852	187 912

Zur Verzinsung des Anlage-Kapitals der Ruhr-Sieg-Bahn waren erforderlich 491 769 Thlr.
Aus dem Ueberschusse konnten nach Deckung der vorschriftsmäßigen Rücklagen
zum Reserve- und Erneuerungsfonds nur . . . . 226 291 "
verwendet werden, die Mehrausgabe von . . . . 265 478 Thlr.
ist durch den von der Bergisch-Märkischen Eisenbahn-Gesellschaft
geleisteten Zuschuß von . . . . 35 126 Thlrn.
und durch den vom Staate auf Grund der übernommenen
Zins-Garantie gewährten Zuschuß von . . . . . . 230 352 "
gedeckt werden. wie oben 265 478 Thlr.

" " 205, 207 u. 208. Dies sind die Kosten der verbrauchten Schmier- und Putzmaterialien, die für das Schmieren und Putzen gezahlten Arbeitslöhne sind dagegen in Kol. 203 mitenthalten.

" " 233c. Die Verzinsung des verwendeten Anlage-Kapitals beträgt:

a) bei der Strecke Düsseldorf-Dortmund . . . . 8,97 Proc.
b) " " " Dortmund-Soest . . . . 7,77 "

Für die Ruhr-Sieg- und Dortmund-Witten-Duisburger Linien kann dieselbe mit Bezug auf die Bemerkung zu Kol. 76—86 nicht angegeben werden.

" " 236 u. 257. Auf die Stamm-Actien der Düsseldorf-Dortmunder Linie sind 6½ Proc. und auf die der Dortmund-Soester Linie 4 Proc. Dividende vertheilt worden.

zu Kol. 242 u. 246. Außer den hier aufgeführten Ausgaben sind gezahlt resp. geleistet worden:

1) aus dem Reservefonds

a) an Entschädigungen für bei Unfällen beschädigte Güter . . . . . . 92 Thlr.
b) an Kosten für die generelle Bearbeitung der Bahnlinien Rittershausen-Lennep-Remscheid . . . . 59 „
c) für Vorarbeiten behufs Herstellung eines Rhein-Ueberganges bei Düsseldorf und einer Verbindungsbahn mit den linksrheinischen Bahnen . . . . . 440 „
d) an sonstigen Ausgaben . . . . 2675 „

zusammen 3266 Thlr.

2) aus dem Erneuerungsfonds

an Rechnungs-Vergütungen . . . . 486 Thlr.

„ „ 307—325. Die mit 159 532 Thlrn. beginnende Zeile bezieht sich auf die oben unter Nr. VII. 1 näher bezeichnete Pensions- und Unterstützungskasse für die nicht definitiv angestellten Beamten, und die mit 19 065 Thlrn. beginnende Zeile auf die ebendaselbst ad 2 bezeichnete Pensionskasse für die definitiv angestellten Beamten der Bergisch-Märkischen und Prinz-Wilhelm-Eisenbahn.

15b. Prinz-Wilhelm-Eisenbahn.

I. Die **Verwaltung** dieser, einer Actien-Gesellschaft gehörenden Bahn ist für immer auf den Staat übergegangen und wird von der „Königl. Eisenbahn-Direktion zu Elberfeld", welche auch die Bergisch-Märkische Bahn verwaltet, geleitet.

Neben der Direktion fungirt eine aus 5 Mitgliedern bestehende Deputation der Actionäre, welche in den wichtigeren Angelegenheiten mit ihrem Gutachten gehört wird.

Zu den Kosten der allgemeinen (Central-) Verwaltung trägt die Prinz-Wilhelm-Eisenbahn nach Verhältniß ihrer Bahnlänge bei, wogegen sie alle übrigen Kosten selbst bestreitet.

II. **Bahn-Anlagen.** Außer der Einlage von 13 Weichen neuer Konstruktion wurden zur Vervollständigung der Bahn im Jahre 1862 nachstehende Bauten ausgeführt:

1) auf dem Bahnhofe Kupferdreh wurde der Ausbau eines Stationsgebäudes begonnen, auf Station Nierenhof ein neuer Güterschuppen hergestellt und das alte Stationsgebäude abgebrochen;
2) in Langenberg ist der Perron mit Sandsteinplatten abgedeckt und im Werkstättengebäude ein zweiter Dampfkessel aufgestellt;
3) die Erd- und Oberbau-Arbeiten, sowie der Bau einer Wege-Unterführung zur Erweiterung des Bahnhofs Vohwinkel wurden vollendet.

III. **Betriebsmittel.** Dem Wagenbestande sind 3 für Rechnung einer Zeche beschaffte offene Güterwagen von 200 Ctr. Ladefähigkeit hinzugetreten, dagegen 16 Wagen à 200 Ctr. Ladungsfähigkeit von der Bergisch-Märkischen Eisenbahn-Gesellschaft erworben.

IV. **Beamten-Pensionskasse.** Außer den mit der Bergisch-Märkischen Bahn gemeinschaftlichen beiden Pensionsfonds, worüber dort unter Nr. VII. 1 u. 2 das Nähere mitgetheilt ist, besteht eine besondere, ebenfalls von dem Kuratorium dieser Pensionsfonds verwaltete Kranken- und Unterstützungskasse für die Angestellten unter 500 Thlr. Gehalt und die ständigen Arbeiter der Prinz-Wilhelm-Eisenbahn. Diese Kasse hatte ult. 1862 einen Bestand von 2068 Thlrn. und gehörten zu derselben 106 Beamte und 38 Arbeiter.

V. **Erläuterungen zu den Tabellen:**

zu Kol. 121b. Hierin sind auch die beim Anheizen, Stationiren und Rangiren der Züge verbrauchten 14,060 Ctr. Steinkohlen mitenthalten.

„ „ 205, 207 u. 208. Dies sind die Kosten der verbrauchten Schmier- und Putzmaterialien, die für das Schmieren und Putzen gezahlten Arbeitslöhne sind dagegen in Kol. 203 mitenthalten.

„ „ 234—239. Der Betriebs-Ueberschuß reichte zur Verzinsung und Amortisation der Anleihen, sowie zur Deckung der vorschriftsmäßigen Rücklagen in den Reserve- und Erneuerungsfonds nicht aus, vielmehr mußte eine Mehr-Ausgabe von 58 Thlrn. beim Mangel anderer Mittel aus dem Reservefonds entnommen werden, so daß in den Kol. 234—239 95 814 + 58 = 95 872 Thlr. als verwendet nachgewiesen sind.

„ „ 242 u. 246. Außer den hier aufgeführten Ausgaben sind noch folgende geleistet worden:

1) aus dem Reservefonds

a) Mehrausgabe der Betriebsfonds (siehe vorstehende Erläuterung) . . . . . 58 Thlr.
b) sonstige Ausgaben . . . . 4 „

zusammen 62 Thlr.

2) aus dem Erneuerungsfonds

ein nicht einziehbar gewesener Pachtrest aus den Vorjahren von . . . . . . 18 Thlrn.

„ „ 250b. Die fortdauernd ungünstigen Verhältnisse des Jahres 1861 haben sich seit Eröffnung der Witten-Duisburger Bahn im Jahre 1862, welche die Concurrenz der bisher auf der Prinz-Wilhelm-Eisenbahn beförderten Bochumer und Essener Kohlen erleichterte, noch erheblich verschlechtert, so daß im Jahre 1862 248 035 Ctr. Kohlen weniger befördert wurden, als im Vorjahre. Die eingeführten Frachtermäßigungen für Rohprodukte haben zwar gegen das Vorjahr eine Steigerung in der Transportmasse, dagegen einen Ausfall an der Einnahme herbeigeführt.

16. Cöthen-Bernburger Eisenbahn.

Erläuterungen zu den Tabellen:

zu Kol. 13. In den Tarifen wird die Bahnlänge für den Personenverkehr auf 2,75 Meilen und für den Güterverkehr auf 4 Meilen angenommen.

„ „ 76—84. Die Vertheilung des Anlage-Kapitals auf die einzelnen Bautitel kann nicht stattfinden, da der Bau ursprünglich von einer Privat-Gesellschaft ausgeführt worden ist und die zu den betreffenden Angaben erforderlichen Materialien nicht vorhanden sind.

„ „ 85 u. 86. Diese beiden Summen beziehen sich nur auf die 2¾ Meilen lange Hauptbahn, da zur Angabe des für die Kohlenzweigbahnen verwendeten Anlage-Kapitals die erforderlichen Notizen fehlen.

„ „ 94e u. 95f. Diesen Durchschnittsberechnungen ist die Länge der Hauptbahn von 2,75 Meilen zu Grunde gelegt, da nur auf dieser Personenbeförderung stattfindet.

„ „ 119 ꝛc. Das zur Feuerung der Lokomotiven verbrauchte Brennmaterial bestand in 3740 Tonnen Steinkohlen = 11 220 Ctr. Coaks, 5144 Ctr. Patent-Kohlensteine = 2058 Ctr. Coaks und 193 Tonnen Knorpelkohlen = 77 Ctr. Coaks. Ein bestimmtes Mischungs-Verhältniß bestand nicht.

„ „ 233c. Mit Bezug auf die Bemerkung zu Kol. 85 und 86 kann die Verzinsung des Anlage-Kapitals nicht angegeben werden.

„ „ 236. Die Verzinsung der mit 2½ Proc. garantirten Stamm-Actien erfolgt aus dem Eisenbahnfonds in Dessau.

„ „ 307—325. Eine Beamten-Pensionskasse ist nicht vorhanden.

17a. Löbau-Zittauer Eisenbahn.

I. **Verwaltung.** Die Löbau-Zittauer Eisenbahn ist Eigenthum einer Actien-Gesellschaft, der Betrieb wird aber von der „Königl. Staats-Eisenbahn-Direktion zu Dresden" geleitet.

Die Gesellschaft wird nach Außen hin durch das aus 3 Mitgliedern bestehende Direktorium, welches zugleich auch für die Zittau-Reichenberger Eisenbahn fungirt, vertreten. Diesem steht ein aus 9 Gesellschafts-Mitgliedern bestehender Ausschuß berathend und beaufsichtigend zur Seite.

II. **Erläuterungen zu den Tabellen:**

zu Kol. 2. Die Zahl und die Gehalte ꝛc. der Mitglieder der Direktion sind bei den Sächsischen östlichen Staatsbahnen aufgeführt.

„ „ 160a. Das Gewicht der nach Stückzahl beförderten Thiere wird nicht notirt.

„ „ 198. Dies sind die Kosten der außergewöhnlichen Schneebeseitigung, da diejenigen für gewöhnliches Reinigen der Bahn vom Schnee sich von den übrigen Bahn-Unterhaltungskosten nicht scheiden lassen.

„ „ 307—325. Die Beamten-Pensions- ꝛc. Kasse ist mit derjenigen für die Angestellten der Sächsischen Staatsbahnen vereinigt und enthält der Bericht der Sächsischen östlichen Staatsbahnen unter Nr. V. hierüber das Nähere.

17b. Zittau-Reichenberger Eisenbahn.

I. **Verwaltung.** Von der Zittau-Reichenberger Eisenbahn liegen 0,85 Meilen im Königreiche Sachsen und 2,80 Meilen im Königreiche Böhmen. Die Bahn ist Eigenthum einer Actien-Gesellschaft, der Betrieb wird aber von der „Königl. Staats-Eisenbahn-Direktion zu Dresden" geleitet.

Die Gesellschaft wird nach Außen hin durch das aus 3 Mitgliedern bestehende Direktorium, welches zugleich auch für die Löbau-Zittauer Eisenbahn fungirt, vertreten. Diesem steht ein aus 9 Gesellschafts-Mitgliedern bestehender Ausschuß berathend und beaufsichtigend zur Seite.

II. **Erläuterungen zu den Tabellen:**

zu Kol. 2. Die Zahl und die Gehalte ꝛc. der Mitglieder der Direktion sind bei den Sächsischen östlichen Staatsbahnen aufgeführt.

„ „ 160a. Das Gewicht der nach Stückzahl beförderten Thiere wird nicht notirt.

„ „ 198. Dies sind die Kosten der außergewöhnlichen Schneebeseitigung, da diejenigen für gewöhnliches Reinigen der Bahn vom Schnee sich von den übrigen Bahn-Unterhaltungskosten nicht scheiden lassen.

„ „ 307—325. Die Beamten-Pensions- ꝛc. Kasse ist mit derjenigen für die Angestellten der Sächsischen Staatsbahnen vereinigt und enthält der Bericht der Sächsischen östlichen Staatsbahnen unter Nr. V. hierüber das Nähere.

18a. Oberschlesische Eisenbahn.

I. **Bahngebiet.** Das Bahngebiet der Oberschlesischen Eisenbahn ist gegen das Vorjahr unverändert geblieben und umfaßt:

1) die Hauptbahn von Breslau nach Myslowitz . . . . 26,10 Meilen,
und von Myslowitz nach Slupna (Landesgrenze) . . . . 0,20 „
zusammen 26,30 Meilen;

Transport 26,30 Meilen.

2) folgende Zweigbahnen:

a)	Abzweigung nach der Gleiwitzer Hütte bei Gleiwitz	0,11	Meilen,
b)	von Zabrze nach der „Königin Louise-Grube"	0,42	„
c)	„ Morgenroth nach Tarnowitz	2,78	„
d)	„ „ „ der „Carl-Emanuel-Grube"	0,31	„
e)	„ Schwientochlowitz nach Königshütte	0,34	„
f)	„ Kattowitz nach der „Emanuelsegen-Grube" und „Idahütte"	1,62	„
g)	„ „ „ „ „Karolinen-Grube (Hohenlohehütte)"	0,61	„
h)	„ „ „ „ „Louisenglücks-Grube"	0,17	„
i)	„ Schoppinitz (bei Kattowitz) nach der Landesgrenze bei Sosnowice	0,21	„
k)	„ Myslowitz nach Neuberun	2,10	„

(Die 0,6 Meilen lange Fortsetzung nach Oswiecim — zur Verbindung mit der Kaiser Ferdinands Nordbahn — wurde am 16. März 1863 dem Verkehre übergeben.)

8,71 Meilen.

3) die schmalspurigen Zweigbahnen im Oberschlesischen Bergwerks- und Hütten-Reviere in einer Gesammt-Ausdehnung von . . . . 11,81 Meilen

Von den ad 1 und 2 aufgeführten Bahnlinien von . . . . 35,01 Meilen
sind die Strecken Myslowitz-Slupna (Landesgrenze) . . . . 0,30 Meilen.
an die Kaiser Ferdinands Nordbahn und
die Zweigbahn Kattowitz-Emanuelsegen-Idahütte . . . . 1,62 „
an die Wilhelmsbahn verpachtet. Diese . . . . 1,92 „
sowie die schmalspurigen Zweigbahnen sind in der vorliegenden Statistik nur in Betreff des
Anlage-Kapitals berücksichtigt. Es verbleiben mithin . . . . 33,09 Meilen,
auf welche sich die vorliegenden statistischen Notizen beziehen.

Auf den schmalspurigen Zweigbahnen ist das gesammte, mit Pferden betriebene Fahrgeschäft einem Unternehmer pachtweise überlassen. Das Beförderungsquantum des Jahres 1862, meistens in Steinkohlen, Galmei und Eisenerz bestehend, umfaßte 8 348 314 Centner mit 11 042 197 Centnermeilen und einer Einnahme von 59 275 Thlrn.

II. Die **Verwaltung** der Oberschlesischen Eisenbahn, welche Eigenthum der gleichnamigen Eisenbahn-Gesellschaft ist, ging durch Vertrag vom 17. September 1856 am 1. Januar 1857 auf den Staat über und wird von der „Königl. Direktion der Oberschlesischen Eisenbahn" geleitet.

Die Rechte und Interessen der Gesellschaft werden der Königl. Direktion gegenüber durch einen von der Gesellschaft gewählten, aus 15 Mitgliedern und 6 Stellvertretern bestehenden Verwaltungsrath vertreten, welcher in allen wichtigen Angelegenheiten mit seinem Gutachten gehört wird.

III. **Betrieb fremder Bahnen.** Die Stargard-Posener Eisenbahn, welche Eigenthum der gleichnamigen Eisenbahn-Gesellschaft ist, wird für Rechnung dieser Gesellschaft Seitens des Staats durch die Königl. Direktion der Oberschlesischen Eisenbahn verwaltet. Das Nähere hierüber siehe ad I. des Berichts der Stargard-Posener Eisenbahn (S. 27 der Statistik).

IV. **Industrielle Anlagen.** Zu dem Unternehmen der Oberschlesischen Eisenbahn-Gesellschaft (einschließlich der Breslau-Posen-Glogauer Eisenbahn) gehört eine Haupt-Reparatur-Werkstätte zu Breslau und 2 kleinere Werkstätten zu Lissa und Kattowitz. Letztere werden aber nur in geringem Umfange betrieben.

Außerdem besitzt die Oberschlesische Eisenbahn-Gesellschaft eine aus 194 Dulait'schen und 20 Kuppel-Oefen bestehende Coaks-Anstalt in Zabrze, nebst einem damit verbundenen Kohlenquetschwerke und einer Chamottfabrik. Seit der allgemeinen Einführung der billigeren Heizung der Lokomotiven mit Steinkohlen wird die Coaks-Anstalt in nur geringem Umfange betrieben, indem während des Jahres 1862 durchschnittlich 47 % Dulait'sche und 8 % Kuppel-Oefen im Betriebe waren. In diesen Oefen wurden 431 994 Ctr. Kohlen verwalt und daraus 219 108 Ctr. Stück-Coaks und 13 954 Ctr. Klein-Coaks gewonnen, wovon 990 Ctr. Stück-Coaks und 5220 Ctr. Klein-Coaks für eigene Zwecke der Verwaltung zurückbehalten und der Rest an Fremde abgesetzt wurde. An feuerfesten Steinen wurden 3665 Stück größeren und 78 400 Stück Chamottsteine gewöhnlichen Formats fabrizirt, von welchen 18 976 Stück der letztern Sorte für eigene Zwecke der Verwaltung abgegeben und 3665 resp. 57 465 Stück an Fremde verkauft wurden. Aus dem Verkaufe des Coaks wurden 2941 Thlr. und aus dem Verkauf der Steine 135 Thlr. gewonnen, wobei indessen Verzinsung und Amortisation des Anlage-Kapitals nicht in Rechnung gestellt ist.

V. **Beamten-Pensionskasse.** Außer der, für im Staatsdienste nicht definitiv angestellte Beamte bestehenden Pensions- und Unterstützungskasse, wofür die Angaben in Kol. 307 — 325 der Tabellen gelten, besteht noch eine Pensions-Kasse für definitiv im Staatsdienste angestellte Beamte, welche am Schlusse des Jahres 1862 einen Bestand von 25 797 Thlrn. und 349 Theilnehmer hatte.

Ferner sind noch eine Unterstützungs-Kasse der Fabrikarbeiter mit einem Bestande von 8568 Thlrn. und eine Unterstützungs-Kasse der Werkstätten-Arbeiter mit einem Bestande von 3487 Thlrn. ult. 1862, sowie für letztere auch eine Krankenkasse vorhanden.

VI. **Erläuterungen zu den Tabellen:**

zu Kol. 13. In den Tarifen wird die Länge der Bahn für den Personenverkehr auf 31,33 Meilen und für den Güterverkehr auf 34,10 Meilen angenommen.

„ „ 75. Diese Summe bezieht sich auf sämmtliche Unternehmungen der Oberschlesischen Eisenbahn-Gesellschaft, mit Ausschluß der Breslau-Posen-Glogauer Eisenbahn.

„ „ 76. Hierin sind auch die Verwaltungskosten während der Bauzeit enthalten.

„ „ 85 u. 86. Die hier aufgeführten Summen beziehen sich nur auf das zum Bau der Hauptbahn und folgender Zweigbahnen:

a) Abzweigung nach der Gleiwitzer Hütte, b) von Zabrze nach der „Königin Louise-Grube“, c) von Morgenroth nach Tarnowitz, d) von Schwientochlowitz nach Königshütte, e) von Kattowitz nach der „Karolinen-Grube (Hohenlohehütte)“, f) von Kattowitz nach der „Louisenglücksgrube“, g) von Schoppinitz (bei Kattowitz) nach der Landesgrenze bei Sosnowice, und h) von Myslowitz nach Neuberun

in einer Gesammtlänge von 33,05 Meilen verwendete Anlage-Kapital.

Das für die schmalspurigen Zweigbahnen (11,41 Meilen), sowie für die breitspurigen Zweigbahnen Kattowitz-Emanuelsegen-Idahütte (1,62 Meilen) und Morgenroth-Carl-Emanuel-Grube (0,31 Meilen) — einschließlich der Maschinenbau-Anstalt in Kattowitz, welche 197 709 Thlr. kostete — verwendete Anlage-Kapital beträgt im Ganzen 3 016 786 Thlr. und pro Meile Bahnlänge 262 657 Thlr.

„ „ 121b. Hierin sind auch die beim Anheizen und Stationiren verbrauchten 97 536 Ctr. Steinkohlen mitenthalten.

„ „ 127. Mit Ausschluß dieser 97 536 Ctr. beträgt der Brennstoff-Verbrauch pro Achsmeile 1,994 Z.-Pfd.

„ „ 132a. Außerdem haben die Arbeitswagen 101,014 Achsmeilen zurückgelegt.

„ „ 164e u. 170e. Jeder Z.-Ctr. Steinkohlen durchfuhr durchschnittlich 16,34 Meilen und brachte pro Ctr. und Meile 1,73 Pf. ein, wogegen Coaks durchschnittlich 6,97 Meilen durchfuhr und pro Ctr. und Meile 2,30 Pf. einbrachte. Die hier aufgeführte Meilenzahl resp. Pfennige sind nach den von beiden Brennstoffen im Ganzen durchlaufenen Centnermeilen resp. der ganzen Einnahme für dieselben berechnet worden.

„ „ 233a. Hierin sind 34 324 Thlr. Ueberschuß aus dem Betriebsfonds der schmalspurigen Zweigbahnen mitenthalten, welche auch bei Vertheilung des Ueberschusses mitverwendet und in Kol. 234—239 mitenthalten sind.

„ „ 246a. Von dieser Summe kommen 1300 Thlr. auf Amortisation ausgelooster Effekten und 1476 Thlr. auf Ankauf von Werthpapieren.

„ „ 250a. Bei Vergleichung der Güter-Frequenz mit dem Vorjahre sind die in der Statistik pro 1861 in Kol. 154a u. b. und 156 mitenthaltenen 502 011 Ctr. tarifirte Dienst- und Baugüter unberücksichtigt geblieben.

18b. Breslau-Posen-Glogauer Eisenbahn.

I. Die **Verwaltung** dieser Bahn, welche einen Theil des Unternehmens der Oberschlesischen Eisenbahn-Gesellschaft bildet, führt seit dem 1. Januar 1857 die Königl. Direktion der Oberschlesischen Eisenbahn. Die Breslau-Posen-Glogauer Eisenbahn bildet aber insofern ein von den übrigen Bahnen der Gesellschaft getrenntes Unternehmen, als der Staat vertragsmäßig die Garantie für einen jährlichen Reinertrag von 3½ Proc. des in demselben angelegten Kapitals übernommen hat, soweit der dem Staate statutenmäßig zustehende dritte Theil des Reinertrages der Oberschlesischen Eisenbahn über 5 Proc. und die über 3½ Proc. Zinsen aufkommende Dividende des Staats-Antheils an dem Actien-Kapitale der Gesellschaft (welche Erträge für diesen Zweck bis zur Höhe von 1 400 000 Thlr. angesammelt werden) zur Leistung der erforderlichen Zuschüsse hinreichen.

II. **Erläuterungen zu den Tabellen:**

zu Kol. 244. Der Erneuerungsfonds schloß im Vorjahre mit einem Bestande von 142 220 Thlrn. ab; von dieser Summe sind jedoch 9000 Thlr. dem Baufonds überwiesen und die übrigen 133 220 Thlr. als verbleibender Bestand hier vorgetragen.

„ „ 250a. Bei Vergleichung der Güter-Frequenz mit dem Vorjahre sind die in Kol. 154a. u. b. und 156 der Statistik pro 1861 mitenthaltenen 40 578 Ctr. tarifirte Dienst- und Baugüter unberücksichtigt geblieben.

19. Stargard-Posener Eisenbahn.

I. **Verwaltung.** Die Stargard-Posener Eisenbahn, welche Eigenthum der gleichnamigen Eisenbahn-Gesellschaft ist, wird für Rechnung der letzteren vom Staate durch die „Königl. Direktion der Oberschlesischen Eisenbahn" verwaltet, welche auch die Gesellschaft nach Außen hin vertritt, während der Staatsregierung gegenüber die Gesellschaft durch einen aus 5 Mitgliedern bestehenden Verwaltungsrath repräsentirt wird, welcher in wichtigen Angelegenheiten mit seinem Beirathe zu hören ist.

II. Außer der **Beamten-Pensionskasse**, worüber das Nähere in Kol. 307—325 der Tabellen enthalten ist, besteht noch eine Beamten-Sterbekasse, welche ult. 1862 einen Bestand von 1355 Thlrn. und 742 Mitglieder hatte.

III. **Erläuterungen zu den Tabellen:**

zu Kol. 121b. Hierin sind auch die beim Anheizen und Stationiren verbrauchten 21 832 Ctr. Steinkohlen mitenthalten.

„ „ 127. Mit Ausschluß der vorstehend aufgeführten 21 832 Ctr. Steinkohlen beträgt der Brennstoff-Verbrauch pro Achsmeile 1,03 Z.-Pfd.

„ „ 132a. Außerdem haben die Arbeitswagen 84 757 Achsmeilen zurückgelegt.

„ „ 250a. Bei Vergleichung der Güter-Frequenz mit dem Vorjahre sind die in Kol. 154a. u. b. und 156 der Statistik pro 1861 mitenthaltenen 8106 Ctr. tarifirte Dienst- und Baugüter unberücksichtigt geblieben.

20. Rhein-Nahe-Eisenbahn.

I. **Verwaltung.** Die Rhein-Nahe-Eisenbahn ist Eigenthum einer Actien-Gesellschaft und wird für deren Rechnung vom Staate, welcher auch den Bau ausgeführt hat, durch die „Königl. Preuß. Eisenbahn-Direktion zu Saarbrücken" verwaltet. Die Interessen der Gesellschaft werden der Königl. Direktion gegenüber durch einen aus 7 Mitgliedern bestehenden Verwaltungsrath vertreten.

II. **Rheintraject zwischen Bingerbrück und Rüdesheim.** Während des Jahres 1862 wurde die bereits im Vorjahre in Angriff genommene Anlage eines Hafens am Rheine bei Bingerbrück und die Herstellung der sich hieran schließenden Dämme nebst geneigter Ebene zum Betriebe einer Traject-Anstalt zwischen Bingerbrück und Rüdesheim, trotz erheblicher Störungen durch Hochwasser des Rheins, so weit fertig gestellt, daß die Eröffnung des Güter-Trajekts im November 1862 stattfinden konnte.

Die Fertigstellung des Hafens, sowie der An- und Abschluß-Dämme desselben wird im nächsten Jahre erfolgen.

Gleichzeitig mit der Herstellung des Hafenbassins, der Schüttung und Befestigung der Dämme rc. wurde, im Anschluß an das Geleise des Traject-Dammes, auch der Oberbau auf dem Hafendamme hergestellt. An letzterem sind zwei Kohlen-Absturzbühnen errichtet und zwei Drehscheiben zur Verbindung mit den Hauptgeleisen eingelegt, so daß die Befrachtung eines im Hafen liegenden Schiffes schon hat erfolgen können.

Zum Betriebe dieser Traject-Anstalt besitzt die Gesellschaft gemeinschaftlich mit der Herzogl. Nassauischen Staatsbahn: 2 eiserne Dampfschiffe und 3 Schalden. Die Dampfschiffe werden sowohl zur Personen-Beförderung als zum Güter-Traject benutzt, sind 130 Fuß lang, 20 Fuß breit und haben einen Tiefgang von 2 bis 2½ Fuß und sind mit Kajüten für Passagiere I. II. u. III. Klasse ausgerüstet. Die Schiffsmaschinen haben 2 oscillirende Cylinder, welche mit Expansion und Condensation arbeiten; der Nutz-Effekt der Maschinen ist gleich 90 Pferdekräften, die Kessel sind für 28 Pfd. Ueberdruck construirt. Die Schiffsräder haben 7 Fuß lange, feste Schaufeln, die mittlere Fahrgeschwindigkeit — im Durchschnitt für die Berg- und Thal-Fahrt — beträgt 12 Fuß pro Sekunde.

Die Anschaffungskosten eines Schiffes betragen 35 700 Thlr.

Die zur Aufnahme von 3 beladenen Güterwagen eingerichteten Schalden sind aus Eichenholz erbaut, 87 Fuß lang und 17 Fuß breit; sie sind an einem Ende spitz, an dem anderen stumpf construirt und besitzen eine Belastungsfähigkeit von je 1350 Ctrn. bei einem Tiefgange von 2½ Fuß. Das Schienen-Geleise derselben ruht auf durchgehenden Langbalken, die von Querbalken, welche durch die ganze Breite des inneren Schiffskörpers gehen, getragen werden. Am spitzen Ende der Schalden sind Puffergerüste angebracht, um den Lauf der Eisenbahn-Fahrzeuge nöthigenfalls aufzuhalten.

Der Preis einer solchen Schalde (excl. der Kosten der Schienengeleise und dessen Unterlagen rc.) beträgt 1715 Thlr.

Die Verbindung der Schaldengeleise mit den Geleisen der geneigten Ebene wird durch einen Ausgleichungswagen, an welchem sich die nöthigen Winde-Vorrichtungen befinden, um die Höhenlage des Wagens dem wechselnden Wasserstande des Flusses jederzeit anpassen zu können, vermittelt. Die Rhein-Nahe-Eisenbahn-Gesellschaft besitzt einen solchen Wagen und einen zweiten zur Reserve gemeinschaftlich mit der Herzogl. Nassauischen Staatsbahn.

Außer den vorstehend aufgeführten Betriebsmitteln der Traject-Anstalt gehören noch zu derselben: zwei Pontons zur Landungsbrücke und eine Anzahl kleiner Nachen.

III. **Betriebsmittel.** Im Jahre 1862 wurden 3 Personenzugs- und 2 Güterzugs-Lokomotiven, 50 bedeckte Güterwagen mit einer Ladungsfähigkeit von 7050 Ctrn. und 100 Kohlenwagen mit einer Ladungsfähigkeit von 20 000 Ctrn. angeschafft und in Betrieb gestellt. An 24 vorhandenen Kohlenwagen wurden Aufsätze zum Viehtransport gemacht und aus vorhandenen Materialien 6 Erdtransportwagen hergestellt, dagegen aber 4 ältere ausrangirt.

IV. Außer der **Pensionskasse** für die nicht definitiv im Staatsdienste angestellten Beamten, worüber das Nähere in Kol. 307—325 der Tabellen enthalten ist, besteht noch ein Pensionsfonds für die definitiv angestellten Beamten, welcher ult. 1862 einen Bestand von 2578 Thlrn. und 13 Theilnehmer hatte.

Ferner besteht ein aus laufenden Beiträgen der Betheiligten gebildeter Krankenfonds, welcher bei Erkrankungen unentgeldlich ärztliche Hülfe, sowie Arznei und ein mäßiges Pflegegeld gewährt. Diese Kasse hatte ult. 1862 einen Bestand von 1903 Thlrn.; an derselben nahmen ca. 297 Beamte und gegen 400 Arbeiter Theil.

V. **Erläuterungen zu den Tabellen:**

zu Kol. 80b. Hierin sind auch die Anlagekosten der Wärterbuden und
„ „ 81. hier die der Haltestellen mitenthalten.
„ „ 88. Die Stamm-Aktien sind vom Staate nicht garantirt, dagegen 6000000 Thlr. Prioritäts-Obligationen I und 2 250 000 Thlr. Prioritäts-Obligationen II Emission mit 4 % Proc.
„ „ 101. Die hier aufgeführten Dampfschiffe und Schalden gehören zur einen Hälfte der Rhein-Nahe-Eisenbahn-Gesellschaft und zur andern Hälfte der Herzogl. Nassauischen Staats-Eisenbahn (siehe ad II dieses Berichts).
„ „ 111. Dies sind die Anschaffungskosten der vorstehend erwähnten Dampfschiffe und Schalden ꝛc. der Trajekt-Anstalt bei Bingerbrück (siehe ebenfalls ad II dieses Berichts).
„ „ 117 u. 128. Zum Anheizen der Lokomotiven werden sogenannte Reiserwellen verwendet, von welchen im Ganzen 11 373 und pro Nutzmeile 0,₁₆₇ Stück zum Durchschnittspreise von 1,₅ Sgr. pro Stück verbraucht sind.
„ „ 121b u. 127. Zum Anheizen und Stationiren wurden außerdem 29 541 Ctr. Steinkohlen verbraucht. Mit Hinzurechnung derselben beträgt der Verbrauch pro Nutzmeile 196,₁₆ und pro Achsmeile 5,₀₇₅ Z.-Pfd.
„ „ 234a. Außerdem waren zur Verzinsung der Anleihen noch 173 406 Thlr. erforderlich, welche durch Staatszuschuß gedeckt wurden; im Vorjahre betrug derselbe 131 594 Thlr.

21. Wilhelms-Bahn.

I. **Verwaltung.** Die Wilhelms-Bahngesellschaft überließ durch Vertrag vom 22. April 1857 die Verwaltung der Bahn dem Staate, welcher sie der „Königl. Preuß. Direktion der Wilhelms-Bahn" übertrug. Diese hat in wichtigen Angelegenheiten den aus 6 wirklichen und 3 stellvertretenden Mitgliedern bestehenden Verwaltungsrath der Gesellschaft mit seinem Beirathe zu hören.

II. Das **Bahngebiet** der Wilhelms-Bahn ist unverändert geblieben und umfaßt:

1) die Hauptbahn Cosel-Ratibor-Preußische Grenze	7,₁₃	Meilen
und die von der Kaiser Ferdinands Nordbahn gepachtete Strecke von der Preußischen Grenze bis Oderberg	0,₄₁	„
2) die Zweigbahnen a) Ratibor-Leobschütz	5,₀₃	„
b) Rendza-Nicolai-Idahütte	9,₂₀	„
und die von der Oberschlesischen Bahn gepachtete Strecke Kattowitz-Idahütte-Emanuelssegen	1,₆₄	„
zusammen	23,₄₁	Meilen.

III. **Betriebsmittel.** Im Jahre 1862 wurden 91 Kohlenwagen, welche einen Laderaum von 30 Tonnen hatten, umgebaut; dieselben erhielten 5⅛" starke Achsen und einen Laderaum von 60 Tonnen. Auch machte der gesteigerte Verkehr die Beschaffung einer Lokomotive nöthig, welche in der Fabrik von Wöhlert in Berlin angefertigt, aber erst am Schlusse des Jahres abgeliefert worden ist.

IV. Außer der **Beamten-Pensionskasse** für die nicht definitiv angestellten Beamten (Kol. 307—325 der Tabellen) besteht noch ein Pensionsfonds für die definitiv angestellten Beamten, welcher ult. 1862 mit einem Bestande von 11 240 Thlrn. abschloß.

Ferner bestehen noch:

1) eine Arbeiter-Krankenkasse mit einem Bestande von 1190 Thlrn. ult. 1862 und 256 Betheiligten;
2) eine Beamten-Krankenkasse mit einem Bestande von 805 Thlrn. ult. 1862 und 347 Betheiligten;
3) eine Beamten-Sterbekasse mit einem Bestande von 321 Thlrn. ult. 1862 und 370 Betheiligten.

V. **Erläuterungen zu den Tabellen:**

zu Kol. 14a. Von der Hauptbahn wurde die erste Strecke am 1. Januar 1846 und die ganze Bahn am 1. September 1848 eröffnet.
Die Zweigbahnen wurden auf den Strecken Ratibor-Leobschütz und Rendza-Orzesche am 1. Oktober 1856, Orzesche-Nicolai am 30. Dezember 1856 und Nicolai-Idahütte resp. Kattowitz am 20. Dezember 1858 eröffnet.
„ „ 121b. Hierin sind auch die zum Anheizen und Stationiren verbrauchten 32 034 Ctr. Steinkohlen mitenthalten.
„ „ 244—247. Ein Erneuerungsfonds ist nicht vorhanden, da der Reservefonds den Zweck desselben miterfüllt.
„ „ 261. Der hier aufgeführte Beamte, ein Schaffner, ward von Krämpfen befallen, stürzte unter einen sich bewegenden Zug, von welchem er überfahren und getödtet wurde.

IIb. Privatbahnen
in eigener Verwaltung.

22. Aachen-Mastrichter Eisenbahn.

I. Die **Verwaltung** wird durch zwei Direktionen geführt, von denen eine ihren Sitz in Aachen, die andere in Mastricht hat. Beide Direktionen treten als eine gemeinschaftliche für diejenigen Gegenstände zusammen, die nach den Statuten ihrem Beschlusse vorbehalten sind. Der Spezial-Direktor fungirt bei beiden Direktionen.

II. **Besitzverhältnisse.** Die Aachen-Mastrichter und Aachen-Düsseldorfer Eisenbahnen laufen von Aachen bis Richterich (0,73 Meilen) auf einem Bahnkörper. Diese Strecke, sowie die 780 Rth. lange Strecke Richterich-Kohlscheidt (auf der Linie Aachen-Düsseldorf) und die 720 Rth. lange Kohlen-Zweigbahn Kohlscheidt-Kämpchen sind gemeinschaftliches Eigenthum der Aachen-Mastrichter und Aachen-Düsseldorfer Eisenbahn-Gesellschaften.

III. **Bahngebiet.** Die Gesellschaft, deren Bahn von Aachen über Mastricht bis Hasselt . . . . 8,48 Meilen führt, hat die anschließende Strecke von Hasselt bis Landen . . . . 3,72 „ von der Gesellschaft Mackenzie & Comp. gegen 50% der Brutto-Einnahme gepachtet und im Betriebe . . . . 12,40 Meilen.

IV. **Bahn-Anlagen.** Im Betriebsjahre 1862 wurden 1881 lfde. Rth. Schienen und 5250 Schwellen ausgewechselt. In Landen wurde eine Drehscheibe hergestellt.

V. **Erläuterungen zu den Tabellen:**

zu Kol. 2c. Die Direktions-Mitglieder beziehen keinen Gehalt, sondern eine Tantième aus dem Reinertrage nach Maßgabe der zur Vertheilung kommenden Dividende.

„ „ 4. Von den 10 Mitgliedern der Kontrol-Kommission wohnen 5 auf Preußischem und 5 auf Niederländischem Gebiete.

„ „ 76—84. Die Vertheilung des Anlage-Kapitals auf die einzelnen Titel resp. die genaue Angabe der Baukosten kann erst erfolgen, wenn die Rechnungen über die mit der Aachen-Düsseldorfer Eisenbahn-Gesellschaft gemeinschaftlich ausgeführten Baustrecken und Bauten festgestellt sind und gegenseitige Abrechnung stattgefunden hat. Von dem Anlage-Kapitale kommen demnächst noch diejenigen, im Wege des Prozesses festzustellenden Beträge in Abzug, welche die Aachen-Düsseldorfer Eisenbahn-Gesellschaft in Folge jener Abrechnung der Aachen-Mastrichter Eisenbahn-Gesellschaft zu erstatten hat.

„ „ 120 u. 122. Zur Feuerung der Lokomotiven wurde eine Mischung von Coaks, Steinkohlen und Briquetten, und zwar 1676 Ctr. Coaks, 21 841 Ctr. Steinkohlen und 40 041 Ctr. Briquetten verbraucht. Der Durchschnittspreis dieses Brennmaterials betrug 7 Sgr. 5 Pf. pro Centner.

„ „ 128d. Dies ist der Durchschnittspreis für 100 3-Pfd. Briquetten.

„ „ 186. Hierin sind 11 216 Thlr. Reinertrag der Steinkohlengrube bei Kirchrath mitenthalten.

„ „ 251b. Die Einnahme aus dem Personen-Verkehre ist im Betriebsjahre 1862 um 8422 Thlr. und diejenige aus dem Güterverkehre um 5053 Thlr. höher gewesen, als im Vorjahre. Das Minus der Gesammt-Einnahme ist dadurch entstanden, daß die Grube Kirchrath wegen bedeutender außergewöhnlicher Ausgaben 17 246 Thlr. weniger Reinertrag aufgebracht hat, als im Jahre 1861.

„ „ 253a. Diese Mehrausgabe ist dadurch entstanden, daß für die Unterhaltung des Bahndamms, der Schienen und Schwellen 8336 Thlr. mehr verausgabt sind, als im Vorjahre.

23. Alberts-Bahn.

I. Das **Bahngebiet** der Alberts-Bahn ist gegen das Vorjahr unverändert geblieben und umfaßt

1) die Hauptbahn Dresden-Tharandt . . . . 1,81 Meilen,
2) mehrere nach Kohlenschächten ꝛc. führende Zweigbahnen in einer Gesammtlänge von . . 3,30 „
zusammen 5,11 Meilen.

Die Hauptbahn ist durch ein einfaches Geleise mit der Sächsisch-Böhmischen Staatsbahn und dadurch mit den in Dresden einmündenden Bahnen: der Sächsisch-Schlesischen Staats- und der Leipzig-Dresdener Privat-Eisenbahn, verbunden.

Außerdem ist, nachdem die Sächsische Staatsbahn von Tharandt nach Freiberg am 11. August 1862 dem Verkehr übergeben worden, in dieser Richtung ein direkter Personen- und Güterverkehr eingeführt.

II. **Erläuterungen zu den Tabellen:**

zu Kol. 2b. Die Direktoren beziehen außer ihrem Gehalte noch eine Tantième nach Höhe der zur Vertheilung kommenden Dividende.

„ „ 94e. u. 95f. Diesen Durchschnittsberechnungen ist die Länge der Hauptbahn von 1,81 Meilen zu Grunde gelegt, da nur auf dieser Personenverkehr stattfindet.

zu Kol. 154. Bei Berechnung des Gewichts der in Tonnen beförderten Kohlen und Coaks sind pro Tonne Kohlen 4 Centner und pro Tonne Coaks 2 Centner als Norm angenommen worden.

„ „ 160a. Das Gewicht der beförderten Thiere wird nicht notirt.

„ „ 166a. Dieser Durchschnittsberechnung ist die Tariflänge der Hauptbahn von 2,8 Meilen zu Grunde gelegt, da nur auf dieser Personen-Beförderung stattfindet.

„ „ 205 u. 207. Dies sind die Kosten der verbrauchten Schmier- und Putzmaterialien.

„ „ 209. Hierin sind auch die Kosten der Beleuchtung der Bahn und der Bahnhöfe enthalten.

„ „ 218. In dieser Summe ist die an die Sächsisch-Böhmische Staatsbahn gezahlte Ueberführungsfracht für die im direkten Verkehre von und nach der Albertsbahn transportirten Güter mitenthalten.

„ „ 307—325. Eine Beamten-Pensionskasse besteht zur Zeit noch nicht; die hier notirten Beträge bilden einen vorläufigen Fonds zu einer später zu errichtenden derartigen Kasse.

24a. Altona-Kieler Eisenbahn.

I. **Betrieb fremder Bahnen.** Die Direktion der Altona-Kieler Eisenbahn-Gesellschaft hat, wie in den Vorjahren, auch im Jahre 1862 den Betrieb der angrenzenden Glückstadt-Elmshorner Eisenbahn geleitet. Dagegen hat jene Direktion auf der Rendsburg-Neumünsterschen Eisenbahn im Jahre 1862 nur den ökonomischen Betrieb geleitet, während der technische Betrieb von der Direktion der Rendsburg-Neumünsterschen Eisenbahn-Gesellschaft selbst geführt ist.

II. **Erläuterungen zu den Tabellen:**

zu Kol. 5. Der ausführende Direktor ist Mitglied der Direktion und in Kol. 2b mitaufgeführt. Sein Gehalt beträgt 2800 Thlr.

„ „ 80b. Die Anlage-Kosten des electromagnetischen Telegraphen betragen 8838 Thlr. und sind aus dem Reservefonds (siehe Kol. 89) bestritten worden.

„ „ 89a. Von der hier vorgetragenen Summe sind 369 920 Thlr. aus dem Reservefonds entnommen worden, der Ueberrest von 85 068 Thlrn. besteht in Agiogewinn bei verkauften Stamm-Actien.

„ „ 89b. Die hier aufgeführten 22 510 Thlr. sind nicht aus den Betriebs-Ueberschüssen, sondern aus dem Reservefonds gezahlt worden.

„ „ 90, 94 u. 97. Die Direktion der Glückstadt-Elmshorner Eisenbahn-Gesellschaft, welche den Betrieb ihrer Bahn vom Jahre 1863 an wieder selbst übernimmt, hat ihren Antheil an den gemeinschaftlichen Transportmitteln überwiesen erhalten. Hier sind nur diejenigen Maschinen und Wagen aufgeführt worden, welche nach Ausführung dieser Trennung am Schlusse des Jahres 1862 im Eigenthum der Altona-Kieler Eisenbahn-Gesellschaft verblieben sind.

„ „ 186. Hierin sind 4426 Thlr. Vergütigung für die Benutzung der Altona-Kieler Transportmittel rc. auf der Glückstadt-Elmshorner und Rendsburg-Neumünsterschen Bahn enthalten.

„ „ 242b. Diese 12 000 Thlr. sind auf die im Jahre 1855 zur Vergrößerung der Betriebslokalitäten und Vermehrung der Betriebsmittel gemachte Anleihe zurückgezahlt worden.

„ „ 298. Der letzte Achsbruch an Wagen ist im Jahre 1855 vorgekommen.

„ „ 322. Hierin sind 10 382 Thlr. mitenthalten, welche als besonderer Depositionsfonds verwaltet werden.

24b. Glückstadt-Elmshorner Eisenbahn.

I. Den **Betrieb** der von Elmshorn über Glückstadt nach Itzehoe führenden Eisenbahn leitet die Direktion der Altona-Kieler Eisenbahn-Gesellschaft.

II. **Erläuterungen zu den Tabellen:**

zu Kol. 200. Hierin ist der an die Altona-Kieler Eisenbahn-Gesellschaft gezahlte Antheil der Glückstadt-Elmshorner Bahn an den Kosten für die Unterhaltung und Verwaltung des Elmshorner Bahnhofes im Betrage von 1531 Thlrn. mitenthalten.

„ „ 218. Ebenso hier 4382 Thlr. an die Altona-Kieler Eisenbahn-Gesellschaft gezahlte Vergütigung für die Mitbenutzung ihrer Transportmittel, Zugutensilien, Inventarstücke und Reparatur-Werkstattsgebäude.

„ „ 227. Diese Summe repräsentirt den an die Altona-Kieler Eisenbahn-Gesellschaft gezahlten Antheil an den Kosten der allgemeinen Verwaltung.

„ „ 234a. Zur Verzinsung der Prioritäts-Actien resp. Anleihen waren erforderlich:

a) für 408 000 Thlr. Prioritäts-Actien à 2 Proc.	8 160 Thlr.
b) für 123 750 „ Anleihen (in Kol. 87c mitenthalten) à 4 Proc. .	4 950 „
zusammen	13 110 Thlr.

wozu der vorhandene Ueberschuß nicht ausreichte.

25. Aussig-Teplitzer Eisenbahn.

I. **Verwaltung.** Der Verwaltungsrath der Gesellschaft, welchem die obere Leitung obliegt, hat mit der speziellen Führung der Geschäfte eine aus 2 Mitgliedern bestehende Direktion betraut. Das eine Mitglied hat die allgemeine Administration zu führen und die Gesellschaft in amtlichen und privatrechtlichen Angelegenheiten zu vertreten, das andere Mitglied den Eisenbahn- und kommerziellen Betrieb zu leiten.

II. **Neue Bahnlinien.** Nachdem die Staatsregierung die im Vorjahre vorgelegte Trace der projektirten Fortsetzung der Bahn von Teplitz nach Komotau (ca. 6 Meilen) nicht genehmigt, auch eine Zins-Garantie nicht in Aussicht gestellt hat, ist von der Gesellschaft eine geänderte Trace eingereicht und das frühere Gesuch wegen Gewährung einer Zins-Garantie oder einer anderweitigen Unterstützung erneuert worden.

Die weitere Ausdehnung der Karbitz-Herbitzer Kohlenzweigbahn ist im Bau begriffen, auch hat die Gesellschaft eine Verlängerung der Schleppbahn bei Aussig beschlossen.

III. **Erläuterungen zu den Tabellen:**

zu Kol. 2d. Die Höhe der an die Mitglieder des Verwaltungsraths zu zahlenden Tantième wird durch jedesmaligen General-Versammlungs-Beschluß der Actionäre bestimmt.

„ „ 10. Außerdem sind noch einige kleine nach Kohlenschächten führende Abzweigungen vorhanden, von welchen einige noch im Bau begriffen sind.

„ „ 84. Dies ist das bis ult. 1862 verwendete Anlage-Kapital der vorstehend erwähnten Abzweigungen.

„ „ 86. Das für die Kohlenzweigbahnen verwendete Anlage-Kapital ist hier außer Ansatz geblieben.

„ „ 153a. Hierin ist auch das Gewicht der beförderten Equipagen und sonstigen Fahrzeuge mit 885 Z.-Ctrn. und das Gewicht der beförderten Thiere mit 2317 Z.-Ctrn. enthalten.

„ „ 158a u. 159. Die Anzahl der beförderten Equipagen 2c. und Thiere ist nicht bekannt. Das Gewicht derselben ist in Kol. 153a mitenthalten.

„ „ 180a. Hierin sind auch die Einnahmen der beförderten Equipagen und Thiere enthalten.

„ „ 197. Diese Summe repräsentirt die Feuerversicherungs-Prämie der Gebäude und Betriebsmittel.

„ „ 235. Ebenso diese Summe die Steuern und Stempel.

„ „ 307—325. Außer der Pensionskasse besteht noch eine Krankenkasse, welche am Schlusse des Jahres 1862 einen Bestand von 1296 Thlrn. hatte.

26. Bayerische Ostbahnen.

I. **Rechnungs-Periode.** Das Rechnungs- und Betriebsjahr umfaßt nicht die Periode des Kalenderjahres, sondern beginnt mit dem 1. Oktober. Die vorliegenden statistischen Notizen beziehen sich auf den Zeitraum vom 1. Oktober 1861 bis ult. September 1862.

II. Das **Bahngebiet** der Bayerischen Ostbahnen ist gegen das Vorjahr unverändert geblieben und umfaßt:

1) die Hauptbahn München-Regensburg-Nürnberg . . . . 38,7 Meilen,

2) die Zweigbahnen a) Geiselhöring-Straubing-Passau . . . . 12,5 „

und Passau-Landesgrenze . . . . 0,20 Meilen,

welche an die Kaiserin Elisabeth-Bahn verpachtet sind.

b) Schwandorf-Cham-Furth i. W. . . . . 9,0 „

und Furth-Landesgrenze . . . . 0,9 Meilen,

welche an die Böhmische Westbahn verpachtet sind.

zusammen 60,2 Meilen.

III. **Neue Bahnlinien.** Die in Bau begriffenen Eisenbahnlinien von Schwandorf über Weiden nach Bayreuth und von Weiden bis an die Landesgrenze bei Eger in einer Ausdehnung von zusammen 21,33 Meilen sind bereits so weit vorgeschritten, daß am 1. Oktober 1863 die Strecke Schwandorf resp. Irrenlohe-Weiden von 5,3 Meilen dem Betriebe übergeben werden konnte.

Die Fortsetzung der Bahn von der Landesgrenze bei Waldsassen bis an die Stadt Eger wurde Seitens der K. K. Oesterreichischen Staatsregierung unterm 14. Juni 1863 concessionirt und der Bau derselben der Gesellschaft übertragen.

IV. Außer der **Beamten-Pensionskasse** (Kol. 307—325 der Tabellen) besteht noch ein „Arbeiter-Unterstützungsfonds", welcher am Schlusse des Betriebsjahres 1862 einen Bestand von 18 918 Thlrn. hatte.

V. **Erläuterungen zu den Tabellen:**

zu Kol. 84. In dieser Summe sind 214 384 Thlr. Kosten der Betriebs- und 103 267 Thlr. Kosten der Werkstätten-Einrichtung, sowie eine Reserve für nachträgliche Bauten von 479 238 Thlrn. mitenthalten.

„ 121, 125 u. 127. Außerdem wurden zum Anheizen und Stationiren 34 788 Ctr. Steinkohlen und 1642 Ctr. Torf verbraucht. Mit Hinzurechnung derselben beträgt der Durchschnitts-Verbrauch pro Nutzmeile 152,24 Z.-Pfd. Steinkohlen beziehungsweise 325,48 Z.-Pfd. Torf und pro Achsmeile 6,031 Z.-Pfd. Steinkohlen und 0,333 Z.-Pfd. Torf.

zu Kol. 151 u. 160. Das Gewicht der beförderten Postgüter und Thiere wird nicht notirt.

" " 179b. Dies sind die Einnahmen aus dem direkten Güter-Verkehre mit anderen Bahnen.

" " 186. Hierin ist auch die empfangene Wagenmiethe und der Zins für die verpachteten Bahnstrecken mitenthalten.

" " 196. Dies sind die Kosten für Beleuchtung der Bahnhöfe.

" " 218. Hier sind die nicht auf die Transportkräfte verwendeten Kosten für Materialien zur Feuerung, Schmieren, Putzen ꝛc. im Betrage von 101 699 Thlrn. mitaufgenommen.

" " 240—243. Außer dem Reservefonds, aus welchem die Kosten für Ergänzung und Erneuerung der Bahnanlage und der Betriebsmittel bestritten werden und welcher im Jahre 1862 zum ersten Male mit 17 143 Thlrn. dotirt ist, besteht noch ein Mobiliar-Versicherungs-Fonds, aus welchem die durch Unglücksfälle, als Brand ꝛc., verursachten Schäden gedeckt werden. Derselbe schloß ult. 1862 mit einem Bestande von 11 600 Thlrn. ab.

" " 257. Die Verzinsung des Anlage-Kapitals für das Betriebsjahr 1861 hat, da die Bahn in demselben nur 11½ Monate im Betriebe war, aus dem Baufonds stattgefunden.

27. Berlin-Anhaltische Eisenbahn.

I. **Bahngebiet.** Das Unternehmen der Berlin-Anhaltischen Eisenbahn-Gesellschaft umfaßt:

die Hauptbahn Berlin-Wittenberg-Bitterfeld-Halle	21,20	Meilen,
die Zweigbahnen a) Wittenberg-Dessau-Cöthen	7,64	"
b) Jüterbog-Röderau (einschl. 0,23 Meilen Geleise zur Verbindung mit der Leipzig-Dresdener Eisenbahn)	10,60	"
c) Dessau-Bitterfeld	3,37	"
d) Bitterfeld-Leipzig (einschl. der Verbindungsbahn zum Anschlusse an die Königl. Sächsische Staats-Eisenbahn)	4,29	"
zusammen	47,10	Meilen.

Von der Hauptbahn ist die Strecke von Berlin bis Wittenberg doppelgeleisig.

II. **Bahn-Anlagen.** Auf dem Bahnhofe Berlin wurde eine neue Brückenwaage zu 900 Ctrn. Tragfähigkeit zum Wiegen der Lokomotiven und Tender aufgestellt. In Folge des gesteigerten Verkehrs ist auf der Station Linda eine vollständige Stations-Anlage hergestellt worden.

Ferner wurden in Roitzsch ein Beamten-Wohngebäude, in Raguhn ein Güterschuppen und auf dem Bahnhofe Röderau ein 66 Fuß langer Kohlenschuppen neu erbaut.

III. **Telegraphen.** Nachdem auch die Station Bergwitz einen Telegraphen-Sprech-Apparat erhalten hat, sind 31 Stationen vorhanden, welche Depeschen-Beförderung nach allen zum Deutsch-Oesterreichischen Telegraphen-Verein gehörigen Orten übernehmen. Im Jahre 1862 wurden 77 Staats- und 5059 Privat-Depeschen aufgegeben.

IV. **Betriebsmittel.** Der Maschinenpark wurde im Jahre 1862 um 2 Schnellzugs-Maschinen vermehrt.

V. **Erläuterungen zu den Tabellen:**

zu Kol. 15a. Die Betriebs-Eröffnung der einzelnen Bahnstrecken fand in nachstehender Reihenfolge statt:

a) ältere Linien	
am 1. September 1840 Cöthen-Dessau,	am 1. Juli 1848 Jüterbog-Herzberg,
" 1. Juli 1841 Berlin-Jüterbog,	" 1. Oktbr. " Herzberg-Röderau;
" 18. Aug. " Dessau-Coswig,	b) neuere Linien
" 28. " " Coswig-Wittenberg,	" 17. August 1857 Dessau-Bitterfeld,
" 10. Sptbr. " Wittenberg-Jüterbog,	" 1. Februar 1859 Bitterfeld-Halle u. Leipzig,
	" 3. August " Wittenberg-Bitterfeld.

" " 209. Hierin sind auch die Beleuchtungskosten der Betriebs- und Expeditionslokale mitenthalten.

" " 215. Dies ist die Differenz zwischen gezahlter und empfangener Wagenmiethe.

28a. Berlin-Hamburger Eisenbahn.

I. **Organisation der Verwaltung.** Außer der Direktion, welche ihren Sitz in Berlin hat, besteht noch eine Direktions-Deputation in Hamburg, deren Geschäfte ein dorthin abgeordnetes Mitglied der Direktion versieht.

II. **Bahngebiet.** Durch die Berlin-Hamburger Eisenbahn-Gesellschaft sind erbaut:

a) die Hauptbahn von Berlin bis Bergedorf	35,85	Meilen
b) die Zweigbahn von Büchen bis Lauenburg	1,72	"
zusammen	37,57	Meilen.
Außerdem hat dieselbe die von der Hamburg-Bergedorfer Eisenbahn-Gesellschaft erbaute Bahn von Bergedorf bis Hamburg pachtweise übernommen	2,09	"
In ungetheiltem Betriebe der Berlin-Hamburger Eisenbahn-Verwaltung befinden sich also	39,66	Meilen.

Sämmtliche in den vorliegenden Tabellen unter „Berlin-Hamburger" Eisenbahn aufgeführten statistischen Notizen (ausschließlich der Kol. 75—88, hinsichtlich deren auf die betreffende nachfolgende Erläuterung verwiesen wird) beziehen sich auf die vorgenannten, im Betriebe vereinigten drei Bahnstrecken.

III. **Bahn-Anlagen.** Im Jahre 1862 wurde das zweite Geleise zwischen Berlin und Spandau in einer Länge von 1,5 Meilen ausgeführt und die streckenweise Umlegung des alten Geleises fortgesetzt. Mehrere größere Brücken sind mit eisernen Gitterträgern beziehungsweise mit verstärkten Sprengwerksträgern und mit Abdeckung zum Schutz gegen Nässe versehen worden.

Auf den Stationen Büchen und Hamburg sind die Wasserleitungen erweitert worden und mehrere Wasserstationen haben neue eiserne Reservoirs erhalten. Die Bahnhofs-Umwährungsmauer in Berlin ist erheblich verlängert worden.

Es sind ferner 36 Stück eiserne optische Telegraphen angeschafft und davon 24 Stück an Stelle der entfernten hölzernen aufgestellt und 9 Bahnwärter-Wohnhäuser mit den erforderlichen Brunnen und Stallungen erbaut worden.

IV. **Industrielle Anlagen.** Die Gesellschaft besitzt 3 Reparatur-Werkstätten zu Berlin, Wittenberge und Hamburg, 2 Coaksbrennereien zu Wittenberge und Bergedorf mit zusammen 44 Oefen, und eine Schwellen-Tränkanstalt zu Berlin.

V. **Einführung neuer Einrichtungen.** Seit dem 15. Mai 1862 ist auf der Strecke zwischen Berlin und Wittenberge bei den gemischten Personen- und Güterzügen die IV. Wagenklasse eingeführt worden. Es sind bis ult. 1862 in dieser Wagenklasse 66 252 Personen zur Beförderung gekommen.

VI. **Erläuterungen zu den Tabellen:**

zu Kol. 5. Der Vorsitzende der Direktion ist zugleich Ober-Ingenieur und Betriebs-Direktor.

„ „ 75—87. Die gegen das concessionirte Anlage-Kapital (Kol. 75) weniger verwendeten 98 627 Thlr. sind als Bestand des Baufonds vorhanden.

Das Anlage-Kapital (Kol. 75—87) ist in der Weise angegeben, wie es von der Berlin-Hamburger Eisenbahn-Gesellschaft für die durch dieselbe erbauten 37,17 Meilen (Kol. 10) verwendet worden ist. Für die im Betriebe vereinigten 39,66 Meilen (siehe oben ad II.), also einschließlich der gepachteten Hamburg-Bergedorfer Bahn, beträgt das Gesammt-Anlage-Kapital:

Kol. 75.	Im Ganzen concessionirt . . .	16 298 000 Thlr.
„ 76.	Vorarbeiten . .	927 636 Thlr.
„ 77.	Grunderwerb . .	1 457 696 „
„ 78a.	Erdarbeiten . .	2 025 769 „
b.	Böschungen und Futtermauern . .	237 626 „
c.	Einfriedigungen .	64 861 „
d.	Wege-Uebergänge .	55 196 „
e u. f.	Brücken (kleine und große) . .	1 614 751 „
„ 79.	Oberbau . . .	4 230 338 „
„ 80.	Telegraphen (optische und electromagnetische) . .	108 457 Thlr.
Kol. 81.	Bahnhöfe u. Wärterhäuser . . .	2 474 532 „
„ 83.	Betriebsmittel .	1 581 084 „
„ 84.	Insgemein . . .	1 421 427 „
„ 85.	Summe des verwendeten Anlage-Kapitals . . .	16 199 373 Thlr.
„ 86.	pro Meile Bahnlänge	408 459 „
„ 87a.	Stamm-Actien .	9 548 000 „
„ 87c.	Prioritäts-Obligationen . . .	6 750 000 „

„ „ 89. Aus den Betriebs-Ueberschüssen sind verwendet:

	bis Ende 1861.	pro 1862.
a) für Ergänzung der Betriebsmittel	1 495 514 Thlr.	123 569 Thlr.
b) für Erweiterung der Bahnanlagen, Neubau von Gebäuden, Telegraphenleitungen, eiserne optische Telegraphen, Wasserleitungen, Drehscheiben	279 702 „	51 623 „
zusammen	1 775 216 Thlr.	175 192 Thlr.

„ „ 119b, 121b u. 123b. Hierin ist auch das beim Anheizen, Reservedienst und bei Leerfahrten verbrauchte Brennmaterial mitenthalten.

„ „ 127. Bei Berechnung des Brennmaterial-Verbrauchs pro Achsmeile sind ein Scheffel Steinkohlen = 64 Z.-Pfd. Coaks (4 Scheffel Steinkohlen = 1 Tonne = 3⅓ Z.-Ctr.) und eine Tonne Braunkohlen = 3 Z.-Ctr. = 80 Z.-Pfd. Coaks gerechnet worden.

„ „ 136a. Die im Vorjahre notirte größte zurückgelegte Meilenzahl einer eisernen Achse von 64 709 Meilen betraf eine jetzt ausrangirte Achse.

„ „ 151. Das hier aufgeführte Gewicht der Postgüter bezieht sich nur auf diejenigen, welche gegen Frachtzahlung befördert wurden.

„ „ 177. Diese Summe enthält außer der Fracht für die in Kol. 151 aufgeführten Postgüter auch noch die Einnahmen für die tägliche Beförderung der Postwagen zwischen Hamburg und Bergedorf, sowie die Pauschfrachten für Postsendungen, deren Gewichts-Ermittelung nicht stattfindet.

„ „ 182b u. c. Die Einnahmen für die beförderten Eisenbahn- und sonstigen Fahrzeuge sind in den Kol. 176, 178 u. 179 mitenthalten.

zu Kol. 210. Diese Summe enthält die Kosten der Güter-Expedienten und Bodenarbeiter, sowie die Kosten für An- und Abfuhr der Güter, soweit letztere in den Frachtsätzen miterhoben, die Leistungen also durch die Bahnverwaltung bewirkt werden.

„ „ 228. Dies ist der Pachtzins für die Hamburg-Bergedorfer Bahnstrecke und die fortlaufende Vergütigung an die Magdeburg-Wittenbergesche Eisenbahn-Gesellschaft für den Bau der Elbbrücke.

„ „ 235. Der Betrag der Eisenbahnsteuer (22 500 Thlr.) ist statutenmäßig zur Amortisation der Stamm-Actien Littr. B. verwendet und in Kol. 234b mitenthalten.

„ „ 236a. An Dividenden sind gezahlt: für die Stamm-Actien Littr. A. von 5 000 000 Thlr. 6⅔ Proc., für die Stamm-Actien Littr. B. von 3 000 000 Thlr. 5⅔ Proc., durchschnittlich 5,875 Proc.

„ „ 243. Außerdem sind Material-Bestände im Werthe von 60 408 Thlrn. vorhanden, einschließlich deren das Vermögen des Reservefonds am Jahresschlusse 897 853 Thlr. betrug.

„ „ 244—247. Ein besonderer Erneuerungs-Fonds ist nicht vorhanden, da der Zweck desselben durch ausreichende Verwendungen aus den Betriebs-Einnahmen (vergl. Kol. 89) erfüllt wird.

„ „ 250a u. 251a. Es ist um so bemerkenswerther, daß gegen das Vorjahr die hier aufgeführten 572 437 Ctr. Güter mehr transportirt und im Güterverkehre überhaupt 80 497 Thlr. mehr eingenommen sind, obgleich derselbe fortdauernd unter dem Druck der politischen Verhältnisse namentlich unter den Einwirkungen der Polnischen Zustände und des Nordamerikanischen Krieges gelitten hat, und außerdem noch immer durch die Mecklenburgischen, Lauenburgischen und Beiderstädtischen Transitzölle belastet ist. Diese haben für das Jahr 1862 203 351 Thlr. und seit der Eröffnung des Güterverkehrs auf der Berlin-Hamburger Eisenbahn bis ult. 1862 überhaupt 4 149 885 Thlr. betragen.

Der Vieh-Transport hat gegen das Vorjahr bedeutend abgenommen und eine Minder-Einnahme von 61 266 Thlrn. gebracht, wobei jedoch zu bemerken ist, daß der hohe Ertrag des Jahres 1861 ganz ungewöhnlichen Konjunkturen zuzuschreiben ist und daß also die Einnahme pro 1862 mit ihrem Minder-Ertrage der gewöhnlichen Höhe des normalen Vieh-Verkehrs entspricht.

„ „ 293. Außerdem erlitten die Berlin-Hamburger Wagen auf fremden Bahnen 20 Achsbrüche.

28b. Hamburg-Bergedorfer Eisenbahn.

I. **Verwaltung.** Die Hamburg-Bergedorfer Eisenbahn ist an die Berlin-Hamburger Eisenbahn-Gesellschaft auf unbestimmte Zeit verpachtet. Die Direktion dieser Gesellschaft leitet den Betrieb und ertheilt der Hamburg-Bergedorfer Eisenbahn-Gesellschaft vierteljährlich genaue Berechnungen der Betriebs-Resultate.

Im Uebrigen wird auf die ausführlichen Mittheilungen in den Jahrgängen 1858 und 1859 der Statistik (Seite 31 resp. 42) verwiesen.

II. **Verkehr und Ertrag.** Auf der Hamburg-Bergedorfer Eisenbahn sind von den regulären Transporten der Berlin-Hamburger Eisenbahn im Jahre 1862 befördert worden: 345 780 Personen, 6 215 292 Z.-Ctr. Frachtgüter ꝛc., wie dies in Kol. 140—159 der Tabellen unter „Hamburg-Bergedorf" näher angegeben ist.

Die in Kol. 172—185 aufgeführten Brutto-Einnahmen für diese Transporte (nach Vorwegnahme der Kosten für An- und Abfuhr, Auf- und Abladen, Brücken- und Schleusengeld ꝛc.) haben betragen:

	auf der Strecke Hamburg-Bergedorf
für Personen-Beförderung	77 973 Thlr.
„ Reisegepäck	2 046 „
„ Eil- und Frachtgüter	99 719 „
„ Equipagen	207 „
„ Vieh-Transporte	8 365 „
„ Extraordinaria	3 920 „
„ Beförderung der Postgüter	5 148 „
zusammen	197 378 Thlr.

Davon hat die Hamburg-Bergedorfer Eisenbahn-Gesellschaft, nach geschehener Abrechnung über die der Berlin-Hamburger Eisenbahn-Gesellschaft garantirten Bergedorfer Lokalzüge, als kontraktlichen Betriebs-Einnahme-Antheil 98 689 Thlr. erhalten; die übrigen, der Berlin-Hamburger Eisenbahn-Gesellschaft für den Betrieb verbliebenen 98 689 Thlr. sind in Kol. 201 und 219 (30 014 + 68 675 Thlr.) als Betriebs-Ausgaben aufgeführt.

Außer jenem Betriebs-Antheile hat die Hamburg-Bergedorfer Eisenbahn-Gesellschaft 130 270 Mark Banko (65 353 Thlr.) Zinsen für die Bahnhöfe (siehe Bemerkung zu Kol. 186) von der Berlin-Hamburger Eisenbahn-Gesellschaft erhalten.

III. **Erläuterungen zu den Tabellen.** Die unter „Berlin-Hamburger" Eisenbahn in den Tabellen aufgeführten Notizen der Betriebs-Resultate umfassen, wie ad II. des betreffenden Berichts angegeben, gleichzeitig die

Strecke Hamburg-Bergedorf. Um den Verkehr und Ertrag derselben ersichtlich zu machen, sind die speziell auf die Strecke Hamburg-Bergedorf bezüglichen Notizen in den Tabellen (Kol. 140—185 und 201, 202, 219, 248, 249 u. 250) besonders aufgeführt, zur Unterscheidung von den Berlin-Hamburger Notizen (unter denen dieselben mitenthalten sind) aber durch kleineren Zahlendruck dargestellt. Alle übrigen, ausschließlich das Hamburg-Bergedorfer Unternehmen betreffende Notizen (Kol. 1—15, 75—87, 186—188, 227—239) sind mit den gewöhnlichen Ziffern gedruckt.

Zu Kol. 173. Hierin sind 3920 Thlr. extraordinäre Einnahmen enthalten.

„ „ 186. Dies sind die von der Berlin-Hamburger Eisenbahn-Gesellschaft für die Bahnhöfe empfangenen Zinsen (siehe ad II. dieses Berichts) nebst anderweitig eingenommenen ca. 1700 Thlrn. für Zinsen und Diskonto-Gewinn.

„ „ 233a. Dem Ueberschusse von . . . . 162 646 Thlrn.
tritt noch der Uebertrag aus dem Vorjahre mit . . . . 1 313 „
hinzu, so daß im Ganzen . . . . 163 959 Thlr.
in den Kol. 234—239 als verwendet nachgewiesen sind.

„ „ 234—236. Die Zinsen, Dividenden, Amortisations-Beträge und Eisenbahn-Steuern werden in Banko-Mark bezahlt, deren Betrag hier zum Durchschnitts-Course der Einnahmen auf Thlr. reducirt ist.

29. Berlin-Potsdam-Magdeburger Eisenbahn.

I. **Bahn-Anlagen.** Im Jahre 1862 wurden folgende namhafte Bau-Anlagen ausgeführt:

1) in Berlin ist für die Billet-, Gepäck- und Eilgut-Expeditionen ein neues Gebäude errichtet und der Bahnhof durch ausgedehnte Erwerbungen angrenzender Grundstücke erweitert;

2) in Potsdam sind die Bau-Anlagen zur Herstellung des neuen Güter-Bahnhofs vollendet und die früheren Lokalitäten der Güter-Expedition für die Königl. Telegraphie eingerichtet.

II. **Erläuterungen zu den Tabellen:**

zu Kol. 15b. Die Elbbrücken bei Magdeburg wurden erst 2 Jahre nach Eröffnung der ganzen Bahn, nämlich am 19. August 1848, dem Betriebe übergeben.

30. Berlin-Stettiner Eisenbahn.

I. **Organisation der Verwaltung.** An Stelle des früheren Direktoriums, dessen 7 Mitglieder auf drei Jahre von der General-Versammlung der Actionäre gewählt wurden und welche aus ihrer Mitte jährlich einen Vorsitzenden wählten, ist am 1. Juni 1862 nach vorangegangener Abänderung der Statuten ein Direktorium aus 7 Mitgliedern getreten, von denen drei auf höchstens 12 Jahre von dem Verwaltungsrathe gewählt werden. Diese werden besoldet und haben ihre geschäftliche Thätigkeit ausschließlich der Bahn zu widmen; sie dürfen keine gewerblichen Nebengeschäfte oder besoldete Nebenämter übernehmen. Die übrigen 4 Mitglieder des Direktoriums, welche nur verbunden sind, an den kollegialischen Berathungen und Beschlüssen Theil zu nehmen, werden von der General-Versammlung der Actionäre auf 4 Jahre gewählt. Der Vorsitzende des Direktoriums und dessen Stellvertreter werden von dem Verwaltungsrathe aus den 3 vertragsmäßig angestellten Mitgliedern auf 3 Jahre gewählt.

Der jetzt, wie früher, aus 15 Mitgliedern bestehende Verwaltungsrath bezieht, mit dem Jahre 1862 beginnend, eine Tantième von ½ Procent des Reinertrages, welche indessen die Summe von 4000 Thlrn. nicht übersteigen darf.

Die Kosten der Verwaltung werden auf die Berlin-Stettin-Stargarder und auf die Stargard-Cöslin-Colberger Bahn pro rata der Bahnlängen beim Abschluß der Jahresrechnungen vertheilt.

II. **Bahngebiet.** Das Unternehmen der Berlin-Stettiner Eisenbahn-Gesellschaft umfaßt die Bahnstrecken

Berlin-Stettin (17,83 M.)-Stargard . . . . 22,19 Meilen,
und Stargard-Belgard-Cöslin . . . . 18,01 M. } 22,80 „
mit der Zweigbahn Belgard-Colberg . . . . 4,79 „ }
zusammen 45,79 Meilen.

Die Strecke Stargard-Cöslin-Colberg wird wegen der Zinsgarantie des Staats für das Anlage-Kapital getrennt von der Strecke Berlin-Stettin-Stargard verwaltet.

III. **Bahn-Anlagen.** In dem Oderthale unweit des Bahnhofes Stettin wurden neben der Bahn ein provisorischer Güterschuppen nebst Expeditions-Gebäude errichtet. Auf dem Bahnhofe Carolinenhorst wurde die alte baufällige Drehscheibe beseitigt und dafür eine Weiche eingelegt. Behufs Anlage des zweiten Geleises für die Vorpommersche Bahn erhielt eine Wegeüberführung in Stelle des früheren hölzernen einen aus Blechträgern bestehenden Oberbau. Die Fluthbrücke auf der Silberwiese im Oderthale wurde für ein zweites Geleise erweitert. Behufs Neubaues der 70' langen Brücke über einen Oderarm wurde eine Interimsbrücke hergestellt.

IV. **Die Betriebsmittel** der Berlin-Stettin-Stargarder Bahn sind um 6 Lokomotiven nebst Tendern, 6 Personen-, 4 Gepäck- und 60 bedeckte Güterwagen vermehrt worden, wogegen 3 Lokomotiven ausrangirt sind. Die Lokomotiven haben, zum Schutze der Lokomotivführer und Heizer, zum Theil Bedachungen erhalten.

V. **Feuerung der Lokomotiven.** Die den regelmäßigen Fahrdienst auf beiden Bahnen ausführenden Lokomotiven wurden lediglich mit Steinkohlen geheizt und nur beim Reserve- und Rangirdienst wurde Coaks verwendet. Besonders günstig zur Lokomotivheizung hat sich die Oberschlesische Kohle erwiesen, so daß deren durchgängige Einführung, nach Verbrauch der noch vorhandenen Bestände englischer Kohle, für beide Bahnen beschlossen ist.

VI. **Ausnutzung der Transportmittel.**

a) Berlin-Stettin-Stargard. Im Durchschnitt hat jede Achse der Personenwagen 3313 Meilen durchlaufen, von den bewegten Sitzplätzen sind 40,7 Proc. benutzt worden. Jede Achse der Gepäck- und Güterwagen hat durchschnittlich 1931 Meilen durchlaufen und dabei 21 Ctr. Nettolast (= 46,3 Proc. der Maximalbelastung) befördert.

b) Stargard-Cöslin-Colberg. Im Durchschnitt hat jede Achse der Personenwagen 2696 Meilen durchlaufen, von den bewegten Sitzplätzen sind 22,1 Proc. benutzt worden. Jede Achse der Gepäck- und Güterwagen hat durchschnittlich 1760 Meilen durchlaufen und dabei 17,21 Ctr. Nettolast (= 31,44 Proc. der Maximalbelastung) befördert.

VII. **Neue Bahnlinien.** Die im Jahre 1862 im Bau begriffene Vorpommersche Bahn von Stralsund über Greifswald, Anklam, Pasewalk und Prenzlau nach Angermünde (zum Anschluß an die Stammbahn Berlin-Stettin) nebst der Zweigbahn von Züssow nach Wolgast und der Verbindungsbahn von Pasewalk nach Stettin wurde im Jahre 1863 vollendet. Die Betriebs-Eröffnung erfolgte auf den Strecken Angermünde-Anklam und Pasewalk-Stettin am 16. März und auf den Strecken Anklam-Stralsund und Züssow-Wolgast am 1. November.

VIII. **Beamten-Pensionskasse.** Für die Beamten der Strecke Stettin-Stargard, welche bis 1. Januar 1860 an die Stargard-Posener Eisenbahn-Gesellschaft verpachtet war, besteht eine besondere Pensionskasse (Kol. 307—325 der Tabellen), da die von der früheren Verwaltung angestellten Beamten mit ihren bis dahin erworbenen Pensions-Ansprüchen von der Berlin-Stettiner Eisenbahn-Gesellschaft übernommen worden sind.

IX. **Erläuterungen zu den Tabellen:**

a. Berlin-Stettin-Stargard.

zu Kol. 2b. Nach Maßgabe des Nachtrages zu den Statuten beträgt die Anzahl der Direktoren nur 7. Bei der im Jahre 1862 stattgehabten Neubildung des Direktoriums wurden 2 neue Mitglieder gewählt, während die Zeit der Amtsthätigkeit der vorhandenen 7 Direktoren noch nicht abgelaufen war; auf diese Weise besteht zur Zeit das Direktorium aus 9 Mitgliedern.

" " 113b. Außer diesen Leistungen haben die Lokomotiven noch 24 056 Stunden Reserve- und 15 196 Stunden Bahnhofsdienst geleistet.

" " 117. Außerdem sind zum Anheizen 2314 Ctr. Candle-Kohlen und 197 Ctr. Schlesische Steinkohlen verbraucht.

" " 119b und 121b. Die hier angegebenen Massen sind bei den zurückgelegten Nutzmeilen verbraucht; beim Stationiren und bei Leerfahrten wurden außerdem noch 16 439 Ctr. Coaks und 2175 Ctr. Steinkohlen verbraucht.

" " 204—208. Dies sind die Kosten des Materials, während die Kosten für die Arbeit, da solche von Beamten bewirkt worden, in Kol. 203 enthalten sind.

" " 210. Dies sind die Löhne der auf den Güterböden und beim Bahnhofsdienst, mit Ausschluß des Wasserpumpens in den Wasserstationen rc., beschäftigten Arbeiter.

" " 214. Hierin sind die Kosten des Erleuchtungsmaterials für die Züge mitenthalten.

" " 233a. Außer diesem Ueberschusse waren noch 3316 Thlr. Uebertrag aus dem Jahre 1861 vorhanden, und kamen in den Kol. 234—239 mit zur Vertheilung.

" " 239c. Dies ist ein an die Königl. Postverwaltung zurückgezahlter Vorschuß, welchen dieselbe in früheren Jahren behufs Erbauung eines Postgebäudes gemacht hat und welcher in jährlichen Raten erstattet wird.

" " 247. Diese Summe schließt den Baarbestand und den Werth der am Jahresschlusse vorhandenen, aus diesem Fonds beschafften Materialien von 163 042 Thlrn. in sich.

" " 322. Der hier angegebene Bestand enthält Werthpapiere zum Nominalwerthe gerechnet; werden dieselben nach dem Course ult. 1862 berechnet, so ergiebt sich ein Bestand von 137 605 Thlrn.

b. Stargard-Cöslin-Colberg.

" " 85. Die hier aufgeführte Summe erreicht nicht die Höhe der vorjährigen; der Grund liegt darin, daß die dem Baufonds zugeflossenen Erstattungen in der Rechnung pro 1862 in Abzug gekommen sind.

" " 88. Nicht Stammactien, sondern die Prioritäts-Obligationen (Kol. 87c) sind vom Staate mit 3½ Proc. garantirt. Außerdem wird ½ Procent aus den Ueberschüssen der Berlin-Stettin-Stargarder Bahn gedeckt, so daß die Verzinsung der Obligationen 4 Procent beträgt.

" " 113b. Außer diesen Leistungen haben die Lokomotiven noch 29 032 Stunden Reserve- und 2303 Stunden Bahnhofsdienst geleistet.

" " 117. Außerdem sind zum Anheizen 2186 Ctr. Candle-Kohlen verbraucht.

" " 119b u. 121b. Die hier angegebenen Massen sind bei Nutzmeilen verbraucht; beim Stationiren und bei Leerfahrten wurden außerdem noch 4347 Ctr. Coaks und 5906 Ctr. Steinkohlen verbraucht.

" " 143. Die 4. Klasse besteht nur auf den Strecken von Belgard nach Colberg und nach Cöslin.

zu Kol. 204—208. Dies sind die Kosten des Materials, während die Kosten für die Arbeit, da solche von Beamten verrichtet worden, in Kol. 203 enthalten sind.

„ „ 210. Dies sind die Löhne der auf den Güterböden und beim Bahnhofsdienst, mit Ausschluß des Wasserpumpens in den Wasserstationen ꝛc., beschäftigten Arbeiter.

„ „ 247. Diese Summe schließt den Baarbestand und den Werth der am Schlusse des Jahres vorhandenen, aus diesem Fonds beschafften Materialien von 28 956 Thlrn. in sich.

31. Böhmische Westbahn.

I. Das Bahngebiet der Böhmischen Westbahn umfaßt:

1) die Hauptbahn von Prag über Pilsen bis an die Bayerische Landesgrenze nächst Taus 24,43 Meilen
nebst der von der Bayerischen Ostbahn-Verwaltung gegen 4½ Proc. des Baukapitals gepachtete Strecke von der Landesgrenze bis Furth am Walde . . . . 0,91 „

zusammen 25,34 Meilen,

2) die von Chrast nach Radnitz führende Zweigbahn . . . . 1,31 „ ,
welche aber erst am 2. April 1863 dem Betriebe übergeben wurde.

Von der Hauptbahn wurde die 10,33 Meilen lange Strecke von Skurnian (nächst Pilsen) bis Furth a. W. am 15. Oktober 1861 und die Strecke Prag-Skurnian (15,01 Meilen) am 15. Juli 1862 dem Betriebe übergeben. Mit Rücksicht hierauf beträgt der mittlere Jahresdurchschnitt der im Betriebe gewesenen Bahnstrecken 17,21 Meilen.

II. Außer der Beamten-Pensionskasse, worüber das Nähere in Kol. 307—325 der Tabellen enthalten ist, besteht noch eine Krankenkasse, welche bei Krankheitsfällen freien Arzt, freie Medizin und während der Dauer der Krankheit ein mäßiges Pflegegeld gewährt; bei Todesfällen werden die Beerdigungskosten aus derselben bestritten. Diese Kasse hatte ult. 1862 einen Bestand von 1605 Thlrn.

III. Erläuterungen zu den Tabellen:

zu Kol. 76—84. Die Anlagekosten können nach den einzelnen Bautiteln nicht angegeben werden, da der Bau der Bahn Unternehmern in Entreprise gegeben worden ist.

„ „ 85. Dies ist das bis ult. 1862 an die Bau-Unternehmer gezahlte Kapital.

„ „ 88. Nicht nur die Stamm-Actien, sondern das Gesammt-Anlage-Kapital ist vom Staate mit 5,2 Proc. garantirt.

„ „ 216. Dies ist die im Jahre 1862 an die Versicherungs-Gesellschaft gezahlte Prämie. Die von derselben geleisteten Entschädigungen im Güterverkehre betrugen 17 Thlr.

„ „ 228. Wegen der von der Bayerischen Ostbahn-Verwaltung gepachteten Strecke von der Bayerischen Grenze bis Furth a. W., sowie wegen der Mitbenutzung des Further Bahnhofes hat eine Abrechnung noch nicht stattgefunden.

„ „ 234—239. Der Ueberschuß wurde, soweit er dazu ausreichte, zur Verzinsung der Prioritäts-Obligationen verwendet; den fehlenden Zinsen-Betrag hat die Staatskasse zugeschossen.

„ „ 248—257. Eine Vergleichung der Verkehrs-Resultate mit dem Vorjahre kann nicht stattfinden, da die Bahn erst am 15. Juli 1862 in ihrer gegenwärtigen Ausdehnung dem Betriebe übergeben worden ist.

32. Breslau-Schweidnitz-Freiburger Eisenbahn.

I. **Bahn-Anlagen.** Im Jahre 1862 wurden auf der Bahnstrecke Breslau-Freiburg 4114 lfde. Ruthen 4" hohes Schienengeleise mit 5" hohen Schienen versehen und 11 334 Stück eichene und 63 Stück kieferne Schwellen erneuert; auf der Bahnstrecke Freiburg-Waldenburg wurden 554 lfde. Ruthen Geleise mit 5" hohen und [illegible] lfde. Ruthen Geleise mit 4½" hohen Schienen versehen und 3634 Stück eichene Schwellen erneuert.

Ferner wurden auf den Bahnstrecken: Liegnitz-Königszelt 9869 Stück eichene und 130 Stück kieferne, Königszelt-Schweidnitz 1455 Stück eichene, Schweidnitz-Reichenbach 769 Stück eichene und 15 Stück kieferne, sowie Reichenbach-Frankenstein 1103 Stück eichene und 43 Stück kieferne Schwellen erneuert.

Im Ganzen sind verbraucht: 9459 lfde. Ruthen 5" hohe und 2052 lfde. Ruthen 4½" hohe Schienen, sowie 28 164 Stück eichene und 251 Stück kieferne 8 Fuß lange Schwellen.

II. **Betriebsmittel.** Im Jahre 1862 wurden 5 Lokomotiven, 14 sechsrädrige Personenwagen und 40 vierrädrige bedeckte Güterwagen angeschafft.

III. **Neue Bahnlinien.** Die beabsichtigte Verlängerung der Breslau-Schweidnitz-Freiburger Eisenbahn von Freiburg bis zur Landesgrenze bei Landshut zum Anschlusse an die Süd-Norddeutsche Verbindungsbahn bei Königshain befindet sich im Stadium der Vorarbeiten; namentlich werden Ermittelungen bezüglich der Herbeiführung günstigerer Steigungs-Verhältnisse, als der bisher ermittelten, angestellt.

IV. **Erläuterungen zu den Tabellen:**

zu Kol. 2a. Außerdem gehören zum Direktorium noch 3 stellvertretende Mitglieder.

„ „ 5. Neben dem Gehalte bezieht der Betriebs-Direktor eine Tantième von ½ Proc. des über 5 Proc. betragenden Reingewinns.

zu Kol. 75—85. Von dem concessionirten Anlage-Kapitale von . . . . 9 100 000 Thlrn.
war ult. 1862 noch ein Bestand von . . . . 141 074 „
vorhanden, verwendet waren also bis dahin . . . . 8 958 926 Thlr.
Hierzu kommen verschiedene, während der resp. Bauperioden der Bahn erzielte Einnahmen von . . . . 207 224 „ .
welche ebenfalls für den Bahnbau verwendet sind, im Ganzen also . 9 166 150 Thlr.,
wie in Kol. 85 angegeben.

„ „ 98. Dies sind Bahnmeisterwagen.

33. Brünn-Rossitzer Eisenbahn.

I. **Rechnungs-Periode.** Das Rechnungs- und Betriebsjahr umfaßt nicht die Periode des Kalenderjahres, sondern beginnt mit dem 1. April. Die vorliegenden statistischen Notizen beziehen sich auf den Zeitraum vom 1. April 1862 bis ult. März 1863.

II. **Das Bahngebiet** ist im Betriebsjahre 1862 durch die am 10. August 1862 erfolgte Eröffnung der Kohlenzweigbahn von Segen-Gottes nach dem Simsonschachte der Gewerkschaft Oslawan um 0,44 Meilen vergrößert worden. Diese Zweigbahn ist nur für den Kohlen-Transport bestimmt und wird für sonstige Güter- und Personenbeförderung nicht benutzt.

Am Schlusse des Betriebsjahres 1862 hatte die Brünn-Rossitzer Bahn eine Ausdehnung von 3,75 Meilen.
Der mittlere Jahresdurchschnitt beträgt mit Rücksicht auf die Eröffnungszeit der Kohlenzweigbahn . . . . 3,53 „

III. **Erläuterungen zu den Tabellen:**

zu Kol. 13. Die hier angegebene Tariflänge bezieht sich nur auf die Hauptbahn Brünn-Segen-Gottes, da die Zweigbahn, wie ad II. dieses Berichts bemerkt, nur zum Kohlen-Transport dient, für welchen ohne Unterschied der Tarifsatz ab Segen-Gottes in Anwendung kommt.

„ „ 75, 85 u. 87. Das Anlage-Kapital der Gesellschaft ist durch die Seitens der General-Versammlung beschlossene Einlösung der Stamm-Actien reducirt worden. Bis ult. März 1863 kamen 1521 Stamm-Actien im Nominal-Betrage von 53 250 Thlrn. zur Einlösung.

Zur Deckung der durch diese Einlösung erforderlichen Summe wurde ein in Silber verzinsliches Prioritäts-Anlehen im Betrage von 300 000 Thlrn. aufgenommen, durch welches auch die schwebende Schuld getilgt werden soll.

Nachdem diese Maßregel zur Folge hatte, daß die Verwerthung der noch nicht begebenen Prioritäts-Actien in der vollen Anzahl nicht nöthig erschien, wurde von diesen eine Anzahl von 700 Stück getilgt und das Anlage-Kapital, wie in Kol. 87 angegeben, festgesetzt.

Ferner sind in Folge der oben erwähnten Maßregeln 405 165 Thlr. vom Baufonds abgeschrieben, dagegen aber 228 912 Thlr. für den Bau der Kohlenzweigbahn Segen-Gottes-Simsonschacht demselben zugeschrieben worden, so daß das verwendete Anlage-Kapital ult. 1862, wie in Kol. 85 angegeben ist, 1 727 848 Thlr. betrug.

„ „ 76—85. Eine Vertheilung des Anlage-Kapitals auf die einzelnen Bautitel kann mit Rücksicht auf die vorerwähnte Reduktion desselben und wegen der neu erbauten Zweigbahn zur Zeit nicht stattfinden.

„ „ 117. Zur Feuerung der Lokomotiven auf den Gebirgsstrecken wurden außer Kohlen auch Holz verwendet, um eine schnellere Dampferzeugung zu erzielen. Dies verbrauchte Quantum Holz ist hierin mitenthalten, woraus folgt, daß der Verbrauch pro Nutzmeile höher ist, als bei den übrigen Vereinsbahnen.

„ „ 121b u. c. Auf der Kohlenzweigbahn ist eine Steigung von 1:38 in einer Länge von 1200 Klftrn. Hieraus erklärt sich auch der große Brennmaterial-Verbrauch pro Nutzmeile.

„ „ 153 u. 155. Hierin ist (ebenso wie im Vorjahre) das Gewicht der beförderten Thiere, welches 3494 Ctr. beträgt (siehe Kol. 160a), mitenthalten.

„ „ 205—208. Dies sind die Kosten des verbrauchten Schmier- und Putzmaterials; die für das Schmieren und Putzen gezahlten Arbeitslöhne sind in Kol. 203 mitenthalten.

„ „ 223. Hierin sind auch die gezahlten Steuern enthalten.

„ „ 244—247. Ein besonderer Erneuerungsfonds ist nicht vorhanden, da der Reservefonds den Zweck desselben miterfüllt.

„ „ 307—325. Eine Beamten-Pensionskasse besteht nicht, dagegen ist ein Kranken-Unterstützungsfonds für die Unterbeamten und die bei der Bahn beschäftigten Arbeiter vorhanden, welcher ult. März 1863 (dem Schlusse des Betriebsjahres) mit einem Bestande von 1010 Thlrn. abschloß.

34. Buschtěhrader Eisenbahn.

a. Lokomotivbahn.

I. **Bahngebiet.** Die Lokomotivbahn ist mit der Pferdebahn durch den beiderseitigen Anschluß an einen Theil der Kladno-Nutschitzer Erzbahn unter Mitbenutzung dieser Strecke in Verbindung gesetzt.

Die Länge der beiden Anschlüsse beträgt 0,10 Meilen und die gemeinschaftlich benutzte Strecke der Kladno-Kutschitzer Bahn 0,11 Meilen.

II. **Die Betriebsmittel** wurden im Jahre 1862 um 10 Kohlenwagen vermehrt, welche in der eigenen Werkstatt gebaut wurden.

III. **Beamten-Pensionskasse.** Außer dieser für die Lokomotiv- und Pferdebahn gemeinschaftlichen Kasse, worüber das Nähere in Kol. 307—325 der Tabellen enthalten ist, besteht noch ein Handwerker-Unterstützungsfonds, welcher am Schlusse des Jahres 1862 mit einem Bestande von 2083 Thlrn. abschloß.

IV. **Erläuterungen zu den Tabellen:**

zu Kol. 11b. Dies ist die von der Prager Eisen-Industrie-Gesellschaft erbaute Strecke der Kladno-Kutschitzer Bahn. Diese 0,11 Meilen werden gegen Tragung der Hälfte der Unterhaltungskosten von der Buschtěhrader Eisenbahn-Gesellschaft mitbenutzt, wogegen die genannte Industrie-Gesellschaft unter gleichen Verhältnissen auch Seitenarme der Buschtěhrader Bahn benutzt.

b. Pferdebahn.

I. **Betrieb.** In Folge Beschlusses der General-Versammlung hat die Direktion bei der Landesregierung die Concession zum Umbau der ganzen Pferdebahn in eine Lokomotivbahn nachgesucht. Nachdem dieselbe ertheilt worden, ist mit dem Umbaue vorgegangen und im folgenden Betriebsjahre (am 4. November 1863) die Strecke von Prag bis Wejhybka dem Betriebe übergeben.

II. **Erläuterungen zu den Tabellen:**

zu Kol. 76—84. Hier können spezielle Angaben nicht gemacht werden, da die Bahn nicht von der Buschtěhrader Eisenbahn-Gesellschaft, sondern von ihrer Besitzvorgängerin gebaut worden ist.

„ „ 211. Dies sind die Unterhaltungskosten der Zugpferde.

„ „ 249. Eine Vergleichung der Personen-Frequenz mit dem Vorjahre ist deshalb unthunlich, weil in demselben eine regelmäßige Personen-Beförderung erst seit dem 26. Mai stattgefunden hatte.

35. Frankfurt-Hanauer Eisenbahn.

I. **Bahngebiet.** Die Gesellschaft hat außer ihrer, auf eigene Kosten erbauten Bahn von Frankfurt a. M. über Hanau bis zur Kurhessisch-Bayerischen Landesgrenze bei Kahl . . . . 3,19 Meilen
noch die angrenzende Strecke von der Grenze bis Aschaffenburg . . . . 2,17 „
von der Bayerischen Staats-Eisenbahn-Verwaltung gepachtet,
mithin im Betriebe . . . . 5,46 Meilen.

II. Außer der **Beamten-Pensions- rc. Kasse,** worüber die Kol. 307—325 der Tabellen das Nähere ergeben, ist mit dem 1. Januar 1861 ein Kranken-Unterstützungs-Verein für Werkstätten-Arbeiter gegründet, welcher sich auf die Beiträge seiner Mitglieder beschränkt und am Schlusse des Jahres 1862 einen Kassenbestand von 103 Fl. 42 Kr. hatte.

III. **Erläuterungen zu den Tabellen:**

zu Kol. 94d. Außerdem sind noch 2 Galawagen für fürstliche Personen vorhanden.

„ „ 122. Wegen des geringen Quantums Coaks ist hier das Gewicht der mit Coaks gemischten Steinkohlen nicht aufgeführt.

„ „ 130b. Die von den eigenen Personenwagen auf fremden Bahnen durchlaufenen Achsmeilen sind nicht besonders notirt.

„ „ 131. Dasselbe gilt von den, Seitens der Postwagen auf der eigenen Bahn zurückgelegten Achsmeilen.

„ „ 172. In dieser Summe sind 882 Thlr. Einnahme für Extrazüge und befördertes Militair enthalten.

„ „ 186. Hierin sind die Einnahmen der Frankfurter Verbindungsbahn mit 5053 Thlrn. mitinbegriffen.

„ „ 233. Zu diesen 116 403 Thlrn. tritt noch ein Ueberschuß an Materialvorräthen aus dem Vorjahre im Betrage von 2370 Fl. = 1354 Thlr. Der Gesammt-Ueberschuß beträgt sonach 117 757 Thlr., dessen Verwendung in den Kol. 234—239 nachgewiesen ist.

„ „ 310. Der in Kol. 238 aufgeführte Zuschuß zur Pensionskasse wird erst in der Rechnung dieser Kasse pro 1863 in Einnahme erscheinen, da er im Juni 1863 Seitens der General-Versammlung bewilligt worden ist.

36. Galizische Carl-Ludwig-Bahn.

I. **Bahn-Anlagen.** Auf der Strecke Rzeszow-Przemysl wurden Schneedämme hergestellt und auf der Strecke Przemysl-Lemberg Nacharbeiten an dem Bahndamme ausgeführt, sowie die durch Schneefall und darauf folgendes Thauwetter verursachten bedeutenden Erdrutschungen beseitigt.

Die im Vorjahre auf der Strecke Krakau-Rzeszow begonnenen Umbauten der Brücken über den Uswica-Fluß, über den Zabawa-Bach, welche 9 Klafter, und über den Irawa-Bach, welche 4 Klafter Spannweite haben, wurden im Jahre 1862 beendet. Dieselben haben Eisen-Konstruktionen nach Schifforns System erhalten.

Auf mehreren Stationen wurden Güterschuppen und Beamten-Wohngebäude erbaut und auf der Strecke Krakau-Debica an Stelle der provisorischen Wächterhäuser definitive hergestellt.

II. **Erläuterungen zu den Tabellen:**

zu Kol. 118 u. 121. Zur Feuerung der Lokomotiven wurden 698 Klafter hartes und 10651 Klafter weiches Holz, sowie 320503 Z.-Ctr. Kohlen verbraucht. Dabei wurden 1 Klafter Holz = 16 Z.-Ctr. Kohlen gerechnet. Wieviel Brennstoffe bei den einzelnen Zuggattungen verbraucht wurden, ist aus nachstehender Tabelle ersichtlich:

Gattung der Züge.	Durchschnittliche Belastung. Zoll-Centner.	Brennstoff-Verbrauch auf Kohlen reducirt. pro Meile Z.-Pfd.	für je 1000 Ctr.-Meilen Z.-Pfd.
Personen- . .	1390	217	156
Gemischte	2949	253	86
Last-	7148	499	70
Material-	2210	429	194
Bei sonstigen Fahrten .		447	—

" " 153 u. 155. Hierin ist (ebenso wie im Vorjahre) das Gewicht der beförderten Thiere, welches 878450 Z.-Ctr. beträgt, mitenthalten (siehe Kol. 160a).

" " 179. Hierin sind die Einnahmen für die beförderten Thiere enthalten.

" " 196. Dies sind die Kosten für Heizung, Beleuchtung und Reinigung der Bahnhöfe und Wärterhäuser.

" " 233a. Diesem Ueberschusse treten noch die aus dem Vorjahre übertragenen 149262 Thlr. hinzu. Beide Summen von zusammen 1373250 Thlrn. sind in den Kol. 234—239 als verwendet nachgewiesen.

" " 234b. Diese 8680 Thlr. sind für Amortisation von 62 Stamm-Actien gezahlt worden.

" " 248b. Im Vorjahre war die Bahn nur während 1½ Monaten in ihrer ganzen Ausdehnung im Betriebe. Gegen den mittleren Jahresdurchschnitt von 35,87 Meilen pro 1861 verglichen, ergiebt sich eine Zunahme der Betriebslänge von 10,84 Meilen.

37. Graz-Köflacher Eisenbahn.

I. **Anderweitige Besitzungen der Gesellschaft.** Als integrirender Theil des Eisenbahn-Unternehmens gehören noch mehrere Kohlenbergwerke bei Voitsberg und Köflach, sowie die von den größeren Werken nach den Stationen angelegten und für Pferdebetrieb eingerichteten Kohlenbahnen zum Eigenthum der Graz-Köflacher Eisenbahn-Gesellschaft.

Zu den letzteren kam im Jahre 1862 eine von Oberdorf nach den Ober-Grabener Kohlenwerken führende Flügelbahn hinzu, welche 700 Klafter lang ist.

II. **Bahn-Anlagen.** Das Waarenmagazin zu Graz wurde vergrößert, die Tunnel-Façade zu Krems erhielt gegen den seitlichen Druck zerklüfteter Gebirgsmassen starke Strebepfeiler, und bei der Station Oberdorf wurden eine Laderampe und einige Seitengeleise erbaut.

III. **Betriebsmittel.** Im Betriebsjahre 1862 wurden angeschafft und dem Betriebe überwiesen: 2 Lokomotiven nebst Tender, 52 Kohlen- und 12 Plateauwagen. Von der K. K. priv. Südbahn-Gesellschaft waren im Jahre 1862 gegen eine Pacht von 1000 Thlr. jährlich pro Maschine und 113⅓ Thlr. pro Wagen gepachtet: 7 Lokomotiven mit Tendern, 2 Postwagen, 4 Güterwagen, 55 Kohlenwagen und 1 Schneepflug.

IV. Am 1. Juni 1862 ist eine **Beamten-Pensionskasse** für die definitiv im Dienste der Gesellschaft angestellten Beamten und Diener eingerichtet, zu welcher Seitens der Gesellschaft eine Subvention von 666⅔ Thlrn. bis auf Weiteres gezahlt wird.

V. **Erläuterungen zu den Tabellen:**

zu Kol. 75. Dies Anlage-Kapital bezieht sich nicht nur auf die Eisenbahn, sondern auch auf die übrigen Besitzungen der Gesellschaft (siehe oben ad I).

" " 77. Die Grunderwerbung wurde im Jahre 1862 beendet; das Territorium der Bahn enthält 187 Joch.

" " 87a. Von den hier aufgeführten Stamm-Actien sind 11559 Stück = 1531882 Thlr. ausgegeben, 2929 Stück = 390540 Thlr. befinden sich im Besitze der Gesellschaft und der Rest ist noch nicht ausgefertigt.

" " 88e, 92, 97g u. 99. Hierin sind die von der K. K. priv. Südbahn-Gesellschaft gepachteten 7 Lokomotiven, 7 Tender, 2 Postwagen, 4 Güterwagen, 55 Kohlenwagen und 1 Schneepflug mitenthalten (siehe ad III dieses Berichts).

" " 139. Die auffallende Differenz zwischen gezahlter und empfangener Wagenmiethe ist die Folge nicht ausreichender eigener Betriebsmittel.

" " 151. Die Postgüter werden nicht besonders notirt.

" " 197. Dies ist die gezahlte Assecuranz-Prämie.

" " 226. Hierin ist der zur Pensionskasse geleistete Zuschuß von 667 Thlrn. mitenthalten.

" " 234b. Die Amortisation der Anleihen beginnt erst im Jahre 1864.

" " 235. Hierin ist auch die Grund-, Gebäude- 2c. Steuer enthalten.

zu Kol. 236. Diese Dividende ist auf die ausgegebenen 11 559 Stamm-Actien = 1 531 882 Thlr. gezahlt worden, die übrigen im Besitze der Gesellschaft befindlichen Actien (siehe Erläuterung zu Kol. 87a) sind ohne Dividenden-Genuß.

38. Hessische Ludwigs-Eisenbahn.

I. **Das Bahngebiet** ist gegen das Vorjahr unverändert geblieben und umfaßt folgende Strecken:

a) von Mainz über Oppenheim nach Worms resp. der Landesgrenze	6,38	Meilen,
b) „ Mainz „ Ingelheim „ Bingen	4,33	„
c) „ Mainz „ Darmstadt „ Aschaffenburg (die Main-Rhein-Bahn)	9,72	„
zusammen	20,43	Meilen.

Die 0,41 Meilen langen Strecke von Worms bis zur Landesgrenze bei Bobenheim war früher an die Pfälzische Ludwigsbahn verpachtet, wurde aber im Mai 1861 in den Betrieb der Hessischen Ludwigsbahn übernommen.

II. **Bahn-Anlagen.** Auf der Bahnstrecke Mainz-Worms wurde die Güterhalle in Worms verlängert, eine Schiebebühne ohne versenktes Geleise daselbst aufgestellt und ein Verbindungsgeleise nach dem Kohlenlager hergestellt. In Alsheim wurden Ausweichgeleise und ein definitiver Verladeplatz hergestellt, sowie Trottoirs gelegt.

Auf der Bahnstrecke Mainz-Bingen wurden noch verschiedene rückständige und theilweise neue Arbeiten ausgeführt. In der Stadt Mainz ist die definitive Einfriedigung der Bahn hergestellt, an den Uebergängen sind eiserne Barrièren errichtet worden. Auch wurden daselbst die Geleise vermehrt und für die mit Zollverschluß ankommenden Wagen ein bedeckter Raum errichtet. Der Umbau der Brückengebäude und zweier Häuser in der Rheinstraße wurde vollendet. Ferner sind die Korrektionsbauten des Rheinufers in der Gemarkung Mainz vollständig hergestellt und die in Folge des Hochwassers im Februar entstandenen Beschädigungen beseitigt. In der Station Mombach wurden Seitengeleise gelegt und in Ingelheim ein Stationsgebäude, ein Güterschuppen und das Kohlenlager hergestellt und ein Verladeplatz angelegt. Zwischen Gau-Algesheim und Bingen wurde das zweite Geleise gelegt, das Planum des Bahnhofs Bingen vollendet, der größte Theil der definitiven Einfriedigung hergestellt und die 533 Fuß lange Quaimauer vollendet.

Auf der Bahnstrecke Mainz-Aschaffenburg wurde in Darmstadt ein Arbeiterlokal mit Magazin erbaut und in einem der Dienstgebäude ein Lokal für die Post hergerichtet. In Dieburg ist eine Brückenwaage aufgestellt und ein Verladeplatz hergestellt.

Der Centralbahnhof Mainz wurde erweitert und die Geleise vermehrt. Auch wurden, um nach der Eröffnung der Rheinbrücke und der Bahnstrecke Bischofsheim-Frankfurt einen hinreichenden Lagerraum zu haben, die provisorischen Güterschuppen theils versetzt, verbreitert und vermehrt und die Geleise und Weichen an der Einmündung verändert.

Brücke über den Rhein. Bis zum Schlusse des Jahres 1861 waren die Eisen-Konstruktionen von 27 Fluthöffnungen vollständig montirt und sämmtliche Strompfeiler mit dem linksseitigen Widerlager über Hochwasser aufgeführt, während im Jahre 1862 die Vollendung dieser Pfeiler, sowie das Aufstellen des eisernen Oberbaues, der letzten Fluthöffnung und der vier Stromöffnungen erfolgte. Die Arbeiten zur Herstellung der linksseitigen Auffahrt nach der Brücke wurden fortgesetzt, die 1412 Fuß = 353 Meter lange und 31 Fuß hohe, sowie eine weitere 145 Fuß lange Stützmauer in der Anlage vollendet. Die Maurerarbeiten zum Viadukte über die Straße und Bahn nach Worms wurden ausgeführt und die Eisen-Konstruktion aufgestellt. Nachdem das Geleise vom Neuthor bis zum Viadukte oberhalb der Anlage gelegt war, wurde der Damm zwischen diesem Viadukte und dem Brückenkopfe für das eine Geleise vollendet, während der Damm zur Verbindung der Brückenbahn mit der Hauptbahn auf dem rechten Rheinufer zweispurig hergestellt wurde, so daß zwischen der Brücke und der Station Bischofsheim das zweite Geleise gelegt werden konnte.

Von den auf der Mainspitze zu errichtenden Festungsbauten wurde der Tambour im äußeren Waffenplatze ausgeführt. Die Erdarbeiten zur Herstellung des Dammes für den Sicherheitshafen wurden im Frühjahr 1862 wieder in Angriff genommen und mit aller Energie betrieben, so daß bis zum Schlusse des Jahres der Hafendamm in seiner ganzen Länge von 3000 Fuß bis auf Hochwasserhöhe aufgeführt war. Am 8. Dezember 1862 konnte die Rheinbrücke für den Güterverkehr und am 20. Dezember für den Personenverkehr benutzt werden.

III. Die **Betriebsmittel** wurden im Jahre 1862 um 3 Lokomotiven, 1 Gallawagen für fürstliche Personen, 30 offene und 72 bedeckte Güterwagen vermehrt. Von den Personenwagen wurden 12 sechsrädrige in vierrädrige umgebaut und außerdem wegen der neuen Strecke Bischofsheim-Frankfurt mehrere Lokomotiven und Wagen in Bestellung gegeben.

IV. **Neue Bahnlinien.** Nachdem die Concession zum Bau der Bahn von Bischofsheim nach Frankfurt a. M. am 17. Januar 1862 Seitens des Frankfurter Senats erfolgte, wurde, da die Vorarbeiten bereits vollendet waren, mit der Grunderwerbung begonnen und der Bau der 4,0 Meilen langen Strecke mit solcher Energie betrieben, daß dieselbe am 3. Januar 1863 dem Betriebe übergeben werden konnte.

Für die projektirte Bahn von der Hessischen Ludwigsbahn nach Alzei wurden die Vorarbeiten begonnen und die Nivellements der verschiedenen, in Vorschlag gekommenen Richtungen vorgenommen.

V. **Erläuterungen zu den Tabellen:**

zu Kol. 15a. Die Betriebs-Eröffnung der einzelnen Bahnlinien fand in nachstehender Reihenfolge statt:

am 23. März 1853 Mainz-Oppenheim,	am 1. August 1858 Mainz-Darmstadt,
„ 7. August 1853 Oppenheim-Osthofen,	„ 2. Dezbr. 1858 Darmstadt-Aschaffenburg,
„ 24. August 1853 Osthofen-Worms,	„ 17. Oktober 1859 Mainz-Bingen,
„ 23. Novbr. 1853 Worms-Landesgrenze	„ 27. Dezbr. 1859 Bingen-Bingerbrück.

„ „ 83, 106—108. Die Differenz zwischen der in Kol. 83 und den in Kol. 106—108 aufgeführten Summen besteht darin, daß die Ablieferung mehrerer Lokomotiven und Wagen vor dem Schlusse des Jahres 1862, die Bezahlung aber erst im Februar 1863 erfolgte.

„ „ 90d. Diese beiden Lokomotiven sind von der Kurfürst Friedrich Wilhelms Nordbahn-Verwaltung in gebrauchtem Zustande angekauft und werden, nachdem sie in der eigenen Werkstätte in Tender-Lokomotiven umgebaut sind, nur zum Bahnhofs-Rangirdienst verwendet.

„ „ 154. Hierin sind auch die beförderten Baumaterialien, Erze rc. mitenthalten.

„ „ 196. Ebenso hier die Kosten der Beleuchtung der Wärterlokale und der Neben-Anlagen.

„ „ 204. Diese Summe enthält auch die Feuerungskosten der Dampfschiffe.

„ „ 216. Hierin sind auch die geleisteten Rückvergütigungen und die gewährten Frachtrabatte enthalten.

„ „ 236. Diese Dividende ist auf 5 714 286 Thlr. Stamm-Actien vertheilt worden. Der Rest von 1 142 857 Thlrn. (8000 Stück Actien) hat erst im Jahre 1863 einen Anspruch darauf.

„ „ 244. Zur Aufklärung der Differenz zwischen dem hier angegebenen und dem nach der Statistik pro 1861 verbliebenen Bestande wird bemerkt, daß der Erneuerungsfonds ult. 1859 einen Bestand von . . . . 45 734 Thlrn.
hatte. Die Einnahme pro 1860 betrug . . . . 26 586 „
die Ausgabe „ „ . . . . 27 404 „
also ult. 1860 Bestand . . . . 44 916 Thlr.
Einnahme pro 1861 . . . . 66 306 „
Ausgabe „ „ . . . . 45 337 „
verblieb ult. 1861 ein Bestand von . . . . 65 885 Thlrn.
welcher pro 1862 vorgetragen ist.

„ „ 304. Während dieser, durch die Fluthen des Rheins an den Tagen vom 2. bis 6. Februar 1862 veranlaßten Ueberschwemmung wurde der Personenverkehr zwischen Mainz und Bingen bis vor die Stadt Mainz ununterbrochen fortgesetzt, während der Güterverkehr auf der genannten Strecke gänzlich eingestellt werden mußte. Die Reisenden wurden, obwohl das Wasser in Mainz 0,878 Meter über den Schienen stand, von und nach der Station befördert. In Bingen wurde am 5. Februar mit 2 Zügen oberhalb der Stadt angehalten und die Reisenden mittelst Omnibus bis an die Steigung der Brücken-Auffahrt gefahren. Auf der rechten Seite des Rheins bei Gustavsburg mußte der Güterverkehr ebenfalls eingestellt werden. Der Personenverkehr konnte nur mit Kähnen aufrecht erhalten werden. Der Pegel zu Gustavsburg zeigte 24,4 Fuß Wasser und erst am 8. Februar 1862 konnten die Züge auf der Station Mainz wieder ein- und ausfahren.

39. Homburger Eisenbahn.

I. **Bahngebiet.** Die nur 2¼ Meilen lange Bahn von Homburg bis Frankfurt a. M. wurde von Sir Samuel Morton Peto in Jahresfrist erbaut und am 5. September 1860 der Homburger Eisenbahn-Gesellschaft übergeben. Die Betriebseröffnung fand darauf am 10. September ejd. a. für den Personenverkehr und am 6. Okt. ejd. a. für den Güterverkehr statt.

In Frankfurt a. M. werden der Bahnhof und die Stationsgebäude der Main-Weser-Bahn von der Homburger Eisenbahn-Gesellschaft mitbenutzt.

II. **Verkehrs-Verbindungen.** Eine direkte Personen- und Gepäckbeförderung findet statt:

seit dem 1. Juni 1861 nach und von den Hauptstationen der Hessischen Ludwigsbahn, Rhein-Nahe-Eisenbahn, Saarbrücker Staats-Eisenbahn, Französischen Ostbahn, Rheinischen Eisenbahn, Belgischen Staats-Eisenbahn, Französischen Nordbahn, Englischen South-Eastern-Eisenbahn,

seit dem 1. Juli nach und von den Hauptstationen der Main-Neckar-Eisenbahn und Großherzogl. Badischen Staats-Eisenbahn und

seit dem 1. Mai 1862 zwischen den Stationen Homburg und Oberursel und den Stationen der Taunusbahn: Castel, Mainz und Wiesbaden, und zwischen Homburg und der Station Ems, sowie der Herzogl. Nassauischen Staats-Eisenbahn.

III. **Erläuterungen zu den Tabellen:**

zu Kol. 116. Die durchschnittliche Anzahl der Wagen-Achsen in den einzelnen Zuggattungen kann nicht angegeben werden, für alle Züge betrug dieselbe durchschnittl. 15,49 Achsen, welche in Kol. 116b aufgeführt sind.

„ „ 200. Hierin sind 3256 Thlr. Vergütung für Mitbenutzung des Main-Weser-Bahnhofs enthalten.

„ „ 236. Auf die zur Vertheilung kommende Dividende hat nur die Hälfte der in Kol. 87a aufgeführten Stamm-Actien im Betrage von 800 000 Gulden = 457 153 Thlrn. Anspruch, indem durch Vermittelung der Landgräflich Hessischen Regierung die andere Hälfte des Actien-Kapitals von 800000 Gulden an dem Ertrage der Eisenbahn bis 1. April 1896 **nicht** Theil nimmt. Aus diesem Grunde sind den Actien der letztgedachten 800000 Gulden auch keine Dividenden-Coupons beigegeben.

40. Kaiser Ferdinands Nordbahn.

I. Das **Bahngebiet** blieb, wie im Vorjahre, unverändert. Dasselbe umfaßt die Linie von Wien nach Krakau und hat mit den Zweigbahnen eine Ausdehnung von . . . . 80,77 Meilen,
wovon die Strecke von Oderberg bis zur Preußischen Grenze bei Annaberg von . . . . . . 0,43 „
an die Preußische Wilhelmsbahn-Verwaltung verpachtet ist.

Es befinden sich daher im eigenen Betriebe 80,34 Meilen.

II. **Bahn-Anlagen.**

1) **Geleise.** Im Jahre 1862 wurden 14651 Stück (8,07 Proc.) hochkantige gegen Vignolschienen und eine entsprechende Anzahl Schwellen von weichem gegen dergleichen von hartem Holze ausgewechselt.

Die stattgefundene Verwendung von Vignolschienen aus Puddelstahl hatte einen guten Erfolg.

2. **Stationsbauten.** Mit dem Umbau des Wiener Personen-Bahnhofes wurde fortgefahren und auf den Stationen Bielitz, Bisenz, Hradisch, Hullein und Branowitz neue Waaren-Magazine erbaut und Kohlenrutschen hergestellt.

Die Stationsgebäude in Süßenbrunn und Neudorf, sowie das Restaurations-Gebäude in Prerau wurden vergrößert und in Floridsdorf neue Materialien-Magazine erbaut.

III. **Betriebsmittel.** Von den ult. 1861 vorhandenen **Lokomotiven** wurden im Jahre 1862 6 außer Betrieb gesetzt. Dagegen wurden 6 neue Lastzugs- und 5 Eilzugsmaschinen angeschafft und in Betrieb gestellt.

Der **Wagenpark** wurde um 11 achträdrige Plattform- und 178 Kohlenwagen vermehrt. Die Versetzung der Buffer und die Vermehrung der Zug- und Nothketten wurde bei dem gesammten Wagenbestande vollendet.

IV. **Neue Bahnlinien.** Wegen Verlängerung der Wien-Stockerauer Linie bis Budweis mit einer Abzweigung von Platt über Znaim nach Tetschitz (Rossitz) hat die Nordbahn-Gesellschaft die Allerhöchste Concession nachgesucht.

V. **Erläuterungen zu den Tabellen:**

zu Kol. 113b. Außerdem legten die Lokomotiven auf der Wiener Verbindungsbahn 1327 Meilen zurück.

„ „ 117, 120—122. Außer den hier notirten Brennstoffen wurden zum Rangiren der Züge und Heizen der Reservemaschinen 1166 Klftr. Holz, 11046 Ctr. Coaks und 135981 Ctr. Kohlen verbraucht.

„ „ 129. Die Kosten der vorgenannten Brennstoffe sind hierin mitenthalten, dagegen sind die Kosten der vor den Material- und Arbeitszügen verbrauchten 46,[illegible] Klftr. Holz, 447 Ctr. Coaks und 14194 Ctr. Kohlen, welche in den Kol. 117, 120—122 mitenthalten sind, im Betrage von 3608 Thlrn. hier nicht aufgenommen, sondern à Conto des Baues geschrieben worden. Bei Berechnung der Kosten des Brennmaterials **pro Nutzmeile** kommen deshalb die vor Material- etc. Zügen zurückgelegten 7849 Meilen nicht in Betracht.

„ „ 151. Wegen Beförderung der Postgüter besteht mit der Staatsregierung ein besonderes Uebereinkommen, weshalb diese Güter nicht gebucht werden.

„ „ 177. Dies ist das von der Staatsregierung für Beförderung der Postgüter gezahlte Pauschquantum.

„ „ 186. In dieser Summe sind die aus dem Vorjahre übertragenen 166666 Thlr., sowie die Ueberschüsse aus dem von der Gesellschaft betriebenen Kohlenbergwerken mitenthalten.

„ „ 189. Hierin sind auch die an die Beamten etc. gezahlten Unterstützungen, Entschädigungen und Krankengelder enthalten.

„ „ 193. In dieser Summe sind sowohl 3500 Thlr. Entschädigung an die K. K. Oesterreichische Telegraphen-Verwaltung für die Benutzung der Telegraphenleitung derselben, als auch die Löhne der Telegraphen-Wächter enthalten. Die Kosten der Instandhaltung der Apparate haben 3912 Thaler betragen. Die Gehalte der Telegraphisten sind in Kol. 189 mitaufgeführt.

„ „ 208. Hierin sind auch die Löhne der Wagenschieber aufgenommen.

„ „ 211. Diese Summe enthält namentlich die Ausgaben für die Unterhaltung der Wasserstationen etc., die Löhne der Wasserpumper und dergl. mehr.

„ „ 212d. Dies sind die Reparaturkosten der Achsen und Räder.

„ „ 235. Diese Summe repräsentirt die Einkommen-, Erwerb-, Grund- und Häusersteuer, sowie Stempel und Taxen.

„ „ 250b. Diese Verminderung in der Güter-Frequenz ist namentlich dadurch entstanden, daß die Getreideausfuhr im Jahre 1862 um 2378892 Ctr. niedriger war, wie im Vorjahre. Auch bei Eisen, Baumwolle und Garn traten bedeutende Verminderungen gegen das Jahr 1861 ein. Dagegen haben die Transporte von Steinkohlen, Holz, Mineralien und Gemüse im Jahre 1862 bedeutend zugenommen.

„ „ 253a. Diese Mehrausgabe ist hauptsächlich durch die umfangreiche Auswechselung der Schienen und Schwellen, sowie dadurch entstanden, daß die Ueberschwemmungen der Donau bedeutende Beschädigungen an dem Bahnkörper und den Brücken angerichtet haben.

„ „ 304 u. 306. Diese Verkehrsstörung hat zwischen Wien und Floridsdorf und zwischen Floridsdorf und Korneuburg stattgefunden und wurde durch den Austritt des Donau-Stroms veranlaßt.

Auf der ersten Linie war der Verkehr 5 Tage und auf der andern 13 Tage unterbrochen.

41. Kaiserin Elisabeth-Bahn.

I. **Das Bahngebiet** der Kaiserin Elisabeth-Bahn umfaßt folgende Linien:

1) Die **Hauptbahn** von Wien über Linz bis zur Bayerischen Grenze bei Salzburg . . 42,35 Meilen,
wovon die Strecke von Salzburg bis zur Grenze . . . . 0,75 „
an die Königl. Bayerische Staats-Eisenbahn-Verwaltung verpachtet ist, verbleiben im eigenen Betriebe . . . . 41,60 Meilen.

2) Die **Verbindungsbahn** Penzig-Hetzendorf . . . . 0,78 „

3) Die **Flügelbahn** von Wels bis zur Bayerischen Grenze bei Passau . 10,52 Meilen,
nebst der von der Bayerischen Ostbahn-Gesellschaft gepachteten Strecke von der Landesgrenze bis Passau . . . . 0,21 „
10,73 „

zusammen 53,11 Meilen.

4) Die schmalspurige **Zweigbahn** Lambach-Gmunden . . . . 3,82 „

Die vorstehend ad 1—4 aufgeführten Linien von . . . . 56,93 Meilen
werden mit Lokomotiven betrieben und sind in den Tabellen unter „Lokomotivbahn“ aufgeführt.

5) Die Pferdebahn Linz-Budweis . . . . 17,37 „

Gesammtlänge aller Bahnlinien 74,30 Meilen.

II. Die **Spurweite** der Lambach-Gmundener Zweigbahn und der Linz-Budweiser Pferdebahn, deren Anlage von der früheren Besitzerin, der „ersten Oesterreichischen Eisenbahn-Gesellschaft“ in den Jahren 1832 und 1835 ausgeführt ist, beträgt 3 Fuß 6 Zoll Oesterr. Maaß. Die Gesellschaft ist verpflichtet, die Linz-Budweiser Pferdebahn bis spätestens den 7. September 1874 in eine Lokomotivbahn, nach dem Systeme der Hauptbahn, umzubauen.

III. Der **Betrieb** der Lambach-Gmundener Zweigbahn wird mittelst 14 kleiner Tender-Lokomotiven, 43 vierrädriger Personenwagen (mit zusammen 782 Sitzplätzen) und 340 Lastwagen ausgeführt. Die Lokomotiven legten im Jahre 1862 zusammen 10 495 Meilen zurück und beförderten 38 176 Personen, 5349 Ctr. Eilgüter und 1 084 769 Ctr. Frachtgüter.

Die Einnahmen aus dem Personenverkehre betrugen . . . . 27 455 Thlr.,
aus dem Güterverkehre (incl. 826 Thlr. für Eilgüter und 113 Thlr. aus sonstigen Quellen) . 112 078 „

zusammen 139 533 Thlr.

Die Ausgaben betrugen: für die Bahnverwaltung . . . 26 613 Thlr.
„ „ Transportverwaltung . . 67 514 „
„ „ allgemeine Verwaltung . 2 069 „

überhaupt 96 196 „

verbleibt Ueberschuß 43 337 Thlr.,

welche Angaben in den Tabellen unter „Lokomotivbahn“ mitenthalten sind.

IV. **Bahn-Anlagen.**

1) **Geleise.** Im Jahre 1862 wurden auf der Station Wels 2547 Klftr. Reserve-Geleise gelegt.

2) **Stationsbauten.** Auf dem Bahnhofe zu Wien wurde ein 62 Ruthen 5 Fuß langer und 6 Ruthen 4 Fuß breiter und in der Station Pöchlarn ein 26 Ruthen langer und 4 Ruthen 2 Fuß breiter Güterschuppen erbaut.

V. Die **Betriebsmittel** wurden um 4 Lokomotiven und 78 Güterwagen vermehrt.

VI. Außer der **Beamten-Pensionskasse** (Kol. 307—325 der Tabellen) besteht noch eine Kranken- und Unterstützungskasse für die Beamten und Arbeiter der Gesellschaft, welche ult. 1862 einen Bestand von 17 991 Thalern hatte.

VII. **Erläuterungen zu den Tabellen:**

a) Lokomotivbahn.

zu Kol. 75. Das concessionirte Anlage-Kapital, auf welches sich auch die Zins-Garantie des Staats bezieht, kann noch nicht angegeben werden, da die Prüfung und Feststellung desselben noch nicht beendigt ist.

„ „ 76. Hierin sind die an die „erste Oesterreichische Eisenbahn-Gesellschaft“ gezahlten 690 433 Thlr. Kaufpreis für die Lambach-Gmundener Zweigbahn mitenthalten.

„ „ 88. Die Zins-Garantie des Staats erstreckt sich nicht nur auf die Stamm-Actien, sondern auf das gesammte concessionirte Anlage-Kapital (siehe Erläuterung zu Kol. 75).

„ „ 94d, 95e u. 97g. Hierunter befinden sich die Lokomotiven und Wagen der Lambach-Gmundener Zweigbahn (siehe ad III. dieses Berichts).

„ „ 106—108. Dies sind die Anschaffungskosten der Lokomotiven und Wagen für die Hauptbahn (einschließlich der Reservestücke); diejenigen der Lambach-Gmundener Zweigbahn können nicht angegeben werden, da hierüber die erforderlichen Notizen fehlen.

„ „ 113h. Hierin sind auch die von den Lambach-Gmundener Lokomotiven zurückgelegten 10 495 Meilen mitenthalten.

„ „ 153 u. 155. In diesen Summen sind auch 366 090 Z.-Ctr. beförderte Thiere mitenthalten (siehe Kol. 160a).

zu Kol. 189. Diese Summe enthält auch die Besoldungen der Telegraphisten und Telegraphenwärter von zus. 5399 Thlrn.

„ „ 193. Hierin sind 1279 Thlr. Entschädigung an den Staat für die Benutzung der K. K. Telegraphen-Leitung und 6985 Thlr. Kosten der Beleuchtung der Signal-Laternen längs der Bahn mitenthalten.

„ „ 211. Von dieser Summe kommen 5480 Thlr. auf Kosten, welche für die Instandhaltung des Inventars in den Güterhallen, sowie des Deckzeuges, der festen und beweglichen Rampen, der Kraniche und Brückenwaagen, und 6490 Thlr. auf Pferdemiethe, welche für Beförderung der Güter zwischen der Stadt und dem Bahnhofe Gmunden gezahlt sind.

„ „ 235. Diese Summe repräsentirt die Einkommen-, Erwerb-, Grund- und Häusersteuer, sowie Stempel und Taxen.

„ „ 236. Diese Summe reichte zur Zahlung von 5 Proc. Zinsen für die Stamm-Actien nicht aus, weshalb der Staat, welcher das Gesammt-Anlage-Kapital mit 5,2 Proc. garantirt hat, den fehlenden Betrag zuschießen mußte.

„ „ 248b. Die Bahn war im Vorjahre nur 4 Monate in ihrer ganzen Ausdehnung im Betriebe. Der mittlere Jahresdurchschnitt betrug 49,78 Meilen, mithin im Jahre 1862 mehr 7,15 Meilen.

„ „ 304. Dieser Unfall wurde durch Ueberschwemmungen der Donau veranlaßt, welche bedeutende Verheerungen anrichteten.

b) Pferdebahn.

zu Kol. 76—84. Das Anlage-Kapital kann nach den einzelnen Bautiteln nicht angegeben werden, weil die Bahn von der früheren Besitzerin, der „ersten Oesterreichischen Eisenbahn-Gesellschaft", erbaut ist und der jetzigen Eigenthümerin die erforderlichen Notizen fehlen.

„ „ 85. Diese Summe ist der an die Erbauerin der Pferdebahn gezahlte Kaufpreis.

„ „ 90c. Der Zugdienst auf der Bahn wurde durch 430 Pferde bewirkt.

„ „ 98. Dies sind kleine Handwagen für Bahnwächter.

„ „ 99. Diese Schneepflüge sind für Hand- und Pferdezug eingerichtet.

„ „ 107—112. Die Anschaffungskosten der Wagen können nicht angegeben werden, weil der jetzigen Eigenthümerin der Bahn die erforderlichen Notizen fehlen.

„ „ 198. Hierin sind auch die Erhaltungskosten der Schneepflüge mitenthalten.

„ „ 203. Ebenso hier die Löhnung der Kutscher und Transportknechte.

„ „ 211. Von dieser Summe kommen

a) auf die Fütterungskosten der Pferde	90 861 Thlr.
b) auf Kurkosten für erkrankte Pferde und Honorare der Thierärzte	1 655 „
c) auf Miethe für fremde Pferde	6 386 „
d) auf Miethe für Stallungen, Futterböden ꝛc., Kosten der Futtersäcke, Stall-Utensilien, Beleuchtung der Ställe und Kosten des Einstreustrohes nach Abzug des Erlöses für gewonnenen Dünger	2 716 „
e) auf Erhaltung der Pferdegeschirre, Kosten des Hufbeschlages, der Bespannungs-Utensilien und der Straßenfuhrwerke	14 406 „
f) auf Erhaltung der Magazins-Requisiten, des Deckzeuges und der Werkzeuge	8 815 „
g) auf Kosten der Beleuchtung der Stationen ꝛc.	863 „
zusammen	125 702 Thlr.

„ „ 213. Dies sind die Kosten für den Ankauf neuer Pferde, nach Abzug des Erlöses für die verkauften.

„ „ 218. Dies ist der Brückenzoll über die Donau bei Linz.

42. Köln-Mindener (und Gießener) Eisenbahn.

I. **Bahngebiet.** Das Unternehmen der Köln-Mindener Eisenbahn-Gesellschaft umfaßte im Jahre 1862 folgende Bahnen:

1a) die Hauptbahn von Deutz (Köln) über Düsseldorf, Oberhausen und Hamm nach Minden		34,87 Meilen
und von Minden bis zur Schaumburg-Lippeschen Grenze	0,37 Meilen,	
welche an die Königl. Hannoversche Eisenbahn-Verwaltung verpachtet sind;		
b) die Zweigbahnen 1) von Duisburg nach dem Duisburger Hafen		0,37 „
2) „ Oberhausen nach Ruhrort		1,21 „
3) „ Oberhausen nach Emmerich		8,07 „
und von Emmerich bis zur Niederländischen Grenze	1,34 Meilen,	
welche an die Niederländische Rhein-Eisenbahn-Gesellschaft verpachtet sind.		
zusammen		44,52 Meilen.
2) Die Bahn von Deutz (Köln) über Betzdorf nach Gießen		22,07 „
und deren Zweigbahn von Betzdorf nach Siegen		2,28 „
Mithin Gesammt-Betriebslänge		68,80 Meilen.

Außerdem gehört zum Unternehmen der Köln-Mindener Eisenbahn-Gesellschaft der für Rechnung der Köln-Gießener Bahn geführte Betrieb und die Unterhaltung der festen Rheinbrücke und der Schiffbrücke bei Köln.

Die Köln-Gießener Bahn wurde in ihrer ganzen Ausdehnung zuerst am 12. Januar 1862 dem öffentlichen Verkehr übergeben.

Beschreibung der Köln-Gießener Bahn.

Die Bahn zieht sich von Deutz aus durch die Rhein-Ebene mit geringem Ansteigen bis Siegburg, verfolgt von hier aus das Siegthal bis Betzdorf und von da das Hellerthal bis zur Wasserscheide zwischen Sieg und Lahn bei Würgendorf mit stetiger bis zu 1/60 wachsender Steigung. Hier erreicht sie ihren höchsten Punkt, 1325 Fuß über dem Spiegel der Nordsee und 1184 Fuß über dem Deutzer Bahnhofe, nachdem sie die Agger einmal, die Sieg 23mal und die Heller 6mal (theils auf massiven, theils auf eisernen Brücken) überschritten und das Gebirge 9mal in zusammen 483,70 Ruthen langen Tunnels durchschnitten hat.

Jenseits der Wasserscheide fällt die Bahn wieder in stetig abnehmenden, mit 1/60 beginnendem Gefälle, überall dem Laufe der Dill folgend, und dieselbe 5mal, auf einer massiven und vier eisernen Brücken kreuzend, bis in das Lahnthal bei Wetzlar auf eine Höhe von 479,81 Fuß über dem Spiegel der Nordsee, erhebt sich von hier aus, nachdem sie dicht hinter dem Bahnhofe Wetzlar die Lahn auf einer eisernen Brücke überschritten hat, bis zum Bahnhofe Gießen wieder um 45 Fuß auf die Höhe von 524,36 Fuß über dem Spiegel der Nordsee.

Die Betzdorf-Siegener Zweigbahn verfolgt von dem 590 Fuß über dem Spiegel der Nordsee liegenden Bahnhofe Betzdorf aus mit stetiger Steigung das Thal der Sieg, überschreitet dieselbe auf der kurzen Strecke von 2 1/4 Meilen 15mal (theils auf massiven, theils auf eisernen Brücken), durchschneidet 4 Gebirgsvorsprünge in zusammen 242 Ruthen langen Tunnels und erreicht dann bei einer Höhe von 758 Fuß über dem Spiegel der Nordsee den Bahnhof Siegen.

Der Bahnkörper, der Oberbau, die optischen und elektro-magnetischen Telegraphen-Einrichtungen sind analog denen der Köln-Mindener Bahn ausgeführt.

II. **Bahn-Anlagen.**

1) **Geleise.** Durch die Anlage des neuen Bahnhofes bei Duisburg, sowie durch die Ausführung des zweiten Geleises auf der Ruhrorter Zweigbahn und mehrere andere Bahnhofs-Erweiterungen ist eine erhebliche Vermehrung der Schienengeleise eingetreten. Hierdurch und unter Hinzurechnung der Köln-Gießener Bahngeleise stellt sich die ganze Geleiselänge auf 137,20 Meilen. Davon kommen 107,97 Meilen auf das erste und zweite Bahngeleise und 29,23 Meilen auf die Bahnhofs- und Nebengeleise.

2) **Telegraphie.** Auf sämmtlichen Bahnlinien wurden im Laufe des Jahres 464 800 Dienst-Depeschen und 10 793 Privat-Depeschen befördert. Letztere lieferten einen Ertrag von 3444 Thlrn. 24 Sgr. 3 Pf.

III. **Verkehrs-Verbindungen.** Durch die Eröffnung der Köln-Gießener Bahn und den hierdurch erreichten Anschluß an die Main-Weser-Bahn und an die Bahnen im Süden und Südosten Deutschlands wurden, sowohl für die Personen- als auch für die Güterbeförderung, mehrfach neue Verkehrs-Verbindungen eingerichtet:

a) zwischen den Hauptstationen der Main-Weser-Bahn einerseits und denen der Köln-Gießener, Köln-Mindener und Oberhausen-Arnheimer Bahn (Strecke Gießen-Deutz-Emmerich) und der Niederländischen Rhein-Eisenbahn andererseits;

b) zwischen den Hauptstationen der Köln-Gießener Bahn und denen der Bergisch-Märkischen Bahn, sowie von und nach letzteren über die diesseitige Bahnstrecke Siegen-Betzdorf-Gießen nach und von den Stationen der Main-Weser-Bahn Frankfurt a. M. und Warburg;

c) zwischen den Hauptstationen der Köln-Gießener Bahn und den Stationen: Eisenach, Gotha, Erfurt, Weimar, Apolda, Naumburg, Weißenfels, Halle, Leipzig und Dresden.

Außerdem wird eine direkte Verbindung vermittelt durch die feste Rheinbrücke bei Köln mit der Rheinischen und durch die Trajekt-Anstalt zu Ruhrort mit der Aachen-Düsseldorf-Ruhrorter Bahn.

IV. **Erläuterungen zu den Tabellen:**

zu Kol. 15b. Von der Hauptbahn Deutz-Minden wurde die letzte Strecke am 15. Oktober 1847, die Zweigbahn Oberhausen-Niederländische Grenze am 20. Oktober 1856, und von der Köln-Gießener Bahn die letzte Strecke am 12. Januar 1862 eröffnet.

„ „ 85 u. 86. Von dieser Summe sind noch die extraordinären Einnahmen mit 1 729 908 Thlrn. in Abzug zu bringen, wodurch sich das wirklich verwendete Anlage-Kapital auf 58 757 394 Thlr. und pro Meile Bahnlänge auf 827 569 Thlr. stellt.

„ „ 94d, 95e, 97g, 102b u. 103c. Außerdem besitzt die Gesellschaft gemeinschaftlich mit der Königl. Hannoverschen und der Herzogl. Braunschweigischen Bahnverwaltung 12 kombinirte Personen-Postwagen, 30 Courierzug-Personenwagen und 27 Gepäckwagen, an deren Beschaffungskosten die Gesellschaft mit 132 400 Thlrn. betheiligt ist. Die Personenwagen enthalten 300 Sitzplätze erster und 1152 Sitzplätze zweiter Klasse. Die Gepäckwagen besitzen eine Tragfähigkeit von 3240 Ctrn. Für sämmtliche Wagen sind 280 Stück Gußstahlachsen vorhanden.

„ „ 134a u. b. Hierunter sind 463 024 Achsmeilen der gemeinschaftlichen Personenwagen und 362 045 Achsmeilen der gemeinschaftlichen Gepäckwagen enthalten.

„ „ 183a. Diese Summe enthält nur den Betrag für die mit den Personenzügen beförderten Luxus- und

Militair-Pferde. Die Einnahmen aus der Beförderung von Koppel-Pferden, welche nur mit Güterzügen erfolgt, sind in Kol. 183b mitenthalten.

zu Kol. 186. Hierunter befinden sich 99 952 Thlr. Ertrag aus den verpachteten Bahnstrecken und 74 041 Thlr. Einnahmen aus dem Betriebe der festen Rheinbrücke und der Schiffbrücke.

„ „ 190. Hierin sind 230 441 Thlr. enthalten, von denen 2506 Thlr. aus dem Reservefonds und 227 935 Thlr. aus dem Erneuerungsfonds entnommen worden sind

„ „ 200. Unter diesen Ausgaben sind enthalten: 31 943 Thlr. Betriebskosten der festen Rheinbrücke und der Schiffbrücke und 237 577 Thlr. für Neu- und Ergänzungsbauten.

„ „ 201. Mit Ausschluß der aus dem Reserve- und Erneuerungsfonds entnommenen 230 441 Thlr. (siehe Bem. zu Kol. 190) betragen die Ausgaben der Bahnverwaltung 942 765 Thlr. und pro Meile Bahnlänge 13 685 Thlr.

„ „ 212a—c. Hierin sind 86 314 Thlr. enthalten, von denen 5064 Thlr. aus dem Reservefonds und 81 250 Thlr. aus dem Erneuerungsfonds entnommen worden sind.

„ „ 212d. Hier sind die Kosten für Unterhaltung und Wiederherstellung der Lokomotiv- und Wagenschuppen, der Wasserstations-Gebäude, der Wasserhebungs-Maschinen, der Werkstatts-Gebäude, der Arbeitsmaschinen und Werkzeuge aufgenommen.

„ „ 219. Mit Ausschluß der aus dem Reserve- und Erneuerungsfonds entnommenen 86 314 Thlr. (siehe Bemerkung zu Kol. 212a—c) betragen die Ausgaben der Transportverwaltung 1 849 695 Thlr. und pro Nutzmeile 3,15 Thlr.

„ „ 221. Die Mitglieder des Administrationsraths und der Direktion beziehen von dem Ueberschusse, welchen der Reinertrag nach Abzug der Actienzinsen ergiebt, eine Tantième.

„ „ 226. Hierunter befinden sich 20 983 Thlr. Kommunalsteuern.

„ „ 229. Mit Ausschluß der, nicht aus den laufenden Betriebs-Einnahmen, sondern aus dem Reserve- und Erneuerungsfonds entnommenen Beträge von 230 441 Thlrn. und 86 314 Thlr. (siehe Bemerkung zu Kol. 190 und 212a—c) belaufen sich die wirklichen Betriebs-Ausgaben auf 2 901 751 Thlr., pro Meile Bahnlänge auf 42 122 Thlr. und pro Nutzmeile auf 4,05 Thlr.

„ „ 231 u. 232. Von vorstehenden 2 901 751 Thlrn. Betriebs-Ausgaben kommen auf die Bahnverwaltung 32,52 Proc., auf die Transportverwaltung 63,71 Proc. und auf die allgemeine Verwaltung 3,77 Proc.

Jene Ausgaben betragen 39,60 Proc. der Brutto-Einnahme.

„ „ 233a. Werden von den Einnahmen Kol. 187 die wirklichen Betriebs-Ausgaben von 2 901 751 Thlrn. (siehe Bemerkung zu Kol. 229) in Abzug gebracht, dann ergiebt sich ein Ueberschuß von 4 409 438 Thlrn. und pro Meile Bahnlänge von 64 007 Thlrn. Dieser Ueberschuß ist in den Kol. 234—239 als verwendet nachgewiesen.

„ „ 233c. Dieser Procentsatz ist nach dem in Kol. 233a aufgeführten Ueberschusse von 4 092 683 Thlrn. und dem in Kol. 85 angegebenen Anlage-Kapitale von 60 487 302 Thlrn. berechnet. Das wirklich verwendete Anlage-Kapital von 58 757 394 Thlrn. (siehe Bemerkung zu Kol. 85) hat sich dagegen zu 6,97 Proc. und unter Zugrundelegung des höheren Ueberschusses von 4 409 438 Thalern (siehe Bemerkung zu Kol. 233a) zu 7,50 Proc. verzinst.

„ „ 234a. Zur vollständigen Verzinsung der Anleihen waren außerdem noch 623 320 Thlr. erforderlich, welche der Staat als Zuschuß zur Verzinsung des Anlage-Kapitals der Köln-Gießener Bahn und der Kölner Rheinbrücke aus dem Garantie-Fonds zu leisten hatte.

„ „ 242. Der Reservefonds dient nur zur Bestreitung der durch außerordentliche, nicht vorherzusehende Fälle verursachten Ausgaben.

„ „ 246. Außerdem sind 1682 Thlr., welche durch die Verwerthung oder anderweitige Verwendung der dem Erneuerungsfonds gehörigen Materialien entstanden sind, und 285 Thlr. sonstige Kosten aus diesem Fonds bestritten worden.

„ „ 249a. Von den hier aufgeführten, gegen das Vorjahr mehr beförderten Personen sind 838 882 Personen mit einem Mehrertrage von 282 468 Thlrn. zu gewöhnlichen Fahrpreisen befördert worden. Hieran partizipirt die Köln-Gießener Bahn mit 732 775 Personen und 190 897 Thlrn. Ertrag. Auf der Hauptbahn (Köln-Minden) und der Oberhausen-Arnheimer Zweigbahn wurden gegen die entsprechenden Zahlen des Vorjahres 106 107 Personen (4,23 Proc.) mehr befördert und 91 571 Thlr. (7,3 Proc.) mehr eingenommen. Dieses günstige Resultat ist theils der weiteren Ausdehnung der direkten Verkehrs-Beziehungen, theils der steigenden Frequenz der Schnell- und Courierzüge zuzuschreiben.

„ „ 250a. Mit Hinzurechnung der Betriebsdienst- und Baugüter sind gegen das Vorjahr 17 717 454 Ctr. mehr befördert und 816 448 Thlr. mehr eingenommen worden. Davon kommen auf den ausschließlichen Verkehr der Köln-Gießener Bahn 5 013 452 Ctr. und 488 109 Thlr. Ertrag. Demnach stellt sich für die älteren Linien die wirkliche Zunahme gegen das Vorjahr auf 12 704 002 Ctr. oder 19 Proc. und 328 339 Thlr. Ertrag oder 8,2 Proc.

„ „ 252b, 254b u. 256b. Hierbei ist zu berücksichtigen, daß von der Gesammt-Bahnlänge von 68,89 Meilen die 24,30 Meilen lange Köln-Gießener Bahn Ende 1862 erst ein Jahr im Betriebe war.

„ „ 253a. Die aus dem Reserve- und Erneuerungsfonds verausgabten 316 756 Thlr. (siehe Erläuterung zu Kol. 190 u. 212) sind hierbei unberücksichtigt geblieben, weil dergleichen Ausgaben in die entsprechenden Summen des Vorjahres nicht mitaufgenommen sind.

„ „ 314. Hierunter sind 75 Thlr. für drei Angestellte, welche wegen relativer Invalidität entlassen sind.

„ „ 316. Hierin sind Kur-, Verpflegungs- und Beerdigungskosten, sowie Honorar für Aerzte mitenthalten.

„ „ 317. Beiträge werden reglementsmäßig nicht zurückerstattet.

43. Kurfürst Friedrich Wilhelms Nordbahn.

I. Ueber die Organisation der **Verwaltung**, ihre Geschäftsleitung des Rheinisch-Thüringischen Eisenbahn-Verbandes, über die mit der Main-Weser-Bahn gemeinschaftliche Strecke Kassel-Guntershausen (1,43 M.) und die Werkstätte nebst Materialien-Magazin in Kassel enthalten der Jahrgang 1860 der Statistik (S. 45) und die vorhergehenden Jahrgänge spezielle Mittheilungen. Veränderungen sind hierbei nicht eingetreten.

II. Das **Bahngebiet** ist unverändert geblieben und umfaßt:

die Hauptbahn von Gerstungen über Guntershausen bis zur Kurhessischen Grenze bei Haueda	17,0	Meilen
und die Zweigbahn Hümme-Carlshafen (Carlsbahn)	2,70	„
Außer diesen . . .	19,70	Meilen
hat die Gesellschaft die Strecke von der Kurhessischen Grenze bis Warburg	0,61	„
von der Westfälischen Bahnverwaltung gegen 50 Proc. der Brutto-Einnahme gepachtet und im Betriebe	19,31	Meilen.

III. **Erläuterungen zu den Tabellen:**

zu Kol. 94 u. 97. Außer den hier aufgeführten Wagen besitzt die Verwaltung noch einen Antheil an 6 Personenwagen des Rheinisch-Thüringischen und an 18 sechsrädrigen Packmeisterwagen des Mitteldeutschen Verbandes.

„ „ 151. Für den Transport der Posteffekten wird der Raum eines ganzen, beziehungsweise eines halben Wagens zur Disposition gestellt, weshalb die transportirten Postgüter nach ihrem Gewichte nicht bekannt sind.

„ „ 156. Die Betriebsdienst- und Baugüter werden nicht notirt.

„ „ 158b u. c. Dies ist die Achsenzahl der beförderten Fahrzeuge.

„ „ 159. Außerdem wurden noch 417 Achsladungen Pferde und 1209 Achsladungen Rindvieh ꝛc. befördert.

„ „ 233a. Zu dem Ueberschusse von 453 271 Thlrn. treten noch die im Betriebsjahre 1861 unverwendet gebliebenen 1474 Thlr. hinzu. Die Gesammtsumme von 454 745 Thlrn. ist in den Kol. 234 bis 239 als verwendet nachgewiesen.

44. Leipzig-Dresdener Eisenbahn.

I. Das **Bahngebiet** besteht aus der von Leipzig über Riesa nach Dresden führenden Hauptbahn von	15,33	Meilen
und der Zweigbahn von Coswig nach Meißen von	1,20	„
zusammen	16,53	Meilen.

Außerdem besitzt die Gesellschaft die Bahnstrecke von Leipzig bis zur Sächsisch-Preußischen Grenze von 1,84 Meilen, welche an die Magdeburg-Leipziger Eisenbahn-Gesellschaft gegen 50 Proc. der Brutto-Einnahme verpachtet ist.

II. **Erläuterungen zu den Tabellen:**

zu Kol. 5. Außerdem erhält der Bevollmächtigte eine Tantième vom Reingewinn, welche pro 1862 sich auf 1808 Thlr. belief.

„ „ 87c. Hierunter sind 500 000 Thlr. in Kassen-Anweisungen mitenthalten.

„ „ 115b. Hierin sind 9 Personenzüge, welche den Verkehr zwischen Dresden und Meißen vermittelten, mitinbegriffen.

„ „ 121c. Die Heizkraft des Coaks wurde derjenigen der Kohlen gleich gerechnet und durchschnittlich pro Nutzmeile 162 Z.-Pfd. verbraucht.

„ „ 186. Hierin sind 56 795 Thlr. Pachtzins für die Bahnstrecke von Leipzig bis zur Preußischen Grenze mitenthalten.

„ „ 197. Desgl. hier die Gewerbesteuer.

„ „ 201. Diese bedeutenden Ausgaben sind namentlich durch umfangreiche Erneuerungen des Oberbaues, der Güterschuppen und der Gebäude auf der Bahn und in den Bahnhöfen, Erbauung von Bahnwärterhäusern und Reparatur der Elbbrücke und der Brücken bei Machern entstanden.

„ „ 209. Hierin sind auch die Beleuchtungskosten der Bahnhöfe, der Bahn u. s. w. mitenthalten.

„ „ 216. Ebenso hier die Kosten für An- und Abfuhr der Güter und der gewährte Frachtrabatt.

45. Ludwigs-Eisenbahn (Nürnberg-Fürth).

I. **Betrieb.** Die der Ludwigs-Eisenbahn-Gesellschaft unterm 19. Februar 1834 auf die Dauer von 30 Jahren ertheilte Concession ist mit dem 1. Oktober 1862 abgelaufen; die Gesellschaft hat aber der Genehmigung Sr. Majestät des Königs es zu verdanken, daß ihr Fortbestand neben der Königl. Bayerischen Staatsbahn ohne jeglichen Vorbehalt gesichert ist.

Die erste Eisenbahn Deutschlands (eröffnet am 7. Dezember 1835) wird somit auch für die Folge ihre Stellung im Kreise der übrigen Deutschen Bahnen bewahren können.

Seit 1. Oktober 1862 ist der Kreuzungsdienst auf die Königl. Bayerische Staatsbahn übergegangen, von welchem Tage der Betrieb der Ludwigs-Eisenbahn sich nur auf den direkten Verkehr zwischen Nürnberg und Fürth beschränkt. Gleichzeitig mit demselben Tage wurde auch der Pferdebetrieb auf der Bahn eingestellt.

II. **Erläuterungen zu den Tabellen:**

zu Kol. 86. Da die Bahn nur 0,8 Meilen lang ist, so kann hier auch nur das auf diese Bahnlänge verwendete Gesammt-Anlage-Kapital angegeben werden.

„ „ 87c. Von diesen 22 857 Thlrn. = 40 000 Fl., welche schon nach Ablauf des ersten Betriebsjahres zur Vergrößerung des Wagenparks und zur Anschaffung einer zweiten Lokomotive in Form einer Prioritäts-Anleihe aufgenommen werden mußten, sind nach und nach 28 000 Fl. aus den laufenden Betriebs-Einnahmen getilgt. Der noch zu amortisirende Rest von 12 000 Fl. = 6857 Thlr. wird aus den laufenden Betriebs-Einnahmen verzinst.

„ „ 117a u. 119b. Außer dem hier angegebenen Brennmaterial erforderte der Stationsdienst in Fürth noch 22 Klftr. Holz und 1040 Ctr. Coaks.

„ „ 190. In dieser Summe sind 5075 Thlr. Kosten für Anschaffung von 300 Stück 20′ langen Schienen nebst Laschen und für den Erwerb der sämmtlichen Schienengeleise im Fürther Bahnhofe, welche Eigenthum der Bayerischen Staatsbahn waren, enthalten.

„ „ 212d. Dies sind die Unterhaltungskosten der bis 1. Oktober 1862 verwendeten Pferde (s. oben ad I).

„ „ 233a. Außer diesen 24 889 Thlrn. war noch ein Bestand aus den früheren Jahren von 3573 Thlrn. vorhanden. In den Kol. 234—239 ist der Gesammtbetrag beider Summen von 28 462 Thlrn. als verwendet nachgewiesen.

„ „ 249—257. Hier können keine Angaben gemacht werden, da eine Vergleichung mit dem Vorjahre in Folge der oben unter I erwähnten Einstellung des Kreuzungsdienstes ꝛc. nicht geeignet erscheint.

46. Lübeck-Büchener Eisenbahn.

I. **Neue Bahnlinien.** Der Bau und Betrieb einer Bahn von Lübeck über Oldesloe und Wandsbeck nach Hamburg ist von den Senaten zu Lübeck und Hamburg am 29. November resp. 1. Dezember 1862 concessionirt. Seitens der Königl. Dänischen Regierung war diese Concession für das Holsteinische Gebiet bereits unterm 24. April 1860 ertheilt und konnte mit den Bauarbeiten selbst am 16. März 1863 auf Lübeckischem und am 8. April desselben Jahres auf Hamburgischem Gebiete begonnen werden.

II. **Erläuterungen zu den Tabellen:**

zu Kol. 214. Hierin sind auch die Kosten für Heizung und Reinigung der übrigen Bahnhofslokale, der Perrons, der Bahnzüge, der Bahnhöfe und Vorplätze, sowie die Coaksdeputate für die Beamten der Transportverwaltung mitenthalten.

„ „ 244—247. Ein Erneuerungsfonds ist nicht vorhanden, da der Reservefonds den Zweck desselben miterfüllt.

47. Magdeburg-Cöthen-Halle-Leipziger Eisenbahn.

I. **Bahngebiet.** Das Unternehmen der Magdeburg-Leipziger Eisenbahn-Gesellschaft umfaßt:

1) die Hauptbahn von Magdeburg über Cöthen und Halle bis zur Preußisch-Sächsischen Grenze		14,13 Meilen,
2) die Zweigbahn von Schönebeck nach Staßfurt	2,86 Meilen,	
mit der Abzweigung nach dem Kohlenschachte Löderburg . . .	0,43 „	
zusammen		3,19 „
und ferner die Abzweigungen nach den Königl. Salinen von . .	0,60 Meilen,	
auf welchen aber Personen-Beförderung nicht stattfindet, da dieselben eigentlich nur in einer Verlängerung der Bahnhofsgeleise bestehen.		
Außer den von der Magdeburg-Leipziger Eisenbahn-Gesellschaft gebauten . . .		17,32 Meilen,
hat dieselbe die Strecke von der Preußischen Grenze bis Leipzig		1,54 „
von der Leipzig-Dresdener Eisenbahn-Kompagnie gegen 50 Proc. der Brutto-Einnahme gepachtet und im Betriebe		19,36 Meilen.

Ferner hat die Gesellschaft den Betrieb folgender Zweigbahnen, welche auf Kosten der Grubenbesitzer angelegt sind, von diesen auch unterhalten werden, zeitweise übernommen. Diese Abzweigungen führen nach den Gruben Gottes Segen bei Mühlingen 0,20 M., Gute Hoffnung daselbst 0,17 M., Alexander Carl daselbst 0,18 M., Marie bei Atzendorf 0,53 M., Carl bei Förderstedt 0,23 M., Albertine daselbst 0,16 M. und nach der Hauswaldschen Fabrik bei Eickendorf 0,04 M.; ferner nach den Salinen Schönebeck und Staßfurt, dem Gradirwerk Elmen und der Station Eggersdorf, welche Königl. Geleise sind, mit 0,46 M., zusammen . . 2,37 Meilen.

II. **Bahn-Anlagen.**

1) **Geleise.** Im Jahre 1862 wurden 2481 laufende Ruthen Vignolschienen und 1467 laufende Ruthen Stuhlschienen, welche schadhaft und schwach waren, gegen alte brauchbare Schienen und 147 laufende Ruthen Vignolschienen und 3145 laufende Ruthen Stuhlschienen gegen dergl. neue, sowie 13 017 Stück Schwellen ausgewechselt.

2) **Stationsbauten.** In Magdeburg wurden ein Gebäude, ein massiver Perron mit 2 Drehscheiben, ein massiver Perron mit 2 hydraulischen Krahnen und einer Drehscheibe, in Förderstedt ein Güterschuppen, in Eickendorf ein Stations-Gebäude und in Leipzig die Empfangs-Gebäude, welche eiserne Perrondächer erhielten, neu erbaut. Auf der Strecke Magdeburg-Leipzig wurden 4 neue Bahnwärterhäuser erbaut. Die Brücke über den Salzkanal bei Frohse erhielt einen neuen eisernen Oberbau.

III. **Neue Bahnlinien.** Der Bau einer Eisenbahn von Halle über Nordhausen nach Kassel ist genehmigt; auch beabsichtigt die Gesellschaft den Bau einer Bahn von Magdeburg durch die Altmark nach der Hannoverschen Grenze zum Anschluß an die Eisenbahn von Harburg, und ferner den Bau einer Bahn von Staßfurt nach Aschersleben.

IV. Außer der **Beamten-Pensionskasse** (Kol. 307—325 der Tabellen) besteht noch ein „Waisen-Unterstützungsfonds", welcher ult. 1862 einen Bestand von 12 270 Thlrn. hatte.

V. **Erläuterungen zu den Tabellen:**

zu Kol. 13. In den Tarifen wird die Bahnlänge für den Personenverkehr auf 19 M. und für den Güterverkehr auf 20 M. angenommen.

„ „ 94e u. 95f. Diese Durchschnittszahlen sind nach 18,71 M. Bahnlänge berechnet, weil nur auf dieser Strecke Personen-Beförderung stattfindet.

„ „ 218. Hierin sind 52 239 Thlr. erstattete An- und Abfuhrkosten der Güter mitenthalten, weshalb

„ „ 219 die eigentlichen Kosten der Transportverwaltung nur 346 342 Thlr. betragen. Nach dieser Summe sind sowohl der Betrag pro Nutzmeile (Kol. 220), als auch die Procentsätze (Kol. 231) berechnet worden.

„ „ 257. In der Statistik pro 1861 waren irrthümlich 15 Proc. Dividende angegeben, während in Wirklichkeit 17 Proc. gezahlt sind.

48. Magdeburg - Halberstädter Eisenbahn.

I. **Bahngebiet.** Die von Magdeburg nach Halberstadt führende Bahn, deren Länge . . . . . 7,75 Meilen betrug, hat durch die am 2. Juli 1862 eröffnete . . . . 3,86 „
lange Harzbahn, von Halberstadt nach Thale, eine Ausdehnung von . . . . 11,61 Meilen erhalten. Da die Harzbahn aber nur ½ Jahr im Betriebe war, so ergiebt sich für das Betriebsjahr 1862 ein mittlerer Jahresdurchschnitt von . . . . 9,70 Meilen, welcher auch den Durchschnittsberechnungen Kol. 160, 188a, 202, 203a und 233b zu Grunde gelegt ist.

II. Den **Betrieb** der Magdeburg-Halberstädter Bahn leitet vertragsmäßig das Direktorium der Berlin-Potsdam-Magdeburger Eisenbahn-Gesellschaft.

III. **Erläuterungen zu den Tabellen:**

zu Kol. 5. Der Betriebs-Direktor der Berlin-Potsdam-Magdeburger Eisenbahn fungirt zugleich für die Magdeburg-Halberstädter Bahn.

„ „ 15a. Am 15. Juli 1843 wurde die Bahn von Magdeburg bis Halberstadt eröffnet.

49. Magdeburg - Wittenbergesche Eisenbahn.

I. **Oberbau.** Seit einigen Jahren werden die angefaulten Stellen der kiefernen Schwellen ausgestemmt und mit Asphalt ausgefüllt. Die auf diese Weise in den Jahren 1860 und 1861 reparirten ca. 18 500 Stück Schwellen haben sich sehr gut erhalten, während sie sonst hätten ausgewechselt werden müssen.

II. Die Gesellschaft besitzt eine Coaksbrennerei mit 10 Oefen, welche sich in Wittenberge befindet.

III. **Erläuterungen zu den Tabellen:**

zu Kol. 10. Zu der eigentlichen Bahnlänge von 14,2 Meilen kommt noch die Verbindungsbahn in Magdeburg mit 157,3 Ruthen (= 0,079 Meilen) Länge.

„ „ 13. In den Tarifen für den inneren Verkehr wird die Länge der Bahn rund auf 15 Meilen angenommen.

„ „ 76. Dies sind die Kosten für beschaffte Baugeräthe 2c.

„ „ 80b. Hierin sind die Kosten der Wärterbuden mitenthalten.

„ „ 121 u. 127 Außerdem sind zum Anheizen und Stationiren 11 498 Z.-Ctr. Steinkohlen verbraucht worden. Der Gesammtverbrauch an Brennstoff beträgt mithin 58 079 Z.-Ctr., pro Nutzmeile 136,97 Z.-Pfd. und pro Achsmeile 3,733 Z.-Pfd. Steinkohlen.

zu Kol. 189. In dieser Summe sind 14 514 Thlr. Löhne der Hülfswärter und Bahnarbeiter enthalten.

„ „ 226. Hierin sind 600 Thlr. Zuschuß zur Beamten-Pensionskasse und 1000 Thlr. Gratifikationen an die Beamten enthalten.

50. Mecklenburgische Eisenbahn.

I. **Organisation der Verwaltung.** Die Direktion besteht aus 5 Mitgliedern, nämlich 3 Actionairen und 2 Beamten. Von ersteren führt einer den Vorsitz. Die Beamten sind der Spezial-Direktor und der Betriebs-Direktor.

II. **Erläuterungen zu den Tabellen:**

zu Kol. 2c. Das Gehalt des Spezial-Direktors, sowie das des technischen Betriebs-Direktors beträgt 2800 Thlr. (incl. 300 Thlr. Miethsentschädigung). Außerdem bezieht Ersterer 200 Thlr. und Letzterer 350 Thlr. Reisekosten-Entschädigung. Die drei übrigen Direktoren sind nicht Beamte, sondern aus den Actionairen gewählt und erhalten an Entschädigung: der Vorsitzende 500 Thlr., die übrigen beiden Mitglieder je 300 Thlr.

„ „ 5. Die obersten ausführenden Beamten, der Spezial-Direktor und der Betriebs-Direktor, sind Mitglieder der Direktion und als solche in Kol. 2 mitaufgeführt.

„ „ 87c. Von diesen 1 948 000 Thlrn. bestehen 1 600 000 Thlr. in Prioritäts-Obligationen und 348 000 Thlr. in Schuldverschreibungen zweiter Priorität.

„ „ 97f. Hierunter befinden sich 4 kombinirte Post- und Gepäckwagen, welche zu ½ Eigenthum der Großherzoglich Mecklenburgischen Postverwaltung sind.

„ „ 106. Die Anschaffungskosten der Maschinen und Wagen sind mit 625 107 Thlrn. aus dem Anlage-Kapitale und mit 149 233 Thlrn. aus dem Erneuerungsfonds entnommen.

„ „ 136. Diese Meilenzahl ist seit dem Jahre 1855, von wo ab die Leistungen der Achsen notirt sind, zurückgelegt.

„ „ 148. Jedem Reisenden ist ein Gepäckfreigewicht bis 50 Pfund gewährt. Das Gewicht der Ueberfracht und das Freigewicht kann nicht angegeben werden, da beides nicht besonders notirt wird.

„ „ 151 u. 164b. Nach dem mit der Großherzogl. Postverwaltung abgeschlossenen Kontrakte wird für die Beförderung der Postgüter eine Aversional-Vergütung gezahlt. Das Quantum der beförderten Postgüter kann nicht angegeben werden.

„ „ 164e. Da für Kohlen und Coaks eine besondere Tarifklasse nicht existirt, diese vielmehr zu den Gütern der „ermäßigten Klasse" gehören, so können nähere Angaben hier nicht gemacht werden.

„ „ 233a. Außer den hier aufgeführten 249 399 Thlrn. war noch ein Uebertrag aus dem Jahre 1861 von 6263 Thlrn. vorhanden. Der Gesammtbetrag von 255 662 Thlrn. ist in den Kol. 234—239 als verwendet nachgewiesen.

51. Mohacs-Fünfkirchener Eisenbahn.

I. **Rechnungs-Periode.** Das Rechnungs- und Betriebsjahr ist nicht mit dem Kalenderjahre identisch, sondern beginnt mit dem 1. Dezember. Die vorliegenden statistischen Notizen beziehen sich auf den Zeitraum vom 1. Dezember 1861 bis ult. November 1862.

II. **Organisation der Verwaltung.** Die Mohacs-Fünfkirchener Eisenbahn, ein integrirender Theil des Eigenthums der „ersten Donau-Dampfschiffahrts-Gesellschaft", steht unter der Leitung der Direktion dieser Transport-Anstalt, welche ihren Sitz in Wien hat. Zur Ausübung und Ueberwachung des Betriebes, sowie zur Führung der sämmtlichen Verrechnungen, ist in Fünfkirchen eine Bahn-Betriebsleitung eingesetzt.

Zwischen der Bahn und den Schiffen der Gesellschaft findet ein direkter Verkehr statt.

III. **Bahngebiet.** Die Bahn beginnt bei den Kohlengruben der Gesellschaft unweit Fünfkirchen und geht von da ab als Gebirgsbahn auf 0,73 Meilen Länge bis Uezög. Diese Bahnstrecke dient fast ausschließlich für den Kohlentransport. Die weitere 7,34 Meilen lange Strecke von Uezög über Villany nach Mohacs wird für Beförderung von Personen und Frachten aller Art benutzt. Die Verbindung zwischen Uezög und Fünfkirchen wird durch Omnibus vermittelt.

IV. Die **Betriebsmittel** wurden im Jahre 1862 um 2 Personenwagen vermehrt.

V. **Erläuterungen zu den Tabellen:**

zu Kol. 15. Die Strecke von den Gruben der Gesellschaft bis Uezög wurde am 1. Dezember 1854 und die Strecke Uezög-Mohacs am 2. Mai 1857 für den Kohlen-Transport, am 1. Dezember 1858 für den allgemeinen Frachtverkehr und am 24. April 1859 für den Personenverkehr eröffnet.

„ „ 75 u. 87. Welche Summe als Anlage-Kapital für die Mohacs-Fünfkirchener Eisenbahn concessionirt worden, kann nicht angegeben werden, da das der Erbauerin derselben, der ersten Donau-Dampfschiffahrts-Gesellschaft, concessionirte Kapital sich auf ihre sämmtlichen Unternehmungen (Dampfschifffahrt, Eisenbahn, Kohlengruben ꝛc.) erstreckt. Es ist deshalb das bis Ende 1862 verwendete Anlage-Kapital (Kol. 85) hier angesetzt worden.

zu Kol. 200. Diese Summe wurde größtentheils für Erweiterung der Kohlenplätze in Mohacs und an den Gruben verausgabt.

„ „ 205 u. 207. Dies sind die Kosten der verbrauchten Schmier- und Putzmaterialien.

„ „ 212a. Diese bedeutenden Reparaturkosten sind hauptsächlich dadurch entstanden, daß für die Rekonstruktion einer Maschine 7000 Thlr. verausgabt wurden.

„ „ 234a. Dies sind die 5 Proc. Zinsen, welche nach den Rechnungs-Normen der Bahn auf das verwendete Anlage-Kapital (Kol. 85) gezahlt werden.

„ „ 249—256. Die Mohacs-Fünfkirchener Eisenbahn gehört seit dem August 1862 dem Vereine an und wird jetzt zum ersten Male in die Deutsche Eisenbahn-Statistik aufgenommen.

Die hier aufgeführten Notizen sind von der Bahn-Verwaltung angegeben. Die Minder-Einnahme ist durch die Herabsetzung des Kohlen-Frachtsatzes, die Mehr-Ausgabe dagegen durch Bau-Ausführungen und Auswechselung von Schwellen entstanden.

„ „ 307—325. Eine Pensions- und Unterstützungs-Kasse für die Beamten der Eisenbahn ist nicht vorhanden, dieselben gehören vielmehr dem für die sämmtlichen Beamten der Donau-Dampfschifffahrt-Gesellschaft bestehenden Pensionsfonds an. Für das in die Kategorie der untergeordneten Diener und Arbeiter gehörige Bahnpersonal wurde bei der Bahn eine eigene Kranken-Unterstützungskasse begründet, welche durch Zurücklassung von 2 Proc. der Lohnbeträge, aus den Strafgeldern und einem jährlichen Zuschuß von 333 Thlrn. Seitens der Gesellschaft unterhalten wird. Die Betheiligten erhalten in Erkrankungsfällen ärztliche Pflege und Medikamente, die Hinterbliebenen bei Todesfällen die Beerdigungskosten.

52. Neisse-Brieger Eisenbahn.

I. **Bahngebiet.** Die Bahn läuft von Brieg aus 600 Ruthen . . . . = 0,35 Meilen
auf dem Bahnkörper der Oberschlesischen Eisenbahn und geht dann als selbstständige Bahn über
Grottkau nach Neisse. Die Entfernung vom Abzweigungspunkte bis Neisse beträgt . . . . . 5,83 „
die ganze Betriebslänge also . . 6,18 Meilen.

Die gedachten 0,35 Meilen sind in den Tabellen (Kol. 11b) als „gepachtet" aufgeführt; für deren Mitbenutzung wird an die Oberschlesische Bahnverwaltung jährlich eine Vergütigung gezahlt.

II. **Bahn-Anlagen.** Die als unbrauchbar ausgewechselten Schienen wurden durch Aufschweißen neuer Kopfplattentheile und Reparatur an den Enden wieder brauchbar gemacht. Das Resultat der im Vorjahre begonnenen Verwendung solcher, in dieser Weise reparirten Schienen läßt sich als ein günstiges bezeichnen.

III. **Neue Einrichtungen.** Mit dem 1. Oktober 1862 wurde die 4. Wagenklasse eingeführt.

IV. **Erläuterungen zu den Tabellen:**

zu Kol. 2a. Außer den hier aufgeführten gehören noch 6 stellvertretende Mitglieder zum Direktorium.

„ „ 202. Die Durchschnittskosten der Bahnverwaltung pro Meile sind nach der eigenen Bahnlänge von 5,83 Meilen berechnet, weil die gepachtete Strecke von der Oberschlesischen Verwaltung unterhalten wird.

„ „ 228. Dies ist die an die Oberschlesische Verwaltung gezahlte Rente von dem Baukapitale des Bahnhofes Brieg und der Bahn-Anschlußstrecke an denselben (siehe oben ad I).

„ „ 244—247. Ein besonderer Erneuerungsfonds besteht nicht, da der Reservefonds denselben in sich schließt.

53. Niederländische Rhein-Eisenbahn.

I. **Rechnungs-Periode.** Das Rechnungs- und Betriebsjahr umfaßt nicht die Periode des Kalenderjahres, sondern beginnt mit dem 1. Mai. Die vorliegenden statistischen Notizen beziehen sich auf den Zeitraum vom 1. Mai 1862 bis ult. April 1863.

II. Das **Bahngebiet** ist gegen das Vorjahr unverändert geblieben und umfaßt die Strecken:
von Amsterdam über Utrecht und Arnheim bis an die Preuß. Grenze bei Emmerich . . 14,06 Meilen
und von Utrecht nach Rotterdam . . . . 7,64 „
zusammen 21,70 Meilen,
ferner die von der Köln-Mindener Eisenbahn-Gesellschaft erbaute und gegen 5 Proc. des
Anlage-Kapitals gepachtete Strecke von der Preuß. Grenze bis Emmerich . . . . . . 1,34 „
überhaupt 23,04 Meilen.

III. **Bahn-Anlagen.** In Amsterdam und Rotterdam wurden die Geleise ansehnlich vermehrt und die Einrichtungen des Personen- und Güterverkehrs verbessert. Das Stations-Gebäude in Amsterdam wurde mit einer aus Eisen construirten Einfahrtshalle versehen.

IV. **Verkehrs-Verbindungen.** Die Haupt-Stationen Amsterdam, Rotterdam, Utrecht und Arnheim stehen sowohl für den Personen-, als für den Güterverkehr in direkter Verbindung mit den meisten Haupt-Stationen Deutschlands, theils mit direkten Billets und direkter Kartirung, theils mit Umkartirung in Emmerich. Ferner stehen dieselben in direkter Verbindung mit den bedeutenderen Stationen der Bahn von Rotterdam nach Antwerpen, den größten Städten Belgiens und mit London. Mit dem Frühjahre 1864 wird der Verkehr mit London insofern eine Ausdehnung erhalten, als von da ab täglich Personen, Güter und Vieh per Dampfboot von Rotterdam nach London und umgekehrt befördert werden. Der Anlegeplatz der Dampfboote in Rotterdam wird sich in der nächsten Nähe des dortigen Bahnhofs befinden.

V. **Erläuterungen zu den Tabellen:**

zu Kol. 15. Die Betriebs-Eröffnung der einzelnen Bahnstrecken war folgende:

am 28. Dezember 1843 Amsterdam-Utrecht,	am 21. Mai 1855 Utrecht-Gouda,
„ 17. Juli 1844 Utrecht-Driebergen,	„ 30. Juli 1855 Gouda-Rotterdam und
„ 15. März 1845 Driebergen-Veenendaal,	„ 15. Februar 1856 Arnheim-Emmerich.
„ 16. Mai 1845 Veenendaal-Arnheim,	

„ „ 77—84. Es können hier nur annähernde Angaben gemacht werden, weil die Bahnstrecke Amsterdam-Arnheim ursprünglich vom Staate erbaut, später aber von der Gesellschaft übernommen wurde, und dieser die betreffenden Notizen fehlen.

„ „ 88. Dies sind nicht Stamm-Actien, sondern die Prioritäts-Obligationen, deren Zinsen zu 4½ Proc. von Sr. Majestät dem Könige der Niederlande Wilhelm I. aus Seinem Privatschatze garantirt worden sind.

„ „ 94d. Außerdem ist noch ein Königl. Salonwagen vorhanden, welcher bei Angabe der Sitzplätze (Kol. 95) unberücksichtigt geblieben ist.

„ „ 113g. Hierin sind die beim Rangiren der Züge zurückgelegten 22600 Meilen mitenthalten.

„ „ 172a. In dieser Summe sind auch die Neben-Einnahmen aus dem Personen-Verkehre enthalten.

„ „ 210. Hierin sind auch die gezahlten Entschädigungen im Güterverkehre ɾc. enthalten.

„ „ 228. Dies ist der an die Köln-Mindener Eisenbahn-Gesellschaft gezahlte Pachtzins für die gepachtete Strecke von der Preuß. Grenze bis Emmerich und für die Mitbenutzung der dortigen Stations-Einrichtungen.

„ „ 236. Diese Dividende ist nicht auf das ganze, sondern auf das eingezahlte Actien-Kapital von 20 400 000 Fl. vertheilt worden.

„ „ 307—325. Eine Beamten-Pensionskasse besteht nicht, dagegen eine Unterstützungskasse, auf welche sich die hier gemachten Angaben beziehen.

54. Niederschlesische Zweigbahn.

I. **Bahn-Anlagen.** Die Haltestelle Buchwald wurde im Jahre 1862 durch Terrain-Erwerbungen erweitert.

Das durch Brand zerstörte Empfangsgebäude bei Glogau wurde durch einen provisorischen Holzbau ersetzt, dessen Kosten aus den erhaltenen Feuerversicherungs-Geldern bestritten wurden.

Auf der Strecke Hansdorf-Sagan wurden 15 massive Häuser für die Läutewerke der electromagnetischen Telegraphenleitung erbaut.

II. Die **Feuerung der Lokomotiven** mit Holz wurde aufgegeben und nur noch bei 198 Nutzmeilen angewendet; seitdem wird mit Oberschlesischer Steinkohle gefeuert.

III. **Verkehrs-Verbindungen.** Mit der Breslau-Posen-Glogauer, Niederschlesisch-Märkischen, Sächsisch-Schlesischen und Leipzig-Dresdener Bahn findet ein direkter Personen- und Güterverkehr, mit der Stargard-Posener Bahn aber nur ein direkter Güterverkehr statt.

IV. Mit dem **Bahn-Telegraphen** wurden auch 1865 Privat- und 91 Staats-Depeschen befördert und dafür 500 Thlr. 23 Sgr. 8 Pf. eingenommen.

V. **Erläuterungen zu den Tabellen:**

zu Kol. 5. Außerdem erhält der hier aufgeführte Beamte eine Wohnungs-Entschädigung von 250 Thlrn.

„ „ 113g. Hierunter sind 3093 Meilen, welche beim Rangiren der Züge zurückgelegt sind, mitenthalten.

„ „ 200. Hierin sind die Kosten für Erleuchtung der Bahn, der Bahnhöfe und Telegraphen enthalten.

„ „ 210. Ebenso hier die Löhne der Wagenschieber.

55. Oesterreichische nördliche, südöstliche und Wien-Neu-Szönyer Eisenbahn.

I. Das **Bahngebiet** ist gegen die Vorjahre unverändert geblieben und umfaßt folgende Linien:

1) die nördliche Staats-Eisenbahn von Brünn und Ollmütz über Böhmisch-Trübau, Pardubitz und Prag bis zur Böhmisch-Sächsischen Grenze jenseits Bodenbach . . . . 63,37 Meilen.
Davon ist die Strecke von Bodenbach bis zur Grenze . . . . 1,90 „
an die Königl. Sächsische Staats-Eisenbahn-Verwaltung verpachtet, daher im eigenen Betriebe . . . . 61,47 Meilen.

2) Die südöstliche Staats-Eisenbahn von Marchegg über Pesth, Czegled, Szegedin, Temesvar bis Bazias an der Donau . . . . 86,0 Meilen
nebst der von Jassenova abzweigenden Bergwerksbahn nach Oravicza . . 5,90 „
zusammen 91,90 „
zu übertragen 153,37 Meilen.

Transport 153,37 Meilen.

Die Fortsetzung von Oravicza nach Steyerdorf resp. Lissova wurde Ende 1863 dem Betriebe übergeben.

3) Die Wien-Neu-Szönyer Eisenbahn . . . . 20,76 „

Gesammtlänge aller Bahnlinien . . . . 174,13 Meilen.

II. **Anderweitige Besitzungen der Gesellschaft.** Außer den vorstehend bezeichneten Eisenbahnlinien sind noch verschiedene Berg- und Hüttenwerke und Domainen in Böhmen und im Banate, die Maschinen-Fabrik, das Amtsgebäude Nr. $\frac{42 \text{ alt}}{7 \text{ neu}}$ und das Waarenmagazin Nr. $\frac{387 \text{ alt}}{34 \text{ neu}}$ in Wien in das Eigenthum der Gesellschaft übergegangen. Auch hat dieselbe seit dem Monate Juli 1859 zur Hebung des Verkehrs auf der südöstlichen Linie eine Dampfschifffahrts-Verbindung zwischen den Uferstädten Baziás, Semlin, Belgrad und Widdin in einer Entfernung von 13,5 Meilen stromaufwärts und 21 Meilen stromabwärts mit 4 Dampfschiffen von 60 Pferdekraft und mehreren eisernen Schleppschiffen ins Leben gerufen.

III. Das **Anlage-Kapital** für das gesammte Unternehmen, sowohl die Eisenbahnen als auch Bergwerke und sonstigen Besitzungen der Gesellschaft, ist auf Höhe von 168 000 000 Fl. Oestr. Währ. = 112 000 000 Thlrn. concessionirt. Davon bestehen in Stamm-Actien 56 000 000 Thlr. und in Prioritäts-Obligationen 56 000 000 Thaler. Die von der Staatsverwaltung der Gesellschaft gewährleistete Jahresrente von 5,2 Proc. erstreckt sich bis zur Höhe von 10 400 000 Franks. Die Stamm-Actien zu je 200 Fl. Oesterr. Währ. Silber (den Gulden zu 2,50 Franks gerechnet) werden vom Januar 1858 angefangen durch jährliche Verloosung einer bestimmten Anzahl innerhalb 90 Jahren getilgt.

Die Emission der Prioritäts-Obligationen, jede zu 200 Gulden Oesterr. Währ. = 500 Franks, ist in der Art festgesetzt, daß der Nennwerth derselben mit 3 Proc. verzinst wird. Diese Obligationen wurden ursprünglich mit 275 Franks = 110 Gulden Oesterr. Währ. in Silber, später aber nach den jeweiligen Börsenkursen ausgegeben. Dieselben werden gleich den Stamm-Actien in 90 Jahren durch Verloosung mit ihrem Nennwerthe eingelöst, haben aber an der auf die Stamm-Actien fallenden Dividende keinen Antheil.

Ende 1862 stellt sich die Berechnung des concessionirten Anlage-Kapitals von . . . 112 000 000 Thlrn. wie folgt, dar:

1) Werth der im Betriebe stehenden Eisenbahnen		
a) der nördlichen Linie	31 103 009 Thlr.	
b) der südöstlichen Linie	44 667 062 „	
c) der Wien-Neu-Szönyer Linie	9 758 821 „	
zusammen	85 528 892 Thlr.	
2) Werth der am 31. Dezember 1862 vorräthigen Bau- und Betriebsmaterialien	4 001 509 „	
3) Werth der Berg- und Hüttenwerke und Domainen	15 142 285 „	
4) „ des am 31. Dezember 1862 vorräthigen Inventarbestandes und Baumaterials	4 323 391 „	
5) Werth der für die Dampfschifffahrt angeschafften Dampf- und Schleppschiffe rc.	334 331 „	
6) Werth der übrigen Realitäten	800 154 „	
überhaupt		110 130 562 Thlr.
Der Rest von		1 869 438 Thlrn.

besteht in noch nicht ausgegebenen Prioritäts-Obligationen.

IV. **Bahn-Anlagen.**

1) Die **Geleise** in den Stationen wurden erweitert.

2) **Stationsbauten.** In 36 Stationen wurden die Wasserstations-Einrichtungen vervollkommnet; auch wurden Werkstattsgebäude, Remisen und 23 Wächterhäuser neu erbaut. Auf der nördlichen Linie erhielten 17 und auf der Wien-Neu-Szönyer Linie 5 hölzerne Brücken eine definitive Eisen-Ueberbrückung.

Auf der südöstlichen Linie wurde eine neue Station St. Hubert eröffnet und dem Verkehre übergeben.

V. Die **Betriebsmittel** wurden um 12 Schnellzugs-Maschinen, 14 Personenwagen erster und 11 dergl. zweiter Klasse vermehrt.

VI. **Erläuterungen zu den Tabellen:**

Alle 3 Linien.

zu Kol. 76 — 84. Die Vertheilung des Anlage-Kapitals auf die einzelnen Bautitel kann (mit Ausnahme der Betriebsmittel) nicht stattfinden, da die Bahnen bereits im vollendeten Zustande für eine runde Summe übernommen worden sind.

„ „ 106—110. Hierin sind auch die Anschaffungskosten der Werkstätten- und Heizhaus-Einrichtungen mitenthalten, welche bei der nördlichen Linie 417 457 Thlr., bei der südöstlichen 775 622 Thlr. und bei der Wien-Neu-Szönyer Linie 112 151 Thlr. betragen.

zu Kol. 111. Diese Summe enthält die Anschaffungskosten für Untergestelle, Omnibus- und Korrespondenz-wagen, Militair-Einrichtungs-Gegenstände, Wärmflaschen, Wagen-Signallaternen, Wagenkuppeln, Theerdecken, Fruchtsäcke ꝛc.

„ „ 172. Hierin sind die Einnahmen der Militair-Transporte und Separatzüge mitenthalten, und zwar bei der nördlichen Linie 108 285 Thlr., bei der südöstlichen 163 057 Thlr. und bei der Wien-Neu-Szönyer Linie 13 014 Thlr.

„ „ 195. In dieser Summe sind die Ausrüstungskosten der Züge, Stationen, Bahnwärter, Oberbauarbeiter ꝛc. mitenthalten.

„ „ 196. Die Heizung der Wärterhäuser haben die Bahnwärter auf eigene Kosten zu bestreiten.

Nördliche Linie.

„ „ 197. Diese Summe umfaßt die für alle 3 Linien gezahlte Feuer-Versicherungs-Prämie.

Alle 3 Linien.

„ „ 200. Hier sind die Kosten für die Beleuchtung der Bahn und für Herstellungen, welche durch Elementar-Ereignisse und Bahnunfälle veranlaßt wurden, aufgenommen.

„ „ 204. Hierin sind auch die Kosten für die Aufladung des Brennmaterials und die Gehalte der Heizer mitenthalten.

„ „ 205. Dies sind die Kosten des verbrauchten Materials, da das Schmieren und Putzen von den Heizern mitbesorgt wird.

Südöstliche und Wien-Neu-Szönyer Linie.

„ „ 218. Hierin sind die Kosten für Erhaltung und Erneuerung der Plachen, Decken und Fruchtsäcke mitenthalten.

Alle 3 Linien.

„ „ 221—226. Die hier aufgeführten Ausgaben lassen sich nach Linien getrennt nicht richtig nachweisen.

„ „ 226. Hier sind die Kosten für Erhaltung und Erneuerung der Einrichtungsstücke, der Verwaltungs-Lokalitäten, Miethszinse, Unterstützungen, Wohlthätigkeitsspenden, sowie verschiedene allgemeine Unkosten aufgenommen.

„ „ 233a. Dem Ueberschusse aller 3 Linien von 3 748 155 Thlrn., 3 122 896 Thlrn.

und 565 875 Thlrn. = ...	7 436 926 Thlrn.
treten noch hinzu die Ueberschüsse aus dem Betriebe der Maschinen-Fabrik,	
der Bergwerke und Domainen mit	488 921 „
und aus dem Zinsen-Gewinn- und Verlust-Conto	459 979 „
Diese	8 385 826 Thlr.

sind in den Kol. 234—239 als verwendet nachgewiesen.

„ „ 234b. Von dieser Summe kommen auf die Amortisation der Prioritäts-Obligationen 295 513 Thlr. und auf die Amortisation der Stamm-Actien 46 767 Thlr.

56. Oppeln-Tarnowitzer Eisenbahn.

I. **Verwaltung.** Die Direktion der Oppeln-Tarnowitzer Eisenbahn hat ihren Sitz in Breslau; die spezielle Verwaltung der Bahn und die Hauptkasse befinden sich in Oppeln unter der Leitung eines Betriebs-Direktors, der zugleich Ober-Ingenieur ist und das Amt eines Spezial-Direktors mitverwaltet.

II. Außer der **Beamten-Pensionskasse**, worüber die Kol. 307—325 der Tabellen das Nähere enthalten, besteht noch eine Arbeiter-Krankenkasse, deren Bestand sich am Schlusse des Jahres 1862 auf 2526 Thlr. belief.

III. **Erläuterungen zu den Tabellen:**

zu Kol. 80. Hierin sind auch die verwendeten Beträge für Wärterbuden, Wärter-Wohnhäuser und Abtheilungszeichen mitenthalten.

„ „ 94b. Hierunter befindet sich ein Salonwagen.

„ „ 95e—96. Bei diesen Angaben ist der vorstehend erwähnte Salonwagen außer Berechnung gelassen.

57a. Pfälzische Ludwigsbahn.

I. **Rechnungs-Periode.** Das Rechnungs- und Betriebsjahr umfaßt nicht die Periode des Kalenderjahres, sondern beginnt mit dem 1. Oktober. Die vorliegenden statistischen Notizen beziehen sich auf den Zeitraum vom 1. Oktober 1861 bis ult. September 1862.

II. **Organisation der Verwaltung.** Mit der Verwaltung der Pfälzischen Ludwigsbahn ist die Betriebsleitung und Verwaltung der Pfälzischen Maximiliansbahn in der Art vereinigt, daß die Actien-Gesellschaften beider Bahnen (zur Erzielung einer einheitlichen Administration und Verminderung der Verwaltungskosten) durch gemeinschaftliche Organe vertreten werden, nämlich durch einen gemeinschaftlichen Verwaltungsrath, bestehend aus 24 Mitgliedern, und eine gemeinschaftliche Direktion, die „Direktion der Pfälzischen Eisenbahnen."

Das Rechnungswesen, die gesammte Buchführung und Kassen-Verwaltung werden für jede Bahn getrennt geführt.

III. **Bahn-Anlagen.** Die Anlage einer Trajekt-Anstalt zur Beförderung von Güterwagen zwischen Ludwigshafen und Mannheim wurde soweit gefördert, daß dieselbe im Januar 1863 dem Betriebe übergeben werden konnte. Ferner wurde zwischen den genannten Städten ein elektro-magnetischer Telegraph mittelst eines durch den Rhein gelegten Kabels hergestellt.

IV. **Neue Bahnlinien.** Außer den bereits in der vorjährigen Statistik erwähnten, der Pfälzischen Ludwigsbahn-Gesellschaft ertheilten Concessionen zum Bau folgender Zweigbahnen:

a) von Homburg nach St. Ingbert,

b) von Speyer nach Germersheim und

c) von Ludwigshafen nach Mannheim mittelst einer Brücke über den Rhein

wurde mit dem provisorischen Comité zur Bildung einer Actien-Gesellschaft für den Bau und Betrieb einer Eisenbahn von Neustadt a. H. nach Dürkheim ein Vertrag abgeschlossen, demzufolge die Pfälzische Ludwigsbahn-Gesellschaft den Bau ausführt und den Betrieb jener Bahn nach Analogie des mit der Pfälzischen Maximiliansbahn-Gesellschaft bestehenden Verhältnisses übernimmt.

V. **Erläuterungen zu den Tabellen:**

zu Kol. 87c. In Folge eines Beschlusses der General-Versammlung und mit Genehmigung der Königlichen Staats-Regierung fand im Laufe des Jahres 1862 die Convertirung sämmtlicher 5procentiger Prioritäts-Obligationen in 4procentige statt.

Von den vorhandenen Prioritäts-Obligationen von zusammen	4 900 000 Fl.
= 2 800 000 Thlr. sind von den 3 ersten 5procentigen Anleihen bis ult. September 1862 (dem Rechnungsschlusse)	158 600 „
amortisirt worden, so daß sich das Prioritäts-Kapital auf	4 741 400 Fl.
= 2 709 371 Thlr. ermäßigt hat.	

„ „ 161b. Hiervon kommen auf Kohlentransporte 87 248 965 Centnermeilen.

57b. Pfälzische Maximiliansbahn.

I. **Rechnungs-Periode.** Das Rechnungs- und Betriebsjahr beginnt, wie bei der Pfälzischen Ludwigsbahn, mit dem 1. Oktober. Die vorliegenden statistischen Notizen beziehen sich auf den Zeitraum vom 1. Oktober 1861 bis ult. September 1862.

II. Die **Verwaltung** und **Betriebsleitung** der Maximiliansbahn ist mit derjenigen der Pfälzischen Ludwigsbahn vereinigt, worüber dort unter Nr. II. das Nähere mitgetheilt ist.

III. **Neue Bahnlinien.** Die Concession zum Bau einer Zweigbahn von Winden nach dem Rheine bei Maximiliansau zum Anschluß (mittelst einer Trajekt-Anstalt über den Rhein) an die Badische Bahn von Carlsruhe nach Maximiliansau (Maxau) wurde im Laufe des Jahres 1862 ertheilt und mit der Ausführung des Baues begonnen.

IV. **Beamten-Pensionskasse.** Das ganze Beamten-Personal der Maximiliansbahn ist der Pensions- und Unterstützungskasse der Ludwigsbahn beigetreten und genießt die Vortheile dieser Anstalt gleich den Angestellten der Ludwigsbahn.

V. **Erläuterungen zu den Tabellen:**

zu Kol. 113e. Die hier aufgeführten Meilen sind in die Nutzmeilen-Anzahl nicht aufgenommen worden.

„ „ 161b. Hiervon kommen auf Kohlentransporte 14 723 330 Centnermeilen.

„ „ 218. Hierin sind die an die Französische Ostbahn-Gesellschaft gezahlten 4261 Thlr. Vergütigung für die Benutzung des Bahnhofs Weißenburg, 5185 Thlr. Vergütigung für die Mitbenutzung der Bahnstrecke von der Bayerischen Grenze bis Weißenburg und 8907 Thlr. als Antheil der Betriebskosten auf der Station Weißenburg mitenthalten.

„ „ 234b. Nach der „Bestätigungs-Akte“ vom 3. November 1852 ist zur Erstattung der Zuschüsse, welche die Staats-Regierung in Folge des von ihr garantirten Anlage-Kapitals geleistet hat, 1 Proc. des Letzteren zurückzulegen. Dies 1 Procent beträgt 25 140 Thlr. und ist hier aufgeführt worden.

58. Rendsburg-Neumünstersche Eisenbahn.

I. **Verwaltung.** Die Direktion der Rendsburg-Neumünsterschen Eisenbahn-Gesellschaft hat seit dem 1. Januar 1861 den Betrieb der Bahn, welchen bis dahin die Direktion der Altona-Kieler Eisenbahn-Gesellschaft leitete, übernommen.

Mit der Letzteren sind aber noch gemeinschaftlich: der Bahnhof zu Neumünster, das Zugbegleitungs-Personal mit den nöthigen Utensilien, das Schmieren und Putzen der Wagen und das Abrechnungs-Büreau.

Der Bahnhof zu Rendsburg wird gemeinschaftlich mit der Südschleswigschen Eisenbahn-Verwaltung benutzt und ist gemeinschaftliches Eigenthum der Rendsburg-Neumünsterschen und Südschleswigschen Eisenbahn-Gesellschaften.

II. Erläuterungen zu den Tabellen:

zu Kol. 133. Von den hier aufgeführten Achsmeilen sind 97 099 auf der eigenen und 165 119 auf fremden Bahnen durchlaufen.

„ „ 200. Hierin ist der an die Verwaltungen der Altona-Kieler und Südschleswigschen Eisenbahnen gezahlte Antheil an den Kosten der Unterhaltung und Beaufsichtigung der Bahnhöfe zu Neumünster und Rendsburg mitenthalten.

„ „ 314. Dies ist der an die Altona-Kieler Eisenbahn-Gesellschaft gezahlte Beitrag zu den Pensionen der früher im Dienste beider Bahnen pensionirten Beamten und deren Wittwen.

59. Rheinische Eisenbahn.

I. **Bahngebiet.** Das Unternehmen der Rheinischen Eisenbahn-Gesellschaft umfaßt die Strecken:

a) Köln-Aachen-Herbesthal	11,82 Meilen.
b) Köln-Bonn-Koblenz-Bingen	20,36 „
c) Kölner Ringbahn (soweit sie in den Strecken ad a. u. b. nicht mitenthalten ist)	0,18 „
d) Köln-Crefeld	7,05 „
zusammen	39,11 Meilen.

Die 8,39 Meilen lange Strecke von Crefeld bis Cleve wurde im folgenden Jahre, am 5. März 1863, dem Betriebe übergeben.

II. **Bahn-Anlagen.**

1) An der Haltestelle Königsbach (zwischen Koblenz und Kapellen) ist eine **Güter-Trajekt-Anstalt** eingerichtet worden, um den Verkehr zwischen der Rheinischen E. und der Nassauischen Staatsbahn schon vor Eröffnung der im Bau begriffenen festen Rheinbrücke bei Koblenz, durch welche beide Bahnen miteinander verbunden werden, lebhafter zu gestalten.

Das Herablassen und Hinaufziehen der Wagen nach und von den Schalden geschieht durch eine Lokomotive vermittelst eines Drahtseils. Ein kleines Dampfschiff, welches außerdem den Personen-Transport zwischen Kapellen und Oberlahnstein besorgt, nebst 5 Schalden sind für den Dienst dieser Trajekt-Anstalt bestimmt.

2) **Geleise.** Auf der Bahnstrecke zwischen Koblenz und Kapellen wurde das zweite Geleise gelegt. Die Auswechselung der alten Schienen gegen Schienen des hohen Normalprofils zwischen Godesberg und Rolandseck wurde beendet und auf der Strecke Köln-Herbesthal 1238 lfde. Ruthen Geleise gegen 5 Zoll hohe Schienen des Normalprofils ausgewechselt.

3) **Stationsbauten.** Auf der Bahnstrecke von Köln nach Rolandseck wurden 8 massive Wärterhäuser erbaut und auf der Bahnstrecke St. Goar-Bingen zum Schutze gegen Felsrutschungen Schutz- und Stützmauern aufgeführt.

An der Central-Reparatur-Werkstätte Nippes wurde ein neuer Reserve-Lokomotiv-Schuppen von 192⅔ Fuß Länge und 141⅔ Fuß Tiefe mit massiven Umfassungsmauern und einem eisernen Gerüst und Dachbau hergestellt. Auch wurden daselbst 2 Werkmeister-Wohngebäude, ein Spritzenhaus für 3 Spritzen und aus gewonnenem alten Material eine Putzwoll-Wasch-Anstalt erbaut. Auch wurden daselbst 2 massive Wohnhäuser für zusammen 16 Familien zur Unterbringung eines Theils der Arbeiter der Central-Werkstätte neu erbaut.

4) **Telegraphen.** Die Strecke Köln-Crefeld ist mit einer neuen Telegraphen-Leitung, welche sich an die Leitung der Strecke Crefeld-Cleve anschließt, versehen worden. Durch diese Leitung können die Stationen Cleve, Geldern, Crefeld und Neuß direkt mit Köln und den Hauptstationen der Strecke Köln-Bingen und umgekehrt correspondiren.

Auf der Strecke Köln-Bingen wurden die Meidingerschen Bittersalz-Batterien, welche sich als vorzüglich bewährt haben, eingeführt.

III. Die **Betriebsmittel** wurden im Betriebsjahre 1862, nämlich der Maschinenpark um 2 Personenzug-, 3 Güterzug- und 2 Tender-Maschinen, der Wagenpark um 42 Personenwagen, 147 Güterwagen und 67 Arbeitswagen (zum Erdtransport) vermehrt.

IV. **Neue Bahnlinien.** Die Strecken Herbesthal-Eupen und Koblenz-Niederlahnstein befinden sich bereits im Bau; die Betriebs-Eröffnung steht gegen Ende 1863 zu erwarten. Die Arbeiten auf der Strecke Düren-Euskirchen haben begonnen und für die Strecke Euskirchen-Call werden die Vorarbeiten lebhaft betrieben.

Die Fortsetzung der Bahn Crefeld-Cleve bis zur Holländischen Grenze zum Anschlusse an die Niederländische Rhein-Eisenbahn bei Zevenaar ist ebenfalls in Angriff genommen. Ferner haben die Vorarbeiten für eine Bahn von Osterrath nach Essen (zur Erzielung einer direkten Verbindung mit dem Kohlenrevier der Ruhr) und von Sechtem (zwischen Köln und Bonn) nach Call begonnen.

V. **Erläuterungen zu den Tabellen:**

zu Kol. 2a. Außerdem gehören 6 stellvertretende Mitglieder zur Direktion.

„ „ 88. Die Stamm-Actien sind nicht garantirt, dagegen die Zinsen von 1 250 000 Thlrn. Prioritäts-Obligationen mit 3½ Proc.

„ „ 113a. Hierin sind die beim Rangiren der Züge zurückgelegten Meilen mitenthalten, wobei eine Stunde Rangirdienst gleich 2 Meilen gerechnet worden ist.

zu Kol. 114. Die Lokomotiven der Rheinischen Eisenbahn haben zurückgelegt . . . . . 345 786 Meilen.
Hiervon abgerechnet die Kol. 113g leer und beim Rangiren der Züge zurückgelegten . . . . 77 498 „
verbleiben . . . . 268 288 Nutzm.
Hierzu kommen die von Belgischen Lokomotiven beim Personen- und Güterverkehr zwischen Ronheide und Herbesthal zurückgelegten . . . . . 13 471 „
zusammen 281 759 Nutzm.
Rechnet man hiervon die in Kol. 113f. vor Material- und Arbeitszügen zurückgelegten . . . . 6 912 Meilen
ab, so verbleiben . . . . 274 847 Nutzm.,
welche im Jahre 1862 auf der Rheinischen Eisenbahn zurückgelegt worden sind.
Bei allen Berechnungen, welche auf Verbrauch 2c. Bezug haben, sind 268 288 Nutzmeilen, bei allen auf Verkehrs-Verhältnisse 2c. bezüglichen dagegen 274 847 Nutzmeilen zu Grunde gelegt.
Die von Belgischen Lokomotiven zwischen Ronheide und Herbesthal zurückgelegten 13 471 Nutzmeilen sind in Kol. 114 besonders ersichtlich gemacht.
„ „ 117. Dies ist die Anzahl der verbrauchten Reiserwellen, welche stückweise berechnet werden.
„ „ 124c. Dies sind Briquetten, welche im Gemisch von Coaks und Steinkohlen zum Anheizen der Lokomotiven verwendet wurden.
„ „ 128a. Dies ist der Durchschnittspreis pro Reiserwelle und
„ „ 128d. desgl. der Briquetten.
„ „ 129. Die bedeutende Verminderung der Ausgaben für Brennmaterial (von 9,73 Sgr. im Vorjahre auf 8,07 Sgr. pro Nutzmeile im Jahre 1862) wurde theils durch ausgedehntere Anwendung der Kondensation und der Giffardschen Injekteurs, theils durch Vermehrung der Steinkohlen-Feuerung (unter Beimischung von Coaks) und der Verwendung von Briquetten (anstatt Coaks) zum Anheizen der Lokomotiven erzielt.
„ „ 204. Hierin sind die Löhne der Coaks- und Kohlenträger mitenthalten.
„ „ 207. Hierin sind auch die Kosten der Materialien und Geräthe zum Reinigen der Wagen enthalten.
„ „ 211. In dieser Summe sind auch 27 617 Thlr. Vergütigung an die Belgische Staats-Eisenbahn-Verwaltung für Beförderung der Züge zwischen Ronheide und Herbesthal enthalten.
„ „ 218. Hierin sind hauptsächlich die Kosten der Wasserhebemaschinen, Unterhaltung der Werkstätten 2c. enthalten.
„ „ 235. Hiervon kommen 51 546 Thlr. auf Eisenbahnsteuer und 11 614 Thlr. auf Kommunal-Einkommensteuer.
„ „ 297. Die bei den Schienen leichtern Profils vorgekommenen Schienenbrüche sind nicht notirt.

60. Bahnen der Oesterreichischen Südbahn-Gesellschaft.

I. Das Bahngebiet der Oesterreichischen Südbahn-Gesellschaft umfaßt folgende Linien:
1) die Südbahn Wien-Triest . . . . 76,44 Meilen
mit den Zweigbahnen: Mödling-Laxenburg . . . . . . 0,8 „
und Wr. Neustadt-Oedenburg . . . . . . 4,0 „
80,04 Meilen,
sowie
die Ungarischen Flügelbahnen: Pragerhof-Kanizsa-Ofen . . . . . . 43,7 „
und Stuhlweißenburg-Neu-Szöny . . . . . 11,3 „
zusammen 135,44 Meilen.
Ferner die am 1. Oktober 1862 eröffnete 16 Meilen lange Strecke Steinbrück-Sissek, welche aber in die vorliegenden Tabellen nicht aufgenommen worden ist.
2) Die Nordtiroler Bahn von der Bayerischen Grenze bei Kufstein bis Innsbruck . . . . 9,64 Meilen,
wovon die Strecke von der Grenze bis Kufstein . . . . . . 0,30 „
an die Bayerische Staats-Eisenbahn-Verwaltung verpachtet ist, mithin im eigenen Betriebe . . . . 9,34 Meilen.
3) Die Südtiroler Bahn Verona-Botzen . . . . . . 19,4 Meilen
und die Venetianische Nabresina-Padua-Verona-Peschiera . . . . 43,78 „
mit den Zweigbahnen: Mestre-Venedig . . . . . 1,0 „
und Verona-Mantua . . . . . 4,5 „
zusammen 68,68 „
Gesammtlänge aller Bahnlinien . . . 214,12 Meilen.
Außerdem waren im Jahre 1862 noch folgende Flügelbahnen der Südbahn im Bau:
Marburg-Klagenfurt 16,77 Meilen, welche am 1. Juni 1863 dem Betriebe übergeben wurde;
Klagenfurt-Villach 5 Meilen und Agram-Carlstadt 4,7 Meilen.

a. Südbahn.

I. Bahn-Anlagen.

1) **Bahnkörper.** Von drei den Einsturz drohenden Viadukten wurde der größte, welcher 365 Klafter lang ist und 65 Oeffnungen enthält, im Jahre 1862 durch einen gewöhnlichen Damm ersetzt, bei den beiden andern, welche ebenfalls durch Dämme ersetzt werden sollen, ist mit den Anschüttungen begonnen worden.

2) **Brücken.** Von den hölzernen Brücken wurden 94 durch Eisen-Konstruktionen ersetzt.

3) **Oberbau.** Während des Jahres 1862 wurde mit der Erneuerung und Verbesserung des Oberbaues fortgefahren, eine Strecke von 26 Meilen erneuert und auf einer Länge von 16,5 Meilen das zweite Geleise gelegt.

4) **Stations-Anlagen.** In Wien wurde eine Lokomotiv-Remise, eine Reparatur-Werkstätte, ein Administrations- und ein Restaurations-Gebäude erbaut, ein Wasser-Reservoir und die zur Speisung desselben dienenden Röhrenleitungen, wodurch es mit der Donau in Verbindung steht, hergestellt.

In Marburg wurde eine Central-Werkstätte erbaut. Außerdem sind auf mehreren Stationen die „Aufnahmsgebäude" theils mit, theils ohne Vergrößerung umgebaut worden.

Die Schutzwände gegen Schneeverwehungen am Karst wurden um 3162 Klftr. vermehrt und ferner 10540 Klftr. Bahneinfriedigungen hergestellt.

5) **Signal-Vorrichtungen.** Die Auswechselung der optischen Signale gegen telegraphische Glockensignale wurden im Jahre 1862 fortgesetzt und im folgenden Betriebsjahre beendet.

II. Industrielle Anlagen. Zur Fabrikation von Schienen, Weichen und Kreuzungen hat die Gesellschaft in Graz ein Werk angelegt, welches 125 000 Fl. = 83 333 Thlr. kostete.

III. Erläuterungen zu den Tabellen:

zu Kol. 75. Diese 100 000 000 Thlr. sind das für das ganze Unternehmen der Gesellschaft (einschließlich der in der Lombardei und in Central-Italien belegenen Linien) concessionirte Anlage-Kapital in Stamm-Actien; der durch Anleihen aufzubringende Theil desselben ist concessionsmäßig nicht beschränkt.

„ „ 76—86. Das verwendete Anlage-Kapital kann nicht angegeben werden, weil die Gesellschaft fertige Linien übernommen hat, über deren Baukosten ihr die erforderlichen Notizen fehlen.

„ „ 85. Die hier aufgeführte Summe, welche sich ebenfalls auf die Lombardischen und Central-Italienischen Linien bezieht, enthält das von der Gesellschaft verwendete Kapital zur Ausbauung der sämmtlichen vom Staate übernommenen Linien, den Kaufpreis für die Lombardisch-Venetianischen Linien, sowie die bereits geleisteten Raten-Zahlungen auf den Kaufpreis der Südbahn.

„ „ 87c. Diese Summe repräsentirt den Geldbetrag der bis ult. Dezember 1862 ausgegebenen Prioritäts-Obligationen.

„ „ 88. Nicht nur die Stamm-Actien, sondern das ganze verwendete Anlage-Kapital der einzelnen Gruppen des Bahnnetzes ist vom Staate mit 5,2 Proc. garantirt.

„ „ 119b, 121b u. 123b. In den hier aufgeführten Brennstoffen sind auch die beim Reservedienst verbrauchten Quantitäten mitenthalten.

„ „ 127 u. 129c. Diese Durchschnittsberechnungen beziehen sich nicht auf Achs-, sondern auf Wagenmeilen (siehe die nachstehende Erläuterung).

„ „ 130—135. Dies sind nicht Achsmeilen, sondern die von den Wagen (ohne Rücksicht auf die Anzahl ihrer Achsen) zurückgelegten Meilen.

„ „ 211. Dies sind die Unterhaltungskosten der Geräthschaften, des Mobiliars, der Telegraphen und Signale.

„ „ 222—227. Die hier aufgeführten Summen enthalten die Ausgaben der Betriebs-Direktion und der administrativen Centralleitung.

„ „ 233a. Dem Betriebs-Ueberschusse aller 3 Bahnlinien von 7 758 101 Thlr. + 100 813 Thlr.

+ 1 714 482 Thlr. = ...	9 573 396 Thlrn.
treten noch hinzu die Betriebs-Ueberschüsse der (nicht zum Vereine gehörigen) Lombardischen Linien von	1 289 261 „
an Zinsen und nachträglichen Einnahmen aus früheren Jahren .	324 726 „
und „an Zinsen zu Lasten des Bau-Kapitals"	2 136 994 „
so daß der Ueberschuß pro 1862 überhaupt	13 324 377 Thlr.

beträgt, welche in den Kol. 234—239 als verwendet nachgewiesen sind.

„ „ 233c. Mit Bezug auf die Bemerkung zu Kol. 76—86 kann die Verzinsung des Anlage-Kapitals nicht angegeben werden.

„ „ 236. Die Actien wurden erst im November 1862 voll eingezahlt. Diese Dividende bezieht sich auf die durchschnittliche Einzahlung derselben von 91,47 Proc.

„ „ 248b. Im Vorjahre war die 29,3 Meilen lange Strecke Ofen-Kanizsa 9 Monate im Betriebe. Gegen den mittleren Jahresdurchschnitt aller Linien der Südbahn von 128,5 Meilen pro 1861 verglichen, ergiebt sich eine Zunahme der Betriebslänge von 7,35 Meilen.

zu Kol. 286a. Hierin sind auch die durch Radreifenbrüche veranlaßten 10 und durch Tyres-Brüche veranlaßten 3 Unfälle enthalten.

" " 287 u. 288. Die in den früheren Jahren vorgekommenen Achsbrüche an den Wagen sind nur summarisch bekannt und in Kol. 288a aufgeführt.

" " 307. Die Differenz zwischen dem in der Statistik pro 1861 angegebenen und dem hier vorgetragenen Bestande besteht darin, daß der von der Gesellschaft aus den Betriebs-Ueberschüssen des Jahres 1861 bewilligte Zuschuß von 25 835 Thlrn. (siehe Kol. 310) auch bereits im Jahre 1861 in Einnahme gestellt und außerdem 319 Thlr. Zinsen und 450 Thlr. Einlagen der Betheiligten zu viel angegeben waren.

b. Nordtiroler Eisenbahn.

Nichts zu bemerken.

c. Venetianische und Südtiroler Eisenbahn.

Erläuterungen zu den Tabellen:

zu Kol. 114. Die als vorgelegte Reservemaschinen und vor Material- und Arbeitszügen zurückgelegten Meilen sind hierin nicht aufgenommen worden.

61. Süd-Norddeutsche Verbindungsbahn.

I. **Betriebsmittel.** Im Jahre 1862 wurden die Buffer der Wagen welche 2' 2" von einander entfernt waren, umgebaut und auf eine Entfernung von 5' 6" 6''' gebracht.

II. **Erläuterungen zu den Tabellen:**

zu Kol. 87a. Dies ist der Antheil an dem Eisenbahn-Lotterie-Anlehen der K. K. priv. Oesterreichischen Kredit-Anstalt für Handel und Gewerbe, wofür die Eisenbahn-Gesellschaft ein Papier nicht emittirte, da für diese Summe Loose der Kredit-Anstalt bestehen.

" " 88. Nicht nur die Stamm-Actien, sondern ein Anlage-Kapital von 12 000 000 Thlr. sind vom Staate mit 5,2 Proc. garantirt.

" " 153. Hierin ist, ebenso wie im Vorjahre, das Gewicht der beförderten Thiere mitenthalten; dasselbe beträgt 53 973 Z.-Ctr. (siehe Kol. 160).

" " 236. Der Ueberschuß reichte zur Verzinsung des vom Staate mit 5,2 Proc. garantirten Actien-Kapitals nicht aus, weshalb der fehlende Betrag aus der Staatskasse zugeschossen wurde.

62. Taunus-Eisenbahn.

I. **Bahn-Anlagen.**

1) **Geleise.** Im Jahre 1862 wurde das zweite Geleise zwischen Castel und der Einmündung der Biebricher Zweigbahn, sowie der Anschluß an die Herzogl. Nassauische Staatsbahn in der Nähe der genannten Zweigbahn hergestellt.

2) **Stationsbauten.** Auf der Station Frankfurt a. M. wurde eine zweite Güterhalle mit Büreau's und Beamtenwohnungen und eine Produktenrampe erbaut, die Lokomotivremise verlängert und ein Theil des Bahnhofes gepflastert.

Auch wurden 4 bewohnbare Bahnwärterhäuser erbaut.

Die Hafenanlage zu Castel zum Betriebe der Trajekt-Anstalt zwischen Castel und Mainz wurde größtentheils beendet. Die für den Trajekt beladener Güterwagen nöthigen Verrichtungen sind auf der Casteler Uferseite vollendet, wogegen diese Anlagen auf der Mainzer Uferseite dadurch einen Aufschub erlitten haben, daß einige größere Correkturen des dortigen Rheinufers Verhandlungen mit den Mainzer Stadtbehörden nöthig gemacht haben. Einstweilen werden die Güterwagen mittelst Pontons nach Mainz gebracht und dort auf denselben be- und entladen.

II. Die **Betriebsmittel** wurden im Jahre 1862 um einen sechsrädrigen Personenwagen und 16 Güterwagen vermehrt, dagegen aber 17 ältere Personenwagen ausrangirt.

III. **Erläuterungen zu den Tabellen:**

zu Kol. 2c. Die Mitglieder des Verwaltungsraths beziehen keinen Gehalt, sondern nur bei Geschäften außerhalb ihres Wohnortes Diäten.

" " 85. Dies ist das bis Ende 1862 verwendete Anlage-Kapital, welches sich durch Abtretungen von Ländereien an die Homburger Eisenbahn-Gesellschaft gegen früher verringert hat.

" " 87c. Es bestehen folgende Anleihen:

1) eine zu 3½ Proc. verzinsliche von	285 714	Thlr.	(500 000 Fl. Rh.)
2) " " 4½ " " "	114 286	"	(200 000 " ")
3) " " 4 " " "	342 857	"	(600 000 " ")
zusammen	742 857	Thlr.	(1 300 000 Fl. Rh.).

Von den beiden ersten Anleihen waren bis Ende 1862 durch Rückzahlung getilgt:

a) von der Anleihe à 285 714 Thlr. (500 000 Fl. Rh.) 69 857 Thlr.

b) " " " à 114 286 " (200 000 " " 9 143 "

Die dritte Anleihe beträgt 685 714 Thlr. (1 200 000 Fl. Rh.) und ist zur Deckung von Ausgaben für Bahnanlagen und zur Tilgung des Restes der ad 2 aufgeführten 4½ procentigen Anleihe von 105 143 Thlrn. (184 000 Fl. Rh.) bestimmt. Dieselbe war im Jahre 1862 aber erst zur Hälfte mit 342 857 Thlrn. (600 000 Fl.) begeben.

zu Kol. 106. Hiervon sind 58 821 Thlr. Anschaffungskosten für 4 Lokomotiven aus den Betriebs-Ueberschüssen entnommen.

" " 116. Die durchschnittliche Stärke der in den Zügen beförderten Wagen-Achsen betrug 32,41 Achsen; während der Sommerperiode und bei besondern Gelegenheiten steigerte sich dieselbe häufig auf 60 und mehr Achsen.

" " 144. Kinder unter 10 Jahren und Militairs in Uniform werden in allen Wagenklassen zum halben Fahrpreise befördert; es ist deshalb die Anzahl der zu ermäßigten Fahrpreisen beförderten Personen in den verschiedenen Klassen (Kol. 140—142) mitenthalten.

" " 186. Hierin sind 7174 Thlr. Einnahmen der Trajekt-Anstalt zwischen Castel und Mainz mitenthalten.

" " 196. Ebenso hier die Kosten der Beleuchtung der Bahn.

" " 204. In dieser Summe sind auch 3563 Thlr. Kosten für die Unterhaltung und Anschaffung der zum Betriebe der Biebricher Zweigbahn verwendeten Pferde, Geschirre u. s. w., sowie 20 460 Thlr. Kosten für Unterhaltung der zum Betriebe der Trajekt-Anstalt zwischen Castel und Mainz gehörigen Dampfboote, Schalden und Landungsbrücken, Löhne der Bedienungs-Mannschaften, Heizung und Beleuchtung der Boote und Brücken und die Abgaben an den Staat mitenthalten.

" " 235. Dies ist die im Herzogthum Nassau zu entrichtende Gewerbesteuer.

" " 239b. Der Amortisationsfonds, dessen Kapitalbestand ult. 1862 bereits 25 615 Thlr. betrug, hat den Zweck, bei dem Erlöschen der Concession einen Ersatz für etwaigen Minderwerth der Bahn bei Uebergang derselben auf den Staat nach und nach zu schaffen.

" " 242a. Diese 188 329 Thlr. sind mit Genehmigung der General-Versammlung der Actionäre auf das „Hauptbahnbau-Conto" übertragen worden.

" " 288b. Die an fremden Lastwagen auf der Bahn vorgekommenen Achsbrüche sind nicht notirt.

63. Theiß - Eisenbahn.

I. **Bahngebiet.** Das Unternehmen der Theiß-Eisenbahn-Gesellschaft umfaßt folgende Linien:

a) die Hauptbahn von Czegled über Szolnok, Debreczin und Miskolcz nach Kaschau	. 49,33	Meilen,
b) die Flügelbahnen: 1) von dem Abzweigungspunkte bei Szolnok nach Arad .	. 18,93	"
2) von Püspök-Ladany nach Großwardein . . .	. 9,05	"
zusammen	77,31	Meilen.

Die seit dem Jahre 1847 im Betriebe befindliche Strecke Czegled - Szolnok (3,60 Meilen) wurde von der Oesterreichischen Staats - Eisenbahn - Gesellschaft, zu deren südöstlichen Linie sie gehörte, für den Preis von 941 594 Thlrn. käuflich erworben und ging am 23. November 1857 in den eigenthümlichen Besitz und die Verwaltung der Theiß-Eisenbahn-Gesellschaft über.

II. **Betriebsmittel.** Die Buffer der Wagen, welche in Oesterreich bisher eine Entfernung von 2' 2" von einander hatten, wurden im Laufe des Jahres 1862 umgebaut; dieselben sind auf eine Entfernung von 5' 6" 6''' von einander gebracht.

III. **Erläuterungen zu den Tabellen:**

zu Kol. 76. Hierunter sind sowohl die für die Strecke Czegled-Szolnok als Kaufpreis gezahlten 941 594 Thlr., als auch 3 666 364 Thlr. erstattete Bau-Auslagen an den Staat, welche derselbe für die Strecken Szolnok-Debreczin und Püspök-Ladany-Großwardein bestritten hatte, mitenthalten.

" " 87b. Von dieser Summe sind 10 500 000 Thlr. eine bis zum Jahre 1906 zu tilgende Prioritätsschuld und 10 500 000 Thlr. eine in 66 Jahren zu tilgende Lotterie-Anleihe.

" " 88. Es ist das Gesammt-Anlage-Kapital vom Staate mit 5,2 Proc. garantirt.

" " 112. Die Postwagen (in Kol. 97 mitaufgenommen) werden von der Bahnverwaltung gestellt. Deren Anschaffungskosten sind in Kol. 108 mitenthalten.

" " 118. Das zur Feuerung der Lokomotiven verwendete Brennmaterial besteht aus Holz und Braunkohlen. Von letzteren sind 69 003 Ctr. verbraucht, welche nach ihrem Heizeffect auf Holz reducirt und in Kol. 118b mitenthalten sind.

" " 153 u. 156. Hierin sind ebenso wie im Vorjahre 703 796 Z.-Ctr. beförderte Thiere enthalten (siehe Kol. 160).

" " 173. Diese Summe enthält auch die Einnahmen für die im Personenverkehre beförderten 10 Equipagen, 469 Pferde und 610 Hunde.

zu Kol. 234—239. Der Ueberschuß wurde zur Entrichtung der Eisenbahnsteuer und, soweit er dazu ausreichte, zur Verzinsung des Gesammt-Anlage-Kapitals verwendet. Der Ueberrest der nicht gedeckten Zinsen wurde von der Staats-Kasse vorschußweise geleistet.

" " 303 u. 306. Diese Verkehrsstörung fand auf der Strecke Miskolcz-Kaschau in der Nähe der Haltestelle Csany statt.

" " 307. Die Differenz zwischen dem vorjährigen und dem hier vorgetragenen Bestande besteht darin, daß die in demselben enthaltenen zinstragenden Papiere bei dem vorjährigen Abschluß nach dem Courswerthe, gegenwärtig aber nach dem Nominalwerthe in Ansatz gebracht worden sind.

64. Thüringische Eisenbahn.

I. **Bahngebiet.** Das Unternehmen der Thüringischen Eisenbahn-Gesellschaft umfaßt

die Hauptbahn Halle-Erfurt-Eisenach-Gerstungen	25,16	Meilen,
die Zweigbahnen a) Corbetha-Leipzig	4,18	"
b) Weißenfels-Gera	7,92	"
zusammen	37,26	Meilen.

II. **Betrieb fremder Bahnen.** Die Direktion der Thüringischen Eisenbahn-Gesellschaft hat auf Grund eines mit dem Verwaltungsrathe der Werra-Eisenbahn-Gesellschaft abgeschlossenen Vertrages auch den Betrieb der Werra-Eisenbahn zu leiten.

III. **Bahn-Anlagen.** Im Jahre 1862 sind die Güterschuppen der Stationen Merseburg und Naumburg, sowie die Empfangsgebäude der Stationen Apolda, Dietendorf und Gerstungen ansehnlich vergrößert worden.

Auf der Station Corbetha ist ein Wohngebäude errichtet, auf der Station Erfurt die Lokomotiv-Reparatur-Werkstätte durch einen Anbau erweitert und auf der Station Dietendorf ein neuer Güterperron angelegt worden.

IV. **Betriebsmittel.** Es wurden 4 neue Lokomotiven und 100 vierrädrige Güterwagen beschafft und dem Betriebe überwiesen.

V. **Erläuterungen zu den Tabellen:**

zu Kol. 4. Die drei Kommissare der bei dem Unternehmen betheiligten Staats-Regierungen von Preußen, Sachsen-Weimar und Sachsen-Coburg-Gotha sind sowohl Mitglieder der Direktion, als auch des Verwaltungsraths und deshalb in der Mitgliederzahl des Letzteren nochmals mitaufgeführt.

" " 89. Außer den aus den Betriebs-Ueberschüssen verwendeten Summen zur Erweiterung der Bahnanlagen sind bis zum Schlusse des Jahres 1861 noch 99 216 Thlr. und im Jahre 1862 noch 105 375 Thlr., überhaupt also 204 591 Thlr. zur Vermehrung der Transportmittel aus dem Reservefonds verausgabt worden.

" 94 u. 97. Die Gesellschaft besitzt außer den hier aufgeführten Transportmitteln noch einen Eigenthumsantheil an 6 Personenwagen des Rheinisch-Thüringischen und 18 Gepäckwagen des Mitteldeutschen Eisenbahn-Verbandes.

" " 190. Hiervon wurden 135 700 Thlr. dem Erneuerungsfonds für die Erneuerung des Oberbaues überwiesen.

" " 210. In dieser Summe sind die Kosten der An- und Abfuhr der Güter im Betrage von 43 270 Thlrn. enthalten.

" " 212. Von den hier aufgeführten Summen wurden dem Erneuerungsfonds 46 000 Thlr. für die Erneuerung der Lokomotiven und 58 300 Thlr. für die Erneuerung der Wagen überwiesen.

" " 214. Hierin sind auch die Kosten für die Beleuchtung der sämmtlichen Betriebslokale mitenthalten.

" " 226. Ebenso hier 8200 Thlr. Zuschuß zur Beamten-Pensionskasse.

" " 235. Die hier ausgeworfene Eisenbahnsteuer ist für das Betriebsjahr 1861 entrichtet. Dieselbe wird erst nach dem Abschlusse der Betriebsrechnung festgesetzt und abgeführt, aus welchem Grunde sie erst im folgenden Betriebsjahre zur Verrechnung kommt.

" " 270. Es sind nur solche Beschädigungen aufgeführt, welche einen Reparatur-Kostenaufwand von mindestens 25 Thlrn. veranlaßt haben.

" " 287a u. 288a. In den letzten 5 Jahren sind Achsbrüche nicht vorgekommen; die hier notirten Brüche beziehen sich auf den Zeitraum von 1846—1857.

65. Werra-Eisenbahn.

I. **Verwaltung.** Die Werra-Eisenbahn-Gesellschaft hat ihr Domizil in Meiningen und wird durch einen aus 12 Mitgliedern bestehenden Verwaltungsrath vertreten. Den Betrieb der Bahn hat jedoch die Direktion der Thüringischen Eisenbahn-Gesellschaft in Folge eines Vertrages zu leiten.

II. **Bahngebiet.** Die Werrabahn besteht aus der Hauptbahn von Eisenach über Meiningen bis

Coburg	17,28	Meilen
und der Zweigbahn Coburg-Sonneberg	2,64	"
zusammen	19,92	Meilen.

Transport 19,92 Meilen

Außerdem hat die Gesellschaft die auf Rechnung der Königl. Bayerischen Regierung gebaute Strecke Coburg-Lichtenfels . . . . 2,72 „

pachtweise übernommen. Die Verwaltung erstreckt sich daher auf ein Bahngebiet von . . 22,64 Meilen.

III. Mit dem 1. Januar 1862 ist ein neuer Personengeld- und Gepäck-Tarif für den Binnenverkehr eingeführt und die bis dahin bestehenden Tarifsätze erhöht worden.

IV. **Erläuterungen zu den Tabellen:**

zu Kol. 88. Es sind nicht nur die Stamm-Actien, sondern ein Anlage-Kapital von 8 Millionen Thlrn. mit 4 Proc. garantirt. Diese Garantie ist aber auf 10 Jahre (von 1859 ab) beschränkt.

„ „ 148b. Freigewicht für Gepäck wird nur im direkten Verkehr mit andern Bahnen, im innern Verkehr der Werrabahn dagegen nicht gewährt.

„ „ 210. Hierin sind auch die Kosten der An- und Abfuhr der Güter mitenthalten.

„ „ 214. Desgleichen hier die Kosten der Beleuchtung sämmtlicher Betriebslokale.

„ „ 233a. Dieser Ueberschuß reichte zur Verzinsung des von den betheiligten Staats-Regierungen garantirten Anlage-Kapitals (cfr. Erläuterung zu Kol. 88) nicht aus, vielmehr mußten dieselben noch 154 510 Thlr. zuschießen. Mit Hinzurechnung des Betriebs-Ueberschusses von 182 866 Thlrn. sind 337 376 Thlr. in den Kol. 234—239 als verwendet nachgewiesen.

www.ingramcontent.com/pod-product-compliance
Lightning Source LLC
Chambersburg PA
CBHW031452160426
43195CB00010BB/943

9783743364516